근대감옥의 성립과 변모, 그리고 현대교정

형벌과 사회통제

한 인 섭

博 英 社

나의 감옥순례 — 체험적 · 지적 여정

1978년 9월, 내 대학 2학년 때다. 자정을 넘어 집으로 찾아온 형사의 손에 이끌려 임의동행을 강제당했다. 관악경찰서에 도착한 뒤 보호실에 구금되었다. 새까만 벽으로 둘러싸인 좁은 공간의 바닥에는 먼지 덮어쓴 매트리스 한 장이 놓여 있었다. 담요와 베개 따윈 없었다. 뜬 잠을 새우고 한 주일이 넘도록 취조가 계속되었다. 손찌검과 함께 몽둥이도 날아들었다. 열이틀 동안의 관행화된 불법의 보호를 받았다. 즉결심판에서 판사는 이름을 확인하고는 고개도 들지 않은 채 구류를 선고했다. 실려 간 곳은, 관악서 부속의 유치장이었다. 그 곳은 검사에게 넘겨지기 전의 피의자의 구치와 구류받은 자를 위한 유치장 역할을 겸했던 곳이다.

유치장 문을 들어선 첫 느낌은—냄새였다. 밀폐공간의 퀴퀴한 습기에 섞여 오물냄새가 배어 있었다. 기묘한 공간배치가 한눈에 들어왔다. 가운데가 빈 반원형의 건물인데 원주 쪽에 쇠창살이 있고, 그 곳에 사람들이 갇혀 있었다. 검신절차가 개시되었다. 바지 벗고 쪼그려 뛰기 시키면서, 문신 있는 자는 따로 챙겼다. 조금만 느리거나 반항적이면 매질이 날아들었다. 방 배치가 시작되었다. 학생들은 소위 잡범과 분리 수용되었다. 유치장 안은 약간 어둑했지만, 밤에도 불을 끄지 않은 불야성이었다. 수용자는 이름 아닌 번호로 호칭되었다. 기상부터 취침까지 수시로 인원점호가 반복되었다.

각 거실에는 사람들이 가득차 있었다. 주먹질하다 잡혀온 또래의 젊은이들은 우리 학생들보다 훨씬 느긋하게 적응하는 듯이 보였다. 리어카 좌판을 벌이다 단속반에 걸린 아주머니는 몇 천원이 없어 몸으로 때우고 있었고, 보다 못한 교도관들이 사비를 털어 석방해 주는 온정도 보였다. 자해를 막는다는 이유로 안경까지 압류당했기에, 눈앞의 사물은 흐릿한 윤곽으로만 다가왔다. 방에는 무기력과 무료함, 불안감과 위축감이 지배했다. 그를 달래기 위해 교도관들은 방 대항 노래자랑을 시켰는데, 나훈아 남진은 거기 다 있었다. 철창을 사이에 두고 가족과 상면하는 것은 반갑고도 송구스러웠다. 좁고 길게 난 창 사이로 보이는 관악산 자락엔 가을이 얼풋 느껴졌다.

짧은 기간이지만 법무부 시계는 너무나 느렸다. 순환이 빠른 유치장/구치소에서 곧 우리 일행은 왕고참이 되었다. 구류 25일을 채우고 나오자마자 가족들은 두부를 떠먹였다. 때는 10월 하순, 다시 찾아간 교정의 노란 은행잎들, 따사한 늦가을, 그리고 친구들과의 막걸리는 지금도 잊지 못할 추억이다.

내 체험은 대수로운 것도 아니었다. 독재반대의 학생데모 속에서 대학은 교도소와 늘 붙어 있는 셈이었다. 캠퍼스와 가장 가까운 건물은 동양최대의 파출소라 자랑하는 곳이었다. 수많은 학생들이 얻어맞고 잡혀가고 처벌받았다. 법도 불법이었고, 불법은 또 다른 법적 관행이었다. 교도소 행을 막기 위해 은사와 어른들의 노력이 있었음을 알았다. 만나는 사람들은 시대가 변할 것이라며 힘을 돋워 주었다. 그 때의 낙인은 사법시험 3차에까지 따라와, "국가관 불량"이란 명목으로 불합격처분을 받았다.

학부를 마치면서 법을 학문하겠다고 결심했을 때, 그러한 불법과 동거하는 법의 시대를 끝내야 한다는 각오를 세웠다. 그래서 형사법을 택했다. 그러나 교과서상의 형법은 핍진한 역사와 현실이 빠져있는, 개념조작의 기술이었다. 억압적 현실을 비판할 수 있는 도구로서의 법학은 존재하는 것이 아니라 창조되어야 할 것이었다. 그러나 학문적 작업은 늘 우회로를 통한 설득의 길이기에, 창조를 위해서도 서구의 지적 작업을 섭렵해야 했다. 그러한 도상에서 비판법학을 만났고, 비판범죄학을 만났다. 석사과정에서는 외롭게 탐색한 셈이고, 박사과정 시절은 선후배들과 함께 그래도 큰 방향은 잡아내고 불철주야 공부했다. 가난한 대학생이 돈버는 직장 대신 대학원을 선택했다면, 그만한 내적 근거와 외적 성취가 있어야 할 것이었다.

대학 2학년 때 체험한, 온 촉수와 신경을 건드린 그 "기묘하고 비인간적인 감옥시설"의 인상은 설명을 요하는 것이었다. 그런 시설이 왜, 어쩌다가 생겨났을까. 내 개인의 호기심에 그칠 것이 아니었다. 동시대인들이 대학과 감옥을, 혹은 생업과 감옥을 왕복해야 하는 시대에, 감옥은 우리 일상의 한 부분이다. 형사법의 적용대상자가 주로 감옥살이한다면, 형법 전공자는 그 감옥살이의 현장에 마땅한 관심을 가져야 하지 않겠는가. 학업을 마다하고 '현장'에 투신한 결단들이 넘쳐났던 그 시대에, 감옥도 그 '현장'의 연속이 아니던가.

국적불명의 법학이 아니라 '조선김치냄새나는' 법학을 하려면, 주제는 당연히 우리의 감옥이어야 했다. 감옥을 그 세부에까지 들어가, 미시사를 통한 거시적 조망을 꾀한 외국의 역작들을 보며 그러한 생각이 더해졌다. 그러면 어떻게? 박사논문을 생각할 때, 애초의 소망은 한국의 근대감옥의 원형에 해당하는 서대문감옥(형무소)의 역사를 해부하자는 것이었다. 그 곳은 1909년 설치될 때부터 잡범들과 함께, 수많은 독립운동가, 사회개혁가들이 투옥된, 민족의 애한이 스며 있는 곳이었다. 그러나 전제가 있었다. 제대로 쓰려면 그 감옥에서 작성된 수많은 원자료를 입수할 수 있어야 했다. 1980년대 암흑적 분위기는 그러한 자료접근을 전혀 허용하지 않았다. 석 · 박사과정의 속성상 새로운 개념과 지식을 흡수하는 공부에도 바빴다. 그리하여 근대감옥의 출발점을 형성한 영국과 미국의 경우를 중심으로 감옥의 형성과 변모를 사회통제의 시각에서 접근했다. 이것이 내 박사논문이고, 이 책 제1부의 골자를 이룬다.

교도소는 일반에게 차단되어 있다. 죄를 짓지 않은 자에게 접근이 허용되지 않는 곳이다. 그렇다고 감옥에 들어가기 위해 죄를 지을 수 없는 일. 한 가지 방안으로 연구목적의 자원수형자(volunteer prisoner)에게 접근을 허용하는 나라가 있는데, 감옥을 치부로 여기는 독재국가에서는 이를 허용하지 않았다. 감옥에 들어가기 위해서는 또 할 수 없이 우회로를 택해야 했다. 우리 교도소의 대척점에 있는 '교정선진국' 스웨덴의 교정시설을 속속들이 알고 싶었다. 새로운 전망을 얻고 구체적인 실태를 알고 싶어서였다. 북구의 겨울, 해짧은 낮에는 스톡홀름에서 1–3시간 걸리는 교도소를 방문하고, 긴 밤을 이용하여 낮에 메모한 것과 기억을 일깨워 정리했다. 스웨덴의 구치소, 개방교도소, 노동교도소, 그리고 중경비교도소를 방문하면서, "그런데 교도소가 어디 있습니까?" 하고 물었다던 한 이국 방문자의 말이 실감으로 왔다. 이것이

제2부의 첫 부분이다.

또 다른 겨울에는 미국의 각종 교도소를 방문할 수 있었다. 로키의 알카트라즈라 불리는 가장 엄중한 교도소로부터, 아리조나의 텐트형 교도소 등 다양한 교도소를 살펴볼 수 있었다. 교도소 안을 들여다보니 피부색깔부터 달랐다. 교도소 안의 미국은 백인국가가 아니었다. 보수적 · 억압적 형사정책이 지배해온 최근의 미국은 갈수록 과밀수용으로 치달리며, 그와 함께 시설내 처우와 인권이 갈수록 악화되어가는 모습이 보인다. 시설 면에서는 천국에서 지옥까지 다양했고, 보안은 전산화되고 있지만, 문제는 소내 인간관계의 질적 측면의 열악성이었다. 시민들의 범죄자에 대한 불관용이 억압적 교정정책을 선호하게 되고, 그런 정책기조는 공화당에서 민주당으로 바뀐 이후에도 변함없었다. 제2부의 제2장은 미국교정시설의 실태를 관찰한 것이며, 제3장은 최근 미국교정의 실태와 그 배경에 대한 분석을 담고 있다. 이렇게 제2부는 스웨덴과 미국의 경우를 통해 현대 교정의 실상의 여러 측면을 살펴보면서 우리의 행형개혁을 위한 시사를 얻으려고 한 것이다. 제1부가 역사적 연구라면, 제2부는 정책적 연구를 지향하고 있다.

한국 교도소로의 진입은? 면회실까지의 접근만 가능했을 뿐 더 이상의 진입은 불가능했다. 다만, 학위논문을 쓴 직후인 1990년 겨울, 서대문을 찾아간 적이 있다. 당시 일반인의 출입을 통제한 채 서대문감옥은 사적지화를 위한 공사를 진행하고 있을 때였다. 주민들의 민원을 수용하느라 외벽의 대부분을 철거하는 등, 원형의 상당부분이 훼손되었다. 더 훼손되기 전에 조금이라도 원래의 모습을 느껴보고자 했다. 감방문을 닫은 채 두 시간 동안 앉아 있기도 했고, 쓰레기 더미 속에서 삶의 편린들을 찾아낼 수 있었다. 벽에 붙어있는 야한 사진들을 통해 남성만의 세계에서 무료함을 이기기 위한 자취를 엿볼 수 있었다. 가장 인상적인 것은 거실벽에 새겨놓은 '희망'이란 두 글자였다. 시멘트를 뚫고 자라난 야생초는 감옥이 '그 때문에'가 아니라 '그럼에도 불구하고'의 현장임을 느끼게 해주었다. 낡은 일제 관사 건물을 그대로 쓰고 있던 사형장에 들어서 숙연한 마음으로 기도를 올리기도 했다. 지금 서대문감옥은 사적지가 되어 있다.

교도소로의 학문적 진입은 1998년 이후에 가능했다. 교도소에 6년 이상 살았던 양심수(prisoner of conscience) 출신이 대통령이 되면서, 교정개혁에도 탄력이 붙었다. 대구, 청송, 안동, 대전, 천안, 안양의 교도소를 방문하고 교정직원들과 대화하면서, 시설의 모습을 가능한 자세하게 살펴보고자 애썼다. 대전교도소에서는 비전향장기수를 조우하기도 했다. 아마 그들이 만난 첫 비법무-민간인이었을 것이다. 천안개방교도소에서는 양심적 병역거부로 처벌된 눈빛 맑은 청년들과 대면했다. 천안소년교도소에서 청소년들의 모습이 가슴에 박혔다.

돌아보면서 특히 감옥생활을 가장 오래한 무기수들의 삶에 대한 궁금증에 사로잡혔다. 그들은 어떻게 그 긴긴 세월을 견디고 살아갈까, 그들에게 형벌의 효과는 무엇이고 긴 세월을 보내고 석방될 때 사회에 제대로 적응할 수 있을까 하는 의문이 들었다. 그 의문을 해결하기 위해 후속연구로, 한국의 무기수를 상대로 면접조사와 설문조사를 대규모로 실시할 수 있었다. 무기수는 죄질로 볼 땐 용서할 수 없는 흉악한 살인범이지만, 교도소 내에서 볼 때 절대다수의 인간은 개선불가능한 존재가 아님을 보여주고 있기도 하다. 그러한 무기수들을 한 장소에 모아놓고 설문취지를 설명하는 일은 지금 생각해도 보통 일은 아니었다.

지금 내가 맡은 서울대의 형사정책 강의에서는 학생들과 교도소 참관을 정례화하고 있다. '백번 듣는 것보다 한번 보는 것이 낫'기도 하고, 비록 주마간산격으로라도 돌아보면 학생들에게 강렬한 지적 자극이 온다. 공주 치료감호소에 있는 정신장애인들의 태도와 눈빛을 보면, 벌써 인간이란 무엇인가 법이란 무엇인가 고민하지 않을 수 없게 되는 것이다. 학생들과 버스를 타고 돌아오면서 소감을 나누다보면, 짧은 시간에 같은 코스를 걸었지만, 서로 보고 느낀 게 이렇게 다르구나 생각이 들기도 한다.

이 책을 구체적으로 구상하게 된 마지막 계기는 2005년도 봄 학기에 펜실베니아 로스쿨의 초청으로 필라델피아에 와서였다. 펜실베니아주를 건설한 주역은 퀘이커 교도였다. 윌리엄 펜의 인도 하에 퀘이커들은 평화주의와 박애주의적 실천의 선구자들이 되었다. 그들은 인디언과도 사이좋은 관계를 유지했으며, 양심적 병역거부를 주창했다. 그들의 박애적 노력의 한 절정은 수형자의 내면적 각성을 위한 시설로서 근대감옥을 축조해낸 일이다. 1829년 완성된 필라델피아의 동부주립감옥의 건축과 그 운영은 국제적 관심을 불러일으켜, 유럽 각국에서 시찰단이 조직되어 필라델피아에 왔다. 사절단들이 남긴 생생한 보고서는 각국의 근대감옥을 실체화하는데 기여했다. 이 감옥은 150여년 동안 사용되다 노후화를 이기지 못해 문을 닫았는데, 최근 사적지로 조성되어 관광객을 맞이하고 있다. 암스테르담(네덜란드)의 고문박물관, 로텐부르크(독일)의 형벌박물관도 있지만, 필라델피아에서는 감옥 전체를 박물관화한 셈이다. 이 감옥에 입장하여, 구석구석 살펴보면서, 근대감옥의 건축과 감방과 수형자의 생활을 체감할 수 있었다. 박사논문을 쓸 때 미진했던 부분과 남은 의문점들이 해소되는 느낌이었다.

물론 느낌만으로 글을 완성할 수 없다. 펜실베니아 대학의 중앙도서관은 감옥논쟁의 중심지의 도서관답게, 19세기와 20세기의 관련 자료들로 빼곡했다. 이 원사료들을 대하면서, 많은 경우 2차문헌의 인용에 머무를 수밖에 없었던 80년대의 개인적 · 시대적 한계를 뛰어넘을 수 있었다. 그래서 박사논문의 내용을 처음부터 재음미하면서, 이 책의 제1부를 다시 쓸 수 있었고, 근대감옥 및 현대행형의 흐름을 정리하는 글을 낼 수 있게 되었다.

이 책의 완성에 이르기까지 저자는 참으로 많은 이들의 도움을 받았다. 역설적인 도움부터 이야기해보자. 박정희의 유신정권이 나를 유치장에 넣지 않았더라면 이런 주제가 나를 사로잡았을까. 전두환 정권은 적어도 두 가지 기여를 했다. 사법시험의 마지막 단계인 면접시험에서 나를 불합격시킴으로써 법학자의 외길 정진을 하도록 했고, 석사장교 제도를 만듦으로써 선배 세대보다 일찍 학위논문을 쓸 수 있는 시간적 여유를 준 셈이다. 우리 세대의 많은 이들의 운명과 삶을 예기치 않게 강제했던 그 세력들도 감옥에 갔다. 동양최대라던 교도소와 보호감호소를 만들어 낸 장본인이 "여러분은 감옥에 절대 가지 마시오"라고 석방인사를 했을 때, 그것은 한국현대법사의 가장 역설적인 장면의 하나였을 것이다. 역설은 그뿐 아니다. 감옥은 나쁜 사람들이 가는 곳이다. 그런데 우리의 독립운동사에서 감옥을 빼버리면 어떻게 될까. 민주화운동의 역사에서 감옥 체험을 빼놓고 이야기할 수 있을까. 역대 대통령 중 3명은 사형선고를 받고 복역한 적이 있으며, 정치인들은 감옥 담장 위를 걷고 있다는 말이 지금도 통용될 지경이다. 감옥에 대한 관심은 근대 이후 한국인의 삶 속에 녹아들어 있는 셈이다. 그렇다면 "감옥이란 무엇인가"는 여전히 본격적인 이론적 질문거리일 수 있는 것이다.

이제 정식으로 감사의 인사를 드리고 싶다. 우선 은사이신 이수성 선생님이다. 선생님은 어려운 시대에 부정의한 제도에 희생당하는 제자들과 마음을 같이하면서, 그들을 빼내는데 최선을 다했다. 그러면서도 '분노의 법학'이 아닌 '사랑의 법학', 차가운 법학이 아닌 '따뜻한 법학'을 지향할 것을 훈도했다. 심영희 교수님은 본 연구의 모태가 된 저작들을 입수하여 나눠주시고 대학원 시절의 공부를 이끌어주셨다. 공부는 학교에서 그치지 않고, 교수님의 댁에까지 이어졌다. 치열했던 대학원 공부모임을 함께 이끌었던 이철우 교수는 유학을 떠난 뒤, 내가 요청하는 자료를 공들여 찾아주고, 아울러 학계의 동향을 알려주었다. 심헌섭, 신동운 교수님은 생경한 감정과잉의 주장을 여과시켜 주려 애써 주셨다. 이승호 교수와 같은 주제를 토론하며 지낸 시절의 추억도 소중하다. 아울러 감옥연구에 필수적인 현장의 길잡이에 도움을 준 스웨덴, 미국, 한국의 행형당국 및 유관 기관 및 대학들에도 감사의 뜻을 표하고 싶다.

2005년 12월

한인섭 씀

차　례

제1부　근대감옥의 역사적 형성과 사회적 기능
—영국과 미국의 제도를 중심으로—

제 2 부 현대 행형의 실제
—스웨덴과 미국의 제도와 운영을 중심으로—

제 1 부

근대감옥의 역사적 형성과 사회적 기능

—영국과 미국의 제도를 중심으로—

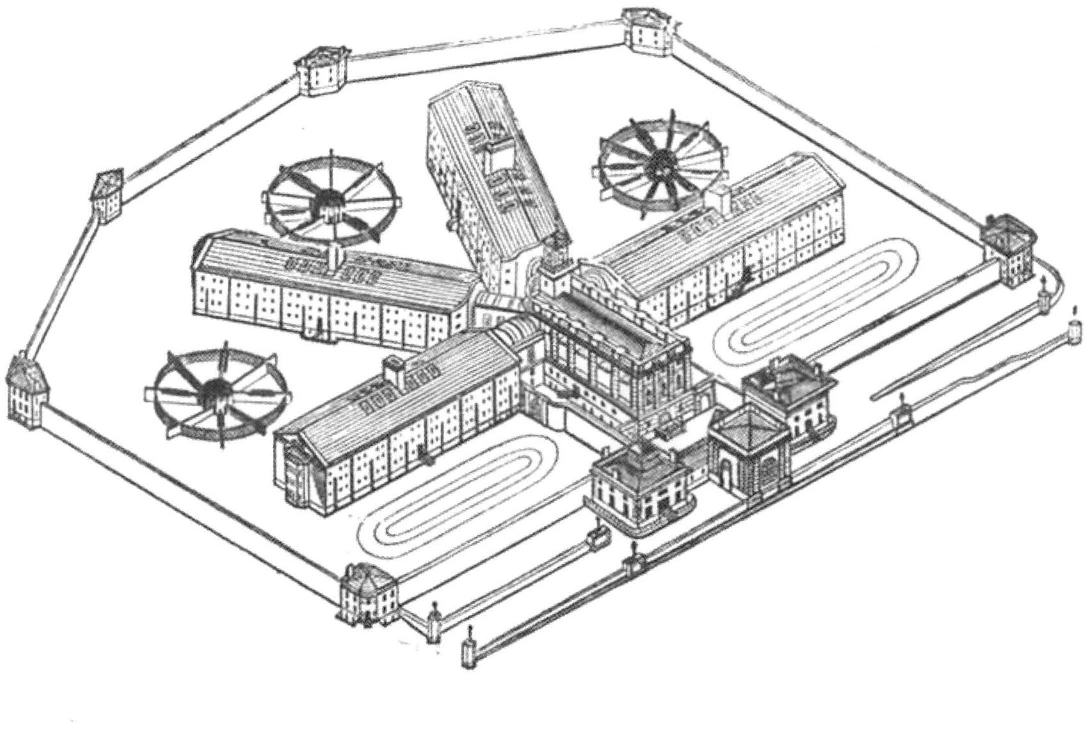

제1장 감옥(교도소)이란 무엇인가

죄 지으면 어떻게 되는가. 처벌받아야 한다. 그럼 어떤 처벌을 받는가. 중한 죄는 감옥(교도소)가고, 보다 경미하면 벌금을 낸다. 이것이 우리가 아는 형벌의 모습이다. 벌금은 감옥보다 큰 위협으로 의식되지 않거니와, 벌금을 못 내면 감옥에 간다. 운 좋게 집행유예나 보호관찰을 받더라도, 유예 · 관찰 기간 동안 잘못하면 감옥행이다. 사형은 있지만 거의 집행되지 않는 상태이며, 사형수도 다른 수형자와 감옥에서 동거한다. 이같이 우리 형벌의 중추는 자유형이고, 그 형집행은 감옥(교도소)에서 이루어진다.

'죄 지으면 감옥간다'는 생각은 일반 시민들의 생활과 의식 속에 뿌리내려 있다. 일상적인 행동과 태도의 결정에 감옥의 존재는 일정한 영향을 미친다. 범죄를 결행하려는 자에게, 또 범죄혐의를 받고 있는 자에게 감옥의 존재는 훨씬 피부에 와 닿는다. 사회 있는 곳에 범죄가 있기 마련이라면, 범죄 있는 곳에 감옥이 있기 마련이란 느낌도 있다.

감옥은 범죄자를 처벌하기 위한 "당연하고 자연스러운 사회적 반응"일까? 그렇지 않다. 처형(處刑)된다는 말이 아직까지 쓰이고 있다. 이 말은 "형벌에 처한다"는 뜻과 "사형에 처한다"는 뜻이 다 포함되어 있다. 형벌하면 사형을 떠올리던 시대에 생겨난 말이다. 죄 지으면 처형, 즉 사형당한다는 시대도 있었던 것이다. 어떤 방식으로 처형했던가를 일별해보면 인간성에 대한 회의를 불러일으킬 만큼의 잔혹사의 연속이었다. 다른 한편, 착하지만 돈 없는 흥부는 "태형 30대"를 대신 맞고 가족생계를 부양하려 했다. 그 때에는 태형—엉덩이를 벗겨 매질하던 방식—이 경미범죄에 대한 통상적 처벌이었던 것이다. 이렇듯 인간의 몸을 직접적인 타격대상으로 삼던 시대는 서양에서는 19세기 중반까지, 한국에서는 20세기 초반까지 내려왔다. 이런 시대를 살았던 사람들에게는, 때리지도 않고 죽이지도 않고, 건물의 방안에 가만히 놔두면서 의식주를 제공하는 것이 과연 형벌일 수 있을까 하는 의문을 제기할 법도 하다.

그러면 감옥은? 감옥은 자유형을 집행하기 위한 수용시설이다. 감옥은 자유형의 보편화에 따라, 혹은 그 보편화의 전제로써, 성립된 것이다. 우리가 알고 있는 자유형과 감옥은 서양에서 18세기 후반에서 19세기 중반에 걸쳐 확고하게 제도화되었다. 18세기 후반 이전까지 감옥은 보편적이고 자명한 현상이 아니었다. 감옥은 역사적으로 한정된 시기에, 한정된 지역에서, 형벌개혁가들의 의식적인 노력과 근대국가의 수용을 통해 만들어진 것이다. 이 시기에 감옥제도의 정착을 선도한 것은 산업혁명을 태동시킨 영국과 근대적 입헌국가를 출범시킨 미국이었다. 다른 유럽 국가들도 앞서거니 뒤서거니 하면서, 이 두 국가의 사례를 참조하여, 자유형과 감옥을 기본제도로서 정착시켰다. 서구의 감옥제도는, 그 후 제국주의의 식민지 침탈과 함께 식민지에 강제 부과되었고, 식민지를 면한 국가에도 다투어 이식되었다. 이렇게 감옥은, 자유형과 더불어, 근대국가를 표상하는 주요한 시설이자 제도로 자리잡게 되었다.

감옥은 근대 이전의 처벌과 매우 다르다. 신체를 타격대상으로 삼았던 근대 이전의 형벌은 복잡한 도구 및 시설을 필요로 하지 않았다. 형구, 형집행자, 그리고 무대만 있으면 되었다. 형집행에 드는 시간도 비용도 적었을 것이다. 감옥은 다르다. 감옥의 건축과 그 유지를 위해서는 막대한 비용이 들며, 일정한 기간 동안 수형자들을 먹이고 입히고 재워주어야 한다. 그 기간은 호텔체류와 같이 단기가 아니었기에 그 비용도 보통이 아니었다. 참으로 유의할 점은 감옥은 죄인을 그저 가둬두고 처박아놓는 곳이 아니라는 점이다. 근대 이전에 사람을 잡아가두는 시설, 가령 공개처형을 기다리는 대합실로서의 구금시설은, 탈출방지를 위한 경비를 두텁게 하고 처형 때까지 먹을 것만 제공하면 족했다. 그러나 근대감옥은 형기 동안 수형자들을 가만 놔두지 않는다. 그들에게 일을 시키고, 훈련시키고, 교육을 시킨다. 그들의 모든 거동을 감시하고 훈육시킨다. 따라서 감옥에는 작업 · 교육 · 종교적 감화 · 감시

감독 등을 위한 체계적인 시설과 인력이 갖추어져야 한다. 수형자들을 감시하에 두면서 잘 훈육하여, 어떤 인간으로 만들어 내보낼까 하는 것에 대해 숱한 논쟁이 야기되었고, 실험들이 이어졌다. 그러나 한 가지 공통점은 수형자들을 지금 이대로 두어서는 안된다는 인식이었다. 수형자들은 변화 · 개선되어야 할 자이며, 그를 위한 비용과 인력의 지출은 사회와 국가가 기꺼이 감당하겠다는 것이다. 시민들과 국가가 이러한 생각과 자세가 되어 있는 경우에만 감옥은 한 나라의 주요한 형벌제도로 뿌리내릴 수 있을 것이다.

이 글의 기본적 의문점은 다음의 것들이다.—18세기 후반부터 19세기 중반까지의 시기에 서구에서 감옥이 탄생하고 보편화된 이유는 무엇일까? 감옥은 근대국가 혹은 자본주의적 근대사회와 무슨 관련성이 있는 것일까? 감옥의 설비와 관리에 소요되는 거대한 지출을 왜, 어떻게 감당하려 했을까? 감옥시설을 통해 근대사회와 국가는 죄수(수형자 · 재소자)들을, 나아가 잠재적 죄수들을, 어떻게 다루고 개선시키려고 소망했던 것일까? 수형자의 교화개선이라는 표면적 소망 뒤에는 다른 필요와 욕구가 자리잡고 있지나 않았을까? 19세기 후반 이래의 감옥제도 및 목표설정은 그 감옥형성기의 그것과 질적인 차이가 있는가 어떤가? 오늘날의 교정시설은 근대감옥의 유산을 얼마나 이어받고 있는가?

이 의문점을 규명하기 위해 저자는 18-19세기의 영국과 미국의 감옥제도를 중심으로 분석하고자 한다. 근대감옥의 원형적 모델의 형성과 국가의 기본적인 사회통제수단으로서의 제도화, 그와 관련된 형벌 및 행형 사상의 전개는 바로 근대자본주의 성립기의 영미의 이론적 · 실천적 노력에 크게 힘입고 있는 것으로 보이기 때문이다.

근대감옥이 탄생한 18세기 후반부터 19세기 중반까지는 서구사회에서 거대한 전환(great transformation)을 겪은 시기다. 전통사회에서 산업사회로의 본격적인 변화가 일어났다. 기계화 · 산업화 · 도시화와 함께 계급관계가 바뀌고, 삶의 양식이 바뀌며, 문화적 기준이 근본적으로 바뀌게 된다. 이 시기는 또한 지성에 의한 사회의 조직화가 본격적으로 전개된 시기이기도 하다. 이전 사회가 유구한 전통과 관습으로 전래되어온 사회를 부분적으로 수선해가면서 유지해왔다고 한다면, 이 시기에는 이성적 원리에 의거하여 사회와 국가를 먼저 구상하고, 그에 맞추어 사회와 국가를 재조직화하려는 발상을 가진 지성인들이 등장했다. 정치적으로는 앙시앵 레짐과의 대결을 통해 계몽사상가들은 근대국가의 기본원리를 만들어냈다. 각국의 시민혁명 이후의 정치적 변화는 지성에 의한 조직화의 산물이다. 형벌 및 행형의 영역에서도 계몽사상가들의 선도적 노력과 박애주의적 개혁가들의 헌신과 고투가 있었다. 인도주의적 개혁가들, 그리고 공리주의 개혁가들은, 근대 형벌을 기획하고 제도화하는 한편 근대감옥을 만들어낸 동력을 제공했다. 잔혹하고 야만적인 형사제도를 혁파하려는 노력이 집적된 시기의 형벌사를 "인도적이고 합리적인 개혁의 역사"로 정리할 때, 그것은 상당한 진리를 담고 있음이 틀림없다. 박애주의적 정열로 평생을 불살랐던 위인들의 발자취는 시대를 넘어선 찬사와 존경을 받아 마땅할 것이다.

그러나 거대한 사회변화가 선구적 개인들의 사상과 정열의 결과물이라고 간주하는 것은 실상을 지나치게 단순화한 것이며 때로는 사실의 왜곡을 가져온다. 중세를 무너뜨린 동력 중의 하나는 페스트로 인한 인구의 격감이었다면, 미국의 독립은 영국으로 하여금 식민지유형 대신 다른 대안을 찾도록 하는 급작스런 압력을 제공했다. 현실 속에는 지킬박사와 하이드가 늘 따로 있는 것도 아니고, 과학의 고매한 이상은 프랑켄쉬타인을 만들어내기도 한다. 우연과 필연이 서로 뒤섞인다. 인간은 역사를 만들어내지만, 역사는 인간이 원하는 대로 만들어지는 것은 아니다. 박애주의 및 공리주의를 표방한 개혁가들은 새로운 무언가를 추구했지만, 실제 만들어진 것이 그들이 소망하던 그것이었는지는 별개로 판단될 문제다. 그들이 일정한 성과를 거두었다면, 또한 되물어져야 하는 것이 있다. 왜 다른 시대에는 그러한 박애주의자 · 인도주의자들이 출현하지 않았던가, 혹은 출현했어도 그 시대엔 그만한 성과를 못낸 이유는 무엇인가. 말하자면 "사상이 시대를 만나" 결실을 거두었다면, 그 사상이 결실할 수 있었던 그 "시대적 배경"은 무엇인가 하는 점이다. 때문에 형벌제도의 '근대화'는 거시적인 역사적 흐름과 사회체제와 관련시켜 논의되어야 할 필요가 있는 것이다.

이 글은 감옥제도를 둘러싼 형벌제도상의 변화가 어떠한 역사적 과정을 거쳐 이루어졌고, 그러한 변화를 추진시킨 동력은 무엇이었는가 하는 점을 규명하고자 한다. 역사적 탐구의 이점 중의 하나는 모든 제도를 상대화시킬 수 있다는 것이다. 당연한 것처럼 보이는 현상이 실은 당연하지 않은 것이다. 감옥제도라는 당연하지 않은 현상이 당연한 것처럼 여겨지게 되기까지의 과정을 추구하면, 우리는 형벌과 사회구조 내지 형벌과 사회체제와의 관계를 보다 깊이 이해할 수 있다. 사회통제의 주요한 수단으로서의 근대감옥이 근대적 사회통제 일반과의 관련성이 여기서 주목될 수 있다.

이 글은 역사적 관심을 도외시한 채 형벌일반의 정당화에 치중해온 기존 형법학 내지 법철학의 일부 경향[1]이나, 형벌제도의 사회구조적 측면에 대한 논의 없이 미시적이고 기술적인 차원에서 정책과학을 지향해 왔던 종래의 주류 범죄학 및 주류 행형학[2]과는 다른 접근을 꾀하고 있다.

감옥은 하나의 국가제도이다. 따라서 감옥연구가 제도의 도입과 정착, 변화의 논의에 치중해온 것도 이해할 만하다. 즉 감옥을 일종의 특수한 목적과 그것을 실현하기 위한 특별한 수단을 구사하는 특수한 사회제도라고 보고, 이를 일반적인 사회현상과 분리하여 설명하려는 경향이 있어 왔다. 하지만 어떤 감옥도 사회적 진공 속에 자리잡고 있는 것은 아니다. 오히려 감옥은 "사회의 축도(縮圖)"로서의 모습을 지니고 있다. 감옥은 견고한 담벽과 폐쇄적인 관리를 통해 외부와 차단되어 있다. 수형자는 육지 속의 섬에 거주하며, 사회인들은 담벽 안을 볼 수 없다. 하지만 사회 내의 계급관계 · 권력관계는

---

1) 가령 H.Hart(1968), Punishment and Responsibility, Oxford: OUP, in G.Ezorsky ed.(1972), Philosophical Perspectives on Punishment, Albany: State Univ.of New York Press에 수록된 논문을 참고할 것. 대체로 이들 논의에서는 구체적인 제재의 형태, 기관, 실행방식 등을 문제삼지 않고 "형벌 자체"를 대상으로 하여 개인 대 국가라는 리버럴한 논의의 틀 안에서 형벌권(the "right" to punish)의 근거와 정당화를 추구하고자 하는 것으로 보인다. 이러한 경향에 대한 비판적 접근으로는 P.Carlen(1983), "On Rights and Powers: Some Notes on Penal Politics," in D.Garland and P.Young eds., The Power to Punish, London: Heinemann.

2) 주류 범죄학이 대체로 실용주의, 교정주의, 실증주의적 문제영역 안에서 논의를 진행시켜 왔다고 보는 입장으로서는 S.Cohen(1980), "Footprints in the Sand: A Further Report on Criminology and the Sociology of Deviance in Britain," in M.Fitzgerald et al.(eds.), Crime and Society, London: RKP., p.222. 한편 테일러 등은 주류 범죄학의 특성을 병리주의적 일탈관, 합의론적 세계관, 교정주의적 접근, 과학주의-실증주의 이데올로기, 일탈에 대한 사회적 맥락의 무시 등으로 집약하고 있다. I.Taylor et al.(eds.)(1975), Critical Criminology, London: RPK., p.6-8.

감옥에 그대로 반영되기 마련이다. 법앞의 평등이라는 지고의 이념에도 불구하고 감옥에는 밑바닥 인구들로 가득 차 있고, 사회 내의 지위와 재산의 후광은 감옥 내에서도 미치고 있다고 보여진다.

아울러 감옥은 자율적인 제도가 아니라 국가기구의 일부이기 때문에 감옥의 성격은 곧 당해 국가체제의 성격의 일단을 드러내는 것이다.[3] 그 사회와 국가를 알려거든 감옥을 보면 된다는 속설은 이러한 견지에서 이해될 수 있다.[4] 이런 점에서 감옥연구는 기묘하고 특수한 제도의 연구라는 차원을 넘어서 해당 사회의 사회질서의 성격과 사회적 권력의 배분상태, 나아가 국가의 문제를 이해하기 위한 접근로가 될 수 있을 것이다.[5] 본 연구에서 대상으로 삼은 영미의 근대감옥제도 역시 근대자본주의 사회와 국가를 이해하기 위한 하나의 실마리가 될 수 있을 것이다. 또한 오늘날 감옥제도의 보편성을 감안할 때, 본고의 논의는 특정 시기의 특정 국가의 연구라는 차원을 넘어서 근대 국가 일반의 감옥과 사회통제에 대한 보편적 의미 획득에 어느 정도 접근할 수 있는 가능성을 지닐 수 있으리라 생각된다.

명칭은 또 하나의 쟁점일 수 있다. 감옥이란 명칭은 우리에게는 지나간 시대의 유물이다. 조선시대에는 지금과 같은 자유형 집행을 위한 폐쇄적 구금시설로서의 감옥은 없었다.[6] 한국역사에서 "감옥"이란 명칭은 1894년 갑오개혁과 더불어 등장한다. 소위 근대적인 감옥과 행형제도는 갑오개혁의 흐름 속에서 감옥규칙(1894), 징역처단례(1895), 형법대전(1905) 등의 법제를 통해

---

3) G.Sykes(1958), The Society of Captives, New Jersey: Princeton University Press, p. 8.

4) 장기수의 체험을 통해 나온 다음 진술을 참조. "교도소는 세상으로부터 동떨어진 곳이 아닐 뿐 아니라 도리어 우리 사회, 우리 시대와 가장 끈끈하게 맺어져 있는, 그것의 어떤 복판을 이루고 있는 것이 사실입니다. 이를테면 피라밋을 거꾸로 세웠을 경우 그 꼭지점이 땅에 닿는 자리, 즉 피라밋의 전중압이 한 점을 찌르는 바로 그 지점에 교도소가 위치하고 있습니다. 이처럼 교도소는 사회의 모순구조와 직결된 공간임으로 해서 전 사회를 향하여 활짝 열려 있는 공간이라 믿고 있습니다." 신영복(1988), 감옥으로부터의 사색, 햇빛출판사, p. 108.

5) M.Fitzgerald and J.Sim(1982), British Prisons, Oxford: Basil Blackwell, p. 166.

6) 조선시대에는 장형(杖刑) 이상에 해당하는 죄를 범하면 수금(囚禁)하는 것을 원칙으로 했는데, 수금은 오늘날로 말하면 미결구금에 해당하는 것으로써, 서양의 구치감(goal)과 궤를 같이한다고 할 수 있다. 또 도형(徒刑)은 일정기간 동안 형벌로써 관아에서 사역을 시키든가, 제염소 혹은 제철소에서 작업을 부과하였다. 도형에서는 노역의 강제부과와 기간설정은 있으나, 일정 장소에 구금하여 처우한다는 관념과는 거리가 먼 것이었다고 보여진다. 상세는 윤백남(1948), 조선형정사, 문예서림, p. 62 이하; 中橋政吉(1936), 朝鮮舊時の刑政, 治刑協會, p. 249 이하.

제도적 근거를 마련했다.[7] 그러나 감옥이 본격적으로 정착하게 된 계기는 일제의 식민지 통치정책의 일환으로 1908-9년 사이에 경성감옥(뒤에 서대문형무소로 개칭)을 비롯한 전국 8개 지역에서 감옥제도가 강제이식되는 데서 주어진다고 할 수 있다.[8] 일제 하에서는 사형의 비율이 격감하고, 태형이 1920년부터 폐지되면서, 전국각처에 감옥이 설립되고 보편화되었다.[9] 감옥이란 말이 주는 어두운 인상을 바꾸어 "청신한 기분"으로 "면목일신"한다는 명목으로, 1923년도에 이르러 일제는 본국과 식민지의 행형시설을 "형무소"라는 이름으로 바꾸었다.[10] 형무소라는 말에는 형벌로써 노동에 힘쓴다는 생각, 혹은 노동을 통해 범죄자를 개선한다는, 작업형주의의 사상이 반영되어 있다. 나아가 1961년도에 이르면, "과거의 구금을 위주로 한 응보형주의에 입각한 형벌관념을 완전히 탈피하고, 수형자의 교정교화를 위주로 한" "민주적 교육형주의"를 표방하면서, 형무소의 명칭도 "교도소"라는 명칭으로 대체된

7) 1894년 제정된 감옥규칙은 새로운 감옥사무의 지침으로 제정되었다. 여기서 처음으로 기결감과 미결감을 나누고, 감수장(監守長)의 감옥시찰업무를 법적 임무로 하고, 압뢰(押牢)는 당시에 재감인(在監人)의 행장을 기록할 것을 규정하고 있다. 1895년 징역처단례는 도형과 유형을 역형으로 바꾸는 것을 그 주된 내용으로 하고 있다. 역형은 1896년 형률명례에 의해 일반인민 유죄자에게 과하는 것으로 규정되었다. 이러한 조선조 말기의 개별 법률들은 1905년 형법대전에 의해 일원화되었는데, 거기서는 주형으로 사형, 유형, 역형, 금옥, 태형의 5종으로 구분하였다(제92조-제93조). 이를 통해 역형, 금옥의 형태로 자유형이 일반법제로 정착되어가는 모습을 확인할 수 있다. 中橋政吉, 전게서, p. 279-292; 법무부(1987), 한국교정사, p. 222 이하; 문준영(1998), 대한제국기 형법대전 제정에 관한 연구, 서울대 법학석사논문; 도면회(1998), 1894-1905년간 형사재판제도 연구, 서울대 대학원 국사학과 박사논문 등 참조.

8) 본 제국주의의 조선침략의 첫 단계의 하나로 추진된 것이 본격적인 감옥시설의 확충을 들 수 있다. 악명높은 경성감옥 서대문출장소는 1908-9년 사이에 신축되어 보통 4-5백명, 많을 때는 700명까지 수용되는 대형수용소로 자리잡았다. 中橋政吉, 전게서, p. 127-129. 일제의 한국 사법부 침탈과정은 1909년 "한국의 사법 및 감옥사무의 완비가 인정될 때까지 한국정부는 사법 및 감옥사무를 일본국 정부에 위임할 것"이라는 각서를 강제함으로써 완성되었다. 전봉덕(1982), 일제의 사법권 강탈과정의 연구, 애산학보 제 2 집, p. 47-49.

9) 이종민(1998), 식민지하 근대감옥을 통한 통제 메커니즘 연구—일본의 형사처벌 체계와의 비교, 연세대 대학원 사회학과 박사논문, p. 96 이하 참조.

10) 1923년 감옥의 명칭을 형무소로 개칭하고, 전옥(典獄)의 관명도 형무소장으로 개칭하였다. 이 개정은 일본에서 만들어진 것을 그대로 수용한 것이다. 그 취지는, "감옥이라는 문자는 구시대의 뇌옥(牢獄)을 연상시키고 어조가 생경하여 재감자는 물론 일반사회에도 친숙해지기 어렵기 때문에, 이를 개칭하여 청신한 기분이 들게 함으로써 내용과 외관을 면목일신하여 근대행형제도에 대한 이해를 깊게 하려는 데 있다"고 주장되었다. 朝鮮總督府法務局 行刑課(1939), 朝鮮の行刑制度, p. 14. 그러나 형무소라는 명칭에 대한 이견도 없지 않았던 것으로 보여진다. "형이란 문자는 살(殺)이라든가 궤(劓)라든가 하는 의미가 있으므로 형무소라는 문자는 사형집행소의 의미로도 해석될 수 있다"는 것이다. 남기정 역(1978), 일제의 한국사법부 침략실화, 육법사, p. 190.

다.[11] 작업형으로부터 교육형주의로의 이념적 변화가 이루어진 것이다. 그러나 내부의 실상은 과거와의 단절보다는 연속의 측면이 더 강했고, 그래서 일반인들과 수형자들은 여전히 "감옥"이란 명칭을 계속 쓰고 있으며, 감옥은 "인권의 사각지대"란 말이 얼마 전까지 통용되어온 실정이다. 물론 최근에는 입헌적 법의 지배가 전면화되면서, 현재의 교정기관이 과거의 감옥과 구분되는 진전을 이룩하고 있으며, 헌법과 인권이 교도소의 담 안으로 들어가고 있는 경향을 무시해서는 안된다.[12]

저자가 여기서 "감옥"이란 말을 선택한 이유는 본문 전개와 관련된 불가피성 때문이다. 우선 18세기 후반부터 19세기 중반까지 구미에 자리잡은 자유형 집행을 위한 수감시설은 통상 prison 혹은 penitnentiary라 불렸다. 이들은 폐쇄적 시설 내에 수감자를 엄격히 고립시켜 놓고, 그들을 참회하도록 이끄는 것을 목표로 했다. 그러한 폐쇄성과 엄격한 내부 규율을 강조하는 의미에서 감옥이란 말을 택한 것이다. 다음 본고는 19세기 후반부터 감옥 자체의 개혁을 추구함과 아울러, 사회와의 연결을 강조하며 수감자의 사회적응 및 사회복귀를 강조하는 일련의 제도적 실험을 주목하고 있다. 이 때는 수감시설과 관련하여 reformatory, correctional institution, training center 등의 용어가 널리 쓰였으며, 교정 후의 사회복귀를 강조하였다. 교정(correction) 혹은 사회복귀(rehabilitation)의 이념을 표방하는 이러한 시설을 일러 "교도소" 혹은 "교정시설"이라고 부르는 것이 보다 적합할 것이다. 따라서 여기서 감옥이란 용어는, 어떤 선입견보다는, 앞시기의 (형집행을 위한 대기실로서의) 구치감 등과 구별하고, 뒷 시기의 교정기관(교도소) 등과 의식적으로 구분짓기 위해 선택한 것이다. 본문에서는 때로 "근대"감옥이란 말을 쓰기도 하는데, 근대를 부가하든 않든, 이 글에서 감옥은 모두 근대감옥을 가리킨다.

감옥(혹은 교도소)은 명칭상의 그것이 아니라 실제적 기능과 관련하여 쓰여져야 할 것이다. 우선 감옥 혹은 교도소로 명명된 시설은 당연히 본문의 감옥에 해당한다. 그러한 감옥(혹은 교도소)은 한국에서 현실적으로나 이론적으

11) 한국법제연구원(2005), 대한민국법률연혁집 제7권, p. 651-652; 한인섭(1998), 한국 형사법과 법의 지배, 한울아카데미 참조.

12) 한인섭(1999), 한국 교정의 딜레마와 당면과제, 서울대학교 법학 제40권 1호, p. 318.

로 모두 상당한 중요성을 부여받고 있다. 국가의 형사정책에서 감옥의 비중은 절대적이다. 교도소, 소년교도소, 군교도소 등의 교정시설에 1일 평균 수용인원은 5-6만 이상을 헤아리며, 교정직원 및 그를 보조하는 인력도 몇 만을 헤아린다.[13] 그러나 그것만 있는 것은 아니다. 누범을 수용하는 보호감호소, 군의 징계적 제재의 집행시설인 군영창은 그 내용을 보면 일정기간 동안 자유를 박탈하고 폐쇄적 구금을 시행하는 점에서 실제로는 감옥과 다를 바 없다. 다른 것은 "간판"일 뿐이다. 유치장은 단기자유형을 위한 시설로, 그리고 구치소는 미결구금을 위한 시설로 활용되고 있다. 막대한 시설과 인력이 교정시설의 운영에 매달려 있다. 벌금형도 미납하게 되면 노역장유치라는 형태로 자유형화하며, 그 집행은 교도소에서 이루어진다. 사형은 법제도적으로는 엄연하지만, 법현실상으로는 그 기능이 현저히 축소되고 있으며, 점진적 고사상태로 들어가고 있다고 할 수 있다. 이렇게 감옥(교도소)은 일반 범죄자들을 처리하기 위한 통상적인 기구로 확고하게 자리잡고 있다.

또한 형벌학, 행형학 및 형사정책적 논의에 있어서도 감옥이 매우 중요한 입각점이 되고 있음을 확인하기란 그리 어렵지 않다. 형벌학의 많은 논의는 자유형을 둘러싸고 전개되고 있는 감이 있다. 행형학(penology)은 사실 범죄자의 규율과 처우를 중심으로 하고 있다고 해도 과언이 아닌데, 그러한 규율과 처우의 상당부분은 감옥 내에서, 혹은 감옥제도와 관련하여 이루어지고 있다고 생각될 수 있다. 범죄학 혹은 행형학은 감옥제도의 정착 및 발전과 긴밀한 상관성 하에 발전해왔다.[14] 현대행형학은 사회내 처우(community treat-

13) 2004년 현재 우리나라의 교정시설의 수는 교도소 27, 직업훈련교도소 1, 보호감호소 1, 개방교도소 1, 여자교도소 1, 소년교도소 1, 구치소 12, 구치지소 2개가 있다. 이들 교정시설에 1일 평균 수용인원의 변동을 살펴보면, 1955년에 17,091명, 1960년에 19,406명, 1965년에 31,518명, 1970년에 36,164명, 1975년에 44,680명, 1980년에 50,000명, 1985년에 52,050명, 1990년에 53,169명, 1995년에 60,166명, 2000년에 63,472명을 기록하고 있다. 1990년대 중반까지 1일평균 수용인원은 6만명에 근접했으나, 90년대 후반부터 6만명 이상이 수용되어 있는 수준이다. 한편 인구대비 1일 평균 수용인원의 구성비는 최근 20년간 대체로 0.12-0.13%대를 유지하는 일관된 추세를 보이고 있다. 이 정도의 통계자료로도 현금의 형사정책에 차지하는 감옥의 비중을 충분히 짐작할 수 있다. 법무연수원(1985), 범죄백서, p. 151-154; 범죄백서(2003), p. 253-255 참조.

14) 병원이 의학의 발전에, 학교제도가 교육학의 발전에 결정적인 역할을 수행했듯이, 감옥은 범죄학과 행형학이 형성 · 발전하기 위한 제도적 무대를 제공했다고 볼 수 있다. 범죄자를 일정한 시설 내에 가두어 두고, 관찰 · 기록 · 실험을 통해 "과학적"이고 "실증적"인 지식체계가 생겨났다

ment)와 사회복귀 이념(rehabilitative ideal)을 강조하면서 감옥의 비중을 격하시키고 있지만, 거기서도 감옥은 여전히 강력하게 자리잡고 있다.[15] 이렇게 볼 때 감옥은 아직도 우리 사회의 기본적인 형벌수단이며, 형벌과 행형에 관한 지적 논의의 주요한 구성부분으로 자리잡고 있음을 확인할 수 있다. 때문에 감옥의 역사적 형성과 사회적 작용에 관한 연구는, 현대 한국의 행형제도에 대한 비판적 분석을 위한 직접자료로 삼을 수는 없다고 하더라도, 과연 감옥의 기능과 위상에 대한 이해의 폭을 넓혀, 밀도있는 대화를 위한 자료를 제공하는 정도의 의미를 찾을 수는 있을 것이다.

본문의 구성은 다음과 같다. 우선 기존의 연구경향의 한계를 지적하고, 새로운 개념과 이론적 관점을 논의함으로써 이 연구에서 주로 사용할 이론적 자원의 성격과 활용가능성을 검토해 보고자 한다(제 2 장).

본론은 크게 근대감옥제도의 형성의 배경 내지 맥락을 검토하는 부분 및 근대감옥제도가 구체적으로 발전해가는 과정에서 보여지는 감옥제도의 사회통제적 의미를 추구하는 부분으로 나누어져 있다. 먼저 앞부분에는 근대감옥제도의 형성을 위한 제도적 기원과 사회적 맥락, 그리고 이데올로기적 담론을 분석하고자 했다. 근대감옥의 맹아적 형태에 해당하는 징치감의 형성과 발전, 쇠퇴를 중상주의적 산업화를 추구하는 절대주의 국가의 주변계급에 대한 통제라는 각도에서 고찰한다(제 3 장). 다음 근대감옥제도와 관련된 사회적

고 할 때, 감옥은 범죄학 및 행형학의 대상집단, 관심방향 및 지향점을 결정하는데 작용했음은 분명하다. D.Garland(1985 a), Punishment and Welfare: A History of Penal Strategies, London: GoWer, p. 82-83 참조.

15) 사회복귀 내지 사회적 처우를 표방하는 프로그램이나 시설들은 자신의 요구에 순응하지 않을 때 '감옥으로 복귀'시키겠다는 위협을 배후에 지니고 있으며, 실제로 감옥과 대동소이한 억압장치를 사회복귀 사회내 처우와 같은 교정 이데올로기로써 정당화하는 경우도 적지 않다. 최근에도 사회보호법상의 보호감호소(1980-2005), 사회안전법상의 보안감호소(1975-89) 등이 형벌이 아니라 대상자의 재사회화와 재범위험성 교정을 표방하는 보안처분이므로 정당화될 수 있다는 주장이 계속되어 왔다. 그러나 수감자의 입장에서 볼 때 교정프로그램들은 여전히 억압적이며, 교정을 표방한 시설들은 실상 감옥에 못지 않은 억압적 시설임이 주장되고 있다. 이승호(1988), 처분적 사회통제의 이론구조에 대한 비판적 검토, 형사정책 제 3 호, p. 209 이하 참조. 이와 관련하여 라이트는 많은 경우 현대적 교도소는 자유주의의 겉옷을 걸친 감옥에 지나지 않는다고 주장하고 있다. O.Wright(1973), The Politics of punishment, A Critical Analysis of Prisons in America, New York: Harper and Row, p. 42-51 참조. 또한 구금적 처우로부터의 탈피를 주장하는 운동(Decarceration Movement)도 전통적인 구금제도를 대체했다기보다는 보완하는데 지나지 않았다는 견해도 제기되고 있다.

맥락 및 국가의 역할변화를 거시적으로 조망해 보고자 한다(제4장). 근대적 형벌제도는 신체형으로부터 자유형으로의 이행이며, 공적 처벌 경향의 후퇴 현상으로 설명된다(제5장).

18세기 후반부터 19세기 초반에 나타났던 근대감옥의 출현과 관련된 감옥개혁운동의 사상적 전개를 살펴보고 그 이데올로기적 배경을 살펴봄으로써 개혁운동집단의 문제의식과 지향점을 비판적으로 드러내고자 한다(제6장). 다음 구체적인 감옥제도의 전개와 그 사회적 작용을 규명하고자 한다. 영국과 미국의 감옥실험과 전파를 구체적으로 정리하면서 모델감옥의 발전과 그를 둘러싼 주요논쟁점을 탐색하고자 한다(제7장). 이어 감옥에 대한 미시적인 해부를 겨냥한다. 감옥의 기본적 요소를 거실(감방), 건축물, 노동, 종교(혹은 교육)로 설정한 다음, 각각의 요소들이 결합하여 이루어진 감옥과 그것이 지향하는 인간상을 규명하고자 한다(제8장). 나아가 감옥과 사회와의 관계를 살펴보면서, 근대감옥이 자본주의 국가에 있어서 갖는 의미를 거시적으로 조감해 보고자 한다(제9장). 본론의 마지막 부분은 근대감옥의 한계에 대한 자각과 함께 교정처우와 사회복귀를 표방하면서 나타난 새로운 교도소 모델 및 그 배경사상을 비판적으로 검토한다(제10장).

제2장 이론적 검토

1. 서 론

근대감옥의 성립과 발전이 어떻게 이루어졌는가 하는 점에 대해서는 형벌사와 행형사를 전공하는 학자들간에 대체적인 합의가 이루어져 있다고 생각된다. 역사가와 범죄학자들은 자유형과 감옥, 경찰 등 근대적 형벌제도들은 대개 18-19세기 사이에 만들어졌고, 이러한 제도들은 곧 형벌과 사회통제에 있어서 근본적인 변화가 있었음을 시사하는 것으로 지적하고 있다. 이러한 변화는 산업혁명을 가장 먼저 겪은 영국에서 가장 두드러지지만, 미국과 프랑스 기타 유럽제국에서도 유사한 변화는 충분히 확인될 수 있는 것으로 보인다.[1]

문제는 형벌을 포함한 사회통제에 있어서의 이러한 근본적인 변화가 누구의 주도 하에, 왜 발생한 것이며, 어떠한 방향으로 귀결되었는가, 그리고 전반적인 변화상을 어떠한 관점에서 해석해야 할 것인가 하는 점이다. 우선 개혁 전반에 대한 기왕의 통념적 시각은 진보와 개혁의 드라마로 압축될 수 있다. 다시 말해 근대형벌제도의 성립은 잔인성에 대한 인도주의의 승리, 암흑에 대한 계몽의 승리, 편견과 불합리에 대한 과학의 승리라는 일반적 구도하에 자리매김지워질 수 있다는 것이다.[2] 도중에 많은 무지와 편견 및 여러 가지 장애에도 불구하고 전반적인 방향은 합리적이고 인도적인 형벌과 행형

---

1) 변화의 내용에 대한 간단한 요약은 M.Ignatieff(1983), "State, Civil Society, and Total Institutions: A Critique of Recent Social Histories of Punishment," in S.Cohen and A.Scull eds., Social Control and the State, Oxford: Martin Robertson, p. 79-82.

2) D.Philips(1983), "A Just Measure of Crime, Authority, Hunters, and Blue Locusts," in S.Cohen and A.Scull, ibid., p. 51-52.

제도를 향해 확실히 진전되고 있었다는 목적론적인 전제가 이러한 서술에 깔려 있는 것으로 보인다. 이러한 입장에서는 근대적 형벌제도를 불가피하고 바람직한 개혁의 산물로 보는 경향이 있다.

전통적 서술의 또 하나의 특징은 제도 중심의 역사라는 것이다. 다시 말해 법적 · 행정적 제도상의 개혁 항목들을 열거하면서, 그러한 항목에 대한 기술에 치중하고 있다. 제도사적 접근은 곧 국가를 역사의 주체로 파악하고 비국가적 차원은 전자의 결과 내지 영향으로 보는 경향이 있다. 여기서 사회 · 경제적인 요인들은 경시되어 왔으며, 논의되는 경우에도 그것은 정치적 관찰의 한도 안에서 행해지는 경향이 있었다. 다시 말해 사회경제적 측면은 역사학적 관찰의 중심이라기보다는 국가적 활동의 배경 및 결과로서 간주되는 것이다.[3] 결국 제도 중심의 서술방식은 '국가'에 강조점을 둔 '위로부터의 역사'의 성격을 띠게 된다. 이러한 위로부터의 역사는 역사적 사실에 대해 엘리트 내지 지배층의 입장에 선 해석을 고무시켜 온 반면, 국가제도의 그물망에 둘러싸여 당대를 살아간 기층 민중의 관점은 주변적으로 취급되거나 무시되는 경향이 있어 왔다.

전통적 관점에서는 변화의 추진체로 형벌 개혁가의 양심과 정열을 특히 부각시키고 있다. 이러한 관점을 수용한 문헌에서는 개혁가 개인(혹은 집단)의 전기적 스케치, 활동내용, 저서와 팜플렛에 나타난 주장내용 등이 주로 다루어지며, 이들의 노력은 마침내 그에 부합하는 결실을 맺은 것으로 평가된다.[4] 역사를 만들어간 개인중심의 역사는 그러한 개인적 활동의 배후에 놓여 있는 관계와 상황에 대해 본격적인 주의를 기울이지 않는 경향이 있다. 근대

---

3) J.Kocka(1975), "Sozialgeschichte-Sturukurgeschichte-Gesellschaftgeschichte," Archiv fur Socialgeschichte(15), 신용하 편(1982), 사회사와 사회학, 창작과 비평사, p. 320 이하 참조.

4) 가령 영국의 형법, 형벌 및 경찰의 역사에 관한 대작을 남긴 라지노위츠의 기본적인 논조는 "영국의 역사가 진보의 역사라는 일반론은 형법의 경우에도 타당하게 적용될 수 있다," 나아가 "영국 형법은 언제나 영국민의 필요와 열망을 민감하게 반영해왔고, 당대의 지배적 이론의 영향 하에 계속 변화해 오고 있다"는 것이다. L.Radzinowicz(1948), A History of English Criminal Law and its Administration from 1750, vol. I, London: Stevens, p. ix 참조. 이 저작은 1986년까지 전 5권으로 간행되었다. 아마도 이러한 관점은 전통적인 리버럴리스트에게 폭넓게 공유되고 있다고 보여진다. 또 다른 예로는 C.Reith(1943), British Police and the Democratic Ideal, London: Oxford Univ. Press.

형벌과 행형사에 대한 기술에 있어서도 전통적 서술은 개혁가의 의도와 제도적 결과간의 괴리가능성, 개혁 프로그램의 계급적 측면, 개혁이 지닌 정치적 이데올로기적 함의, 개혁에 대한 "동의의 동원" 방식 등의 중요한 문제를 제대로 다루지 못하고 있다는 지적을 받아 왔다.

이제까지의 근대감옥과 사회통제에 관한 전통적인 접근에서 보여지는 일반적인 결함은 다음과 같이 정리될 수 있겠다. 첫째, 이들 연구에서 범죄·법·경찰·감옥의 역사는 주변적인 영역으로 치부되었다는 점이다. 여태까지 범죄학이나 행형학은 합의적인 사회관을 벗어난 예외적인 일탈자를 통제한다는 차원에서 다루어져 온 느낌이 없지 않다.[5] 둘째, 전반적인 변화추세를 필연적이고 바람직한 개혁의 역사로 이해함으로써 목적론적 관점을 지닌다는 점이다. 이들의 저작에서는 개혁에 대한 호의적인 입장에 서 있고, 다분히 개혁가들의 편에 서서 사물을 바라보는 입장을 취하고 있다.[6] 셋째, 변화의 동인은 인도주의적 개혁가의 이상과 그를 뒷받침한 개혁운동집단에 있는 것으로 여겨진다. 따라서 개혁이 가능하게 된 사회적 배경, 집단적 역학, 개혁이 지닌 이데올로기적 함의 등의 맥락을 무시하고 있다. 마지막으로 제도적 변화에 치중하여 해석하고 형벌제도를 다른 사회제도와의 관련성에서 고찰하고 있지 않다는 점이다. 다시 말해 개혁항목에 대한 제도사적 서술은 있어도, 개혁을 둘러싼 사회사적 조망이 결핍되어 있다고 할 수 있겠다.

여기서는 위에서 지적한 통념적 해석이 지닌 문제점을 염두에 두면서 형벌과 사회통제에 대한 새로운 해석작업의 의의와 성격을 분석하고자 한다. 우선 새로운 해석이 나타나게 된 이론적·정치적 배경을 살펴보고, 감옥과 사회통제에 관한 대안적인 역사-사회적 분석을 행한 최근 몇 가지 주요작업을 비판적으로 검토해 보도록 하겠다. 이러한 선행적 검토를 통해 우리의 연

5) I.Taylor et al.(1973), The New Criminology, London: RKP., p.268 이하. 테일러 등은 이러한 범죄학의 협소한 관심과 시야를 비판하면서 범죄학이 거시적인 사회이론으로 복귀하기 위해서는 인간의 권력, 지배, 권위구조와의 관련성에 대한 근본적인 문제를 다룰 개념과 관점이 요구됨을 역설하고 있다.

6) 보수적인 범죄학자들은 물론이고 가령, 페비안 사회주의에 입각해 있는 웨브 부부 역시 이러한 서술방식에서 크게 벗어나지 못하고 있음을 보여준다. S.Webb and B.Webb(1922), English Prisons under Local Goverment, London: Longman 참조.

구를 위한 구체적인 지침을 얻어낼 수 있을 것으로 기대한다.

2. 이론적 배경

(1) 비판적 시각의 발전

이러한 지적 상황을 일변시키는데 기여한 것은 다음 2가지로 크게 나눌 수 있겠다.

첫째, 영국의 마르크스주의 역사가들에 의해 주도된 신사회사적 방법론이 크게 주목된다.[7] 역사서술에 있어서 계급투쟁의 역할을 강조한다는 점에서는 다른 마르크스주의자와 다를 바 없지만, 이들은 경제결정론의 입장에서 서지 않고 정치적 · 이데올로기적 · 문화적 요소들의 역할을 강조하고 있다. 이들은 기층 노동자와 농민, 그리고 미조직화된 대중의 축제, 의례, 스포츠 등을 분석하면서 하층계급의 정서적 측면과 의식세계를 이해할 필요성을 일깨우고, 하층계급이 단순히 역사의 수동적 희생자들이 아니라 스스로 역사를 만들어 나간 능동적 참여자였음을 강조하고 있다.[8] 이들은 하층계급의 입장에서 계급대립과 계급적 역학의 맥락 속에서 그들의 집단적 경험을 통한 의식의 획득을 부각시키며, 그 "경험" 속에서 본질적인 정치적 차원을 결코 시야에서 놓치는 법이 없다는 점에서 '아래로부터 위로의 역사'를 일관되게 전개하고 있음을 볼 수 있다.[9]

이렇게 사회사의 성격을 일신시킴과 아울러, 이들은 범죄와 형벌을 사회

7) 대표적인 논자로는 E.Hobsbawm, E.Thompson, G.Rude, C.Hill 등을 들 수 있다.

8) H.Kaye(1984), The British Marxist Histotians, Cambridge: Polity Press, 양효식 역(1988), 영국의 마르크스주의 역사가들, 역사비평사, p. 268.

9) Ibid., p. 9. 종래의 〈위로부터의 역사(history from above)〉가 정치사, 제도사 등 지배계급 중심의 역사를 다룬 것이었다면, 〈아래부터의 역사(history from below)〉는 민속사, 운동사 등에서 나타나는 바와 같이 피지배층의 의식과 행동의 자율성을 강조하는 경향이 있어 왔다. 이에 대해 〈아래로부터 위로의 역사(history from the bottom up to)〉는 역사진행에 있어서 계급투쟁과 그를 통해 획득된 경험과 의식을 강조하되, 그것을 지배층의 물리적 이데올로기적 전략과 관련시켜 역동적으로 분석하고자 한다.

사의 중요한 분석대상으로 끌어들였다. 이들은 사회질서, 법질서에 대한 규범적 합의가 존재한다는 합의론적 패러다임이 구체적인 역사 속에서 지지될 수 없음을 인정하면서, 노동자와 농민의 저항을 단순히 몰정치적인 히스테리나 공동체로부터 유리된 일탈자로 취급해온 경향에 대해 비판하고 있다. 이들은 모두 정치적 투쟁에 있어서 폭력과 무질서, 저항과 반란, 범죄행위에 대한 계급적 · 정치적 해석을 가하면서, 그에 대처하기 위해 대중이 어떤 반응과 태도를 보였는지를 변증법적으로 분석해내고 있다.[10]

이와 같이 신사회사적 방법론은 다소간 마르크스주의적 방법과 사학 특유의 경험론을 결합시켜 하층계급, 특히 프롤레타리아와 주변계급의 입장에서 자본주의의 형성과 전개를 역동적으로 설명하려는 시도에서 특히 돋보인다 할 것이다. 나아가 이러한 일반적 관점은 범죄와 형벌 연구에도 여태까지 당연시되어 왔던 여러 가정 내지 경향을 깨트리면서 그에 대한 아래로부터의 정치사회학을 구축하는데 기여하고 있다고 생각된다.

다음 범죄학 내부에서 진행되어온 이론적 혁신을 살펴보고 이것이 형벌사에 끼친 영향을 살펴보자. 실증주의적 인식론과 교정주의적 퍼스펙티브를 내용으로 하는 주류범죄학은 낙인이론과 비판범죄학에 의해 세찬 도전을 받게 되었다. 낙인이론은 행위의 동기가 아니라 범죄의 규정 자체를 문제삼음으로써 이제까지 당연시되어 왔던 사회통제를 논의의 전면으로 끌어올렸다. 낙인이론은 사회통제를 일탈에 대한 당연한 수동적인 반응으로 보는 경향을 비판하면서, 통제기구의 활동 자체가 일탈을 형성, 지속시킨다는 점을 강조함으로써 사회통제기관의 적극적 · 형성적 역할을 부각시키고 있다.[11] 아울러

10) E.Thompson(1975), Whigs and Hunters, London: Allen Lane; D.Hay et al.(1975), Albion's Fatal Tree, London: Allen Lane; E.Hobsbawm(1958), Primitive Rebels, New York: Norton Library; G.Rude(1959), The Crowd in History: A Study in Popular Disturbances in France England 1739-1848, New York: Wiley. 이들의 논의는 종래의 노동사 내지 사회사의 기술전통이었던 노동조합 중심의 경제 · 정치사를 벗어나 특히 폭력적 갈등의 제반 유형에 관심을 경주했다. 가령 혁명에 있어서 군중의 역할, 기계파괴운동에 대한 재해석, 비조직적인 소요, 폭동, 반란의 사회사에 커다란 진전을 이룩하고 있다. 이러한 논의는 이제까지 역사의 전면에 등장하지 못했던 집단, 가령 미조직화된 노동계급, 도시 빈민, 여성 및 수형자, 정신병자 등의 집단에 대한 본격적인 연구를 가능케 했다는 점에서 역사연구의 대상과 관점을 일신시키는데 기여했다고 볼 수 있다.

11) "일탈이 사회통제를 만들어 낸다기보다는 오히려 사회통제가 일탈을 만들어낸다는 명제가 더욱 풍부한 이론적 함축을 내포하고 있다"는 레머트의 지적에서 이러한 측면은 잘 드러난다. 레머트

범죄를 감소 · 제거하기 위한 여러 제도적 조치들이 오히려 범죄를 유발해내는 역설을 지적함으로써 기존의 형사사법제도 및 그 담당기관의 이데올로기적 기반을 붕괴시키는데 기여했다. 낙인이론의 이러한 부정적 비판은 가능한 일탈에 대한 국가의 간섭범위를 축소 내지 배제하려는 소위 시설구금반대 전략(anti-institutional strategy)으로 표출되기도 했다.[12)]

낙인이론은 법규정과 법집행에 있어서 여러 편파성을 입증하고, 범죄낙인의 사회적 의미를 해석함을 통해 주류범죄학의 문제영역과 접근방법에 도전했지만 그 자체 일정한 한계를 노정하고 있음이 곧 드러났다. 낙인이론은 낙인과 권력의 관계를 조명하려고 시도하기는 했지만 대체로 법이 제정 · 집행되는 과정의 기반에 놓여 있는 권력관계의 구조적 불평등을 제대로 드러내지 못했다. 이 실패는 사회통제의 계급적 기반과 국가의 성격을 분석하지 않고 사회통제를 미시적이고 다의적으로 해석하는 낙인이론의 경향 때문이다.[13)] 또한 낙인이론은 범죄 여부에 대한 사회적 합의가 덜 형성된 일탈유형, 가령 마약, 동성애 등 주변적인 일탈집단에 치중하고 있어 범죄학 연구의 핵심에 진입하지 못했다는 결함이 노정되었다.[14)]

비판범죄학은 낙인이론의 관심방향을 한편으로 이어 받으면서도 마르크스주의적 방법과 전망을 다소간 수용하여 범죄와 범죄통제의 문제를 계급적 · 정치적 맥락에서 규명하려는 의도로 등장했다. 비판범죄학은 범죄통제를 궁극적으로 자본주의체제와 국가의 하층계급에 대한 사회통제의 차원에서 논의되어야 함을 역설한다. 비판범죄학은 범죄에 대한 과학적이고 정책적인 지식의 가공에 관심이 있는 것이 아니라 범죄통제기관과 그것의 경제적·

의 이차적 일탈(secondary deviation)의 개념은 이로부터 도출된다. E.Lemert(1967), Human Deviance, Social Problems and Social Control, New York: McGraw-Hill, p. v. 또한 매처의 다음 명제를 보라. "특정 부류의 인간의 병리성을 예방, 간섭, 치료하려는 시도 그 자체가 방위하고자 하는 바로 그 경향을 촉진, 악화시킨다." D.Matza(1969), Becoming Deviant, New York: Prentice-Hall, p. 80.

12) 낙인이론가의 정책적 처방은 가능한 국가의 개입범위를 축소하자는 방임적 입장에 의거하고 있는 경우가 많다. 이는 비범죄화(decriminalization), 비형벌화(depenalization), 시설내 구금제의 철폐(decarceration) 및 사법절차로부터의 탈피(diversion)라는 소위 4D정책으로 요약되기도 한다.

13) 심영희(1988), 국가권력과 범죄통제, 한울, p. 7-8.

14) 가령 낙인이론의 대표적 저서 가운데 하나라고 할 수 있는 H.Becker(1963), Outsiders: Studies in the Sociology of Deviance, New York: Free Press를 보면 이런 측면은 금방 확인될 수 있다.

정치적 배후인 자본주의 경제체제와 자본주의국가의 형벌전략을 비판하고 있다.[15)]

이 같은 이론적 발전은 감옥을 둘러싼 정치환경의 변화와 긴밀한 연관을 맺으면서 진행되었다. 1960년대 후반부터 구미 각국에서 본격화된 일련의 움직임—수형자들의 정치의식의 신장, 권리확보를 위한 법적 · 정치적 투쟁, 나아가 감옥 내 소요와 폭동— 등의 빈발 등은 기존 형벌과 교정 제도 전반을 뒤흔들어 놓는 것이었고, 감옥제도의 제도적 · 이데올로기적 기반에 대한 근본적인 회의와 불신을 촉발시켰다.[16)] '감옥의 실패', '교정의 위기'라는 표어에서 볼 수 있듯이 기존의 형벌-교정제도에 대한 점증하는 위기감[17)]은 결국 자본주의국가에 있어서 감옥이 차지하는 비중과 기능, 감옥의 역사적·사회적 기원과 존립근거에 대한 근본적인 문제제기로 연결되는 경향이 있었다.[18)]

(2) 문제영역과 관점상의 변화

이러한 역사적 관심이 이론적으로 가시화됨과 함께 근대 형벌제도에 대한 기왕의 통념들은 근본적으로 도전받게 되었고, 그에 대한 이론적인 재구성 작업이 활기를 띠게 되었다. 물론 이러한 수정주의적 역사해석은 다양한 갈래에서 나왔고, 상이한 구성전략을 지니고 있지만, 그 가운데에서도 몇 가지 뚜렷한 공유점은 확인될 수 있으리라 생각된다. 첫째, 근대감옥과 여타의 사회통제기구의 등장을 당연히 "개혁"으로 묘사해온 경향에 대한 비판적 입장이다. 다시 말해 제반 변화를 바람직한 방향으로의 이행이라 해석하는 목

15) 심영희, 전게서, p.9; R.Quinney(1977), Class, State, and Crime, New York: David Mckay; I.Taylor et al. eds.(1975), Critical Criminology, London: RKP. 참조.

16) American Friends Services Committee(1971), Struggle for Justice, Philadelphia: Hill and Wang 참조. 이 저작의 기본관점은 "정의롭지 못한 사회에서 정의로운 형사사법체계를 구축한다는 것은 어불성설이다. …… 우리의 가치관의 근본적인 변화와 사회적 · 경제적 제도의 철저한 재구성이 없이는 그를 피상적으로 개량하는 것 이상을 성취할 수 없다"(p.12-16)는 데서 잘 보여진다.

17) A.Bottoms et al. eds.(1980), The Coming Penal Crisis, Scottish Academic Press; F.Allen(1981), The Decline of Rehabilitative Ideal, New Haven: Yale Univ. Press.

18) M.Ignatieff(1983), p. 76.

적론적 관점과의 인식상의 단절이 여기서 분명히 드러난다. 가령 19세기 초반 미국의 수용소를 분석한 로쓰만에 따르면,

> 전통적 연구들은(수용소의 채택이라는) 특정한 조치가 다른 조치를 물리치고 그 사회(잭슨시대의 미국: 역자)에서 채택된 이유를 문제삼고 있지 않다. 제도적 혁신을 일종의 개혁으로 서술함으로써 그들은 수용소(asylum) 제도가 인간애의 진보에 따른 필연적이고 확실한 단계임을 상정하고 있다. 겉으로 볼 때 이는 기존 여건에 비해 명백히 개선된 것이고 다른 대안들보다 나아간 것이었다. 선의를 지닌 현명한 시민이라면 지지할 설비이기도 했다. 하지만 그러한 시각은 그릇된 논리이고 오도된 역사상을 만들어낸다. 수용소 형태에 대해 필연적인 어떤 것도 없으며, 박애주의자들이 이를 채택하지 않으면 안될 어떤 자명한 이유도 존재하지 않았던 것이다.[19)]

요컨대 감옥 기타 사회통제기관은 역사발전에 따른 필연적이고 자명한 산물이 아니라 특별한 사회적 필요성에 부응하기 위해 특정시기에 특정집단에 의해 추진된 발명품이라는 것이다. 여기서 근대적인 형벌제도가 과연 어떠한 사회적 맥락에서, 어떠한 사회적 필요성에서, 어느 계급의 어떠한 이익을 위하여 고안 · 확대되었는가 하는 지적 관심을 쏟게 된다.

둘째, 변화의 동인 내지 추진력에 있어서 관념론적 해석에 대한 비판과 그에 대한 대안을 모색하는 경향을 들 수 있다. 앞서 살펴보았듯이 종래의 행형학과 형법학에서는 개혁가의 계몽적 지성과 개인적 헌신 등의 측면을 강조하거나, 개혁의 제도적 · 법적 측면에 논의의 역점을 두어 왔다. 하지만 개혁가 역시 진공 속에 살아간 것이 아니라 할 때 개혁가를 둘러싸고 있는 사회환경, 개혁가의 고민과 전망에 영향을 끼친 사회적 · 경제적 · 지적 배경 등과 비판적으로 연결시켜 보는 것이 훨씬 타당할 것이다. 개혁에 있어서 주관적 의지만을 강조할 경우에는 왜 하필 그 시기에 그러한 개혁이 구상되고 실천되었는가 하는 점에 대한 해명이 궁색할 수 있다.

셋째, 근대감옥의 등장을 고립적인 현상으로 파악하지 않고, 이 시기에

---

19) D.Rothman(1971), The Discovery of the Asylum, Boston: Little, Brown, p. xiv.

나타난 일련의 사회통제기관과의 연계 하에서 해석하고자 하는 경향이다. 이들이 보기에 감옥의 원리는 정신병원 · 학교 · 노역소 · 공장 · 병영과 같은 총체적 수용시설(total institution)[20]에도 확산 · 적용되어질 수 있는 것으로 본다. 이들 제도는 같은 개혁가들에 의해 입안 · 실시된 경우도 적지 않고, 시설내 인간의 관리와 통제에 있어서 별 차이점이 없다. 그렇다면 이들 제도를 근본적으로 변화된 환경 위에서 사회질서의 확보와 경제적 재생산을 위한 통제전략의 산물로 이해할 수 있지 않는가 하는 생각을 가져볼 법도 한 것이다.

형법학에서는 감옥제도를 자유형과 관련시켜 설명하고, 형사정책적 논의에서는 기술적 · 정책적인 관심사항의 일환으로 취급하는 경향이 있다. 하지만 형법학에서는 감옥의 구체상과 실질을 알 수 없고, 형사정책적 논의에서는 교정과 개선의 논리에 입각하여 논의가 진행되는 까닭에 감옥제도에 대한 구조적인 분석을 행하기 용이하지 않은 면이 있다. 따라서 감옥제도를 포함한 형벌제도는 기술적이고 법이론적 차원에서가 아니라 전반적인 사회과정 및 사회체제와 관련시켜 논의되지 않으면 그것의 실질적 · 구조적 측면을 이해하기 곤란하다고 생각된다. 형벌제도에 대한 사회학적 · 역사적 분석을 위한 루쉐 등의 권고는 여기서 충분히 음미될 필요가 있겠다.

> 형벌제도의 사회학을 제대로 접근하려면 형벌이라는 사회제도로부터 그 법률적 외관과 이데올로기적 가면을 내던지고 그것을 실체적 관계 속에서 기술할 필요가 있다. 범죄와 형벌 사이에 존재한다고 여겨지는 유대관계는 형벌제도사의 독자적인 중요성을 이해하는데 장애가 된다. 따라서 이는 단절되지 않으면 안된다. 형벌은 범죄의 단순한 결과도, 범죄의 반대쪽 면도 아니고, 목적을 위한 일종의 수단만도 아니다. 형벌은 그 법개념 및 사회적 목적과는 무관한 하나의 사

20) 근대사회의 일반적 사회생활은 i) 서로 다른 장소에서 노동, 휴식, 수면생활이 이루어지고, ii) 서로 다른 동료 및 다른 상급 권위와 대면하게 되며, iii) 생활 전반에 걸쳐 합리적으로 꽉 짜여져 있다고 볼 수는 없다고 할 수 있다. 반면 감옥으로 대변되는 세계는 이러한 사회적 면모와 정반대되는 성격을 지니고 있다. 즉 감옥에서 수형자들은 i) 모든 생활이 한 구역 내에서 이루어지고 언제나 동일한 권위와 대면하게 되며, ii) 수형자들은 모두 동등하게 다루어지고, 같은 짓을 하기로 요구받는다. iii) 일상생활의 하나하나가 사전에 세밀하게 꽉 짜여진 일정에 따르도록 되어 있으며, 전 활동은 자율적으로 선택되는 것이 아니라 위로부터 지시된다. iv) 갖가지 부과된 활동은 제도의 관료적 목적을 달성하기 위한 단일한 계획에 의해 합리적으로 의도된 것이다. 이러한 감옥과 같은 이러한 성격을 지닌 제도를 고프만은 총체적 수용시설(total institution)이라 명명하고 있다. E.Goffman(1961), Asylums, Chicago: Aldine, p. 6 이하.

회현상으로 이해되어져야 한다. 형벌에 특유한 목적이 있음을 부인하자는 것은 아니지만 오로지 목적을 통해서만 형벌을 이해할 수는 없다는 것이다.[21)]

감옥제도를 이와 같이 전반적인 사회체제 내지 사회관계의 틀 속에서, 또 다른 통제기구와의 관련 하에서 보려고 할 때, 기존의 형벌사에 대한 접근방법은 근본적인 문제를 안고 있음을 쉽게 확인할 수 있다. 그러면 이하에서는 대안적인 역사-사회적 분석을 구체적으로 행하기 위해서는 우선 이러한 문제영역을 다소간 공유하고 있다고 보여지는 이론적 자원들을 검토해 보기로 하겠다.

3. 근대감옥과 사회통제에 대한 역사—사회적 분석

감옥을 포함한 형벌제도는 역사적 · 사회적 진공지대의 산물은 아니다. 감옥은 고립된 공간과 제도적 규율의 집행으로 이루어지지만 어떤 면에서는 사회적 · 경제적 · 도덕적 모순의 한가운데 자리잡고 있다. 감옥은 사회의 축도로서의 모습을 지니고 있으며, 사회적 갈등과 모순을 집약적으로 응축하고 있는 장이기도 하다. 그러기에 감옥에 대한 관심은 단순히 특수한 제도에 대한 특이한 관심사임을 넘어서 그 제도가 기반하고 있는 사회구조를 이해하기 위한 한 실마리가 될 수 있을 것이다.

물론 이러한 문제의식과 관심영역 내에서 이루어진 이론적 성과는 생각보다 많지 않은 것으로 보인다. 일찍이 보몽과 토크빌은 미국 감옥의 형성기에 새로운 감옥유형들을 방문하면서 이들 제도들을 미국의 문화, 사회구조 및 정치체제와 관련시켜 연구한 바가 있다.[22)] 이들은 미국과 프랑스의 형벌 및 감옥제도를 비교하면서 미국 감옥의 형성에 작용한 박애적 · 종교적 전통, 미

21) G.Rusche and O.Kirchheimer(1939), Punishment and Social Structure, New York: Russell and Russell, p. 5.

22) G.Beaumont and A.Tocqueville(1833/1964), On the Penitentiary System in the United States and its Application in France, Cambridge: Southern Illinois University Press.

국 사회의 평등주의적 문화, 감옥여건과 정책에 작용하는 여론의 힘 등을 다각도로 분석해냈다. 이들의 저작은 당대에는 물론 오늘날에도 형벌에 대한 정치사회학적 접근에 한 고전적 범례를 제시해주고 있는 것으로 평가받고 있다.[23)]

이 방면에서 가장 고전적 노작으로 루쉐와 키르히하이머의 작업을 꼽을 수 있을 것이다. 그들의 주저 『형벌과 사회구조』는 간행 당시에는 그다지 주목을 받지 못했지만 자본주의 형벌제도에 대한 본격적인 분석이 이루어지게 되는 1970년대 이후에 그들의 작업은 다시 각광을 받으면서 비판이론가의 이론적 거점으로 독해되어 왔다. 다음으로 꼽힐 수 있는 것은 미셸 푸꼬에 의한 일련의 저작[24)]의 영향이다. 푸꼬의 저작은 각국의 형벌연구자들에게 큰 영향을 끼쳤다 할 것이다. 그와 함께 로쓰만의 미국 감옥의 분석, 이그나티예프에 의한 영국 감옥의 분석은 상호 보완적인 측면에서 읽혀질 필요가 있다. 이와 같이 각 논자들간에는 상당한 공유점이 확인되어짐과 함께 이론적 관점과 강조점에 있어서 차이를 보여주는 것도 사실이다. 따라서 이하에서는 각 논자들의 이론적 맥락과 시각을 제시함으로써 감옥을 포함한 형벌제도 일반을 역사적 · 사회적으로 고찰하는데 기여하고자 한다.

(1) 형벌제도의 경제적 측면

형벌제도에 대한 경제적 · 유물론적 해석은 일찍이 프랑크푸르트학파에 속했던 루쉐와 키르히하이머[25)]에 의해 본격적으로 시도되었다. 마르크스와 엥겔스의 저작에서는 범죄와 형벌에 대한 유물론적 접근이 산재해 있지만,[26)] 그것만으로는 범죄와 형벌에 관한 포괄적인 사회이론을 구성하는데 별반 도

---

23) J.Jacobs(1977), "Macrosociology and Imprisonment," in D.Greenberg ed., Corrections and Punishment, London: Sage Pub., p. 90.

24) 특히 M.Foucault(1965), Madness and Civilization, New York: Mentor; M.Foucault(1977), Discipline and Punish, London: Allen Lane.

25) 루쉐의 전기적 생애와 지적 배경, 저작의 완성에 있어서 각인의 구체적 공헌도에 대하여는 D.Melossi(1980), "Georg Rusche: A Bibliographical Essay," Crime and Social Justice(Winter) 참조.

26) 양인의 범죄와 형벌에 대한 논의를 발췌한 것으로 M.Cain and A.Hunt(1979), Marx and Engels on Law, London: Academic Press, p. 145-202 참조. 또한 F.Engels, The Conditions of English Working Class는 이 문제에 대해 상당한 지면을 할애하고 있는 대표적인 저작이라 할 수 있다.

움을 주지 못하고 있다.[27] 여기서 루쉐는 마르크스의 자본주의 발전이론과 방법론적 해석에 크게 힘입으면서 형벌제도의 변화에 대한 경제적-역사적 분석을 꾀하고 있다.

우선 루쉐는 형벌제도에 대한 당대의 지배적인 접근방법을 비판하고 있다. 첫째는 범죄심리학 내지 협소한 범죄사회학적 조류에 대한 비판인데, 그는 이들 이론이 범죄의 개인적 · 사회적 기원과 형벌의 사회 · 심리적 기능에 대해 특히 유용한 지식을 제공해줄 가능성이 있지만 기본적으로 정태적이고 몰역사적인 사회상을 전제하고 있는 까닭에 현재 자신이 경험하는 바를 절대화시켜 그것을 사회변화의 맥락에서 역사적으로 조망할 수 없게 한다고 비판하고 있다.[28]

둘째는 당대의 법사학적 조류에 대해서이다. 그는 법사학적 접근방법이 실증주의법학의 사고방식에 함몰되어 법제도의 자율적 발전을 강조하는 경향이 있음을 지적한다. 다수의 법사학자들은 무엇이 의미있는 것인지 선별할 기준도 없이 꼼꼼한 골동품 수집가와 같은 태도로 자신의 주제를 다루는 경향이 있다. 또한 '제도사'에 치중하는 법사학적 경향은 법제의 변화에 대한 '진화론적 관념'에 의해 인도되는 특징을 흔히 보여준다. 이들에 따르면 현재

27) 이들의 이론에서 범죄학적 유산을 정리, 분석한 것으로는 D.Greenberg ed.(1988), Crime and Capitalism: "Marx and Engels on Law, Crime and Morality," in I.Taylor et al. eds., Critical Criminology, London: RKP. 등을 참조.

28) G.Rusche(1933/1980), "Labor Market and Pental Sanction," in T.Platt and P.Takagi eds., Punishment and Penal Discipline, Berkeley: Crime and Social Justice Association, p.11.

의 제도는 이전의 야만적 잔인성으로부터 인도적이고 합리적인 법제도로의 발전의 산물로 취급되는 경향이 있다.[29] 이러한 범죄학적 내지 법사학적 경향을 비판하면서 그는 형법, 형벌과 경제적 여건과의 역사적 관련, 계급갈등과 범죄 · 형벌과의 역사적 관련을 고찰함으로써 이제까지 형벌제도를 둘러싼 이데올로기적 외관과 신비화를 벗겨내고자 했던 것이다.

루쉐 등에 따르면 모든 생산체제는 그 생산관계에 상응하는 형벌을 발견하는 경향이 있다.[30] 범죄는 모든 사회계급에 편재해 있는 것이 분명하지만 국가의 형사사법은 경제적 · 사회적으로 열악한 지위에 있는 집단을 겨냥하고 있다. 만일 무거운 사회적 중압 속에서 범죄화하려는 경향이 있는 사회집단의 범죄를 효과적으로 억제시키기 위해서는 형벌을 통한 처우는 그 집단의 일반사회 내의 생활여건보다 훨씬 열악해야 한다는 원칙이 설 수 있을 것이다. 다시 말해 감옥 내 수형자에 대한 처우는 일반 사회의 최하층 독립노동자의 처우보다 한 단계 낮을 수밖에 없다는 소위 열등처우의 원칙(principle of less-eligibility)이 역사적으로 관철되어 왔다는 것이다.[31] 여기서 형벌개혁의 한계도 분명해진다. 형벌개혁을 위한 어떤 노력도 사회적으로 가장 열악한 처지에 놓여 있는 프롤레타리아계급의 사회경제적 상황에 의해 필연적으로 제약당한다는 것이다. 이러한 한계를 무시한 모든 개혁의 시도는 환상적 논의로 비난받기 마련이다.

여기서 하층계급의 경제여건이 형벌의 구체적 모습을 결정하는데 유의미한 영향을 미침을 짐작해볼 수 있다. 그는 결정적인 매개변수로 노동시장의 상태를 특히 강조한다. 다시 말해 노동력이 남아도는 불경기의 경우에는 범죄자에 대한 가혹한 조치가 효율적일 것이고, 이 같은 여건 하에서는 체형과 사형 그리고 감옥 내에서의 가혹한 형사정책이 지배하게 될 것이다. 반대로 노동력의 부족을 경험하게 되는 상황에서는 수형자들의 노동력의 활용에 주

29) Ibid., p. 13.
30) G.Rusche and O.Kirchheimer(1939), p. 5.
31) 이 원칙은 산업혁명기에 있어서 자유주의 사상가, 주로 맬더스와 벤담의 저작에서 강력히 표출된 것인데 구빈법, 감옥법을 통해 주변계급에 대한 국가의 사회정책의 근간을 형성하게 되었다. 루쉐는 이 원칙이 비단 자유주의 사상가에 국한되지 않고 감옥처우 일반의 결정원리로 작용해 왔음을 입증하고자 했다. G.Rusche(1933/1980), p. 15.

안점을 두게 될 것이고 그것을 위주로 한 형벌제도의 발전과 "진보적이고 인도적인" 형사정책이 등장해왔던 것으로 보고 있다.

루쉐는 이와 같이 형벌형태를 결정하는 매개로서 노동시장의 여건을, 그러한 여건 하에서 수형자들의 처우조건과 형사정책의 결정기준으로서의 열등처우의 원칙을 토대로 하여 유럽 형벌사를 거시적으로 조감하고 있다.[32] 그에 따르면 형벌사는 상이한 형벌제도의 지배에 의해 특징지워진다. 중세말기에 이르면 인구가 증가하고 범죄가 늘어나게 되자 전통적인 처벌방식으로부터 태형, 신체절단형, 사형과 같은 가혹한 형벌이 실시되게 되었다. 그러나 1600년대에 이르러 노동시장의 조건이 일변한다. 여러 요인으로 인해 인구가 격감하고 노동 임금이 상승하게 되자 중상주의국가는 유용한 노동력을 활용할 가능성에 주목하게 되었다. 잔혹한 처벌 대신 인도적 행형이 우세하게 되었고, 체형 대신 징치감시설(house of correction 혹은 workhouse)을 통해 부족한 노동력을 확보, 이를 착취하고자 했다. 이러한 "인도적" 행형은 결국 경제적으로 효율적임이 입증되었기 때문에 징치감제도는 중상주의적 자본주의가 발전한 각국에 널리 전파되었다. 하지만 이러한 형벌제도는 산업혁명과 기계의 보편화에 따른 산업예비군의 대량창출과 함께 그 경제적 유용성을 상실하게 되었다. 감옥 내 규율과 일상활동은 주기적으로 변화하는 경제여건과 노동시장의 상태에 따라 변화되었다. 즉 불경기에는 잔혹한 처우와 독거구금제(獨居拘禁制)를, 호경기에는 인도적인 행형과 혼거작업제(混居作業制)를 채택하는 경향이 있었다. 근대감옥은 산업자본주의에 있어서 노동력을 규율할 필요성, 시장의 합리화, 공장제도의 확립, 증가하는 프롤레타리아에 대한 대응 등의 요인이 결합되어 다른 형벌을 물리치고 지배적 지위를 확립하였음을 그는 잘 보여주고 있다.

루쉐와 키르히하이머의 저서는 형벌제도에 대한 경제적 · 유물론적 해석을 발전시키려는 일관된 작업으로 그 작업이 지니는 지적 중요성에도 불구하고 오랫동안 잊혀져 왔다. 그러던 것이 1960년대 이후 급진적인 범죄학의 등장과 함께 범죄통제의 분석에 유물론적 적용가능성이 논의되면서 이 저작은

32) G.Rusche and O.Kirchheimer(1939) 참조.

크게 부각되었다. 아마도 루쉐의 이론의 부활과 창조적 수용에 기여한 대표자로 멜로시를 지적할 수 있을 것이다. 그는 루쉐의 저작에 대한 엄밀한 분석을 진행하면서 이를 마르크스의 『자본론』에 대한 독해[33]와 결합시켜 자본주의 발전에 있어서 감옥의 역할을 분석하고 있다.

멜로시는 몇 가지 점에서 루쉐에 대한 비판적인 극복을 꾀하고 있다.[34] 루쉐가 형벌을 사회구조와의 관련 하에서 고찰한 점은 전적으로 타당하지만 그는 구체적인 형벌의 결정요소로서 노동시장의 여건을 지나치게 강조함으로써 경제결정론에 빠져든 감이 있다.[35] 감옥노동의 이용가능성은 중상주의 하에서는 어느 정도 타당할는지 모르지만 공장제 기계공업이 발전한 산업자본주의 이후에는 그 노동의 경제적 효용은 부차적일 수밖에 없을 것이다. 멜로시에 따르면 감옥노동은 순전히 경제적 수익을 겨냥한 것이라기보다는 수형자들에게 규율의 부과와 주입을 통해 수형자들—나아가 이데올로기적으로 그와 동일시되는 프롤레타리아계급—을 유능하고 착실한 노동자로 만들고자 의도된 것이다. 그는 근대감옥을 상품이 아니라 프롤레타리아를 생산하는 공장으로 비유하고 있다. 감옥의 목적은 사회적으로 안전한 프롤레타리아를 만들어냄으로써 결국 부르주아 자본주의체제를 영속화하려는 것으로 이해된다.[36]

(2) 개혁가의 의도와 감옥의 실제간의 갈등

로쓰만은 미국에서의 감옥의 성립과 변모를 개혁가의 의도와 실제의 결과간의 관계에 초점을 맞추어 다소 리버럴한 관점에서 접근하고 있다. 그는 감옥을 포함한 일련의 구금적 수용소(asylum)가 미국독립 후 이민증가와 도시화를 포함한 급격한 사회변동의 와중에서 무력해진 종래의 사회통제의 기반

33) D.Melossi(1977), "The Penal Question in Capital," in Crime and Social Justice, vol. 6(Spring/Summer).
34) D.Melossi and M.Pavarini(1981), The Prison and Factory: the Origins of the Penitentiary System, London: Macmillan.
35) D.Melossi(1980), "Punishment and Social Structure," in T.Platt and P.Takagi et al. eds., p. 21.
36) D.Melossi and M.Pavarini(1981), p. 145-148.

(가족 · 지역사회 · 종교)에 대한 대안으로 추구되었다고 본다. 19세기 초반 미국에서는 감옥, 수용소, 고아원, 구빈원 등의 구금시설이 생겨났고, 이러한 구금시설의 제도화는 빈곤, 범죄, 비행, 정신병의 문제를 해결하기 위해 일차적으로 선호된 방법으로 확립되었다고 본다.

이러한 변화의 대강에 대해서는 상당수의 학자들간에 합의가 이루어져 있다. 문제는 이러한 변화를 어떠한 맥락에서 해석할 것인가 하는 점에 있다. 로쓰만은 새로운 수용소의 시대의 도래를 순전히 개혁(reform)으로 보는 '발전론적' 해석과 산업화 · 도시화에 따른 자동적이고 필연적인 반응으로 해석하는 '결정론적' 관점을 동시에 비판하고 있다. 보통 후자의 입장에서는 구금시설의 제도화는 일차적으로 노동력 규율을 위한 방법이라고 주장된다. 하지만 이러한 견해는 개혁론자들의 의식과 동기를 고려함이 없이 그들을 경제체제의 도구로 파악하는 경향이 있고, 나아가 경제적 · 생산적 설명에 부합하지 않는 개혁가들의 언어와 의식을 무시하게 된다고 그는 비판하고 있다. 요컨대 '발전론자'들은 개혁가의 언어와 수사의 배후에 가려져 있는 것을 보지 못하는 반면, '결정론자'들은 개혁가의 논의(언어, 수사, 인식)가 지닌 특성을 무시해 버리는 것이다. 따라서 그는 개혁가의 동기와 의식을 존중하면서 그러한 의식과 객관적 실재간의 상호작용을 분석함으로써 감옥의 성패와 지속성의 문제를 해명하고자 한다.

그가 보기에 변화의 실질적인 계기는 급격한 사회변동과 전통적 통제기제의 약화라는 상황을 무질서와 사회해체라는 맥락에서 해석했던 박애적 개혁가들의 노력에서 구해진다. 처음에 범죄는 개인의 사악성의 차원이 아니라 무질서한 사회의 반영으로 해석되었고, 범죄자는 타락한 사회로부터 나쁜 영향을 받아들인 것으로 해석되었다. 혼란과 무질서의 일차적인 원인은 사회적인 데서 구해져야 하는데, 그 가운데는 가정의 실패와 지역사회의 열악한 환경이 특히 강조되었다.[37]

범죄원인에 대한 이러한 환경론적 이해는 곧바로 일련의 제도적 해결책을 강구하게끔 만들었다. 처음에는 사형폐지와 구금형의 채택으로 특징지워

37) D.Rothman(1971), p.78.

지는 형법전의 개정으로 나타났으나 점차 범죄의 뿌리가 그보다 깊은 데 있다는 자각이 뚜렷해졌다. 19세기 초에 따르면 이러한 사고는 수형자들을 참회시키는 장소로서의 근대감옥(penitentiary)의 발명으로 귀결되었다.

물론 18세기 후반까지 범죄자를 위한 수용시설이 없었던 것은 아니다. 하지만 이 때의 수용시설들은 제한된 목적에서 예외적으로 활용되었고, 범죄에 대한 정규적인 대응방식의 일부로 진지하게 고려되지 않았던 것처럼 보인다. 실상 식민지 시기의 말기에서도 감옥이 중심적인 형벌이 되리라고는 누구도 예측할 수 없었던 것이다.

하지만 새로운 수용소는 새로운 개혁가세대에 의해 범죄, 빈곤, 정신장애에 대한 근본적인 치유책으로써 입안, 추진되었다. 우선 질서정연한 감옥은 범죄자를 사악한 사회적 영향 및 동료 수형자들의 영향으로부터 절연시켜 그를 재교육, 개선시킬 수 있을 것으로 기대되었다. 다시 말해 범죄자의 가정적 · 사회적 환경이 그를 범죄에로 인도했다면 적절한 감옥시설과 관리는 범죄로부터 벗어날 수 있는 적절한 환경을 제공해 줄 수 있을 것으로 기대되었다. 둘째, 감옥은 단순히 수형자들의 개선기관에 그치지 않고 보다 근본적으로 적절한 사회조직을 위한 기초가 될 것으로 기대되었다. 감옥은 새로운 사회의 모델이자 사회개혁을 위한 실험실[38]로 기능할 것이었다. 가령 19세기 초의 유명한 감옥모델이었던 펜실베니아 방식과 오번 방식은 격리와 고립화,

38) Ibid., p. 107.

복종의 강제, 노동의 강제적 부과를 통해 '정직한 인간' 내지 '복종적인 시민'을 만들어 내고자 한 거대한 실험실로 인식되었다. 요컨대 근대감옥은 인위적으로 조성된 환경을 통해 과거의 종교적 · 가부장적 · 도덕적 감독과 지도 · 교화를 재현하려는 개혁가들의 노력이 집약된 것으로 일탈과 범죄의 문제를 해결하기 위한 핵심적 제도로써 자리잡았던 것이다.

그러면 이러한 개혁가의 의도는 과연 성공적인 결실을 거두었는가? 로쓰만에 따르면 개혁가의 구속과 제도의 실제운영은 다른 차원에서 평가되어야 한다. 범죄자와 함께 사회의 개선을 지향한 애초의 개혁가의 의도는 담당 실무자들의 실용적 · 편의적 고려에 의해 침식되었다. 감옥 기타 수용소는 점차 무엇보다 수용인구를 통제하기 위한 방편으로 변질되었다. 교정과 개선의 목표는 사그라지는 경향이 있었지만 원래는 시설내 안전유지를 위한 수단에 지나지 않는 것으로 인식되었던 훈육과 규율 그 자체가 목표로 되면서 이 제도는 지속될 수 있었다. 로쓰만은 이를 개혁가의 양심(conscience)과 실무가의 편의(convenience)와의 괴리로 표현하고 있다. 다시 말해 개혁의 약속은 수용소를 만들어 냈으나 구금과 후견의 기능은 그를 지속시키는데 기여했다는 것이다.[39]

로쓰만의 이러한 분석틀은 19세기 후반에서 20세기 중반까지 전개된 교정처우와 사회복귀를 강조하는 새로운 형사정책에 대한 분석에도 다소간 이어진다. 새로운 형사정책의 방향은 처우의 개별화와 개방화 및 전문화, 청소년에 대한 특별한 취급을 통해 범죄자의 원활한 사회복귀를 도모하자는 것으로 여기에는 보호관찰, 부정기형, 가석방, 소년법원 및 소년원, 새로운 교정프로그램 등이 포함된다. 로쓰만에 따르면 이러한 프로그램들은 역시 박애적인 개혁가의 노력의 산물이고 이들의 이데올로기적 공식화가 변화를 촉진하는데 크게 기여했음을 강조한다. 이들의 주장의 요체는 처우의 개별화와 개방화, 전문가의 재량권의 확대를 지향하는 것이고 그 바탕에는 국가활동의 정당성이 전제되어 있었다. 하지만 개혁가의 노력만으로는 그러한 프로그램들이 그토록 신속하고 광범위하게 제도화된 이유를 설명하기에 불충분하다.

39) Ibid., p. 240.

각종 개혁프로그램들이 제도화된 배경에는 이를 입안 · 집행할 위치에 있었던 집단의 권력을 강화하고 또 그러한 활동영역의 확대를 정당화하는데 기여했기 때문이었다고 보아야 할 것이다.[40]

요컨대 개혁가의 이상론은 형사사법 실무가의 이해관계와 합치함으로써 광범위한 제도화가 이루어졌다고 로쓰만은 본다. 물론 이러한 동맹은 값비싼 대가를 치루어야만 했다. 그 대가는 가석방, 보호관찰 등의 제도가 실질적으로 누구에 의해, 어떻게, 누구를 대상으로 행해졌는가를 구체적으로 분석해 보아야만 확인될 것이다. 무엇보다 형사사법 실무가들에게는 자신들의 방해받지 않는 재량권을 확대하는데 편리한 수단과 이데올로기를 제공받았다는 점에서 개혁가의 수사(rhetoric)로부터 도움을 얻었음에 틀림이 없다.[41]

로쓰만의 이러한 입론은 근대감옥의 기원과 현대적 교정처우모델의 기원에 대한 유의미한 설명의 한 계기를 제공하는 것으로 볼 수 있다. 그는 당대 상황에 대한 개혁가의 해석방식이 구체적인 프로그램에 미친 영향을 강조하고 선택가능성을 부각시킴으로써 필연론과 결정론의 논리를 거부한다. 또한 개혁가의 주장 뒤에 가려있는 형사실무가의 독자적 이해관계를 부각시킴으로써 구체적 제도를 개혁가의 수사학 뒤에 감추어 버리는 관념론적 시각을 불식해내고 있다.

하지만 사회적 · 정치적 · 경제적 제도는 그것이 바탕하고 있는 사회와 떨어져 이해될 수 없다는 그의 전제[42]에도 불구하고 수용소의 등장과 변모에 대한 보다 체계적이고 구조적인 분석은 본격적으로 진행되고 있지 않은 느낌이 든다. 수용소의 시대가 도래하게 된 사회경제적 배경과 국가와의 관련성은 거시적으로 추구되고 있지 않다. 또한 개혁가의 언어와 표현을 대체로 액면 그대로 받아들이는 경향이 없지 않은데 그러한 방법으로서는 형벌과 행형에 관련된 담론의 성격에 대한 본격적인 이데올로기적 분석을 발전시키기 어렵다고 보여진다.

---

40) D.Rothman(1980 a), Conscience and Convenience, Boston: Little, Brown, p. 5-6, p. 59-61.
41) Ibid., p. 73.
42) D.Rothman(1971), p. xx.

(3) 권력의 미시적 행사와 사회통제

푸꼬는 그의 후반기 역저 『감시와 처벌』[43]에서 훈육기법 혹은 훈련-규율적 기법(disciplinary techniques)과 규범적 사회과학간의 상호작용을 보여줌으로써 근대적 형벌권력의 의미와 특성을 밝혀내고자 한다. 그에 따르면 이제까지의 형벌사는 한편으로는 도덕적 관념 내지 사상적 변화 혹은 법적 구조의 변화에 비추어 설명되어져 왔고 다른 한편으로는 국가기구의 맥락에서 논의되어져 온 경향이 있어 왔다. 이러한 권력에서는 권력의 억압적 · 부정적 · 배제적 측면들이 특히 부각된다.[44] 그에 반해 푸꼬는 권력의 적극적 · 생산적 측면을 보다 주목한다. 권력은 단순히 억압적 장치일뿐 아니라 사물에 침투하여 사물을 만들어내고, 쾌락을 유발하고, 지식을 형성하며, 담론을 만들어 낸다는 점에서 "사회체제의 전역에 걸쳐 둘러쳐진 생산망"이라는 것이다.[45] 결국 그가 파악한 권력은 억압과 금지의 축 및 생산의 축이라는 두 개의 축을 둘러싸고 있는 그물망으로 이해될 수 있겠다.

권력에 대한 또 하나의 통념적 시각은 권력을 지배층이나 국가 혹은 통치자의 속성 내지 소유물로 간주하는 경향이다. 그에 반해 푸꼬는 권력을 특정의 제도 혹은 구조와 관련시키는 경향에 반대한다. 그에 따르면 권력에 관한 분석은 국가주권, 법률의 형태 혹은 지배 전체를 주요 논거점으로 삼아서는 안된다. 오히려 이들은 다양한 힘의 역동적 흐름의 최종적 형태로써 나타난 것이다.[46] 권력은 제도와 구조에 비유되기보다는 다양한 전략적 상황에

43) M.Foucault(1979), Discipline and Punish: the Birth of the Prison, New York: Vintage Books, 오생근 역(2003), 감시와 처벌, 나남사 참조.

44) 가령 권력의 분석에 남달리 정열을 경주했던 프랑크푸르트학파의 경우에도 국가와 시민사회 그리고 가족에 이르기까지 복잡하게 파고들어간 형태로서 작용을 가하는 권력의 효과를 그들은 압박, 지배, 관리라는 시각에서 분석했다. 그리하여 도구적 이성, 일차원적 사회, 자유로부터의 도피 등의 특징적인 개념에서도 드러나듯이 계몽적 이성의 몰락과 전체적 권력에 대한 개개인의 무력감, 소외감을 강조하고 있다. 이 점에서 볼 때 푸꼬는 프랑크푸르트학파보다 니체의 권력론에 가까이 서 있다고 할 수 있다. 이광래(1989), 미셸 푸꼬 광기의 역사에서 성의 역사까지, 민음사, p.72.

45) M.Foucault(1980), Power/Knowledge-Selected Interviews and Other Writings, Brighton: The Press, p.119.

46) M.Foucault(1976), Historire de la Sexualite, tome, I, la volonte de savoir, 박정자 역(1979), 성은 억압되었는가, 인간사, p.120-121.

국왕시해범 다미엥에 대한 법정심문(위)과 처형장면(아래). 다미엥의 처형내용은 뜨거운 쇠집게로 고문하고, 사지를 찢고 온몸을 불태우는 것이었다. 미셸 푸꼬는 『감시와 처벌』의 서두에서 이 다미엥의 처형(1757)과 3/4세기가 지난 뒤의 교도소의 단조로운 일과(1838)를 대조시킴으로써 독자들을 형벌 및 통제체계의 거대한 변화로 끌어들인다.

더욱 잘 비유될 수 있다. 푸꼬는 권력의 거시적인 형태보다는 미시적 · 세부적으로 어떻게 행사되었는가 하는 문제에 집중하고 있다.[47)]

푸꼬의 형벌분석은 종래의 법학적 · 정치학적 접근방법과는 근본적으로 다른 전제와 관점에 입각해 있다. 그는 형벌을 제도적 차원을 넘어서 일반적인 권력관계의 그물망 속에서 파악하고자 한다. 이를 위해 그는 다음과 같은 분석지침을 제시하고 있다. 첫째, 형벌은 그것의 부정적 · 억압적 효과에 비추어서만 분석되어서는 안되며 복합적인 사회적 기능 내지 적극적 효과 가운데 적절히 자리매김되어져야 한다. 둘째, 형사제재의 방법은 (법학에서 보여지듯이) 입법의 결과로 혹은 (사회학에서 보여지듯이) 사회구조의 지표로만 보지 말고 오히려 보다 일반적인 권력행사 방식 가운데 포함되면서도 나름대로 특수성을 지닌 기술로 간주되어야 한다. 셋째, 형법사와 인문과학 일반의 역사를 상호 별개의 것으로 취급하지 말고 이들을 법적-인식론적(juridico-epistemological) 구성체로 묶어서 논하여야 한다는 것이다. 특히 18세기 후반 형벌제도의 "인도주의화"와 "인문과학의 출현"은 새로운 스타일의 권력행사 방식의 맥락에서 조명되어야 한다는 것이다. 마지막으로, 푸꼬는 18-19세기 사이에 형벌제도는 체형으로부터 구금형으로의 변모로 특징지워지는데 이러한 변모는 형벌대상으로서의 신체의 탈락이 아니라 신체에 대한 새로운 권력기법의 작용이라는 점에 유의해야 한다는 것이다. 다시 말해 형사제재의 대상과 방법상의 변모는 '신체의 정치적 공학'의 기초 위에서 연구되어져야 한다는 것이다.[48)]

이로부터 관심영역의 확대와 관점상의 혁신이 생겨난다. 그는 형벌제도를 법위반에 대한 자연적 반응형태로 보기보다는 보다 넓은 권력관계의 맥락에서 보고자 한다. 그는 근대감옥의 출현과 제도화를 논하면서, 그와 교차하면서 병영 · 학교 · 병원 · 수용소에서 개개인들을 권력의 그물망 속에 포섭하

47) 그는 자신의 권력개념을 설명하면서 "각 개인의 살갗에 스며들어 육체에 달하고 그래서 행동이나 태도, 논의, 학습과정 및 일상생활에 영향을 미치는 모세혈관과 같은 권력의 미세한 존재방식을 고려하고 있다"고 말하고 있다. 이를 그는 권력의 신경체제 혹은 권력의 미시물리학(micro-physics of power)이라 명명하고 있다. M.Foucault(1980) 참조.

48) M.Foucault(1977), p. 23-24.

고 수용자들을 훈육하는 새로운 권력양식의 확산을 부각시킨다. 자유형이 자연스럽게 받아들여지게 된 것은 이러한 훈육기법이 이들 통제제도에서 광범위하게 채택 · 응용된데 힘입은 바 크다고 본다.[49] 따라서 그의 감옥연구는 기왕의 형벌사와 같은 문제영역을 다루는 것이 아니라 훈육기법의 배치 · 확산을 위한 장의 하나로 위치지우고 있다.

그에 따르면 감옥으로 표상되는 새로운 형벌제도는 이전과는 근본적으로 다른 권력의 경제학을 보여주고 있다. "신체"에 대한 "공개적인" 고통의 부과를 특징으로 하던 군주제 하의 형벌형태는 보다 미묘하고 비공개하에 정신에 대한 감시와 훈련을 위주로 한 형벌로 대치되었다. 새로운 권력은 흔히 이해되어 왔듯이 덜 처벌하기 위해서가 아니라 오히려 더욱 잘 처벌하기 위해서, 또 형벌권을 사회전체에 보다 깊숙히 침투하기 위한 방향으로 자원과 기법을 조직화하는 경향이 있었다.[50]

그렇지만 고전파 형벌개혁가의 법적 형태의 권력유형과 감옥으로 표상되는 권력유형간에는 통념적인 견해와는 달리 질적인 단절이 있음을 그는 강조한다. 전자가 범죄에 상응하는 형벌을 공개적으로 과함으로써 범죄자의 권리를 일시적으로 제한하고 형벌에 대한 지식을 확산시킴으로써 일반예방을 꾀하는 것이라 한다면, 후자는 밀폐된 시설 내에서 감시 · 훈육 · 점수화 · 시간통제 · 공간격리 · 고립화 등의 기법을 통해 훈육사회 혹은 훈련-규율의 사회(disciplinary society)를 만들어 내고자 한다.

그에 따르면 새로운 권력양식의 목표와 수단, 적용범위를 상징적으로 보여주고 있는 것은 제레미 벤담의 일망감시형 원형감옥모델인 팬옵티콘(panopticon)이다.[51] 여기서 수용자는 권력의 감시의 그물망을 결코 빠져나갈

49) M.cousins and A.Hussain(1984), Michel Foucault, London: Macmillan, p.174-175.

50) M.Foucault(1977), p.82. 그에 따르면 계몽주의시대에 있어서 박애적 요소는 권력에의 의지보다 중요하지 않다. 인간해방, 인도주의라는 고귀한 이상의 근저에 계몽주의는 전통사회의 그것보다 훨씬 높은 정도의 사회통제를 위한 새로운 "도덕기술"을 안출해냈다는 것이다.

51) 벤담의 팬옵티콘은 중앙에 감시탑을 두고 원주 부분에 개별 감방을 배치함으로써 최소의 비용으로 감시기능을 극대화하고자 한 모델이다. 이는 단순한 공간적 배치의 조정으로 감시자는 피감시자를 볼 수 있어도 그 반대는 불가능케 만드는 것이다. 이렇게 시선의 상호성을 차단함으로써 권력의 자동적 행사를 보증할 수 있을 것으로 벤담은 보았다. J.Bentham(1791), Panopticon: On the Inspection House, in J.Bowring ed.(1844), Works of Jeremy Bentham, vol.IV, New York:

수 없도록 고안되어 있다. 근대감옥은 이러한 팬옵티콘적 원리를 가장 순수한 형태로 보여준다. 하지만 벤담이 지적한 대로 팬옵티콘적 원리는 결코 감옥에 국한되는 것은 아니며 공장 · 병원 · 학교 · 수용소 · 자선기관 · 병영과 같은 사회통제기관에 확산되고 이들 기관에서의 훈육기법들이 다시 감옥에서 구사되는 것과 같은 상호작용을 통해 팬옵티콘적 통치기법이 전체사회에 작용하게 된다. 다시 말해 감시 · 분류 · 채점 · 신체의 훈련 등을 내용으로 하는 새로운 규율통제의 원리는 감옥을 넘어서 사회전체로 확산되어간 현상에 그는 주목하고 있다.

푸꼬는 근대사회의 특징적 면모로 훈육적 권력의 확산을 거듭 강조하고 있지만 그것이 어떠한 역사적 국면에서, 어떠한 인과적 과정을 거쳐 생겨났는지에 대해서는 본격적인 주의를 기울이고 있지 않다. 사실 개별적인 사회통제제도에서 불연속적으로 발전해온 새로운 권력형태는 일정한 사회경제적 여건하에서 비로소 제안 실체화될 수 있었음이 충분히 감안되어져야 할 것이다. 하지만 그는 새로운 권력과 사회적 여건간의 상관성을 추구하기보다는 권력기법과 그 유형의 설명에 더욱 치중하고 있다. 그에 따르면 감옥은 일정한 사회경제적 하부구조의 단순한 결과로 보아서는 안된다. 그는 감옥과 여타의 통제양식이 결코 자본의 운동에 환원될 수 없는,[52] 그 자신의 계기와 논리를 갖고 발전해온 미시적 체계(micro-system)라고 하면서 자본주의적 경제의 성장이 이러한 훈육적 권력의 특정형태를 만들어 내는데 영향을 끼쳤지만 그러한 권력은 훨씬 다양한 체제에서도 작용될 수 있다고 본다.[53]

푸꼬의 논의는 감옥을 비롯한 사회통제기구에서 일상화된 관리와 통제의 기법과 언어들이 지니는 의미를 이해하는데 도움을 줄 수 있다고 보여진다.

Russel and Russel. 이와 같은 벤담식의 발상은 통제의 이상향으로 오늘날 공장이나 관청, 사무실에서도 쉽게 볼 수 있는 것이기도 하다. 조지 오웰의 〈1984년〉에서의 telescreen을 연상해 보면 일방적 시선이 지닌 거대한 힘을 실감할 수도 있을 것이다.

52) 그에 따르면 “형벌제도 등은 거기서 경제적 의미만을 찾아내려 한다면 이 제도의 중요성은 아주 제한적일 것이다. 하지만 정신병원, 감옥 등의 현상은 권력의 수레바퀴가 전체적으로 작동하게끔 하는 본질적인 요소임은 의심할 나위가 없다. 권력의 문제를 경제적 수준과 경제적 이해관계에 예속된 것으로 보는 한 후자의 측면은 무시되는 경향이 있어 왔다”(Foucault, 1980)고 지적되고 있다.

53) 이광래(1989), p. 227.

특히 통상적인 제도중심의 접근방법에서는 놓치기 쉬운 수형자에 대한 감옥권력의 미세한 통제방식에 대한 인식의 지평을 넓혀주고 있다. 또한 감옥과 다른 사회통제기관간의 상호작용을 부각시킴으로써 근대적인 사회통제의 특성을 분석할 수 있게 한다. 하지만 그는 권력의 기법, 내용, 효과, 제도화의 측면에 관심을 경주하는 나머지 그러한 권력의 사회경제적 변화와의 관련성에 대해서는 별로 검토하고 있지 않다.[54] 또한 그의 지적대로 권력을 법률제도 내지 국가기구의 맥락에서만 논하는 것은 다소 무리가 있겠지만 반면 그것을 무시하고서는 감옥제도에 대한 이해에도 한계가 노출될 수밖에 없다고 생각된다. 또한 그의 논의는 형벌제도와 사회간에 어떤 구조적 연관을 인정하고 있긴 하지만 제도상의 변화가 왜, 어떻게 생겨났는가에 대한 인과론적 의문에 제대로 답해주고 있지 않다. 요컨대 근대감옥제도와 사회통제를 논할 때 푸꼬의 기여도와 영향력은 대단하지만 그의 논의는 역사적-사회적 배경 속에서 적절히 자리매김되면서 검토되어야 할 것이라 생각된다.

(4) 개선 이데올로기와 통제전략

산업혁명기에 있어서 영국의 근대감옥의 등장에 대한 이그나티예프의 분석을 살펴보기로 하자. 그는 감옥에 관한 경제결정론적 설명을 거부하고, 개혁가들로 하여금 감옥의 문제에 관심을 향하도록 만든 종교적 충동과 철학적 동기를 보다 강조한다. 그에 따르면 감옥규율의 연구는 자본주의적 변혁을 경험하고 있는 사회에서 사회적 권위의 도덕적 경계를 연구하는 작업과 상통한다.[55]

감옥개혁의 주창자들에게 가장 중심적인 과제는 범죄자—나아가 사회의 빈민계급—들이 새로운 사회경제체제를 도덕적으로 정당한 것으로 인정하게끔 하는 것이었다. 일단 체제의 정당성을 내적으로 승인하게 되면 범죄

54) B.Fine(1979), "Struggles against Discipline: the Theory and Politics of Michel Foucault," Capital and Class(9), p.92 참조.

55) M.Ignatieff(1978), A Just Measure of Pain: The Penitiary in the Industrial Revolution 1750-1850, New York: Columbia University Prss, p.xiii.

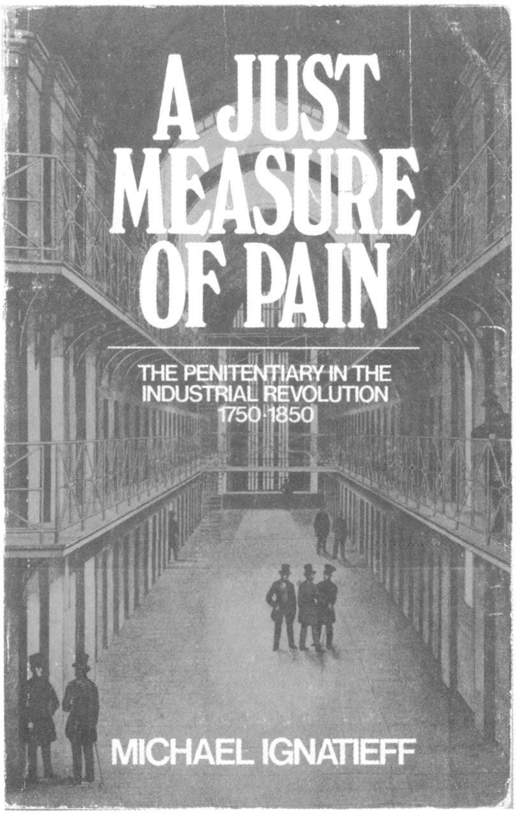

자들이 변명 내지 합리화를 통해 죄책감을 모면할 여지는 사라질 것이다. 그 때문에 감옥은 보다 인간화되고 엄격한 규율에 의해 다스려지지 않으면 안 될 것이다. 자신들을 독방에 가두고, 제복을 입히고, 삭발을 시키고, 시계의 박자에 맞추어 하루하루를 살아가도록 하고, 성경읽기와 중노동을 시키는 것은 자신의 개선을 도모하기 위해 의도된 자비롭고 인도적인 조치로 수형자들에게 받아들여질 수 있도록 되어야 할 것이다. 요컨대 개혁가의 의도 속에 나타난 감옥은 자비 내지 박애의 요소와 규율을 통한 개선이라는 강제적 요소를 결합시킨 것으로 지배층의 피지배층에 대한 상징적 설득을 담당하는 한 장치인 것이다.[56)]

개혁가의 공언된 의도를 세심하게 추적하고 개혁가들이 질서정연한 사회를 꿈꾸었다는 점을 강조하는 면에서 그의 견해는 로쓰만의 입론과 그리 다르지 않다. 하지만 그는 조직화된 개혁운동과 근대감옥을 새로운 계급갈등에 대한 새로운 전략을 표현하는 것으로 이해한다. 감옥 내에 새로운 스타일의 권위의 출현은 분명히 감옥 담 밖의 계급관계 및 사회적 전략상의 변화와 관련되어 있다. 범죄예방과 재범률 감소라는 형사정책적 견지에서 보면 행형관리는 실패의 역사일지 모르겠지만 사실 감옥의 핵심은 그런 차원에서 해석될 수 없다고 그는 본다. 감옥의 호소력의 원동력은 범죄통제의 효율성 때문이

56) M.Ignatieff(1983), p.88.

아니라 당대의 전반적인 사회적 위기에 대한 반응으로 법적 · 행정적 개혁을 통해 새로운 사회질서를 만들어 내려는 전략의 일부로 스스로를 제시하는데 성공했다는 데 있다.

또한 그는 빈민에 대한 자선 · 구호 · 박애의 시책들이 빈민의 마음을 "식민화"하는 노력과 언제나 병행했음을 지적한다. 자유주의 하에서 인도주의는 지배의 관철과 불가분으로 연결되어 있다.[57] 감옥–학교–노역소–수용소–구빈원은 기능적 측면에서 상호 의존, 보완하고 있으며 이들은 설계 · 규율과 통제기법, 통제언어와 이데올로기면에서 상당한 유사성을 지니고 있다. 국가의 감옥은 "질서정연한 공장처럼 운영되어야 한다"는 개혁가의 진술에서 보듯이 감옥은 특히 공장을 아주 닮고 있음이 특히 주목되어야 할 것으로 그는 보고 있다.[58]

이그나티에프의 논의는 특히 근대감옥의 성립과 전개를 둘러싼 논쟁들을 세밀하게 검토하면서 이를 이데올로기적 차원과 계급통제의 전략의 차원과 관련시킴으로써 '개혁'론의 이데올로기적 성격과 사회적 측면을 이해하는데 기여하고 있다고 보여진다. 하지만 그는 구체적인 역사 속으로 몰입해 들어가는 까닭에 추상성의 정도가 약하고 그 때문에 감옥제도의 등장에 대한 보다 거시적이고 포괄적인 이해를 얻기 어렵게 느껴진다.

4. 소 결

이상에서 살펴보았듯이 근대 형벌제도에 대한 새로운 이론적 관점들은 형벌제도와 사회통제에 대한 구조적 · 역사적 시야를 넓혀주는데 크게 기여했다고 할 수 있다. 경제적 · 유물론적 해석과 이데올로기적 측면을 보다 중시하는 해석, 권력의 미시적 측면과 거시적 측면을 각각 고찰하는 입론들은 상호 영향을 주고 받으면서 기존의 지배적 견해들을 효과적으로 비판, 극복

57) M.Ignatieff(1978), p.214.
58) Ibid., p.244–245.

하는데 기여한 것으로 평가된다. 그 중에서도 오늘날 가장 주목의 대상이 되어 있는 것은 푸꼬의 독특하고 심층깊은 감옥권력의 해부일 것이다. 적어도 그를 무시하고 형벌사를 논하는 것은 생각하기 어려울 정도로 각국의 형벌사를 비판적으로 재해석하는데 다각도로 영향을 끼치고 있다.[59] 이하에서는 본 논의를 간단히 정리하면서 구체적인 연구를 위한 몇 가지 지침을 얻고자 한다.

첫째, 경제적으로 볼 때 자본주의 발전이 감옥에 대하여 갖는 관계가 유의미한 분석주제가 될 수 있을 것이다. 구체적으로 생산수단, 계급관계, 노동시장의 상태가 감옥의 형태와 내용에 이모저모로 작용했다는 점은 충분히 인정될 수 있을 것으로 보인다. 하지만 순전히 경제적 관점에 서다보면 감옥노동의 경제적 효용성이 보잘 것 없이 되어버린 19세기 후반 이후에도 지속되는 이유에 대한 납득이 곤란하다고 생각된다. 형벌제도로서의 감옥은 일종의 이데올로기적-정치적 기구인데 이를 경제적으로 환원시켜 설명할 경우 상당한 무리가 수반될 수 있다. 따라서 경제적 환원론 내지 경제결정론에 빠지지 않으면서 감옥제도가 지닌 경제적 관련성을 검토하는 것이 과제로 다가올 것이다.

둘째, 감옥의 형성과 전개를 의도와 결과, 양심과 편의간의 괴리라는 차원에서 해석할 때는 감옥제도를 둘러싼 사회경제적 맥락에 대한 객관적 이해가 곤란해질 염려가 있다. 따라서 형사정책적 · 행형학적 논의내용에 대한 분석과 함께 그것이 쓰여지는 실질적 맥락과 사회적 용도를 추적함으로써 보다 이데올로기적 분석을 정교화하는 문제가 여기서 과제로 대두된다고 할 것이다.

셋째, 형벌관계의 실질적 · 구조적 측면을 이해하기 위해서는 그것의 법적 정당화의 논리에 함몰되지 않고 거기에 내포되어 있는 권력관계에 대한 정교한 분석이 요구된다 할 것이다. 권력의 미시적 행사와 거시적 배경은 둘 다 연구되어야 할 과제가 될 것이고, 어느 하나도 등한시되어서는 안될 것이

59) 푸꼬의 연구결과로 마르크스주의자들은 근대감옥을 단순히 자본주의적 생산양식과 기계적으로 관련짓는데 만족할 수 없게 되었다. M.Poster(1984), Foucault, Marxism and History, Cambridge: Polity Press, p.108-109 참조.

다. 다시 말해 개개인에게 통제의 촉수를 뻗치는 권력의 미세한 전략을 이해함과 아울러 개개의 권력행사를 연결짓고 있는 근대국가에 대한 이해가 동시적으로 요청된다고 할 것이다.

따라서 이 글에서는 앞서 분석한 논의의 틀을 고려하면서 감옥제도와 사회통제에 대한 거시적이고 체계적인 조망을 시도하고자 한다. 첫째, 근대감옥의 형성은 자본주의의 전개양상과 긴밀한 상관성이 있는 것으로 일단 가정한다. 생산수단과 생산의 사회적 조직형태, 계급구조의 변화와 노동시장의 사정 등의 경제적 요인은 감옥의 구성과 용도에 직·간접으로 영향을 미치게 된다. 둘째, 사회변동은 권력-계급적 통제의 자원과 전략, 목표와 수단에 영향을 미칠 것이고 그에 따라 감옥체제에 일정한 영향을 미치게 될 것이다. 구체적으로 근대감옥은 자본주의국가의 주변계급에 대한 사회통제전략의 일환으로 파악될 필요가 있을 것이다. 그리고 셋째, 형벌개혁가의 동기와 의도는 사회경제적 요인에 의해 저절로 결정되는 것은 물론 아니지만 진공지대에서 생겨나는 것도 아니다. 때문에 개혁가의 의도와 진실은 존중되어야 하겠지만 개혁론이 바탕하고 있는 사회적 배경 및 개혁론이 함축하고 있는 이데올로기적 측면과 관련되어 논의되어져야 할 것이다. 요컨대 이 글은 근대감옥제도를 그것의 사회경제적 · 정치적 · 이데올로기적 차원에서 입체적으로 살펴보고자 의도된 것이고, 그를 통해 감옥제도가 지닌 사회정치적 의미를 분석해 보고자 하는 것이다.

다만 위의 관점과는 별개로, 근대형벌 및 근대감옥이 단순히 정치적 · 경제적 차원으로 환원될 수 있다는 생각은 재고를 요하는 면이 있다. 공개처형과 공개적 신체형을 밀어내고 자유형과 감옥제도로 대체되어간 변화는 분명히 하나의 문명화과정(civilizing process)이라 할 수 있다. 그러면 그러한 문명화과정은 어떤 문화적 맥락에서 진행되었을까를 주목할 필요도 있다. 그리고 박애주의적 개혁가들을 단순히 특정한 경제적 · 정치적 제도를 위한 대리인으로 환원시켜 버릴 수만은 없다. 그들의 박애적 · 인도적 정열은 시대의 한계를 뛰어넘는 소중한 가치를 갖고 있다. 어떤 사회제도나 이데올로기에 속박되지 않는, 타인을 향한 박애적 · 인도적 정열은 현실에서 일정부분 좌초되고 굴절되었더라도 복원될 가치를 갖고 있다고 생각한다. 따라서 이하에서 관련 부분을 다룰 때 박애주의적 형벌개혁가들과, 문명화과정으로서의 의미도 나름대로 짚어볼 것이다.

제 3 장 절대주의국가와 징치감의 발전

1. 서 론

범죄를 저지른 자를 일정한 장소에 억류하는 관행은 아마도 유사 이래 있어온 현상일 것이다. 하지만 오늘날 우리가 보고 있는 바와 같이 '형벌'의 집행을 위하여, '일정한 기간 동안' '폐쇄적인 감금시설'에서 '개인의 자유를 박탈하는' 형태는 그보다 훨씬 후대의 일로 생각된다.

고대의 아테네에서는 시감옥(city jail)은 공판을 대기하고 있거나 (사)형집행을 대기하고 있는 자들을 일시 감금하는 역할을 하거나, 사람들에게 벌금납부를 담보하기 위한 시설로 활용되었다. 한편 로마법에서는 구금시설은 일시적 구금을 위해 사용되어야지, 기타 형벌의 용도로 활용되어서는 안된다는 원칙이 표명되고 있다.[1] 중세 유럽에서는 이러한 기능에다 채무자의 채무이행을 담보하기 위한 채무자감옥의 용도로도 활용되었다. 즉 중세 유럽에서는 재판대기실, 형집행의 대합실, 채무이행을 위한 신병확보가 구금시설의 주요 기능을 구성했고, 형집행을 위한 시설로서 구금시설이 활용될 수 있다는 관념은 아직 생소한 것이었다.[2] 따라서 이 때 구금시설은 탈주의 방지를 위한 견고한 시설이면 족했고, 그러한 취지에 맞추어 지하감옥(dungeon), 성채(fortress) 및 탑 등이 구금시설로 활용되었다.[3]

---

1) 로마법상으로는 형사구금의 관념을 알고는 있었으나 그를 불법적인 것으로 여기는 경향이 있었다고 지적된다. M.Grünhut(1948), Penal Reform: A Comparative Study, Oxford: Clarendon Press, p.11.

2) G.Ives(1970), A History of Penal Methods: Criminals, Witches, Lunatics, Montclair: Patterson Smith, 제1장; R.Pugh(1968), Imprisonment in Medieval England, Cambridge: Cambridge University Press, 제1장 참조.

3) S.McConville(1975), A History of English Prison Administration, vol. I(1750-1877), London:

물론 중세시대에도 일정기간 시설내 구금을 형벌수단으로 활용할 가능성이 전혀 간과된 것은 아니었다. 우선 중세 수도원의 종교적 구금시설이 중요하게 거론될 수 있을 것이다. 중세 수도원은 교회법 위반자에 대해 일종의 형사구금조치를 강구하고 있었다. 독방, 참회, 침묵의 계율은 이후 근대감옥 규율의 원형적 모습을 드러내고 있다고 지적되기도 한다.[4] 이런 식의 형사구금은 가끔 중세도시에서도 이용되고 있었다. 이 경우 형사구금은 드물게 행해졌고, 형기도 대체로 단기였던 것으로 보여진다.

하지만 중세식 구금은 오늘날의 견지에서 볼 때는 근대감옥과는 거리가 멀고 오히려 체형과 가까운 측면을 다소간 지니고 있었다.[5] 수감자는 담벽에 사슬로 매달려서 신체적 고통을 감내해야 하는 경우도 허다했다. 결국 중세식 구금시설은 독자적인 형벌을 실현하기 위한 장이라기보다는 당대 형벌의 대종이던 신체형의 일환으로 간주되는 경향이 있었던 것이다.

여기서 일단 근대 이전의 구치감(goal)과 근대감옥(prison)을 분석적으로 구분해볼 필요가 있다. 구치감은 형사사건의 관련자 혹은 채무자를 임시적으로 억류하는 것을 목적으로 하며, 그 자체 형벌로서 기능하는 것은 아니다. 따라서 구치감은 안전한 구금을 확보하기 위한 시설이면 족했고, 수감자의 상태를 변화시키기 위한 어떤 적극적 노력도 시도할 필요가 없는 것으로 생각되었다.[6] 반면 감옥은 "형벌"로써 일정기간의 "자유를 박탈"당한 자를 구금하는 시설이며 "노동"과 "교화"를 가장 중요한 요소로 하는 체제이다. 행형당국은 수형자들의 시간 · 공간 · 활동을 의식적으로 지배 · 조종함으로써 수형자들은 이전과는 다른 인간이 되도록 지속적인 압력을 받게 된다. 여기서 수형자들은 무관심 또는 무시되는 것이 아니라 그 반대로 적극적으로 교화 · 개선되어야 할 존재로 파악된다.

Macmillan, p. 3-5.

4) 중세 수도원의 구금시설이 후일의 감옥제도와 행형방식에 얼마나 영향을 끼쳤는지 평가하기는 쉽지 않다. 하지만 고행과 참회를 통한 자기정화의 이데올로기는 근대 행형사상에 의미있는 인상을 남긴 것은 부인될 수 없다. N. Johnston(1985), 'The Human Cage," in R.Carter et al. eds., Correctional Institutions, New York: Harper and Row, p. 5.

5) P.Spierenburg, ed.(1984), The Emergence of Carceral Institutions: Prisons, Galleys and Lunatic Asylums 1550-1900, Rotterdam, p. 11.

6) S.Webb and B.Webb(1992), English Prisons under Local Goverment, London: Longman, p. 4.

근대감옥이 이렇게 이전의 구금형태와 질적으로 다른 것이라고 한다면, 근대감옥의 기원은 어디에서 찾을 수 있을 것인가? 역사가들은 15세기 말에서 16세기 초반에 걸쳐 유럽각국에 새로이 나타난 징치감(house of correction) 혹은 노역소(workhouse)제도가 근대감옥의 이념형에 근접하고 있었고, 궁극적으로 근대감옥의 선구가 되었음을 지적하고 있다. 다음에는 유럽 각국의 징치감의 형성 · 발전 · 변모를, 그 경제적 측면 및 사회통제적 측면을 유의하면서 살펴보도록 하겠다.

2. 주변계급의 통제

이전까지 "쓸모없는" 인간들을 학대하고, 절단하고, 낙인을 찍고, 추방하고, 잔혹한 죽음으로 몰아넣는 등 배제의 전략에 치중했던 기왕의 형벌체제와는 달리 새로이 나타난 징치감제도는 인간의 노동력을 적극적으로 이용, 착취할 가능성에 주목하고 있다. 따라서 징치감제도를 설명하기 위해서는 그것이 나타나게 된 경제적 · 정치적 · 이데올로기적 배경을 살펴볼 필요가 있겠다. 우리는 이를 당시의 중상주의적 산업화를 추진했던 절대주의국가의 사회정책이란 각도에서 접근해 보고자 한다.

서유럽에 있어서 절대주의국가의 탄생은 각 지역마다 상당한 시차가 있고, 각 지역의 역사적 국면에 따른 내용상의 차이를 수반한다. 하지만 대체로 역사가들은 절대주의국가의 탄생계기를 14세기 내지 15세기에 맞이한 봉건제의 주요위기(major crisis)에서 잡고 있는 것 같다. 이 위기는 봉건적 농업의 대규모적 붕괴, 매뉴팩처형 산업의 출현, 시장경제의 성장, 국제무역의 발전, 인구의 격감 등에 의하여 특징져지고 있다.[7] 이러한 위기에 직면하여 기존의 봉건체제는 더 이상 유지될 수 없는 상태에 도달하였고, 봉건사회의 제자원을 충전, 강화함으로써 이러한 위기에 대응하고자 나타난 것이 절대주의국가

7) N.Poulantzas(1974), Political Power and Social Classes, London: NLB, 홍순권 외 역(1986), 정치권력과 사회계급, 풀빛, p.193.

라 할 수 있다.[8)]

엥겔스에 따르면 절대주의국가는 정치적으로 지배적인 귀족과 경제적인 지위를 향상시켜 가고 있었던 부르주아지간의 세력균형의 산물로 파악된다. 즉 봉건제에서 자본주의로의 이행기 동안의 양 계급간의 세력균형을 토대로 절대주의국가는 특징적인 자율성을 확보하고 절대권을 행사할 수 있었다는 것이다.[9)] 하지만 이러한 견해는 오늘날 별로 지지되지 못하고 있다. 역사적으로 볼 때 부르주아지의 경제적 지배는 오직 점진적으로만 확보될 뿐이며 절대주의국가는 정치적으로는 명백히 강화된 봉건국가의 모습을 지니고 있다. 그렇다고 절대주의국가가 순전히 봉건적 반동의 산물이 아닌 것은 분명하다. 절대주의국가의 인적 구성원은 귀족적이었을지라도 그 객관적 활동형태는 중상적 자본주의의 발달에 지렛대의 역할을 해냈다는 점에서 자본주의적 성격을 지니고 있었다고 보여진다.[10)] 요컨대 절대주의국가는 본질적으로 "재무장되고 재정비된 봉건적 지배기구"였지만 자본주의의 종국적 승리에 불가결한 자본의 원시적 축적에 기여했다는 점에서 자본주의적 성격을 지니고 있었다고 할 수 있겠다.[11)]

절대주의국가의 이러한 이중적 기능은 그 법적 측면을 통해서도 엿볼 수 있다. 절대주의국가는 자신의 정치적-법적 헤게모니를 공고화하기 위해 로마법의 계수에 크게 의존했다. 계수된 로마법은 특히 중세적 특권을 무효화하고 전통적 권리를 무시하며 사적 특권을 억누른다는 점에 있어서 절대주의국가의 이익에 부합한다고 판명되었다.[12)]

로마법문화는 계약에 바탕을 둔 시민사회와 공적인 이해사항에 의해 지

8) P.Anderson(1974), Lineages of Absolutist State, London: New Left Books, p. 18-19.

9) 정진상(1987), 국가형성의 이론을 위하여, 최홍기 교수 회갑기념 논문집, 한길사, p. 17.

10) N.Poulantzas(1974), p. 191-199. 15세기에서 17세기에 이르기까지 절대주의국가의 활동을 살펴보면 이 점은 더욱 분명해진다. 이 시기에 이루어진 소토지보유자의 수탈과 엔클로저, 특권과 보조금을 통한 초기 공업화의 육성, 국내 통상장벽의 철폐와 무역의 확장, 영주권력에 대한 압박과 상비군, 관료제의 육성, 로마법의 채택과 확대 등의 중요한 활동은 오직 자본주의적인 성격을 지닌 집권적인 공권력에 의해서만 수행될 수 있었던 것이다.

11) 정진상(1987), 앤더슨의 역사사회학, 한국사회사연구회 편, 서구사회사이론의 조류, 문학과 지성사, p. 108.

12) B.Badie and P.Birnbaum(1983), The Sociology of the State, Chicago: University of Chicago Press, 최창집 역(1987), 국가형성론의 역사, 열음사, p. 123-124.

배되는 정치사회와의 구별, 즉 사적 제도와 공적 제도와의 분리를 어느 정도 성취하고 있었다. 로마의 공법은 국가와 인민의 관계를 규정하고 왕권의 지배에 절대성을 부여할 수 있는 장치를 미리부터 갖추고 있었다. 한편 로마사법은 법인격, 정확히는 교환관계의 주체로서의 개인에 기초하여 절대적인 소유권과 계약을 중심으로 하는 법체계이며 그 때문에 계수된 로마법은 상업활동을 속박하는 봉건제의 외피를 풀어버리는 실천적·이데올로기적 도구가 될 수 있었다.[13] 이와 같이 로마법 계수를 통해 절대주의국가는 정치적으로는 국민 전체에 대하여 배타적인 공적 지배를 행사할 수 있게 되었고, 경제적으로는 사유재산에 대한 절대적인 법적 보장을 통해 자본주의적 경제발전을 추진하는데 일조했던 것이다.[14]

경제적인 견지에서 볼 때 절대주의국가는 중상주의적 산업화를 추진, 후원하는 정치체였다고 할 수 있다. 중상주의국가의 규제, 감독 하에 무역을 통한 이익을 꾀하는 체제이며 이행기에 있어서 자본주의의 발달에 중요한 역할을 수행하였다.[15] 이 시기에 국가는 산업과 무역에 각종 특혜조치—보조금, 특권, 관세장벽, 길드 통제, 노동자 탄압—를 보증함으로써 국부의 증진을 도모했다. 때문에 국가가 특권상인과 고용주의 이익에 명확한 선호를 보여주는 것도 당연하다 할 것이다.

이와 관련하여 절대주의국가는 초창기에 상공업에 필요한 인력을 어떻게 확보할 것인가 하는 문제에 당면하게 되었다. 16세기 중반 이후 국내시장의 확대와 국제무역의 활성화에 따라 노동력의 수요는 크게 증대한 반면 노동의 공급은 연이은 내전과 종교전쟁, 흑사병 등의 재난으로 인해 격감된 상태에

13) R.Weitzer(1980), "Law and Legal Ideology: Contributions to the Genesis and Reproduction of Capitalism," Berkeley Journal of Sociology(15), p. 125.

14) 절대주의 하에서 정비, 강화된 국가기구의 성격 역시 이러한 각도에서 해명되어질 수 있을 것 같다. 절대주의국가는 상비군, 관료제, 경찰, 조세제도, 사법기관 등 집권화되고 분업화된 권력기구를 갖추고 있는데, 이러한 기구는 정치적으로는 초봉건화(hyper-feudalised)된 절대군주의 수족이었지만 일련의 제도개혁을 통해 체제의 합리화를 가져오고, 이것은 다시 자본주의적 발달을 위한 밑거름이 되었던 것이다. B.Badie and P.Birnbaum(1983), p. 113-117; N.Poulantzans (1975), p. 189-198 참조. 아울러 근대법의 형식적 합리성은 절대주의와 자본주의의 결합으로 가능했다는 M.Weber의 주장은 이런 견지에서 이해될 수 있을 것이다.

15) M.Dobb(1963), Studies in the Development of Capitalism, London: Routledge Kegan Paul, p. 127.

있었다. 그 때문에 노동력의 수급에 있어서 현저히 불균형이 초래되었다. 그로 인해 노동임금은 상승하고 노동능률은 저하되었고, 신흥상공업자는 상당한 압박을 받았다. 그리고 자본주의 발전의 초창기에 자본은 순수히 경제적 강제를 통해 노동자를 묶어둘 수 없었다. 때문에 자본축적과 노동조건의 통제를 위해 자본측은 국가권력을 필요로 했고 또 이를 이용했다.[16] 적어도 초기에는 국가권력의 뒷받침이 없이 자생적인 자본주의적 발전이 제대로 성취될 수는 없었던 것이다.

자본주의는 한편으로 자본가의 창출과 다른 한편으로 임금노동자층의 창출을 전제로 요구한다. 임금노동자의 대량창출은 역사적으로 볼 때 자본의 원시적 축적과정과 관련된다. 이는 봉건적 내지 공동체적 토지 소유관계의 해체 내지 개편과 더불어 생산자인 농민의 토지로부터의 축출을 통해 이루어졌다. 농민은 자신의 생산수단이자 생활수단이었던 토지를 수탈당하고, 도시로 내몰리고, 결국 자신의 노동력으로 살아가게끔 강제되었다.

이러한 생산자의 임금노동자로의 전환은 결코 자연스러운 과정일 수는 없었다. 폭력적인 토지수탈을 통해 이제까지의 생활기반을 상실하고 도시로 내쫓긴 자들은 곧장 새로운 산업부문에 뛰어들 수도 없었고, 새로운 매뉴팩처가 이들을 소화시킬 능력을 갖추고 있었던 것도 아니었다. 이들은 도시의 열악한 노동조건과 노동규율에 친숙해질 수도 없었다. 이들은 무리를 지어 걸식을 하거나 부랑자가 되었으며 범죄로 뛰어들기도 하였다. 그 일부는 성향 때문이기도 하였지만 대개는 상황에 의해 강제된 것이었다.[17]

하지만 국가는 이 같은 삶의 존재방식을 "자유의지"에 의한 범죄자로 취급하였다. 이들이 야기시키는 사회적 위협에 대처하고 또 부족한 노동력을 강제로 확보하기 위해 서구의 국가들은 15세기 말과 16세기 전기간에 서유럽 전역에 걸쳐 잔인한 유혈입법(bloody legislation)을 제정, 집행하였다. 가령 영국의 경우 "노동하기를 거부하는 자는 그를 고발한 자의 노예로 삼을 수 있고, 주인은 노예에게 먹을 것을 제공하는 대신 채찍과 쇠사슬을 사용해서 일

16) K.Marx(1968), Capital I, 김수행 역(1989), 자본론 I(하), 비봉출판사, p.927.

17) Ibid., p.823.

을 시킬 수 있는 권리를 갖는다. 노예가 14일 동안 계속 일하지 않으면 종신 노예로 선고하고, 이마와 등에 S자 낙인을 찍으며, 세 번 도주하면 국가에 대한 반역자로 사형에 처할(에드워드 6세의 조례)" 수 있게 했다.[18] 대륙 각국에서도 영국에 못지 않게 엄중한 처벌이 행해졌다.

이러한 사회적 · 경제적 요청에 부응하여 부랑과 걸식 및 빈곤 일반에 대한 사회적 태도에 있어서 근본적인 변화가 초래된다. 중세의 윤리관에서는 빈곤은 자연스러울 뿐 아니라 심지어 신성한 생활을 추구하는 생활방식의 하나로 찬양되기까지 했다. '청빈의 귀부인'을 신부로 맞는 앗사시의 성 프란시스의 꿈은 중세교회에서의 빈곤관이 어떠했는지 단적으로 보여준다. 탁발승뿐 아니라 보통 걸인들도 타인에게 자선과 선행을 베풀 기회를 제공하는 까닭에 일종의 합법적인 사회적 신분으로 용인되었다.[19]

그러나 재산과 빈곤에 대한 신흥중산계급의 태도는 중세와는 사뭇 달랐다. 자본주의 발흥에 있어서 중요한 역할을 했던 개신교 윤리에 따르면 금욕적 노동을 통한 재산의 축적은 지상에서 신의 영광을 드러내는 행위로 평가된다. 이리하여 부는 종교적 죄악(sin)의 표지를 잃게 되었다. 반면 무위도식하는 것은 신의 저주로 비난받게 되고, 걸식과 부랑에 대한 중세기의 관용적 태도는 이제 설 땅을 잃게 되었다. 노동능력이 있는 자의 걸식은 나태의 죄악을 범하는 것일 뿐 아니라 이웃사랑의 의무에도 위배되는 것으로 인식되었다.[20] 이 같은 논리에 입각하여 프로테스탄트들은 걸식과 부랑을 강력히 비

18) Ibid., p. 924-926. "어쩔 수 없이 도적이 된 난민 가운데 72,000명의 크고 작은 도둑이 헨리 8세 치하에서 처형당했다" "엘리스자베스 시대에는 부랑인들이 줄줄이 교수형에 처해졌다. 300명 내지 400명이 교수대에 매달리지 않는 해는 거의 없었다" 이런 식의 가혹성은 유혈입법을 다룬 문헌에서 흔히 인용되었다. 가령 W.Chambliss(1973), "Vagrancy Law in England and America," in D.Black and M.Mileski(eds.), The Social Organization of Law, New York: Seminar Press; E.Thompson(1975), Whigs and Hunters: The Origin of the Black Act, New York: Pantheon Books 참조.

19) 빈민은 신의 친구이며, 빈민구제는 재산을 가진 사람들의 일차적 의무라는 관념은 중세사상의 큰 특징 중의 하나이다. 성 토마스 아퀴나스에 따르면 놀고 먹는 생활은 허용되기 곤란하지만 노동을 통해 생계를 영위할 수 없거나 불충분한 경우에는 누구든지 구걸할 권리가 있다고 본다. R.Tawney(1980), Religion and the Rise of Capitalism, London: Penguin Books, 김종철 역(1983), 종교와 자본주의의 발흥, 한길사, p. 271.

20) M.Weber(1981), Die Protestantische Ethik und der Geist des Kapitalismus, Tbingen, 박종선 역(1987), 프로테탄티즘의 윤리와 자본주의정신, 두리, p. 225 이하.

난하는 이데올로기적 논리를 제시함으로써 빈민에 대한 국가의 가혹한 조치들을 옹호 내지 정당화하는데 기여했다.

16세기 후반에 이르러 영국과 화란을 필두로 유럽 각국은 순전히 억압적인 조치만으로 갈수록 심각해지는 부랑화와 궁핍화현상을 막을 수 없음을 깨닫고 다른 방책을 강구하게 되었다. 앞서 지적한 노동시장의 악화된 상태를 고려할 때 빈민들을 사회로부터 배제하는 대신, 그들의 노동력을 국가의 필요에 맞도록 적극 끌어내고자 하는 정책상의 변화는 조만간 제기되지 않을 수 없었다고 보여진다.[21] 그런 점에서 빈민, 부랑자, 걸식자에 대한 태도변화는 새로운 경제여건의 산물이라고 이해할 수 있다. 또한 빈민의 효용에 대한 경제적 · 세속적인 접근은 새로운 제도의 등장을 위한 정신적 배경이 되었다. 나아가 16세기에 들어 처음 맞이한 국내적 평화의 지속은 새로운 실험을 위한 정치적 여건을 제공해 주었다고 할 수 있다.[22]

16세기 말부터 17세기 초반에 출현한 징치감(house of correction)[23]은 이러한 경제적 요청과 지적 · 정치적 배경을 지니고 있었다. 사회의 주변집단에 대한 강제노동(compulsory labor)의 관념은 절대주의국가의 징치감을 통해 처음 실현되었다. 이를 통해 빈민의 관리는 교회로부터 국가(혹은 지방정부)의 책임하에 포섭되게 되었다. 징치감이 구체적으로 누구를 수용하여 어떤 노동과 규율을 부과했는지는 각 지역의 경제사정과 노동시장의 상태 및 국가권력의 성격에 따라 달라질 것은 충분히 예상할 수 있다. 여기서 각국의 징치감의 실상에 대한 구체적인 이해가 요구될 것이다.

---

21) G.Rusche and O.Kirchheimer(1939), p.41.

22) P.Spierenburg(1987), "From Amsterdam; An Explanation for the Rise of the Prison in the 17th-Century Holland and 19th-Century America," Journal of Social History, p.441.

23) the house of correction의 정확한 번역은 있을 수 없다. 우리에게는 그와 유사한 제도를 갖고 있지 않았기 때문이다. 문자 그대로 번역하자면 교정감 혹은 감화원 정도가 될지 모르지만, 교정주의 사상이 지배하던 19세기 후반 이후의 제도와 구별하기 위하여, 여기서는 '징치감'이란 생소한 용어를 쓰기로 한다.

3. 영국—브라이드웰과 징치감의 전개

영국에 있어서 근대적인 형사수감시설의 기원은 16세기 중엽부터 런던의 브라이드웰과 그 모델이 각처에 퍼져나가면서 형성된 징치감을 들 수 있다. 이들 제도는 빈민과 부랑자들을 규제하고 길들이려는 목적으로 고안된 것으로 새로운 형벌제도의 등장을 예비하는 의미를 지닌 것이었다.

증가하는 빈민과 부랑자의 문제를 가혹한 형벌적 조치만으로 해결할 수 없다는 자각이 높아가는 가운데 런던시는 다른 대안을 고려하기 시작했다. 16세기 중엽에 이르러 시당국은 사회 내의 빈곤과 부랑을 감소시키기 위해 공공적 자원을 조직적으로 활용하고자 했다. 시당국과 유력인사들은 빈민과 부랑자를 일정한 장소에 수용하여 노동을 부과하는 방안에 주목하게 되었다. 당시 런던시에는 사회적 구제활동을 수행하기 위해 4개의 왕립 구호원(royal hospital)이 활동하고 있었는데 각자는 병자, 사생아, 노약자, 정신병자를 수용하고 있었다. 여기에는 노동능력있는 빈민을 대상으로 한 구호원[24]은 아직 나타나고 있지 않았다.

노동능력있는 빈민을 위한 새로운 시설의 필요성을 절감한 런던시의 인사들은 1555년 국왕의 재가를 얻어 브라이드웰 궁전(Bridewell Palace)을 빈민수용소로 활용할 수 있게 되었다. 이들은 당시의 비참상과 구걸행위의 팽창이 개인적인 게으름에 기인한다고 보고, 이를 치유하기 위한 수단은 강제적으로 노동을 부과하는 것이라는 결론에 도달했다. 그들은 빈민을 단순구호의 대상인 부류로써 부양자없는 빈곤아동, 병자 및 무능력자를 들었고, 노동능력있는 부랑자—즉 나태한 인간들—는 노동의 강제를 통해 "구호"할 길을 모색했던 것이다.[25]

24) 튜더시대의 hospital은 오늘의 병원개념보다 훨씬 넓은 의미를 갖고 있었다. 어원상으로 hospital은 병든 자, 가난한 자, 노약자, 아동을 손님으로 맞아 환대(hospitality)를 베푸는 집을 의미하는 것이었다. 따라서 이 시기의 hospital은 오늘날로 치면 구빈원, 고아원, 호스텔, 학교 등의 복합적 개념으로 통용될 수 있었다. 상세는 S.McConville(1975), p. 26-27 참조.

25) Ibid., p. 29.

시설 내에는 부랑자, 나태한 자, 절도범 기타 경미범죄자 등이 두루 수용되었다. 이들은 법위반 여부가 아니라 노동능력과 현재의 생활조건에 의해 수용되었다. 시설의 목표는 첫째 강제노동과 규율을 통한 수용자의 개선 도모, 둘째 수용소 밖의 부랑자 빈민에 대한 교훈적 효과의 도모, 그리고 셋째 노동을 통한 자급자족의 확보 등으로 요약될 수 있을 것이다.[26]

브라이드웰 내에서는 사회의 생산활동과 관련된 작업을 수행했던 것으로 보인다. 모자제작, 방직, 직조, 나무켜기 등 수익성 있는 작업이 주로 행해졌다. 상당수의 고아, 부랑자들은 이러한 과정에 종사함으로써 직업훈련을 받았다. 하지만 모든 작업이 수익성을 겨냥한 것은 아니었다. 특별히 징벌적 성격을 지닌 노동이 행해지기도 했다. 신체에 대한 고문, 태형, 감식조치들이 징벌수단으로 널리 사용되었고 이러한 징벌적 조치는 작업활동의 선행단계로 채택되기도 했다.[27]

브라이드웰이 기왕의 구치감과 구별되는 또 다른 점은 시설운용을 통해 사적 수입을 얻으려고 하는 경영방식을 탈피하고, 상세한 규칙을 작성 집행했다는 사실에 있다. 구치감의 경우 그 존립근거가 신병확보에 있었던만큼 일단 안전성이 확보되면 간수는 더 이상의 규정을 만들 필요성을 느끼지 않았다. 또한 간수들은 수감자와의 사적 거래를 통해 수익을 얻곤 했다. 그러나 새로운 제도는 시당국으로부터 보수와 지원이 주어졌던 까닭에 수용자와의 거래를 통해 금전을 얻어내려는 유인은 애초에는 별로 갖지 않아도 되었다. 요컨대 브라이드웰은 강제노동의 측면에서는 물론 재정적 · 행정적 견지에서 순수히 구금의 안전에 치중하는 구치감과는 다른 논리에서 출발했다고 할 수 있겠다.

런던의 사회문제는 영국의 다른 도시에서도 발견되는 것이었고 따라서 런던의 새로운 대응책은 여타 도시에도 영향을 미쳤다. Oxford(1562), Salisburg (1564), Norwich(1565), Gloucester(1569), Ipswich(1569) 등 각 지역에서는 브라이드웰의 노선에 따라 징치감을 설립하게 되었다. 이들 징치감은 브라이드

26) M.Grnhut(1948), p.16.
27) S.McConville(1975), p.33.

웰보다는 적은 규모이기는 하지만 유사한 원리와 운영방식을 지니고 있었다.[28]

징치감 역시 구치감과는 전혀 다른 모습을 보이고 있었다. 구치감이 간수들의 일종의 사적 사업으로 여겨지는 경향이 있었던 데 비해, 징치감은 치안판사의 직접적인 행정관할 하에 놓여졌다. 이 제도는 원래 형사구금시설로 창안된 것이 아니라 빈민과 부랑자의 구제와 통제를 위한 부산물로 나타났음은 이미 지적된 바 있다. 징치감의 법적 근거는 1576년 '부랑자 처벌 및 빈민구제에 관한 법률'을 통해 마련되었다.[29] 브라이드웰 내지 징치감의 설립목적은 범죄자의 처벌에 있었다기보다는 후대의 구빈법상의 노역소(workhouse)와 유사한 목적, 다시 말해 나태한 자와 부랑자를 강제로 노역에 종사하도록 함으로써 자기 손으로 벌어먹게 하고 성향을 개조시키며 그 모습을 본 일반사람들이 게으름을 피우지 못하도록 위협하고자 한 것이었다.

하지만 실제로 징치감, 구치감, 노역소는 종종 혼동되기도 한다. 징치감에서 노동의 요소가 부각될 때에는 노역소와 거의 구별하기 곤란하게 되고 징벌적 요소만 강조될 때에는 구치감적 측면을 다소 포함할 수 있게 된다. 즉 논리적으로 볼 때는 징치감은 구치감과 노역소의 중간형태쯤 된다고 할 수도 있으리라 생각된다. 17세기가 진행되면서 영국의 징치감은 애초의 준노역소적 성격을 벗어나 경미범죄자에 대한 일종의 형사구금시설로 전용되면서 쇠퇴하게 되었다.[30] 18세기 후반 존 하워드를 비롯한 감옥개혁가들이 본 영국의 징치감은 이렇게 변질되어 기능면에서는 구치감과 거의 합체되어 버렸던 모습이었다.

4. 홀랜드의 징치감과 유럽 각국에의 전파

영국의 경우와 직접적인 연관없이 징치감제도가 정점에 이른 것은 17세

28) Ibid., p. 38-42.
29) S. Webb and B. Webb(1922), p. 12-13.
30) Ibid., p. 14-15.

기 전반 홀랜드(Holland)에서였다. 16세기 말 홀랜드(화란)는 스페인의 식민지로부터 해방되었고 곧이어 암스테르담(Amsterdam)의 황금시대를 구가하게 되었다. 홀랜드에서는 무역이 급속히 팽창함에 따라 노동력의 수요가 크게 자극되었는데 그를 충족시킬 인력의 공급이 상대적으로 부족했다. 당시 유럽 전반이 인구부족에 따른 어려움을 지니고 있었던 것이다. 사정이 이렇게 되면 순전히 억압적인 규제조치만으로 "저렴한 노동력의 충분한 공급"이란 자본의 수요를 충족시킬 수 없음이 자명해진다. 이 문제를 타개하기 위해 신생 화란은 처벌위주의 방법을 벗어나 가능한 한 노동력을 자본주의 수요에 맞추어 배치 · 활용하는 방법을 모색하게 되었다.[31)]

화란에서의 징치감은 1595-96년 사이에 암스테르담에서 개시되었다.[32)] '훈육하는 집'이라는 뜻의 Tuchthuis가 1596년 시에 처음으로 개설되었고, 거기에는 걸인 · 부랑자 · 음주자 · 청소년들이 수용되었다. 암스테르담시는 그것에 더하여 여성용 시설을 설립하였고, 거기에는 부랑소녀는 물론 매춘여성이 수감되었다.[33)] 더 나아가 1650년에 암스테르담은 노역소(workhouse)를 분리, 발전시킴으로써 구금정책을 보다 세분화하는 전개를 보였다.[34)]

새로운 징치감은 유혈을 동반하고 품위를 저하시키는 형벌에 대한 반대의 구체적 상징이었다.

암스테르담을 비롯한 화란의 징치감은 다음 몇 가지 원칙에 따라 운용되었다. 첫째, 시설은 "수용자의 노동을 통한 자급자족"을 원칙으로 삼았다. 수용자의 노동생산성을 향상시키기 위해서 때로는 노동수익 중 일부를 보수로 지급하기도 했다. 적어도 징치감 발전의 초기단계에 생산적 노동을 통한 수

---

31) D.Melossi and M.Pavarini(1981), p. 16.

32) 히펠은 화란의 징치감을 근대감옥의 효시로 보고 있으나 루쉐와 멜로시 등은 영국의 브라이드웰을 그 선구로 꼽고 있다. 다만 대륙각국에 끼친 영향력이나 지속성 등으로 미루어 볼 때 전자의 중요성이 훨씬 컸다는 점에서 히펠의 주장은 제한적인 설득력을 얻을 수 있을 것이다. R.Hippel(1931), Die Entstehung der modernen Freiheitsstrafe und des Erziehungsstrafvollzungs, Eisenach: ThuringerGefangisges.

33) 암스테르담의 징치감은 톨스틴 셀린의 연구에 의해 대표된다. 이 징치감에 대한 이후의 연구는 셀린의 업적에 절대적으로 의존하고 있다. T. Sellin(1944), Pioneering in Penology: the Amsterdam Houses of Correction in the Sixteenth and Seventeenth Centuries, Philadelphia: University of Philadelphia Press.

34) P.Spierenburg(1984), p. 25.

암스테르담 징치감의 입구(1783)

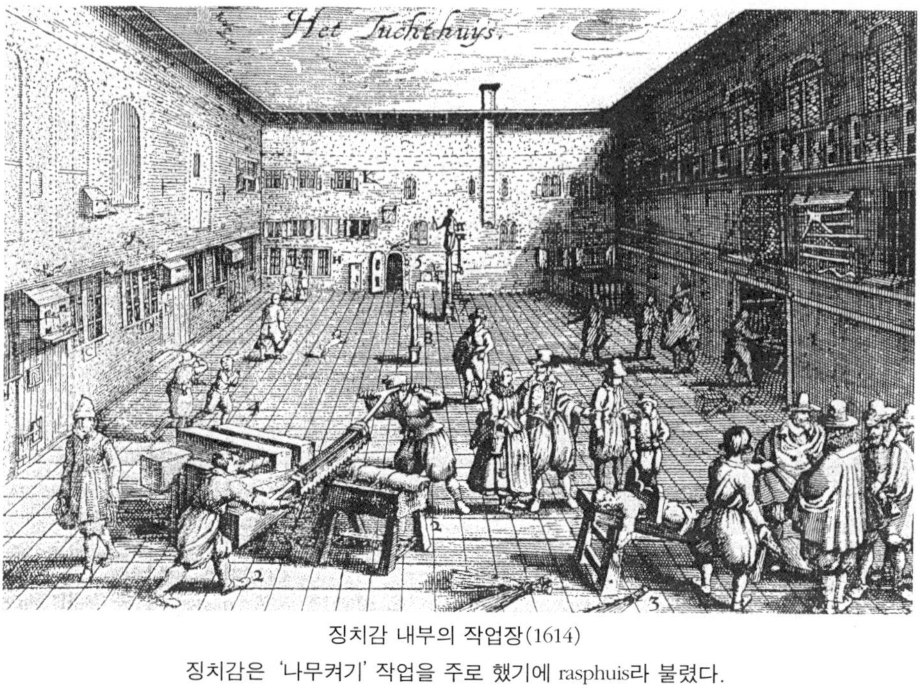

징치감 내부의 작업장(1614)

징치감은 '나무켜기' 작업을 주로 했기에 rasphuis라 불렸다.

익의 확보는 중요한 목표 중의 하나였음은 분명하다.[35] 둘째, 시설내 인구는 주로 걸인, 부랑자, 소년범죄자, 절도범 등으로 구성되어 있었다. 이는 징치감이 구걸과 부랑에 대한 투쟁의 도구였음을 보여주는 것이다. 아직 형사범을 위한 특별한 시설로 분화되지 못했다는 점에서 영국의 징치감과 그다지 차이가 없었다. 그리고 셋째, 수용기간은 대체로 단기였지만 정기였고 일정한 한도 내에서 수용자의 행상을 참작하여 가감될 수 있었다.

징치감의 가장 중요한 구성부분인 강제노역은 집단적인 매뉴팩처형 모델에 따라 행해졌다. 암스테르담에서 남자 수용자들은 염료로 사용하기 위해 견고한 목재를 썰어 톱밥을 만드는 일에 종사했는데 이 때문에 징치감은 나무켜기장(rasphouse, rasphuis)으로 불렸다. 여성들은 방적일에 종사했으므로, 그들의 수감장은 방적장(spinhouse, spinhuis)이라 불렸다.

징치감에 수용된 인력 중 상당수는 지능이 낮거나 미숙련이었던 까닭에 숙련노동을 확보하는 데는 한계가 있었다. 강제노역은 자본절약과 결부되어 생산의 질량 모두 조악했지만 중상주의 경제정책에 따른 특권과 독점으로 인해(즉 일정한 정도의 경제외적 강제의 도움을 받아) 수익이 확보될 수 있었다.[36]

화란의 징치감모델은 북구의 여러 도시에 전파되었다. 17세기 초 북독일의 주요도시에 징치감(Zuchthaus)이 설립되었고, 스위스에서도 곧 확산되었다. 대체로 보아 화란형 징치감은 중상주의적 자본주의가 두드러진 전개를 보인 지역에서는 어디서나 채택되었다고 할 수 있다.[37]

아마 이러한 급속한 모델전파는 중상주의적 자본주의를 추구했던 도시, 국가에 당면한 문제 즉 주변계급의 통제와 빈민으로부터 노동력 추출 및 새로운 자본주의적 규율의 부과라는 사회적 요청에 부응했기 때문에 가능했던 것이다. 이들 도시, 국가에서 화란형 징치감에 대한 관심의 정도는 17세기 암스테르담을 방문한 외국인 중 절반 가까이가 징치감을 찾아 본 데서 단적으로 드러난다고 할 것이다.[38]

35) G.Rusche and O.Kirchheimer(1939), p.45.
36) D.Melossi and M.Pavarini(1981), p.21.
37) T.Sellin(1976), Slavery and the Penal System, New York: Elsevier, p.80-82.
38) P.Spierenburg(1987), p.443.

한편 프랑스에서는 17세기 중반 빈민구호원(Hospital General)이 설립되었다. 1656년 파리시에 개설된 빈민구호원은 성별, 연령, 노동능력 유무, 질병 유무를 불문하고 모든 종류의 빈민을 수용할 수 있는 시설이었다. 빈민구호원은 물론 처음부터 의료시설과는 거리가 멀고 국왕의 억압적 질서를 대변하는 기관이었다.[39] 이러한 조치가 어느 정도 성과를 거둔다고 생각되자 국왕은 1676년 칙령을 통해 지방도시에 그것을 설치하도록 했다.

프랑스의 제도가 수용집단을 세분화하지 않은 것은 다른 지역과의 경제적 격차에 기인한다고 볼 수 있다. 즉 화란과 북독일의 경우 중상주의적 상업과 매뉴팩처형 공업이 발달함에 부응하여 적절한 노동력의 활용에 주안점을 둔 반면, 경제적 여건이 그에 따르지 못했던 프랑스의 경우에는 경제적 계기가 보다 덜하고 사회적 규율과 안정의 확보에 치중했던 것으로 보여진다.

유럽 각국이 징치감을 통해 궁극적으로 얻어내려고 한 것은 무엇이었던가. 먼저 경제적 측면에서 살펴보자. 암스테르담의 징치감은 경제적으로 상당한 수익을 얻을 수 있었던 가장 성공한 유형이라고 할 수 있다.[40] 중상주의하의 국가에 유용한 노동력 제공의 측면도 부인할 수 없다.[41] 반면 프랑스의 경우에는 이질적인 집단의 혼거와 행정적 난맥상으로 인해 그다지 수지맞는 사업이 되지 못했다고 평가된다. 하지만 전반적인 전개양상을 살펴볼 때 경제적 고려가 무엇보다 중요한 목적이었다고 하기는 힘들 것 같다. 빈민과 부랑자에 대한 강제노역은 경제적 수익성보다는 오히려 그를 통해 생산을 위한 규율과 훈련을 함양시키는 것으로 의도된 감이 있다.[42] 노동능력이 있는 빈민은 국가 또는 사적 도급인에게 이윤을 안겨주기 위해서라기보다는 모든 죄의 근원인 게으름을 피하기 위해 일해야 한다는 것이 이 제도의 중요한 논리를 구성했던 것으로 보여진다.[43] 이는 순수히 경제적인 관점에서는 실패로 여겨질 징치감의 경우에도 제도의 전반적인 목적 즉 규율을 위한 장치로서의

39) M.Foucault(1965), Madness and Civilization: A History of Insanity in the Age of Reason, New York: Vintage Books, p. 40.
40) G.Rusche and O.Kirchheimer(1939), p. 48.
41) T.Sellin(1976), p. 81-82.
42) D.Melossi and M.Pavarini(1981), p. 17.
43) M.Foucault(1965), p. 53.

측면에서 볼 때는 충분히 긍정적인 기능을 수행할 수 있었다는 점에서도 잘 보여진다. 특히 후자의 측면은 징치감의 작업형태가 일반적인 산업화 수준에 갈수록 뒤떨어지던 17 · 18세기에 이르러서도 징치감이 존속될 수 있었던 근거를 제공했다고 할 수 있다.[44)]

5. 징치감의 의의와 유산

16세기 말 17세기 초 유럽 각국에서 징치감제도는 중상주의적 자본주의의 발달을 추진한 절대주의 국가의 새로운 사회통제방식의 일환으로 등장하였다. 징치감의 선구적 형태는 영국의 Bridewell, 홀랜드의 Rasphuis 등으로 나타났지만 곧이어 유럽 각국에 전파됨으로써 징치감은 16-18세기를 특징짓는 형벌형태의 하나로 자리잡았다고 보여진다. 애초에 사회의 위험집단 내지 주변계급을 국가의 경제적 내지 사회통제의 요청에 부응하고자 기획되었던 징치감은 그 형벌적 효용이 인정되면서 점차 형사감옥으로 변모, 발전되어간 것으로 짐작된다.

징치감의 형사감옥으로의 발전은 그 수용자의 구성을 통해서도 살펴볼 수 있겠다. 초기 징치감은 구걸과 부랑을 강력히 억제하고자 했던 까닭에 그 수용자의 주류는 걸인과 부랑자, 그리고 소년비행자였다. 그 밖에 암스테르담의 경우 매춘여성이 추가된 정도였다.[45)]

다시 말해 징치감은 일반적으로는 빈민을, 보다 구체적으로 본다면 부랑과 구걸을 규율, 통제하기 위한 시설이었다. 그러나 징치감을 운영해가는 과정에서 점차 형사범죄자의 비율이 늘어가게 되었다. 시설은 점점 빈민구제 혹은 빈민통제라는 차원이 아니라 형벌집행을 위한 장소라는 차원에서 파악

44) 가령 프랑스에서는 죄수들에게 "큰 우물(great well)" 길어올리기 작업이 부과되었다. 보통 이 우물물을 끌어올리기 위해서는 말을 사용했는데 그를 일상의 노동자의 작업으로 대체하여 아침 5시부터 저녁 8시까지 릴레이식으로 물을 긷도록 했다. 이같은 작업은 경제적 관점에서는 무의미한 것이지만 규율과 복종의 확보라는 견지에서는 유용할 수도 있다는 것이다.

45) P.Spierenburg(1984), p. 25-27.

되는 경향이 있었다.[46] 달리 설명하자면 초기 징치감은 사회보장적 견지에서의 구빈원(poorhouse), 노동력 확보의 장으로서의 노역소(workhouse) 및 형사감옥으로서의 기능이 미분화되어 있었던 것이다.[47] 이후의 사회변화에 맞추어 분화, 변모되면서 근대적인 형사감옥의 탄생이 생겨났다고 볼 수 있을 것이다.

물론 모든 징치감이 이러한 발전경로를 따라갔다고 볼 수는 없다. 영국의 경우에는 17 · 18세기에 징치감은 구치감과 거의 구별될 수 없을 정도로 합체되어 버렸다. 초기의 설립취지가 퇴색되면서 징치감은 시설의 낙후성, 수용집단의 혼재, 만연하는 질병과 비위생적 환경, 간수의 부패와 직권남용으로 인해 비난받았다.[48] 하지만 전반적으로 볼 때 각국에서는 몇몇 선구적인 감옥모델이 실험되고 있었고 형사감옥으로의 진전이 다소간 이루어지고 있음을 확인할 수 있다. 감옥개혁의 선구자 존 하워드는 암스테르담의 징치감을 보면서, 감옥에 대한 주요한 구상을 할 수 있었으며,[49] 이는 영국의 입법에 일정부분 반영되었다. 이와 같이 암스테르담의 징치감은 근대 형벌개혁가들에게 지속적인 영감을 주는 데 기여했다.[50]

46) Ibid., p. 33-41.

47) G.Rusche and O.Kirchheimer(1939), p. 42.

48) 가령 필딩(H.Fielding)은 브라이드웰을 "불결하고 질병으로 뒤덮힌 게으름과 악의 교습소"로 비난했다. 이러한 식의 비난은 거의 보편적이었다고 할 수 있다. 채무자감옥에 대한 디킨즈의 통렬한 고발도 같은 맥락에서 해석될 수 있을 것이다. M.Grünhut(1948), p. 30 이하 참조.

49) J.Howard(1791/1973), An Account of the Principal Lazarettos in Europe, together with further observations on some Foreign Prisons and Hospitals, Montclair: Patterson Smith, p. 57-62.

50) T.Sellin(1944), p. 107.

제 4 장 자본주의적 산업화와 사회통제 방식의 변화

1. 서 론

근대사회를 자본주의사회라 할 때 그 결정적인 계기는 산업혁명에서 주어진다고 할 수 있다. 산업혁명은 18세기 후반 영국에서 전개된 경제적 대변혁과 그에 직접적으로 영향받은 일련의 사회적 변화를 포괄하는 개념으로, 이후 근대사회로 도약하기 위해서는 반드시 거쳐야 하는 단계로까지 인식하게 되었다. 산업혁명이란 용어는 1884년 토인비의 저서[1]가 출간되면서 본격적으로 쓰여지기 시작했는데, 거기서 그는 산업혁명을 기술개혁과 그 결과로서의 부의 양적 확대라는 경제과정뿐 아니라 그와 함께 사회관계의 급격한 변화를 가져온 거대한 사회개혁으로 인식하였다. 토인비에 따르면 영국의 산업혁명은 과거와의 단절과 비약에 의해 특징져지는 혁명이며, 전체로서의 부는 크게 증가하였으나 노동자의 생활여건은 더욱 악화되었다는 비관적인 입장을 취하고 있었다. 토인비의 이러한 명제에 대하여는 뒤이어 격렬한 논쟁[2]이 전개되었고, 그러한 논쟁의 제기방식에 대한 근본적인 문제제기[3]도 최근에 대두되었지만 적어도 산업혁명이 근대적 · 자본주의적 사회를 형성해낸 결정적

1) A.Toynbee(1884), Lectures on the Industrial Revolution of Eighteenth Century in England.

2) 산업혁명이 노동자의 생활에 미친 영향에 대해서는 낙관론자와 비관론자의 입장이 첨예하게 대립되고 있다. 비관론적 입장은 Engels, Toynbee를 필두로 하여 Hammond부부, Hobsbawm 등 사회사가와 마르크스주의 역사학자에 의해 주도되었는데 대체로 산업혁명으로 인해 공장 프롤레타리아를 비롯한 사회의 하층은 이전보다 훨씬 열악한 상태에 놓이게 되었다는 것이다. 한편 낙관론적 입장은 Ashton, Hartweell 등 경제학자 및 경제사가들에 의해 주도되었는데, 이들은 일시적 곤경에도 불구하고 전반적으로는 생활수준의 향상을 가져왔다고 보는 경향이 있다. 논쟁의 전반적 진행과 주요 관계논문을 정리한 것으로는 A.Taylor(1975), The Standard of Living in Britain in the Industrial Revolution, London: Metheun 및 D.Cannadine(1984), "The Past and the Present in the English Industrial Revolution 1880-1980," Past and Present(103), p.131-172 참조.

3) 산업혁명에 대한 기왕의 논쟁은 경제적 수치에 의거하여 생활과 복지수준 전반을 결정짓는 경향

인 계기를 제공했다는 점에 대해서는 이론의 여지가 없다.

산업혁명의 역사적 중요성은 그 자체의 사실보다도 산업혁명이 사회전반에 끼친 영향에서 찾아볼 수 있을 것이다. 오늘날 우리가 익숙하게 보고 있는 기계와 공장, 거대한 상품의 집적, 도시화와 과잉인구, 실업과 빈곤 등은 모두 산업혁명과 연관되어 본격화되었다. 또한 산업혁명은 노동의 종류와 성격을 일변시켰고 거대한 노동자계급을 형성시켰다. 부르주아지와 프롤레타리아의 갈등으로 압축되는 계급갈등은 자본주의사회의 가장 으뜸가는 사회문제로 되었다. 그에 따라 국가의 조직과 사회정책의 방향도 크게 달라지게 되었고, 사회통제의 수단과 방법도 이전과는 근본적으로 달라졌다. 이러한 여러 가지의 변화가 근대감옥의 형성에도 직·간접으로 영향을 미쳤음은 두말할 여지가 없다.

여기서는 산업혁명 및 그에 수반하는 사회경제적 제반변화를 개관하고, 그러한 변화가 형벌제도에 끼친 영향을 살펴보고자 한다. 각국의 근대적인 형벌제도와 형사사법제도의 형성은 산업화와 도시화의 물결 속에서 누증된 사회문제를 한편으로 하고, 근대적인 사회통제를 위한 여건의 변화를 다른 한편으로 하여 가능했던 것으로 보인다. 따라서 근대적 형벌제도와 행형방식이 등장하게 된 사회경제적·정치적 배경을 이해하고 나아가 형벌제도상의 구체적인 변화양상을 조감함으로써 자본주의적 형벌제도의 성격을 이해해 보고자 한다.

2. 산업혁명의 경제적·사회적 결과

우선 산업혁명은 기계제 생산을 근간으로 하는 대규모 공장제도로 특징

이 있어 왔다. 톰슨은 이러한 논의방식에서 전제된바, 즉 생활수준과 삶의 질간에 긍정적인 상관관계가 존재한다는 가정에 도전한다. 그에 따르면 산업혁명으로 인해 생활수준의 경미한 향상이 있었을지라도 이는 노동의 밀도와 긴장도를 더욱 강화시킨 대가로, 즉 착취의 강화의 대가로 얻어졌음을 지적한다. 노동계급은 생활수준의 경미한 향상을 하나의 파국적 경험으로 겪어 왔으며, 착취의 질량의 강화와 아울러 보다 큰 불안정을 가져왔음에 주의를 환기시키고 있다. E.Thompson(1963), The Making of the English Working Class, New York: Vintage Books, p. 231.

지을 수 있다. 공장제도는 생산수단을 집중시켜 산출을 비약적으로 증가시킨다. 공장제의 생산도구는 기계이다. 기계는 오류없이 정확하게 아주 빠른 속도로 복잡하고 힘든 업무를 수행한다. 기계의 동력은 인간의 근육과는 다른 인공적인 동력(물, 증기, 전기 등)이며, 규칙적이고 피로를 모르는 것을 특징으로 한다.[4)]

하지만 기계는 그 스스로 작동할 수는 없다. 기계는 처음부터 인간적 노동을 통하여 자신의 일을 완성시킨다. 인간의 노동력과 기계를 결합시킴으로써 생산물을 산출해내는 배후에는 자본이 자리잡고 있다. 자본은 자신의 재료(기계)를 가지고 노동력을 흡수하여 잉여가치를 실현시킨다. 자본의 입장에서 볼 때 중요한 것은 자신의 재료인 기계이다. 노동력은 부가비용을 지불하지 않고 얼마든지 대체할 수 있다고 여기기 때문이다. 이리하여 기계는 살아 있는 노동력을 지배하고 흡수하는 죽은 노동력으로 노동자에 대립한다.[5)]

기계에 대해 노동자는 자신을 주장할 수 없다. 기계가 인간에 적응하기보다는 인간이 기계에 적응하지 않으면 안된다. 기계제 하에서는 성인 남성 노동력뿐 아니라 여성과 아동들도 사회적 생산노동에 흡수하게 된다. 기계의 비중이 커질수록 산업노동자들은 분업화된 한 부분의 역할을 하는 톱니바퀴 속의 또 다른 톱니바퀴의 역할을 수행하도록 되어진다.[6)] 또한 기계는 직접적으로 사회화된 노동 즉 협업화되고 분업화된 노동조직을 통해서 비로소 제 몫을 해낼 수 있도록 구성되어 있다. 따라서 노동과정의 협업과 분업은 노동수단 자체의 성격에 의해 규정되는 기술적 필연이 된다.[7)]

근대적 공장제는 기계와 동력을 단위로 하여 개개의 작업장이 형성되고 각 작업장을 유기적으로 연결하는 체제를 갖출 때 성립된다. 공장에서는 기계의 리듬에 맞추어 작업해야 하는 까닭에 기계를 다루는 노동자들은 엄격한 규율에 복종해야 했고 영혼이 없는 기계의 가차없는 움직임 속에서 톱니바퀴

---

4) P.Mantaux(1927), The Industrial Revolution in the Eighteenth Century, London: Macmillan, 장윤형 외 역(1987), 산업혁명사(상-하), 창작사, p.8.
5) K.Marx(1968), Capital I, New York: Penguin Books, 김수행 역(1988), 자본론 I, 비봉출판사, p.483.
6) P.Mantaux(1927), p.8.
7) K.Marx(1968), p.443.

처럼 다루어졌다. 이러한 상황에서 공장에 들어간다는 것은 병영이나 감옥에 들어가는 것과 별반 다를 바 없었다.[8]

기계와 공장제는 노동생산성을 높이기 위한—곧 상품의 생산에 필요한 노동시간을 단축하기 위한—가장 강력한 수단이지만, 기계의 능률을 최대한 높이기 위해서는 인간의 자연적 한계를 초월하여 노동강도를 강화할 필요가 있었다. 기계의 규모와 비중이 커져감에 따라 노동일과 노동시간은 점점 연장된다. 기계는 노동일의 관습적 제한이나 자연적 제한(육체적 재생능력)을 모두 철폐해 버린다는 주목할 만한 현상이 나타난다.[9] 이러한 노동시간의 양적 확대경향에 대한 노동자계급의 반대에 직면하여 자본측은 노동의 밀도를 더욱 강화함으로써 그 손실을 메우고 더욱 큰 이윤을 얻고자 했다.

이와 같이 기계와 공장은 단순히 생산력의 혁신에 그치지 않고 그와 연관된 사회조직의 형태와 인간의 생활방식에 근원적인 영향력을 행사하게 된다. 근대자본주의사회는 바로 이러한 기계와 공장의 기술적 필연에 의해 한편으로 규제되면서, 다른 한편으로 그에 대한 적응과 저항의 행태에 의해 특징져진다고 할 수 있겠다.

산업혁명은 가족적 규모에서 영위되던 장인의 작은 작업장을 수많은 노동자군으로 조직된 근대적 대공장으로 대체시켰다. 이는 비단 생산력상의 혁신일뿐 아니라 생산관계에 있어서도 전통적인 방식과의 단절을 가져오게 되는 것이다. 도제와 장인간의 인격적 · 신분적 유대는 이제 순수한 금전적 계약관계에 의해 대체되었다. 노동력은 다른 상품과 똑같이 매매대상이 되며 이는 소위 자본주의적 임노동으로 알려져 있다. 이와 같이 근대적 임노동은 고대의 노예나 중세의 농노와 달리 자유로운 상태에서 계약을 체결할 수 있는 권리의 주체라는 특징을 지니고 있다. 하지만 계약자유의 법률적 외관은 실제로 많은 한계에 둘러싸여 있다. 열악한 작업환경에다 자본가의 절대적이고 통제받지 않는 전제적 권력이 자행되는 타락과 고통, 야만과 악덕이 뒤섞여 있는 공장은 한때는 완벽한 지옥의 모습을 보여주는 것으로 평가되기도

8) P.Mantaux(1927), p.553.
9) K.Marx(1968), p.466.

했다.[10)]

산업혁명과 공장제의 발전은 풍부한 노동공급을 요구했다. 노동공급이 수요를 초과할 때 자본가는 원하는 노동력을 저렴한 가격에 확보할 수 있었다. 때문에 마르크스가 지적한 대로 상대적 과잉인구(혹은 산업예비군의 존재)는 산업자본주의의 확립에 불가결한 요소였다. 영국의 경우 자본의 원시적 축적기에 행해진 대규모의 엔클로저로 인한 농민의 추방, 노동인구의 이동에 대한 제한의 철폐, 소생산자층의 양극분해, 18세기 후반의 사망률의 감소와 출생률의 증가에 따른 인구의 자연증가 등은 새로운 공업도시에 풍부한 잠재적 노동력을 퇴적시켰다.[11)] 공장노동력의 기원은 이같이 부분적으로는 강제로 일자리를 빼앗긴 집단에서, 부분적으로는 종전의 일자리보다 더 좋은 기회를 추구하는 집단에서 나왔고 거기다 인구의 자연증가율에 의해 뒷받침되었다.

기계의 발전은 새로운 노동력을 창출시키는 것을 가능케 했다. 기계가 근육의 힘을 불필요하게 하는 한, 그것은 곧 육체적 발달은 미숙하지만 손발의 움직임은 비교적 유연한 노동자를 공장에 끌어들일 수 있게 된다. 여성과 아동은 기계제 공업의 발전과 함께 유용한 사회적 노동력으로써 비로소 확고한 비중을 차지하게 되었다. 기계와 공장은 성별과 연령의 구별없이 노동자 가족의 모든 구성원을 자본의 직접적 지배하에 편입시킴으로써 임금노동자의 수를 증가시켰다.[12)] 그들은 또 다른 결정적 이유로 자본가에 의해 환영받았다. 그들은 남성노동자보다 유순했고 주어진 일에 수동적으로 복종하였다. 같은 일을 하더라도 성인남성의 임금의 절반 이하의 임금으로 고용할 수 있었고, 불황이 닥칠 때 이들은 얼마든지 해고시킬 수 있었다.[13)]

산업혁명 및 그와 연관된 일련의 변화는 심각한 사회문제를 야기시켰다. 산업혁명을 경과하면서 사회계급은 부르주아지와 프롤레타리아로 양극화되었다. 그 가운데서도 실업과 빈곤의 밑바닥에 떨어진 근로빈민(the laboring

---

10) Ibid., p.542-543.

11) M.Dobb(1963), Studies in the Development of Capitalism, London: Routledhe Kegan Paul, p.310-316; M.Beaud(1981), Histoire du Capitalisme: 1500-1980, Paris: E'ditions du Seuil, 김윤자 역(1987), 자본주의의 역사, 창작사, p.129.

12) K.Marx(1968), p.452.

13) P.Mantaux(1927), p.533-534.

poor)들의 생활상은 이루 형언하기 어려운 것이었다.[14] 이들의 불만은 소극적으로는 범죄와 같은 법위반으로, 나아가 자생적 봉기형태인 사회적 소요와 폭동으로 분출되었으며, 점차 조직적이고 정치적인 사회운동의 모습을 갖추어 나갔다. 하지만 새로운 산업체제에 대한 불만은 이들에 한정된 것은 아니었다. 새로운 경제에 제대로 적응할 수 없었던 소규모 실업자들, 쁘띠부르주아지, 장인층 등도 변화의 희생자들이었다.[15] 따라서 산업체제에 대한 반발은 근대적 임노동자에 국한되지 않고 이들 집단의 저항도 역사의 중요한 한 단면을 이루고 있다.

공장제는 노동력을 상품으로 파는 이외에는 생계를 유지할 수 없는 노동자를 공장에 집중시키는 것이기 때문에 그들의 이해관계는 동일하고 따라서 노동자들은 고용주에 대항하여 단결하게 되었다. 저항의 방식으로는 개인적인 범죄로부터 다소 비조직적인 반발을 거쳐 점차 계급의식으로 무장된 조직적인 투쟁으로 진전하게 되었다. 이러한 노동자의 결사에 대해 정부는 결사금지법을 제정하는 등으로 노동운동을 탄압하였다. 그 속에서 노동자의 결사는 공제조합(friendly society)의 형태로 존속하기도 하고 러다이트(Luddites)라는 비밀결사에 의한 기계파괴운동[16]을 전개하기도 하였다.

19세기 초엽의 노동운동에서 볼 수 있는 새로운 면은 계급의식과 계급적 야심을 가졌다는 것이다.[17] 오웬의 영향을 받아 1834년에 결성된 노동조합대연합(Grand National Consolidated Trades Union)은 50만 이상의 조합원을 거느리고 노동자의 경제적 지위개선뿐 아니라 사회개혁까지 지향한 것이었다. 아마도 19세기 전반 영국 노동운동의 정점은 차티스트운동(Chartist Movement)에서

14) E.Hobsbawm(1962), The Age of Revolution 1789-1848, New York: The New American Library, 박현채 역(1984), 혁명의 시대, 한길사, p.291 이하.

15) Ibid., p.60-61.

16) 새로운 기계의 등장은 임금하락과 실직을 의미했고 또 소규모 가내생산의 사회적 토대를 파괴시킴으로써 자본가에의 예속을 의미했다. 이러한 연유에서 기계에 대한 반감이 생겨났고 자신들을 자본가들의 이윤추구의 희생물로 만든 기계에 대한 파괴운동이 나타났던 것이다. 그러나 이는 순전히 기계에 대한 즉자적인 반발은 아니었다. 그들은 분명히 기계가 아니라 기계의 소유자인 자본가를 겨냥하고 있었다. 하지만 기계의 도입이 산업의 필연이란 점에서 장기적으로 볼 때 이들의 운동은 성공할 수 없었다고 평가된다. E.Thompson(1963), p.593 이하; 윤옥주(1987), 19세기초 영국의 러다이트 운동, 서울대 서양사학과 석사논문 참조.

17) E.Hobsbawm(1962), p.305.

구할 수 있을 것이다. 선거권 확대를 통한 노동계급의 정치적 대표성 획득을 지향했던 이 운동은 1848년을 고비로 쇠퇴하게 되고, 이후에는 노동계급의 경제적 요구를 우선시하는 노동조합운동으로 질적인 전환이 이루어지게 된다. 어쨌든 노동문제는 자본주의사회의 도래와 함께 풀어내기 힘든 난제로 자리잡았으며, 개별 기업과 전 사회적인 측면에서 모두 노동통제는 사회통제의 핵심으로 자리잡게 되었다고 생각된다.

3. 자유방임과 국가개입

영국의 산업혁명에 관한 신화 가운데 하나는 산업혁명이 정부의 적극적 간섭이 자제된 가운데 일어났다는 것이다. 즉 산업혁명을 통해 국가는 야경국가, 소극국가의 모습을 띠게 되었고 자유방임주의철학은 현실화되었다는 것이다. 이러한 신화는 아담 스미스의 "보이지 않는 손"[18]이라는 유명한 귀절로부터 생겨났다고 볼 수 있다. 스미스에 따르면, 각 개인이 자기에게 유리하게 자본을 투자하고 그 효용을 극대화하려 할 때 그는 자신이 모르는 사이에 국부를 극대화하도록 노력하는 셈이다. 계몽주의 이데올로기와 자연법 사상, 보편적 조화의 이데올로기에 의해 영향받은 그는 시장을 통하여 작용하는 "자연적 자유의 체제"를 신뢰하였다.[19] 이러한 논거는 뒤이어 데이빗 리카도에 의해 자유무역을 정당화하는데 사용됨으로써 정책적인 추진력을 얻었다.

전통적 설명에 따르면 국가는 산업혁명의 초기에는 보호주의적 조치, 중상주의 정책의 특권과 독점 부여 등 경제에 대한 광범한 개입을 시도하였으나 점차 그러한 정책의 잘못을 깨닫고 정치경제학자와 공리주의자의 사상에 고취되어 민간기업에 대한 법적 제약을 완화하고 경제의 고삐를 풀어주었다

18) A.Smith의 경제사상의 핵심에 있는 "보이지 않는 손에 의한 자연적 자유"의 관념은 보다 역사적 견지에서 인식될 필요가 있다. 그는 중상주의적 잔재인 갖가지 특권과 독점에 의한 비합리적 경제질서를 배격하고 합리적이고 생산자의 이익과 합치하는 경제질서를 자연적인 것으로 봄으로써 분명히 중상주의적 경제정책을 겨냥하고 있음을 알 수 있다. 이것이 곧 시장의 정부로부터의 독립을 의미하는 것은 아니었다. 정윤형(1981), 서양경제사상사연구, 창작과 비평사 참조.

19) M.Beaud(1981), p.105.

는 것이다. 다시 말해 대략 1850년까지 영국에서 자유방임철학은 국가의 정책적 기조로 정착되었다는 것이다.[20] 이들은 그에 대한 중요한 논거로 경제활동과 무역의 자유로운 흐름에 대한 수많은 법적 제한들이 감소되거나 폐지되었다는 사실을 제시하고 있다.[21]

그러나 여기서는 다소 다른 각도에서 이 문제를 접근하고 싶다. 경제에의 개입이 줄어들었다면 그것은 다른 긴박한 필요성에 의해 자극받았기 때문은 아니었을까? 국가의 활동을 가능케 할 인적 · 물적 자원이 오히려 강화되지는 않았는가? 이러한 의문은 산업혁명기의 사회적 소용돌이와 계급대립의 격화, 중앙정부의 권한의 신장을 감안하면 충분히 제기될 만한 것이다.

18세기 말-19세기 초의 영국사회는 급속히 변화하고 성장하는 산업복합체였다. 도시와 농촌의 연이은 소요와 폭동은 경제적 곤궁의 심화와 동시에 경제적 · 사회적 기강의 확립을 절실하게 요청하는 문제들이었다. 이런 문제는 종래의 교구나 치안판사의 통제범위를 넘어서는 것이었기에 중앙정부의 지도와 감독, 나아가 중앙정부의 직접적 책임 하에 규제되지 않으면 안된다. 또한 시장의 확대와 전국적 유통체제의 확립은 국가적 차원에서의 경제정책의 확립을 절실히 요청했다.

그러므로 실제로 경제의 관리와 사회정책, 범죄진압과 사회통제에 있어서 중앙정부의 역할은 이전보다 더욱 의도적이고 적극적이지 않으면 안되게 되었다. 공업화 및 그로 인해 초래되는 사회문제의 누증, 사회적 반발과 폭동, 나폴레옹전쟁, 국민경제체제의 확립, 국제무역의 팽창—이들 사안 중 어느 것도 완전히 자유방임에 맡겨둘 수 없도록 만들었다. 딘이 지적하듯이 산업혁명기에 국가는 과거 어느 때보다 깊이, 그리고 효과적으로 경제와 사회에 개입하였다.[22] 실제로 산업혁명기의 중요한 변화 중의 하나는 국가의 집

20) P.Deane(1979), p. 227.

21) 가령 엘리자베드시대의 노동법의 도제조항 폐지(1814), 동인도 회사의 대중국무역 독점권의 폐지(1834), 은행특허법을 통한 고리대 금지의 폐지(1854) 등을 지적할 수 있다. 그러나 무엇보다 자유방임정책의 승리를 상징한 것은 곡물법의 폐지(1846)인데, 이를 통해 해외무역 분야에 자유무역정책이 채택되었다. 사회정책면에서는 스핀햄랜드제도의 폐지와 신구빈법의 채택(1834)이 가장 유의미한 것으로 꼽힐 수 있을 것이다.

22) P.Deane(1979), p. 233.

권화, 전문화와 동시에 국가인력의 팽창과 업무범위의 확대를 꼽을 수 있을 것이다.[23)]

그렇다면 정치경제학과 공리주의자들의 의견은 어떻게 정리될 수 있을 것인가? 이들이 겨냥하고 있었던 것은 국가의 개입 자체가 아니라 공업화 이전의 사회를 특징짓는 복잡하고 비능률적인 잡다한 정부의 간섭과 규제, 다시 말해 중상주의적 국가정책이었다고 할 수 있다. 이러한 철학적 급진주의의 진정한 목적은 정부로부터의 자유가 아니라 비능률적인 정부로부터의 자유라는 것이 판명되었다.[24)] 여기서 능률이란 비효과적이고 무목적적 · 시대착오적인 개입에 대한 반대를 의미하는 것으로써 결국 효율적이고 합목적적인 경제와 사회문제에 대한 개입을 의미하는 것이었다.

영국의 경우 정부의 혁명은 1830년대에 확실한 방향성을 드러냈다. 경찰법의 제정(1829), 선거법 개정(1832)에 이어 공장법(1833), 구빈법(1834), 감옥법(1835)의 연이은 개혁입법을 통해 중앙정부는 이제 돌이킬 수 없는 집권화와 관료화, 그리고 일종의 근대적 집산주의로의 방향으로 가고 있음을 보여주었다.[25)] 통제입법을 시행하기 위해 국가 내에는 행정부라는 새로운 부처가 설치되어 효율적인 개입정책을 입안, 실시하고자 했고 이들은 보다 자율적인 재량권을 갖고 활동영역을 확장해가는 추세였다.

국가활동은 이제 개인주의, 자유주의와 같은 관념에 의해 규제되는 것이 아니라 행정부에서 동원할 수 있는 인적 · 물적 자원의 한도에 의해 규제되게 되었다.[26)] 사적 자치가 통용되는 분야는 부르주아지의 거래의 영역이었다면, 국가는 경제와 사회 전반에 걸쳐 영향력을 뻗쳐 나가는 추세였고 이는 산업혁명에 의해 조건져지면서 산업혁명을 주도해 나가야 했던 근대 부르주아국가 일반의 모습이기도 했을 것이다.

23) T.Stang Dahl(1977), "State Intervention and Social Control in 19th Century Europe," Contempory Crisis(1), p.163-164.

24) P.Deane(1979), p.233.

25) D.Fraser(1973), The Evolution of the British Welfare State: A History of Social Policy since the Industrial Revolution, London: Macmillan, p.85.

26) P.Deane(1979), p.238.

4. 산업화와 시간—노동규율의 변화

시간의식은 인간이 살아가고 있는 사회적 조건과 생활방식에 크게 의존한다. 가령 사냥꾼은 짐승의 생활방식에 자신을 적응시켜야 할 것이며, 어부는 바다의 상태와 기후의 변화, 조수의 흐름에 자신의 리듬을 맞추어 가야 할 것이다. 산업화 이전의 인간생활은 이와 같이 주로 인간의 작업조건에 압도적인 영향을 끼친 자연적 리듬에 의해 규제되었다.[27]

산업사회로의 이행은 인간의 시간의식에서의 커다란 단절을 내포한다. 계절변화에 따른 순환적 시간관념에서 계수화되고 수량화된 직선적 시간으로, 발생-성장-쇠퇴-죽음-재생이라는 윤회적이고 유기적인 시간으로부터 순간의 규칙적인 연속이라는 기계적 시간으로의 변화가 야기된다.[28]

해뜨면 나가서 일하고 해지면 들어와 쉬는 다소 여유있고 유동적인 전근대적인 작업패턴은 기계의 째깍거리는 소리에 따라 작업, 식사, 휴식을 반복하는 근대적 노동으로 바뀌었다. 이는 다시 말해 시계의 절대명령에 따라 작업을 수행해야 함을 의미한다. 근대인에게 시간은 잡힐 수 없고 무한정 흘러가는 것이 아니라 금전처럼 축적되고, 절약되고, 소비되는 재화로 인식된다.[29]

기계적 시간의 승리는 물론 산업화 과정과 긴밀하게 관련된다. 산업혁명

27) E.Thompson(1967), "Time, Work-Discipline, and Industrial Capitalism," Past and Present(38), p.67.

28) L.Mumford(1972), Interpretations and Forecasts, 김진욱 역(1983), 개성과 역사, 종로서적, p.60. 시간-공간의 틀에 인간의 사고와 행동을 끼워 맞추어 살아가는 것은 근대인의 특징적인 생활방식이다. 가령 돈키호테에게는 그런 감각이 없다. 그는 과거와 현재를 구별없이 살아간다. 때문에 그에게는 시대착오적(anachronistic)이란 말 자체가 무의미하다. 이러한 인간상과 무인도에 표류해서도 시계와 달력에 맞춰 생활하는 로빈슨 크루소적 인간상 사이에는 분명한 단절이 존재한다고 할 것이다.

29) E.Thompson(1967), p.62. 새로운 산업사회의 시간관념에 대한 가장 명료한 세속적 표현을 부여한 것은 벤자민 프랭클린이었다. 그의 말은 한마디로 "시간은 돈이다"는 명제로 압축될 수 있다. 시간은 노동에 의해 매개되어 자본주의사회의 보편적 가치척도인 돈으로 환원된다. 이러한 관점에서 볼 때 게으름과 시간낭비는 그 자체가 악덕이며, 타기되어야 할 습성으로 간주된다. 이와 관련하여 베버가 자본주의 정신을 정의하면서 그것의 고전적인 표현으로 프랭클린의 자서전을 인용하고 있음이 주목된다. M.Weber(1904), Die Protestantische Ethik und der Geist des Kapitalismus, 박종선 역(1987), 프로테스탄티즘의 윤리와 자본주의 정신, 두리, p.44-46.

이 본격화되면서 노동의 공시화(synchronization)가 크게 요청되었고, 같은 시기에 이전에는 사치품으로 인식되었던 시계는 생활에 필수적인 것으로 전환되었다.[30]

기계화된 공장노동은 규칙성, 일상성 및 단조로움을 특징으로 한다. 공장노동은 기계에 의해 규정되는 작업속도와 작업리듬에 발맞추어 복잡하고 세밀하게 조직화된 작업과정을 수행하도록 되어 있는데 이는 시계라는 전제군주에 의해 노동자의 모든 생활과 활동이 철저히 규제됨을 보여주는 것이다. 인간의 생활단위는 이제 일월, 계절이 아니라 분초로 단축되었으며, 여태까지의 인간적 삶의 존재조건과 근본적으로 배치되는 노동의 기계적 규칙성을 훈육시켰다.[31] 따라서 산업화로의 이행은 노동의 공시화, 규칙화를 가져왔을 뿐 아니라 보다 정확한 시간습관, 정확하고 세분화된 시간감각 및 시간이라는 가치척도에 의한 노동가치의 평가 등의 측면을 포함하고 있는 것임을 유의해야 할 것이다.[32]

근대적인 시간-노동규율은 매우 낯선 것이고 인간적 체질에 맞지 않는 까닭에 결국 새로운 산업체제의 요구에 맞추어 외부적으로 부과될 수밖에 없는 성질의 것이다. 자본주의체제 하에서는 이러한 규율을 인위적으로 체질화시키기 위한 훈련과 조정, 억압이 중심적인 과제가 되었다. 이러한 기계적 리듬의 중심지는 물론 대규모 기계제 공장이다. 생계의 위협 속에 노동하지 않을 수 없는 대다수의 노동자들은 기계적 리듬과 규율에 적응하지 않을 수 없도록 강제된다.

하지만 기계제 공장이 사회적인 노동수요를 모두 흡수할 수는 없다. 주기적으로 형성되어지는 산업예비군과 주변적 집단들에 대해 공장은 별 영향력을 행사할 수 없다. 따라서 이 경우에는 간접적이고 다소 둔감한 경제적 강제 대신 직접적인 국가적 강제수단을 통해 산업체제에 요구되는 시간-노동규율을 부과할 수밖에 없다. 산업사회의 중심인 공장을 보조하는 각종 사회통제기구(auxiliary institutions)들은 그 통제 대상자에 대해 강압적 방법으로 산

30) E.Thompson(1967), p.69.
31) E.Hobsbawm(1968), p.80.
32) E.Thompson(1967), p.75-80.

업사회에 필요한 인간형을 제조해내는 역할을 수행할 것을 사회적으로 요청받는다.[33)]

감옥은 사회 내에서 시간-노동규율을 훈육받지 못한 집단을 의도적인 조작을 통해 주입시키려는 목표를 지니고 있는 기구 중의 하나로 이해될 수 있을 것이다. 근대감옥은 흔히 훈육과 규율의 부로 일컬어지는데, 그 핵심은 근면성, 시간엄수, 복종성 등 시간-노동규율에의 복종일 것이다. 다시 말해 다른 사회제도에서 순치되지 못한 인간들을 형벌의 위협을 통해 훈련시키고자 하는 의도를 지니고 있는 것으로 보인다. 근대감옥이 "무시의 고통"이 아니라 "의도의 고통"으로 전환[34)] 한 데에는 산업사회에서 필요한 시간-노동규율을 체질화한 인간을 만들어 내고자 하는 사회 일반의 요구가 깊이 스며들어 있다고 볼 수 있다.

5. 주변계급에 대한 사회통제방식의 변화

실업자, 부랑자, 범죄자, 빈민을 포함한 주변계급 일반에 대한 국가와 지배계급의 태도는 시대에 따라 달리 나타날 것이다. 이들 집단이 사회적으로 방치되는가, 구호와 복지의 대상으로 의식되는가, 아니면 형벌적인 강제력을 통해 규제, 탄압되는가 하는 당대의 경제여건 및 사회적 관념에 따라 결정될 것이다. 그러면 자본주의체제의 형성기에 국가의 주변계급에 대한 정책적 지침은 어떠했던가? 나아가 주변계급 일반에 대한 국가적 시책이 특별히 범죄자에 대한 처우에 미친 영향은 어떠했던가? 하는 점이 규명될 필요가 있다. 여기서는 영국의 경우를 중심으로 살펴보기로 하겠다.

33) 시간규율을 함양하는 또 다른 보조기관으로 학교와 군대를 들 수 있다. 부르주아적 규율을 강조하는 측에서 볼 때 학교는 근면, 검약, 질서 및 규칙성을 주입, 훈련시키는 장으로 널리 옹호되었다. 모든 초급학교에서 학생들은 시간표에 따른 새로운 시간규율(disciplined time)의 세계로 들어가게 되는 것이다. 군대는 말할 것도 없다. 기상에서 취침까지 분초단위로 세분된 시간표가 모든 군인들의 활동을 전체적으로 속박하는 것이다. M.Foucault(1977), p.150 이하; M.Sarup (1982), Education, State and Crisis: A Marxist Perspective, London: RKP., 이종태 역(1988), 교육과 국가, 학민사, p.35 이하.

34) M.Ignatieff(1978), p.113.

영국에서 현대 복지국가의 이상이 정착되기 이전의 국가의 주변계급에 대한 정책은 주로 구빈법을 둘러싸고 전개되었다.[35] 영국의 구빈법은 흔히 구구빈법과 신구빈법으로 나누어진다. 전자는 1388년 '노동자조례'를 시초로 하여 1597년 및 1601년 완비된 엘리자베드 구빈법을 지칭하며 이 법은 후에 1662년 정주법(Settlement Act), 그리고 1782년 길버트법(Gilbert Act), 마지막으로 스핀햄랜드 제도에 의해 수정되었다. 이러한 구구빈법 제도는 1834년 유명한 신구빈법에 의해 대체되었다. 신구빈법은 산업자본주의 하의 주변계급에 대한 통제와 복지의 기본원리가 되었으며, 1948년의 복지국가 이념이 현실화되기까지 사회의 하층에 대한 국가의 기본방침을 제공하는 역할을 했다. 따라서 이하에서는 영국의 구빈법의 전개를 살펴봄으로써 자본주의화와 주변계급 일반에 대한 사회통제와 기초를 이해해 보고자 한다.

노역소와 감옥은 하층의 주변계급을 직접 대상으로 하는 시설이라는 점에서 수감자의 사회적 구성, 제도의 운영원리와 수감자에 대한 처우전략 등 기본적인 측면에서 유사한 점이 많다. 구빈법과 감옥법상의 유사성도 하층계급의 다양한 분파에 대한 국가와 지배계급의 사회통제의 일환으로 해석될 수 있기 때문이다. 그 때문에 구빈법의 전개와 변모를 추적함으로써 해당 사회의 계급과 권력관계를 이해할 수 있을 것이고, 이는 다시 감옥의 제도와 규율에 미친 구체적인 영향을 추적하는 자료로 삼을 수 있을 것이다.

(1) 구빈제도의 역사적 전개

영국의 구빈법은 앨리자베스여왕 시대에 완비된 형태로 나타났다.[36] 이 법은 빈민을 노동능력자, 노동무능력자 및 빈곤아동으로 분류하여 노동능력자에게는 일을 시키고, 무능력자에게는 최저한의 구제를 제공하며, 빈곤아동은 도제화시키는 것을 골자로 하고 있다. 즉 노동력있는 빈민(the able-bodied poor)은 징치감이나 노역소에 수감시켜 강제노역을 시켰으며, 노동능력이 없

35) 한국사회복지연구회(1988), 사회복지의 역사, 이론과실천사, p. 57.

36) An Act for the Relief of the Poor, 39 Elizabeth, c. 3(1597); An Act for the Relief of the Poor, 43 Elizabeth, c. 2(1961).

는 빈민(impotent poor)은 구호원(almshouse)에 집단거주시키거나 원외구제(outdoor relief)의 비용이 덜 들 것으로 판단되면 현 거주지에서 음식, 의복, 연료 등의 현물급여가 이루어졌다. 고아나 부양능력이 없는 요구호아동(dependent children)은 도제가 되어 24세까지 장인에게 봉사하면서 성장하였다.[37] 이러한 구빈법의 제정은 교회가 아닌 지방정부가 구호의 책임을 지게 한 점에 의의가 있었다. 이를 위해 정부는 지방세액을 증가시켰고, 모든 교구에 구빈감독관을 임명하여 구빈업무와 지방세 징수업무를 관장케 하였다. 이들 구빈감독관은 치안판사의 감독을 받았다.

엘리자베스 구빈법은 독자적 목적은 국가에 의한 빈민구제뿐 아니라 당시의 커다란 사회문제로 대두되었던 구걸과 부랑행위를 단속하는데 있었다. 교구의 구호를 받는 자는 불구자가 아닌 한 일하도록 강요되었고, 이것은 엄격한 형벌을 통해 시행되었다. 처음엔 구빈원은 피신처로 여겨지는 경향도 없지 않았지만 뒤로 갈수록 구금과 억압의 측면이 보다 강화되어 구빈원이 안겨주는 공포는 빈곤의 극단에 이르지 않는 모든 사람들을 위협하는데 이용되었다.[38]

구구빈법은 부랑과 걸식에 대한 잔인한 처벌을 내용으로 하는 부랑규제법(Vagrancy Act)과 결합되어 가혹한 입법으로 지칭되었다. 이 법은 교구를 단위로 하여 지방정부의 책임 하에 운영되었던 까닭에 이주자를 위한 고려가 없었다. 늘어가는 이주에 직면해서 교구와 지방귀족들은 1662년 정주법(The Settlement Act)을 통과시킴으로써 그에 대응하고자 했다. 이 법은 어떤 교구에 새로 이주한 자가 그 교구에 부담이 될 것으로 여겨지면 40일 이내에 원래의 거주지로 추방할 수 있도록 한 것으로, 빈민들의 자유로운 이동에 제동을 거는 것이었다.[39] 정주법의 적용을 받는 자들은 종종 농노의 신분에 비유되었다. 자기 교구에서 일거리를 구할 수 없는 노동자들은 자립할 수 있는 여지가 크게 제약되었다. 구빈법과 정주법은 언제나 적용되었던 것은 아니지만, 시행 교구의 편의에 따라 악용될 소지가 적지 않았다. 노동수요가 많은 교구라

37) 한국사회복지연구회(1988), 사회복지의 역사, 이론과실천사, p. 60.
38) P. Mantaux(1927), p. 564.
39) Ibid., p. 565.

할지라도 이주인구를 받아들이되 구빈세의 부담을 회피하기 위해 정주는 거부했고, 노동인구가 많은 교구는 부담이 될만한 빈민들을 추방하는 등의 방식으로 정주법을 활용함으로써 정주법은 남용되었던 것이다.

이 제도는 산업혁명이 본격화됨에 따라 자유로운 노동시장의 형성을 갈망하는 사상가들로부터 공격의 표적이 되었다. 가령 아담 스미스는 이 법률을 "자연적 자유와 정의를 명백하게 침해하는" 악의적인 법률이라고 비판했다.[40] 그러나 이 법을 폐기시킨 것은 특정한 주장의 승리라기보다는 산업혁명이 초래한 새로운 상황의 불가항력적 압력이었다.[41] 근대적인 대규모 생산을 위해서는 노동의 자유로운 이동과 공급이 불가결했기 때문이다. 결국 정주법은 1795년에 구빈법 폐지령(Poor Law Removal Act)에 의해 부분적으로 폐기되었는데, 그럼으로써 노동의 자유로운 이동가능성이 확보되어 "자유로운" 노동시장이 형성될 가능성이 열렸다.[42] 스핀햄랜드법(Speenhamland Act)이 제정되어 전국적으로 실시되었다.

스핀햄랜드법은 누구나 최저한도의 생계비에 대한 권리를 갖고 있으며, 자신의 노동으로 그 일부밖에 벌 수 없는 경우에는 사회가 그 차액을 보충해야 한다고 규정했다. 즉 이 제도는 빵값의 변동에 따라 임금에 보조금을 더해주는 체제를 확립하여 생존권의 원칙을 반영하고 있었다. 여기에는 가족수당도 포함되어 있었으며 이 보조금은 구빈원에서 나오는 것이 아니라 시설외구호(out-door relief)의 형태로 지급되는 것이었다. 이 제도의 의도는 스핀햄랜드가 적용되는 지방에서 고용을 창출하고 동시에 구제대상지역을 이 지방에 한정시킴으로써 빈민의 부랑화를 막자는 것이었다. 이것은 구조적 빈곤문제에 대응하기 위해 제정된 법으로써 정주법을 폐지하는 시점에서 노동의 자유로운 이동을 보장하려는 시대적 조류에 대한 마지막 저항의 기도를 의미하는

40) G.Himmelfarb(1984), The Idea of Poverty: England in the Early Industrial Age, London: Farber and Farber, p.61. 스미드의 정주법 비판의 초점은 이 법이 노동의 자유로운 이동을 제한하고 빈민의 자유를 침해할 의도를 가지고 제정, 집행되었다는데 있다. 따라서 구빈제도 자체의 필요성에 대해서 이의를 제기하지 않았던 것이다.

41) P.Mantaux(1927), p.567.

42) K.Polanyi(1964), The Great Transformation: the political and economic origins of our time, Boston: Beacon Press, p.78.

것이었다.[43)]

빈민들을 지원할 의도로 조직된 이 제도는 고용주들이 치러야 할 노동임금의 일부를 공공자금으로 보조해 주는 꼴이 되어 실제로는 임금을 삭감시키는 결과를 초래했다. 또 육체노동을 할 수 있는 가난한 노동자들은 구빈세를 납부해야 하는 부담을 지게 된 까닭에 더욱 경제적인 곤경에 빠지게 되어 극빈층과의 격차가 줄어들게 되었다.

중상주의 철학에 바탕을 둔[44)] 이러한 구빈제도의 지속에 대해 부르주아 지식인들은 일치하여 강력한 공격을 전개했다. 빈민에 대한 구호금제도는 "게으름을 조장하는 프리미엄(B.Franklin)"이라거나, 뿌리뽑아야 할 "도덕적 질병을 강화(T.Walker)" 시킨다는 비난이 잇달았다.[45)]

또한 빈곤을 임금노동자층의 "자연상태"로 본 고전파 경제학자들은 재산의 축적은 일종의 자연권이고 국가는 이에 간섭할 수 없다고 본다. 빈곤층의 유지와 보호를 위해 자산층에 과세하는 구빈법은 이러한 자연권을 침해하는 것인 까닭에 도덕적으로 잘못이라고 보았다.[46)]

구빈법의 존속에 대한 가장 강력한 공격은 토마스 맬더스로부터 나왔다. 맬더스는 그의 『인구론』을 통하여 당대에 커다란 논쟁을 야기시켰을 뿐 아니라 이후의 빈곤 기타 사회문제를 보는 틀을 제공한 점에서 주목을 요한다고 하겠다.[47)]

---

43) Ibid., p. 78.

44) 폴라니는 시장사회와 그에 대한 보호주의적 반대운동이 상반되는 원칙을 내세우고 있음을 다음과 같이 지적하고 있다. 전자는 자율규제적 시장의 성립을 목적으로 하고, 상인계급의 지지에 기대며, 대체적으로 자유방임주의와 자유무역을 그 방법으로 삼는 경제적 자유주의의 원칙이고, 후자는 생산조직은 물론 인간과 자연의 보호를 목적으로 하고 시장의 유해한 움직임으로 인해 직접 피해입은 집단들—노동자계급과 지주계급이 주된 집단이지만 그들만 피해를 입은 것은 아니다—의 지지에 기대며, 보호주의적 입법과 무역규제 모임, 그리고 다른 개입도구들을 그 수단으로 활용하는 사회적 보호의 원칙이다(K.Polanyi(1957), p. 132).

45) S.Webb and B.Webb(1929), English Poor Law History Ⅱ: The Last Hundred Years, London: Longmans, p. 9 이하 참조.

46) W.Trattner(1979), p. 44.

47) Malthus의 인구론의 기본전제는 다음과 같다. 1) 식량은 사람이 살아가는데 필수불가결하다. 2) 남녀간의 성욕은 억제될 수 없다. 3) (아무런 억제가 없다면) 인구는 기하급수적으로 증가하는데 반해, 식량은 산술급수적으로 증가하는 까닭에 항상 인구증가는 식량사정을 압박하게 될 것이다. 그에 따르면 이러한 비극적인 결과에 대한 억제책은 기근, 전쟁, 전염병 등 악덕과 비참이라고 한다. 그리하여 그는 이들을 감소시키려는 시도를 모두 회의적으로 보고 있다. 뒤에 그는 도덕

그에 따르면 첫째, 구빈제도는 교구의 도움없이는 가족을 부양할 능력이 없는 빈민들에게 자연법칙에 따르는 가족부양의무를 면제시켜 줌으로써 결혼과 출산의 증가를 가져온다. 이같이 구빈법은 노동수요를 넘어서는 인구증가를 촉진함으로써 결국 그것이 "구제하려는 빈민을 스스로 만들어내는데 기여한다."[48] 둘째, 구빈법은 빈민에게 의존심을 조장함으로써 절제와 근면에 대한, 따라서 행복에 대한 가장 강력한 자극 중의 하나를 약화시킨다. 유사시에 교구의 보조가 있을 것을 예상하면 그는 현재 버는 돈을 향락하는데 써버릴 것이다. 셋째, 구빈법이 시행됨으로써 사회적 자원을 가장 근면하고 가치있는 성원들로부터 게으르고 쓸모없는 성원에게로 이전하는 불행한 결과를 가져오게 된다. 구빈법을 통해 요구호빈민의 생활을 개선시키려는 어떠한 시도도 결국 식량의 가격을 끌어올림으로써 성실하게 살아가려는 자립적 빈민의 생활수준을 오히려 악화시킨다. 결국 요구호빈민(the dependent poor)은 전체 빈민의 적이다. 이렇게 볼 때 영국의 구빈법은 자선적 동기에서 제정된 것이 틀림없긴 하지만 빈민의 게으름과 불행을 조장하고 인구증가를 가져오게 되므로 철폐되어야 한다는 것이다.[49]

맬더스로 대표되는 부르주아 사상가들은 빈민에 대한 굶주림과 질병 등에 의한 자연도태와 적자생존의 냉혹한 "자연법"에 맡겨두고 국가는 이 문제에 개입하지 말아야 한다는 것이었다.[50] 이러한 사고방식의 배후에는 빈곤은 순전히 개개인의 도덕적 결함의 산물이고, 게으른 노동자가 일하지 않을 수

적 억제책을 추가한다. 자녀의 부양능력이 없으면 결혼과 출산을 절제할 것이고, 준비없이 이루어지는 출산과 육아에 대해서는 자연이 스스로 심판할 것이다는 것이 그의 요지이다. T. Malthus(1803), The Essay on the Principle of Population, 이주찬 역(1974), 인구론, 을유문화사 참조.

48) T.Malthus(1803), p.350-369, p.516.

49) Ibid., p.490-496.

50) 서로 다른 계급이익을 옹호하는 사상가가 자연법을 어떻게 보고 있는가 하는 점은 주목할 필요가 있다. 존 로크로 대표되는 부르주아 사상가들이 재산권보호를 중심으로 자연법리론과 사회계약설을 전개했다면, 급진적 사상가들은 노동권 내지 생존권을 상위에 놓고 있음이 쉽게 발견되어진다. 가령 맬더스와 동시대인인 급진주의자 코베트(Cobbett)는 맬더스류의 이론에 대해 노동자의 자연권을 주장하며 맞섰다. "사람들은 음식물을 구하지 못하면 절도와 강도짓을 해서라도 생존하는 것이 바로 자연법에 따르는 셈이 된다. 이 경우 소유자의 동의없이 심지어 소유자의 의사에 반하더라도 그것은 자연법상 인정되는 것이기 때문에 처벌될 수 없는 것이다." 이와 같이 자신의 계급이익에 따라 자연법의 내포는 달리 나타난다. 김경옥(1984), W.Cobbett의 계급의식, 서울대 서양사학과 석사논문, p.17-19 참조.

없게 만드는 까닭에 빈곤을 노동력의 원천으로 간주하는 이데올로기적 전제가 깔려 있다.[51]

(2) 신구빈법(1834)과 열등처우의 원칙

개혁가들의 노력은 1834년 개정구빈법[52]이 공포됨으로써 결실을 거두었다. 개정안은 1832년에 구성된 개정위원회의 권고안을 받아들인 것으로 개정위원 중의 주요인물인 채드윅을 통해 벤담주의 원칙이 깊게 반영되어 있다.[53]

그는 기존의 구빈법의 가장 큰 문제는 (맬더스가 이해하듯이) 인구증가를 장려하는데 있는 것이 아니라 노동의욕을 줄이는 것이라고 보았다. 따라서 요구호빈민들이 일하지 않고 지내는 대신 노동시장으로 편입될 수 있도록 유도되면 된다고 보았다. 또한 구빈법의 파행적인 운영은 주로 부패하고 무능한 구빈행정으로 말미암은 것이라 보고 행정적 개혁의 필요성을 역설하였다. 이러한 문제파악에 입각하여 조사위원회가 제시한 권고안은 선거법개정(1832)에 의해 새로 구성된 의회에서 별 이의없이 통과되었다.[54]

이 법은 다음의 세 가지 원칙 내지 내용으로 되어 있다.

첫째, 열등처우의 원칙(the Principle of Less-Eligibility)이다. 개정 구빈법의 가장 핵심적인 원칙은 공적 구호에 의존하는 자들이 자신의 노동으로 살아가는 독립노동자보다 나은 처우를 받게 해서는 안된다는 것이다.[55] 만일 최하층의 독립노동자보다 요구호빈민이 더 나은 대우를 받는다면 그 초과분은

51) G.Himmelfarb(1984), p.131.

52) Poor Law Amendment Act, 4 and 5 William 4, c.76.

53) 1832년 구빈법에 대한 왕립조사위원회(Royal Commission of Inquiry into the Poor Law)의 조사위원으로 선임된 E.Chadwick(1800-90)은 이 보고서의 주요 기초자가 되었으며 개정 구빈법을 집행하기 위해 설립된 위원회의 서기가 되었다. 그는 이기심을 사회행동의 중요한 원천으로 보지만, 동시에 이기심이 전체사회의 이익이 될 수 있도록 하기 위해서 법과 제도를 만들어가는 국가의 역할을 인정하였다. 이러한 입장은 "최대다수의 최대행복"에 반하는 모든 법률과 제도의 개정에 정열을 쏟았던 벤담의 주장 및 태도와 일치하는 것이라 할 수 있다. A.Briggs ed.(1984), Founders of the Welfare State, 한국사회 복지연구회 역, 사회복지의 사상, 이론과실천사(1987), p.18-28.

54) S.Webb and B.Webb(1929), p.94.

55) Ibid., p.61-64.

"게으름과 악덕을 조장하는 장려금"이라고 지적되었다. 사회의 최하층보다 열등한 대우를 받게 될 것이라는 사실을 인지할 때 비로소 사람들은 구호에 대해 어떤 매력도 느낄 수 없게 될 것이다. 바로 이러한 열등처우의 원칙은 사회문제를 취급하는 부르주아지의 관점을 단적으로 드러내는 것으로 볼 수 있다.

둘째, 모든 형태의 시설외 구호를 중단하고 구호활동은 오로지 시설 안에서, 즉 노역소(workhouse)를 통해서만 이루어질 수 있게 하는 시설내 구호제도(indoor relief system)의 확립을 들 수 있다.[56] 근로능력있는 자에게 모든 형태의 원외구호를 철폐한다는 것은 곧 바깥에서 근로활동을 하든지 굶어죽지 않으려면 노역소에 들어와 일할 것을 강제하는 셈이었다. 노역소 내에서 수용자는 자유스럽게 나다닐 수 없고 또 서면영장 없이는 외부 방문객과의 면회도 허용되지 않는다. 이와 같이 노역소는 매력은 전혀 없지만 규율의 확보를 위해서는 유용한 장소로 활용될 수 있다고 주장되었다.

노역소제도의 또 하나의 장점은 이전처럼 까다로운 자격심사를 요하지 않는다는 것이다. 구호를 받기 위해서는 노역소에 들어갈 의사가 있는가를 확인하기만 하면 되었다. 이러한 간단한 노역소 입소자격검사(workhouse test)는 이전의 구빈법 시행에서 보여진 구제대상 선정에서의 불합리와 부패를 시정할 수 있게 했다.[57]

셋째, 신구빈법의 집행을 통해 구빈행정의 집권화와 전국적인 통일화가 이룩될 계기가 마련되었다. 신구빈법은 사회정책상의 새로운 원칙을 소개했을 뿐 아니라 행정적 혁명의 시도였다.[58] 당시까지만 해도 영국의 지방당국은 중앙정부로부터 직접적인 감독과 규제를 받지 아니하고, 그 때문에 전국을 통할하는 정책시행이 사실상 곤란했다고 볼 수 있다. 신구빈법은 구빈법위원회(the Poor Law Commission)를 통하여 국가적 지침을 전국에 강요하고자 했다. 효율적인 시행을 위해 각 교구들이 병합되었고 거기에 관계 공무원이 파견되었다. 구빈법에서 보여지는 이러한 사회적 서비스 분야의 전국적 통합

56) Ibid., p. 64-69.
57) Ibid., p. 65-67.
58) A.Briggs ed.(1984), p. 23.

경향은 이후 공중보건, 공교육 등에도 채택되어감으로써 결국 구빈법은 국가의 영향력 확대를 위한 신모델을 제공한 셈이었다.[59]

요컨대 신구빈법의 골자는 원외구호를 완전히 중지하고, 노역소 내의 구호만을 인정하되 구호수준은 사회 최하층보다 한 단계 낮도록 처우할 것이고, 모든 공적 구빈사업은 국가의 지도 · 감독을 받도록 하자는 것이다. 하지만 이러한 개혁프로그램은 처음부터 많은 문제점을 내포하고 있었다. 우선 모든 유형의 빈민을 무차별적으로 노역소에 몰아넣고 건물의 분리, 대상자 분류, 적절한 처우를 통해 행정의 효율화와 빈곤억제의 효과를 기대했다는 것은 실시 불가능한 일이었음이 드러났다.[60]

한편 열등처우의 원칙은 시설 내의 형편없는 처우와 각종 비인간적인 학대를 손쉽게 정당화하는 구실이 되었다. 이 원칙을 엄격히 지키기 위하여 식사량을 줄이고 열악한 피복을 지급하였으며 거처는 불결한 채로 있었고, 수면시간을 줄이고 술과 오락을 일체 통제하고 단조로운 작업으로 심신을 지쳐 빠지게 만들었다. 이 때문에 노역소는 동시대인에 의해 "바스티유감옥(Poor Law Bastilles)으로 불리기도 했고, 죄없이 들어가는 감옥(goal without guilt), 심지어 빈민강탈법(Poor Man's Robbery Bill)으로까지 비난받았다.[61] 빈곤을 범죄 못지 않게 가혹하게 취급하는 구빈법의 경향은 노역소가 "빈민의 감옥(Poverty Prison)"이라 불려진 데서도 잘 드러나고 있다.[62]

열등처우의 원칙은 구빈법을 둘러싼 논쟁과정에서 가공되어졌지만, 사실 이 원칙은 사회문제에 대한 지배층의 이데올로기적 반응이었다는 점에서 주목을 요한다. 이 원칙은 스미스, 리카도의 정치경제학, 특히 맬더스의 인구론에서 강력히 표출되었다. 벤담을 위시한 공리주의자들은 이를 입법과 사회정

59) S.Webb and B.Webb(1929), p.72.

60) 한국복지연구회(1988), 사회복지의 역사, 이론과 실천사, p.64. 대상자분류란 빈민을 노령자, 아동, 노동능력이 있는 성인으로 나누는 것을 말하고, 적절한 처우란 노령자에 대한 방임, 아동에 대한 교육, 노동능력자에 대한 직업훈련을 말하는데, 실제로 분류와 처우에 있어서 많은 문제가 파생되었다. 상당한 비용을 들여 노역소를 신축한다는 것도 쉽지 않은 일이었다. 요구호대상자를 전부 사정없이 노역소에 집어넣어 처리하겠다는 발상도 그 실행에 상당한 문제점이 수반될 것은 쉽게 예견될 수 있는 것이었다.

61) S.Webb and B.Webb(1929), p.65.

62) 김택현(1984), 영국의 1834년 신구빈법에 관한 일 고찰, 성균관대 사학과 석사논문, p.51.

책의 기본원리로 가공시켰다고 할 수 있다. 이들 자유주의 사상가들이 보기에 빈민구제는 임금노동에 대한 위협이었고 국부의 생산력을 떨어뜨리는 요인이었다. 빈민문제에 대한 그들의 정책은 따라서 빈민에 대한 구호 자체를 철폐하고, 그럼으로써 누구나 먹고 살기 위해서는 노동력을 팔지 않을 수 없도록 함으로써 노동의 상품화를 전적으로 제도화하자는 것이었다. 개정 구빈법은 빈민과 노동자에게는 아무런 대책없이 노동시장에 내던져지는 일종의 멍에를 의미하였던 것이다.[63)]

열등처우의 원칙은 계급규율과 계급통제에 대한 부르주아 국가의 전반적인 사회정책의 근간을 이루는 원칙이었다. 이 원칙은 사회 내 감옥의 지위와 감옥의 성격을 결정짓는데도 중요한 의미를 지니고 있었다.[64)] 감옥시설과 수형자의 처우에 대한 보다 인도주의적 처우를 꾀하려 할 때 그에 대한 반대자의 논거는 바로 이 원칙이었다. 수형자를 잘 대해주면 성실하게 살아가려고 안간힘을 쓰는 노동자들의 의욕을 꺾어놓는다는 것이다. 이러한 이데올로기는 비단 지배층에 의해 고취되었을 뿐 아니라 사회 내의 노동계급과 빈민층에게도 깊히 침투했다고 보아야 할 것이다. 감옥개혁에 대한 끈질긴 반대가 조직노동자층으로부터 나왔다는 사실은 이와 관련하여 이해될 수 있을 것이다. 노동계급과 주변계급은 감옥에 의해 위협받는 상황에 있어도 어쨌든 수형자보다는 자신이 낫다는 데서 한가닥 위안을 얻을 수 있었던 것이다. 이와 같이 이 원칙은 감옥 내 수형자의 처우와 규율을 규정하는 동시에 감옥 밖의 노동계급과 주변계급의 생활에도 영향을 미치고 있었다.

마지막으로 구빈법에 대한 논의를 확인할 수 있는 것은 19세기 초 노동의 상품화와 시장경제를 요체로 하는 자유경제체제는 결코 "자연적인 질서"의 도래가 아니라 일련의 정치적 결단의 산물이라는 점이다. 국가는 이러한 자유경제체제를 성립시키기 위해 기존의 장애물을 제거해 가면서 시장경제의 추세를 앞당기기 위해 자신의 권력을 효율화, 집중화해갔다. 이는 통념적인 야경국가상이 지지될 수 없음을 보여준다. 국가는 뒷전에서 경비만 서고 있었던

63) K.Polanyi(1957), The Great Transformation, Beacon Press, p.38, p.122.

64) R.Hogg(1979), "Imprisonment and Society under Early British Capitalism," Crime and Social Justice (Winter), p.11.

것이 아니라 자신의 역량을 증대시키면서, 적극적으로 경제체제와 사회문제에 개입해갔던 것이다. 국가의 범죄문제에 대한 적극적 대처와 국가에 의한 감옥개혁의 주도는 야경꾼의 견지에서가 아니라 근대 자본주의국가의 이러한 역량증대와 권한강화를 위한 노력의 일환으로 이해되지 않으면 안될 것이다.

6. 근대적 경찰조직과 사회통제

오늘날 감옥과 함께 국가의 강제력의 중요한 부분을 차지하는 경찰제도는 18세기 후반 이래의 사회변동의 와중에서 새로운 통제전략의 일환으로 생겨났다고 볼 수 있다. 도시의 무질서, 구조적인 빈곤과 실업, 범죄의 격증, 노동계급의 조직적 반발, 정치적 급진주의의 조직화 등으로 압축될 수 있는 "사회문제"에 직면하여 기존의 전통적·가부장적 사회통제방법으로는 해결이 곤란함이 절감되었고, 그에 따라 새로운 통제의 주체와 방법이 강구되지 않을 수 없었다. 또한 근대국가에 의한 국가기구의 집권화와 관료화의 추세는 새로운 통제기구의 형성과 발전의 배경인자가 되었다. 여기서는 근대국가의 특징적인 사회통제기구로 등장한 경찰제도의 형성과 성격을 영국을 중심으로 고찰하면서 근대적인 사회통제의 계급적 함의를 검토해 보기로 하겠다.

(1) 사회변동, 계급갈등과 경찰기능의 재편

18세기 이전의 영국사회에서는 공동체에 의한 자율적·비공식적 통제를 통해 사회질서가 유지되었다. 공동체는 내부 규율과 질서유지의 책임을 떠맡았고, 위반자에 대한 제재를 스스로 실시했다. 한편 전자본주의국가는 인적·재정적 자원과 기술적 능력상의 제약으로 인해 공동체 성원들의 일상생활에 깊숙히 개입하기 곤란했다. 국가의 사회통제방식은 간접적이고 조야했으며, 자의적인 측면이 적지 않았다고 생각된다.[65] 이러한 상황에서 지역사

65) S.Spitzer(1981), "The Political Economy of Policing," in D.Greenberg ed., Capitalism, California:

회에 대한 국가적 영향력을 확대하기 위해 널리 사용된 방법은 지역 성원 상호간에 감시체제를 구축하는 이른바 연대책임체제를 확립하는 것이었다. 각종 잔인한 형벌제도 역시 중앙권력의 강화를 반영한다기보다는 취약한 역량을 보완한다는 의미를 지닌 것으로 보아야 할 것이다.

19세기 이전의 영국사회에서 경찰과 치안기능을 담당했던 기관은 정규경찰이 아니었다. 주민들로 조직된 야경꾼, 교구에 소속된 보안관(constable), 치안판사(judge of the peace) 등이 일정한 역할을 담당했다.[66] 이들 제도들의 기원은 상이하지만 상호보완적으로 경찰기능을 수행했다고 생각된다. 그러나 산업혁명기를 전후하여 이들 제도들은 모두 심각한 한계를 노정하게 되었다. 이들 제도들은 지방적 기초에 의해 조직되었고, 그 때문에 지방적 이해관계에 깊이 좌우된다. 또 각 조직간, 조직 내의 서열이나 조직양식이 느슨하여 체계적인 치안업무 수행이 불가능했다. 또 국가 또는 지방당국으로부터 정규적인 수입을 받지 못하는 경우가 많았던 까닭에 자연히 부패와 타락의 온상으로 여겨지기도 했다. 근대적 기준에서 볼 때 이 제도들은 대체로 무능, 부패한 것으로 여겨지기 십상이었다.[67]

19세기 이전의 도시의 소요는 기존의 사회질서의 전복을 꾀하는 것으로까지 인식되는 경우는 매우 드물었다. 소요와 폭동은 지배자에게 자신의 임무를 다하도록 촉구하는 성격을 띤 것이었고 그 목적이 어느 정도 충족되면 해소되었다. 이러한 소요의 메커니즘은 양 당사자 모두에게 거의 완전히 인식되었기 때문에 재산의 일시적 파괴를 넘어서는 정치적 문제를 야기시키지 않았다. 반란(riot)이나 폭동은 기존의 사회체제 자체를 겨냥한 것이 아니었던 까닭에 공공질서에 별다른 타격이 가해지지 않았다.[68]

Mayfield, p.318.

66) J.Tobias(1972), Nineteenth-Century Crime in England, New York: Barnes and Noble, p.97.

67) L.Radzinowicz(1956), A History of English Criminal Law and Its Administration from 1750, vol. Ⅱ, London: Stevens, p.25 이하 참조.

68) 18세기까지의 전형적인 소요는 소위 식량폭동(food riot)의 형태를 띤 것이었다. 식량폭동은 빵값의 양등에 의해 생계가 곤란해진다고 느끼는 사람들이 값싸게 빵을 구입할 수 있도록 정부의 조치를 촉구하는 폭동으로 (누구나 먹고 살 수 있는) 관습적 권리의 회복에 초점을 두고 있었다. 식량폭동은 톰슨이 명명한 바 도덕경제(moral economy)의 가정을 배후에 깔고 있는 것으로, 어느 정도 자연발생적 성격을 띤 것이며 그 요구사항이 어느 정도 충족되었다고 느끼면 가라앉곤

전근대적인 사회통제기구로부터 근대경찰로 나아가는 과정을 이해하기 위해서는 우선 경찰과 관련된 사회여건상의 변화를 살펴볼 필요가 있겠다. 영국사회는 18세기 중반 이래 산업화와 도시화 그에 따른 계급갈등의 격화와 정치적 불안으로 역사상 새로운 국면을 맞이하게 되었다. 산업화와 공장노동의 전개는 종래 가장 큰 사회통제기구였던 가족공동체를 와해시켰다. 도시화의 추세가 점차 가속화됨에 따라 종래의 공동체에 기반한 사회통제기구는 그 효력을 상실하게 되었다. 또한 도시가 제 기능을 완전히 발휘하기 위해서는 질서와 안정이 종래보다 더욱 중요하게 여겨졌다.

나아가 18세기 말-19세기 초 산업혁명을 통해 형성되고 프랑스혁명에 의해 크게 자극받은 조직화된 노동계급과 도시대중들은 새로이 짜여져가는 부르주아적 질서에 강력히 반발했다. 이들의 반응은 처음에는 과격한 소요와 폭동으로 나타났지만, 점차로 계급의식을 획득하고 새로운 대안적인 전망을 제기하게 되었다. 1780년의 고든폭동(Gordon riot), 1800년대 초 기계파괴운동(Luddite Movement), 노동자와 도시민들의 집회를 무력적으로 탄압한 피털루사건(Peterloo) 등 일련의 조직화된 정치적 폭동에 대해 정부와 지배계급은 무장군대를 동원해 억압하는 외에 다른 도리가 없었다.[69)]

노동계급과 도시빈민의 조직적이고 강력한 도전에 직면하여 기존의 국가강제력은 그 한계를 드러냈다. 우선 군대는 싹쓸이식 무력행사 이외의 다른 수단의 구사에 생소하며 상황에 따라 탄력적인 대응을 하기에 부적합했다. 나아가 군대는 공동체의 바깥에 위치하고 있는 까닭에 긴급상황인 경우를 제외하고는 일상적인 감시와 통제업무를 담당할 수 없었다. 또한 기왕의 교구보안관제는 지방적 이해관계에 다소간 연루되어 있었고 수직적으로 통합된 조직체계를 갖추고 있지 못했기 때문에 독립된 위치에서 효율적인 통제를 꾀할 수 없음이 입증되었다. 결국 기왕의 물리적 통제기구는 노동자조직에 의

했기 때문에 정부와 지배계급의 입장에서는 체제 전반을 위협하는 심각한 것으로 느껴지지는 않았다. E.Thompson(1971), "The Moral Economy of the English Crowd in the 18th Century," Past and Present(38) 참조

69) S.Manwaring-White(1982), The Policing Revolutions, Harvester Press, p.2; E.Thompson(1963), The Making of English Working Class, New York: Vintage Books 참조.

한 "무지하고 불법적인 폭력"에 대해 산업을 보호할 수 없었고, 도시소요 및 폭동을 진압하기에 효과적인 수단이 되지 못했으며, 서민대중의 난폭한 놀이나 여가활동을 단속할 수 없었다. 결국 근대산업도시 내부에서 지방적인 이해관계에 얽매이지 않고, 오직 국가적 가치관과 법률을 자기 활동의 근거로 삼을 수 있는, 위계화된 조직체계를 갖춘, 근대적 통제조직이 요청되었던 것이다. 이것이 근대경찰의 탄생을 부른 바탕이었다. 19세기 초반 영국의 신경찰의 탄생은 심원한 사회변동의 징표인 동시에 계급관계의 심각한 갈등을 노정하는 것이었다.[70]

그러나 19세기 초반까지 영국인들의 경찰에 대한 여론은 그다지 호의적인 편이 되지 못했다. 경찰기구의 도입은 이제까지 영국인들이 누려왔던 자유의 폭을 현저히 축소시킬 것으로 우려되었다. 경찰기구는 무엇보다 대륙의 절대주의국가를 떠받치던 기둥이었으며, 19세기 초반의 프랑스에서는 나폴레옹 독재의 한 축이었다. 나폴레옹 독재의 오른팔을 했던 푸세(J.Fouche)의 지휘하에 있던 경찰은 스파이, 밀정체제(agent provocateur)를 통해 프랑스 전역에 음험한 테러와 탄압을 자행했다고 비난받았다.[71] 어떤 종류의 경찰도 일단 만들어지면 프랑스에서처럼 자유와 프라이버시를 침해하는 결과가 초래될 것이라는 두려움은 영국인들의 경찰제도에 대한 적개심의 원천이었다.

한편 노동계급들은 경찰의 정치적 용도에 대해 심각한 의구심을 갖고 있었다. 경찰은 자본가 권력의 대행자로써 노동자들의 일상생활을 감시, 통제하고 각종 책략을 구사하여 노동조합의 활동을 통제하고 스트라이크를 분쇄하는데 기여할 것으로 예상되었다. 이들에게 경찰 설립의 주장은 근본적으로 정치적인 것으로 이해되었다.

이와 같이 근대경찰의 성립은 근본적으로는 사회변동에 따른 산물이었지만, 그에 따른 당연한 사회적 합의의 산물이 아니라 계급갈등과 계급통제의 맥락에서 파악되어야 할 것이다.

70) R. Storch(1981), "The Plague of the Blue Locusts: Police Reform and Popular Resistance in Northern England," in M. Fitzgerald et al. eds., Crime and Society: Reading in History and Theory, London: RKP., p. 89.

71) S. Manwaring-White(1982), p. 3.

(2) 근대경찰의 활동과 사회적 반응

도시대중과 노동계급의 반발에도 불구하고 지배층의 입장에서는 경찰을 결국 받아들이지 않을 수 없었다. 프랑스 혁명에 의해 더욱 증폭된 사회혁명의 위협, 자본주의적 활동의 장인 시장과 공장의 안전성 확보, 폭동과 쟁의 및 절도에 대한 상인과 자본가의 우려, 이러한 상황에 대처하기 위해서는 조직적이고 효율적인 경찰력이 불가결하게 요청되었던 것이다.[72]

이 점에서 볼 때 1829년에 설립된 대런던 경찰(London Metropolitan Police)은 이전과는 전적으로 상이한 사회통제전략을 보여주는 것이었다.[73] 당시 수상 필(R.Peel)에 의해 창시된 신경찰(the New Police)은 영국에서 처음으로 유급, 전임의 통일된 경찰조직이었다. 그들은 여러 갈래로 얽혀졌던 종래의 치안기구들을 대체하였다. 런던모델은 영국의 각 지방에 다소 시일이 소요되면서 전파되었고, 1856년에는 의회에서 마침내 중앙정부가 지방경찰을 통할하고 경찰비용 중 1/4을 부담하도록 규정함으로써 전국적 통합이 이루어졌다.

신경찰의 일차적 임무는 "범죄의 예방"이었다. 인신과 재산의 안전, 평온한 거리질서의 확보를 위해서 신경찰은 범죄에 대해 사후에 대처하는 방식보다는, 일상적인 순찰을 통해 사전적으로 범죄의 여지를 억제 · 예방하는데 주안점을 두었다.[74] 이러한 활동을 가능케 하기 위해 필은 군대식 조직원리를 차용했다. 경찰은 제복을 착용했고, 군대식 직제를 채택했으며, 군대식의 상명 하복관계에 의해 규율되었다. 경찰의 제복은 곧 국가권력의 살아있는 구현체로 여겨지게 되었다. 이와 같이 군대식 모델은 근대 경찰조직의 초석이 되었다. 당대인에게 비친 경찰은 입은 옷의 색깔은 달라도 사실상 군인과 다를 바 없다는 생각이 널리 통용되었다.[75]

근대경찰은 다음 두 가지 면에서 질적으로 새로운 발전을 의미하는 것이

---

72) D.Humphries and D.Greenberg(1981), "The Dialectics of Crime Control," in D.Greenberg ed., p. 227.
73) S.Walker(1980), p. 60.
74) Ibid., p. 60.
75) R.Storch(1981), p. 90.

었다. 첫째, 개인적 이해관계에 초연하고 관료적으로 다스려지는 일반법을 통한 지배를 실질적으로 가능케 했다. 둘째, 경찰의 활동은 공식적 통제망을 시민의 일상생활에 깊히 침투시킴을 의미했다. 이 두 측면을 보다 구체적으로 살펴보자.

첫째, 근대경찰은 공평무사한 직무집행을 특징으로 하는 관료제를 통해 자기모습을 드러내게 된다. 경찰의 관료적 중립성은 사회통제의 정당화를 위한 개념적 도구로 기능했다. 경찰이 지역사회나 지배집단과 사적 연계를 맺고 있을 경우에는 경찰의 중립성과 공평성은 지지될 수 없었다. 관료적 경찰기구의 확립은 경찰을 지역사회의 구체적 이해관계로부터 절연시킴으로써 특별한 개인 혹은 계급의 이익을 위해서가 아니라 사회의 일반이익을 구현한다는 이미지를 심어주는데 기여했다. 이렇게 볼 때 신경찰의 창설은 통제의 정당화(나아가 국가권력의 정당화)에 중요한 이데올로기적 의미를 갖고 있었다.[76] 경찰을 지배계급의 사적 이익 실현을 위한 집단이 아니라 공평무사한 국가의 관료기구로 위치시킴으로써 경찰은 "강제력의 합법적 국가 독점"에 대한 정당성을 획득할 수 있게 되는 것이다. 사례에 대한 봉사료(fee)가 아니라 국가로부터 보수(salary)를 받으며, 국가의 입장에서 치안유지를 담당하는 유급, 전임의 치안전문가로 일한다는 경찰의 상도 경찰의 정당성과 합법성을 제고시키는데 기여했다.[77]

둘째, 신경찰의 활동은 국가의 공식적 사회통제를 시민생활에 깊숙히 침투시키고, 사회적 위협수준을 보다 구체적으로 인지하고 그에 맞추어 국가행위를 결정할 수 있게 했다. 신경찰의 특징적 면모는 관할구역을 일상적으로 순찰하는 경찰관의 상인데 순찰경관은 곧 그 사회에 가시적으로 인격화된 법과 국가를 상징했다. 경찰의 주임무는 범죄의 예방과 단속이지만, 그 밖에도 노동계급이 거주하는 지역에서 일상생활의 세세한 부분까지 지속적으로 감시의 압력을 유지하는 일과, 정치적 움직임과 노동계급의 조직적 움직임을 예방적으로 감독하는 일이 두루 포함되었다. 그뿐 아니라 노동계급의 전래의

76) D. Humphries and D. Greenberg(1981), p. 227.
77) S. Manwaring-White(1982), p. 186-191.

여가활동도 단속과 통제의 대상이 되었다. 노동계급의 독자적 하위문화–축제, 음주습관, 도박, 스포츠 등은 공장제 규율의 확산에 장애가 될 뿐더러 범죄를 생성시키는 환경으로 재해석하면서 체계적으로 억압당했다.[78] 그리고 이러한 임무는 그 지역이나 집단에 이해관계를 갖지 않은 경찰에게 특히 적당한 것으로 생각되었다.

초기 경찰의 계급지배의 유용한 도구로서의 성과가 두드러지게 입증됨에 따라 초기의 회의와 두려움은 적어도 중산층에서는 사라졌다. 경찰은 이미 활동초기에 범죄활동의 예방과 범죄자의 체포를 통해 범죄율을 크게 감소시킨 것으로 평가되었고, 이것은 중산계급에게는 자신들의 인신과 재산에 대한 안전감을 더해 주었다. 범죄율의 감소와 함께 범죄패턴의 변화도 여러 논자들에 의해 지적되었다. 대규모의 조직범죄는 경찰의 지속적인 순찰, 감시를 통해 불가능해지게 되었다. 범죄단(band)에 의해 대규모의 약탈행위는 설 땅을 잃게 되고 1인 혹은 2–3인의 소규모 패거리(partnership)에 의한 절도(야간절도, 주거침입절도) 등이 주종을 이루게 되었다.[79] 이제 범죄의 위협으로부터 법질서가 크게 유린될 가능성은 엷어지게 된 것처럼 보였다. 따라서 근대경찰의 성립에 대한 회의와 불신의 태도는 중산계급의 입장에서는 편견과 무지의 소치로 보였음직하다. 공식적 역사서술에서 경찰제도의 개혁가들은 선견력을 가지고 역사를 진보시킨 선각자로 추앙받게 되는 것은 별반 이상할 법도 없다.[80]

그러나 중산계급이 느꼈던 안정감을 곧 사회 모든 계급에서 동일하게 느꼈던 것은 아니었다. 경찰의 권력남용에 대한 중산계급의 두려움은 점차 해소되었지만, 주된 통제의 대상이 된 노동계급의 적대감은 강화되었다. 노동계급의 입장에서 볼 때 신경찰의 존재의의는 (법질서나 재산의) 보호적 차원이라기보다는 정치적 차원에서 해석되어졌다.[81] 경찰은 절도를 예방하는 목적도 있겠지만 그보다도 노동계급의 생활의 모든 국면—노동조합활동을 비롯한 정치적 · 집단적 활동, 음주, 스포츠, 도박을 포함한 대중의 오락활동—을

78) E. Thompson(1963), p. 406–407.
79) J. Tobias(1972), p. 110.
80) L. Radzinowicz(1956), vol. Ⅲ 참조.
81) R. Storch(1981), p. 90.

지속적이고 다면적으로 감시 통제에 있다고 느껴졌다.

이러한 느낌은 노동계급의 정치적 경험에 확고하게 바탕을 두고 있었고, 노동계급의 생활세계의 형성에 지속적인 영향을 끼쳤다. 급진적 대중들은 어떤 경찰도 정치적 탄압의 잠재적 도구에 지나지 않는 것으로 보았다.[82] 따라서 영국의 각 지방으로 경찰제도가 확산되어갈 때 노동계급은 이에 대해 민감하게 반응했고 때로는 반경찰 폭동(anti-police riot)이 터져나오기도 했던 것이다. 반경찰폭동의 초기에는 그 성격은 경찰의 특정활동이 아니라 경찰제도 자체를 근본적으로 부인하는 것이었다.[83] 그러나 경찰에 대한 초기의 근본적인 도전이 실천적인 성과를 거두지 못하게 됨에 따라 19세기 후반에 가서는 보다 제한된 목표(노동쟁의에 경찰개입의 금지, 경찰의 잔인성에 대한 항의, 경찰의 수배대상자를 은닉 등 비협조, 노동계급의 독자적인 하위문화를 지켜나가는 것 등)를 추구하게 되었다.

19세기 이후 경찰은 (감옥과 함께) 법집행의 불가결한 기구로 자리잡았고, 오늘날 일반인의 사고방식에는 법집행의 일차적 담당자로서의 경찰상이 자연스럽게 여겨지고 있다. 나라마다 상당한 편차는 있지만 대체로 근대경찰은 이전처럼 느슨하고 비전문적인 직종이 아니라 엄격한 규율과 중앙의 통제 하에 있는 효율적인 관료제적 기구가 되었다. 이들은 범죄의 예방과 범죄자의 검거, 기소에 대한 책임을 떠맡았고, 군대의 개입없이 도시의 무질서와 폭동에 대처할 수 있게 했다. 또한 경찰은 공식적 범죄통계를 만들고 이를 경찰활동의 정당화와 조직적 생활의 근거로 삼고 통제지표를 제공함으로써 이후의 범죄연구나 형사정책에 불가결한 자료를 제공했다. 경찰이 확고하게 뿌리내린 빅토리아시대에 폭동과 소요의 사례가 별로 없었던 것도 경찰의 효율성에 대한 방증이 될 수 있을 것이다. 경찰제도의 형성과 발전은 범죄나 범죄통제의 패턴과 성격을 일변시켰을 뿐 아니라 일반인의 생활세계의 곳곳에 깊은 영향력을 드리우고 있다고 평가할 수 있겠다.

---

82) E. Thompson(1963), p. 82.
83) R. Storch(1981), p. 98.

제 5 장 사형 · 신체형 · 유형 · 공개형의 쇠퇴

1. 범죄패턴의 변화와 대응책

산업혁명과 자본주의화가 인간의 생활전반에 끼친 충격은 일탈과 범죄에 있어서도 마찬가지였으리라 생각된다. 이 시기에 범죄는 주요한 사회문제의 하나로 부상했고 그 때문에 그에 대한 법적 · 제도적 조치들이 정당화될 계기 중의 하나가 마련되었다.

우선 양적인 변화를 살펴보자. 범죄기록을 통해 볼 때 영국의 범죄는 18세기 내내 약간씩 증가를 보이다 18세기 말부터 19세기 중반에는 두드러지게 증가하면서 커다란 사회적인 경각심을 불러일으켰다고 보여진다.[1] 즉 범죄는 대체로 산업화의 속도와 규모에 비례하여 증가했다는 것이다. 물론 이러한 통계적 수치를 액면 그대로 받아들이는 태도에는 상당한 난점이 있다. 이 때의 범죄통계가 실상을 반영하는 것인지, 법규정이 보다 광범한 대상을 규율하게 되었기 때문인지, 아니면 범죄통제기구의 정립 때문인지에 대해서는 보다 구체적으로 검토되지 않으면 안될 것이다. 하지만 적어도 범죄격증이라는 현상적 변화가 공식적으로 인지되고, 그에 대한 대응으로 새로운 사회통제기구의 입지가 마련되었다는 점에서 이러한 통계가 제시하는 함의는 소홀히 될 수 없다고 생각된다.

보다 주목되어야 할 것은 범죄의 질적 측면에서의 변화일 것이다. 전산업사회에서는 크고 작은 폭력범, 소액이 걸린 재산범 및 음주, 구걸, 유기 등의 범죄가 흔히 눈에 띄는 것이었다. 다시 말해 농촌형 폭력범죄가 주종을 이

1) D.Jones(1982), Crime, Protest, Community and Police in 19th Century Britain, London: Routledge Kegan Paul, p. 3-4.

루었다는 것이다.[2] 더구나 범죄 가운데는 지역공동체의 명시적 · 묵시적 지지를 확보하고 있거나 사회적인 관용의 범위 내에서 이루어지는 경우가 적지 않았다고 보여진다.[3]

하지만 18세기 말기부터 재산범의 비중이 두드러지게 되었다. 특히 절도와 강도 등의 재산범이 늘어났고 이러한 경향은 19세기 중반에 이르기까지 더욱 촉진되었다. 도시형 재산범은 성인 남성에 국한되지 않고 아동과 청소년, 여성에 이르기까지 폭이 확대되었으며 개별적으로뿐 아니라 조직적으로 행해지는 경향이 있었다. 이러한 경향은 19세기 후반에 이르면 주거침입절도, 야간절도 및 횡령과 배임 등 기업관련 범죄를 제외하고는 대체로 감소되는 추세를 보인다. 또한 19세기 내내 음주 · 도박 · 경찰법규 위반 등의 풍속 · 경찰사범은 증가하는데 이는 오히려 이러한 행위에 대한 사회적 관용의 폭이 축소되어가는 경향과 무관하지 않다고 생각된다.[4]

요컨대 산업화, 도시화의 추세가 진행될수록 농촌형 폭력범으로부터 도시형 재산범으로, 후자는 다시 소규모 절도범으로부터 보다 의도적인 재산범과 자본주의적 범죄로 진전되는 경향이 있어 왔고, 범죄자의 인적 구성면에서는 갈수록 그 폭이 넓어져 가는 경향이 있어 왔다고 할 수 있다. 이러한 경향은 영국의 경우뿐 아니라 19세기에 산업화를 경험한 독일과 프랑스 및 기타 국가에도 거의 공통적으로 볼 수 있는 경향이기도 한 것으로 보인다.[5]

이 같은 범죄의 양적 증가와 질적 변화는 형벌제도와 형사사법제도에 대해서도 직접, 간접으로 자극을 주었을 것으로 생각된다. 하지만 전자가 바로 후자의 결정적인 원인이 되었다는 식으로 곧바로 생각해서는 안될 것이다.

---

2) Ibid., p. 5.

3) 가령 홉스봄은 의적단의 활동에 대한 비교연구를 통해 이들이 정치적 억압에 대한 사회적 저항의 한 형태를 대변했기 때문에 지역민들로부터 지지 내지 후원을 확보할 수 있었음을 지적한다. E.Hobsbawm(1959), Primitive Rebels, New York: W.W. Norton. 또한 D.Hay 등이 지적하는 바로는 18세기 영국에서 밀수업, 밀렵행위, 난파선 약탈 등의 행위는 때로는 지역경제의 한 부분으로 편입되어 집단적 활동의 성격을 띠었다. 이러한 행위는 범죄에 대한 합의적 관념이 구체적 역사 속에서 그대로 지지될 수 없음을 잘 보여주고 있다. D.Hay et al. eds.(1975), Albion's Fatal Tree, London: Allen Lane 참조.

4) D.Jones(1982), p. 6.

5) H.Zehr(1976), Crime and the Development of Modern Society, Patterns of Criminality in 19th-Century Germany and France, London: Croom Helm 참조.

형벌제도는 단지 대범죄투쟁의 도구만은 아니며 전반적인 사회통제의 일환으로 그 나름의 독자적 역사를 지니는 것이다. 따라서 본고에서는 범죄패턴의 변화와 직·간접의 영향을 주고 받으면서 국가의 사회통제의 변화에 발맞추어 전개된 형벌제도상의 거대한 변화를 조감해 보도록 하겠다.

2. 형벌유형과 집행방식의 변화

18세기 중반과 19세기 중반의 형벌제도와 그 집행방식을 비교해보면 근본적인 변화가 생겨났다는 사실을 대번에 확인할 수 있다. 이 시기는 후술하듯이 전통적인 사법행정, 형법과 형벌, 행형에 대해 활발한 논쟁이 펼쳐졌던 시기이며 그에 대한 개혁운동이 추진되었던 시기였다. 우선 형벌에 있어서 변화의 내용을 간단히 정리해보고 그를 어떻게 이해할 것인가를 살펴보기로 하자.

(1) 신체적 고통을 위주로 한 형벌형태의 쇠퇴

근대 이전의 형벌이 신체에 대한 물리적 고통의 부과에 초점을 두고 있는데 반해, 근대 형벌은 자유의 박탈과 시설내 구금에 의해 특징져지는 자유형의 우위현상을 드러낸다. 다시 말해 형벌에 있어서 사형 및 체형과 같은 제도의 비중이 현저히 감퇴된 대신 징역과 금고 등 자유형이 지배적인 형벌양식으로 자리잡게 되었다는 것이다.

18세기까지의 형벌은 첫째, 신체에 대한 가혹한 제재에 초점을 맞추고 있었다. 둘째, 명예에 대한 공격을 포함하고 있었다. 범죄자는 자신의 죄상을 인정하고 사죄해야 했으며, 속죄를 위한 배상을 해야 했다. 셋째, 형벌은 공개적으로 집행되는 것이 보통이었다.

시행된 형벌은 이러한 요소를 고루 갖출 것을 예정하고 있었다. 마녀재판에서 화형이 널리 쓰였다면, 일반 살인자에게는 수레바퀴에 몸을 묶어 으깨는 수레바퀴처형(wheel)이나 교수형 등이 널리 쓰여졌다. 절도범, 부랑자 등에게는 신에게 무릎꿇고 죄상을 고백하는 속죄형(amende honorable)이나 신체에 낙인을 찍곤 했다. 형벌은 잔혹할 뿐 아니라 집행관에 따라 자의적이었다. 잔혹한 형과 사면이 교차했다. 나무판자에 구멍을 내어 거기에 범죄자의 목과 손목을 집어넣어 공중에 보여주도록 한 수가형(pillory), 발목을 집어넣어 보여주는 차꼬형(stock) 등도 신체적 고통에다 불명예를 더하기 위해 널리 시행되었다.[6)]

이러한 잔인하고 자의적인 처벌에 대해 계몽사상가들은 사형제도의 폐지 내지 제한, 가혹한 처벌이 아니라 관대한 대신 확실한 처벌, 잔인한 형집행보다 형의 예고를 통한 일반예방을 주장하였다. 이러한 계몽사상의 지적 분위기는 각국에 널리 파급되었고 형벌개혁의 지적 동력을 형성하기에 이르렀다. 이들은 교수대, 처형대, 채찍, 수레바퀴 등의 도구가 그 시대, 그 국가의 야만성의 척도로 될 날을 열망했다.

19세기 전반에는 이미 이러한 도구는 별반 역할을 못하게 되었다. 프랑스에서는 혁명 직후 신체절단형과 신체낙인의 관행을 폐지해야 한다는 주장이 대두되었다. 신체낙인을 하는 제도는 1791년 폐지되었다.[7)] 낙인형은 19세기 전반에 영국(1834), 프랑스(1832) 등에서 폐지되었고, 기존 형법에 규정된 형벌 중 잔인한 형벌(절단형 등)의 사용빈도는 현저히 감퇴되었다. 태형만은 상당기간 잔존했지만 전반적으로 볼 때 잔인한 처형방식과 체형은 줄어드는 경향이었다고 말할 수 있을 것이다. 요컨대 인간의 육체적 감각 자체를 형벌의 타격대상으로 삼고자 하는 경향은 현저히 감퇴되었다는 것이다.[8)]

이에 대해 근대 형벌제도에서 중요한 지위를 점해온 각종 제도, 즉 자유형(imprisonment), 강제노역형(forced labor), 징역형(penal servitude) 역시 육체적 처벌이 아닌가 반론을 제기할 수도 있을 것이다. 하지만 이 경우 형벌과 신체

6) A.Wills(1981), Crime and Punishment in Revolutionary Paris, Westport: Greenwood Press, p.13.

7) 낙인은 범죄자의 사회복귀를 가로막으며 정직한 생활을 영위할 수 없게 한다. 형벌은 일시적이어야 하는데 낙인은 영구적이다. 따라서 낙인은 불필요하다는 것이 폐지의 논거가 되었다. Ibid., p.37-39.

8) M.Foucault(1977), p.10.

의 관계는 이전과는 동일하지 않음에 유의해야 할 것이다. 이전에는 타격의 대상이었던 신체가 이제는 일종의 수단 혹은 매개물의 역할을 하는데 지나지 않는다.[9] 신체를 구금하고, 수감자의 활동에 간섭하고, 노동을 강제하는 것은 각 개인으로부터 자신의 권리이자 재산으로 여겨지는 자유를 박탈하기 위한 것으로 관념된다. 여기서 신체적 고통 그 자체는 형벌의 구성요소로 되지 아니한다.[10] 형벌은 이제 견딜 수 없는 감각적 고통의 기술로부터 유예된 권리의 경제학(an economy of suspended rights)으로 전환되어진 것이다.[11]

(2) 공개적 형집행의 쇠퇴

구체제하에서 모든 범죄는 국왕의 권위를 다소간 침해하는 것이고 따라서 일종의 반역으로 간주되었다. 죄인에 대한 공개처형은 반역에 따른 결과를 대중들에게 일종의 구경거리로 던져줌으로써, 손상된 국왕의 권위를 회복하고 더 이상의 반역이 없도록 경계하는 의미를 지니고 있었다. 공개처형은 군주의 권력을 대중에게 과시하는 하나의 장관(spectacle)이며, 범죄의 대가가 무엇인지를 군중들에게 보여주기 위해 조심스럽게 연출된 하나의 드라마로 기획되었다.[12]

모든 드라마가 그러하듯, 공개처형은 구경꾼, 혹은 군중의 존재를 필수적 요소로 한다.[13] 이 도덕적 연극의 효과를 극대화하기 위해서는 군중의 수는 많을수록 좋다. 따라서 형집행의 장소로 번화한 광장, 거리, 시장 등이 선택되었다.

군중에게 사형집행은 단순한 구경거리를 넘어서 축제의 장이었다. 일종

9) A.Giddens(1985), The Nation-State and Violence, Cambridge: Polity Press, p. 188.

10) 물론 오늘날에도 경찰과 감옥 내에서 여러 가지 형태의 폭력이 자행되고 있다. 하지만 이러한 폭력은 형벌의 당연한 일부가 아니고 '잔인하고 비인도적 형벌'로써 간주된다는 점에서 볼 때 이러한 폭력은 이전의 체형과 동일하게 평가될 수는 없다. A.Giddens(1985), p. 188 참조.

11) M.Foucault(1977), p. 11.

12) B.Faulk(1990), "The Public Execution: Urban Rhetoric and Victorian Crowds," in W.Thesing ed., Executions and the British Experience from the 17th to the 20th Century, Jefferson: McFarland & Company, p. 79.

13) Ibid., p. 79; M.Foucault(1977), p. 57 이하.

18세기 런던의 처형 모습. 사형수는 채찍을 맞으며 수레에 매달린 채 끌려갔다. 거리와 형장은 구경꾼으로 둘러쌓였다. 절도범이 처형당할 때, 그 순간은 다른 절도범에게는 범죄할 호기이기도 했다.

의 카니발과 같은 분위기 속에서 죄수의 호송행렬을 따라가며 각계각층의 사람들이 광란의 흥분 속에 끌려들어 갔다. 교수대를 잘 볼 수 있는 방들은 비싸게 임대되었고, 가까이에서 보기 위해 교수대 쪽으로 밀려드는 행렬로 숨이 막힐 지경이었다. 소매치기들이 그 틈을 이용했다. 때로는 수만명이 운집하기도 했다.[14] 군중들은 이전보다 더한 자극을 추구하기 마련이었고, 난폭함과 광기가 이들을 사로잡았다. 런던의 뉴게이트 감옥의 정문 앞에서의 처형장면을 묘사한 글에 따르면, 거기서 "슬픔 · 공포 · 혐오 · 심각한 분위기 같은 것은 없었고, 대신 흥분되고 경박한 야단법석 속에서 과시적인 사악함이 군중을 사로잡았다."[15] 처형을 통한 군주의 권위의 확인과 형벌의 준엄함을 일깨움으로써 범죄를 예방한다는 관념은 이러한 처형장면의 고양된 분위기 속에서 제대로 성취될 수 있는 것이 아니었다.

영국 런던의 경우 전형적인 처형장면은 죄수가 구치되어 있던 뉴게이트로부터 형장인 티번(Tyburn)까지 2마일의 거리를 수레 끝에 매달아 끌고가서 만인이 구경하는 가운데 온갖 고통을 가한 끝에 죽이는 것이었다.[16] 다른 도시에서도 유사한 장면을 흔히 볼 수 있었다. 죄인의 등을 채찍으로 내리치는 형인 태형은 구경꾼의 참여를 유도하기 위해 수레 끝에 사람을 붙잡아매고 일정거리를 행진하면서 집행하였다. 죄인의 목과 양손을 판자에 끼우는 수가형(pillory) 역시 공중이 널리 볼 수 있는 장소에 두는 것이었다.

이러한 형벌은 신체적 고통 자체에 더하여, 죄인을 공중의 시선 앞에 두어 모욕을 주는 일종의 명예형의 성격을 확실히 띠고 있었다. 성범죄, 절도죄, 사기죄, 위증죄 등은 이러한 오명을 덮어써야 할 파렴치한 범죄로 분류되었고, 이런 범죄는 공중이 보는 앞에서 형이 집행되곤 하였다. 공개적인 망신(public shaming)은 형벌의 주요한 목적의 하나였고, 망신의 효과를 가져오기 위해서는 공중의 참여가 필수적이었다. 따라서 이러한 형의 집행은 거리나

14) 사형집행 장면에 대한 군중의 반응에 대한 생생한 보고로 널리 인용되어온 것으로 B. Mandeville (1725), An Enquiry into the Causes of the Frequent Executions at Tyburn, p. 18-27. 이 책은 1964년 재인쇄되었다.

15) 1846년에 뉴게이트에서의 교수형 장면을 보고 C.Dickens는 이런 취지의 서한을 일간지에 기고했다. R.Byrne(1989), Prisons and Punishments of London, London: Harrap, p. 35.

16) C.Phillipson(1923), p. 172.

광장에서 행해지는 것이 당연했다.[17)]

그런데 이러한 거리에서 공개적 망신주기를 통한 형벌들은 18세기의 진행과정에서 점차 쇠퇴하게 되었다. 영국의 경우, 태형의 공개적 집행은 18세기 전반에 걸쳐 점차 감소하였다.[18)] 공개적으로 시행되지 않으면 그 의미를 상실하는 수가형의 경우는 그 집행건수가 현저히 줄어들어 대도시라도 연간 5건 정도밖에 시행되지 않았다. 수가형은 1816년에 오직 위증죄에만 적용될 수 있는 것으로 법제화되었고, 1837년에 이르러 완전 폐지되었다.[19)]

미국에서는 독립선언과 함께 형벌개혁이 태동되었다. 1776년 펜실베니아주는 형벌개혁에 착수했으며, 1786년에 이르러 사형범죄를 대폭 제한하였다. 동시에 "손태우기, 귀자르기, 귀에 구멍내기, 수가형, 태형" 등의 처벌방법이 폐지되고, 대신 2년 이하의 자유형에 처하도록 하였다. 이러한 방법으로 식민지시대에 지속되었던 가장 잔인한 형벌이 폐기되었다.[20)]

형벌의 공개화 경향이 쇠퇴한 데는 여러 요인이 지적될 수 있을 것이다. 우선 신체적 폭력에 대한 염증이 증대한 점이 두드러진다. 이전에 용인되던 각종 폭력은 점점 비난받게 되었고, 범죄자에 대한 공개적 폭력행사도 점차 용인되지 않게 되었다. 폭력의 용인은 대중의 폭력화를 자극한다는 비판도 제기되었다.

둘째, 형벌은 분노의 표시수단이어서는 안되며, 오직 범죄예방의 합리적 목적을 위해 한정되어야 한다는 사고가 강화되었다. 공개처형이 오히려 대중들에게 포악한 형벌의 잔혹성에 대한 면역효과를 가져올 것이라는 점에서 계몽사상가들은 그것을 비난했다. 무시무시한 장면을 공중 앞에 연출하지 않고도 죄지은 자는 반드시 처벌받게 된다는 지식을 널리 전파함으로써 일반예방효과를 도모할 수 있는 것으로 고전파 사상가들은 확신했다. 상상이 목격보

17) R.Shoemaker(2004), "Streets of Shame? The Crowd and Public Punishments in London, 1700-1820," in S.Devereaux and P.Griffiths eds., Penal Practice and Culture, 1500-1900: Palgrave Macmillan, p.233-240.

18) 런던의 태형의 공개집행에 대한 한 통계에 따르면, 초기(1723-29)에 77%의 공개집행이 있었으나, 19세기 초반(1800-11)에 이르면 18%로 줄었다고 한다. Ibid., p.239.

19) Ibid., p.238-240.

20) H.Barnes(1927), The Evolution of Penology in Pennsylvania: A Study in American Social History, Indianapolis: The Bobbs-Merrill Company, p.106-107.

다 장기적으로 더 효력 있다는 것이다. 박애주의자들은 공개처형이 인간의 품위를 타락시킨다는 비난을 강화했다.

셋째, 군중의 소란과 소요에 대한 우려도 크게 작용했다. 수만명의 사람들이 떠들썩하게 모여들어 소란을 피울 수 있는 형집행의 장면은 질서유지의 부담을 가중시켰다. 더욱이 군중의 반응이 당국의 의도와 일치한다는 보장이 없었다. 처형되는 범죄자는 경멸과 공포감의 대상이기도 했지만, 때로는 동정, 때로는 찬탄과 존경의 대상이 되기도 했다. 18세기 후반 혁명적 분위기에 사로잡힌 군중들은 공개처형을 정치적 집회를 갖는 장으로, 나아가 정치적 반대의 날로 활용하기도 했다. 프랑스혁명과 그에 뒤이은 분위기는, 군중이 더 이상 열광적인 구경꾼이 아니라 드라마를 새로 쓰는 연출자가 될 수 있음을 각성시켜 주었다. 군중의 집결은 정치적 불안을 야기시킬 수 있으며, 군중의 불온함을 체제가 부추겨서는 안된다는 우려가 갈수록 크게 작용했다.[21)]

넷째, 도시의 변화된 환경도 일정한 역할을 했다. 대도시의 도로가 점점 넓어지고, 청결과 평온의 가치가 전파됨에 따라, 공개적 집행은 그에 어울리지 않았다. 그리하여 형집행은 드물어졌으며, 점차 주변으로 밀려나가게 되었고, 결국 사라지게 되었다.

마지막으로 지적될 수 있는 것은 명예형(shaming)의 방식의 변화이다. 전통적으로 대중의 평판과 오명을 만들어내는 방식은 눈으로 보고, 입으로 전파하는 방식이었다. 그러나 신문의 보급과 함께 구전은 인쇄매체에 그 역할을 넘겨주게 되었다. 도시화의 진행에 따라 공동체의 구성원은 사적 개인으로 바뀌게 되었다. 평판과 오명은 장소 · 사건 · 시각에 의해 좌우되는 것이 아니라, 인쇄물 · 직장 · 소속집단에 의해 좌우되었다.[22)]

구체제하에서는 재판은 비공개, 형벌은 공개하는 것이 원칙이나 이제는 정반대의 현상이 정당화되었다. 즉 재판과정은 공개하는 반면 형집행은 형사절차에서 가장 감추어진 부분이 되었다.

21) B.Faulk(1990), p.80-81.
22) 이러한 해석은 R.Shoemaker(2004), p.247 이하를 참조.

(3) 사형제도의 제한

이상의 형벌제도상의 변화는 사형제도의 비중과 의미상의 변화를 통해 압축적으로 엿볼 수 있다.

근대 이전의 사회에 있어서 경찰과 감옥과 같은 형사사법기구가 정비되지 않은 상황에서 사형은 다른 제도적 결함을 보완할 수 있는 형벌로 중죄인에 대한 일반적인 처리방식으로 간주되었다. 이 때 사형은 단순히 생명의 박탈을 의미한다기보다는 육체적 고통의 극한을 의미하는 것이었다. 사형은 한 종류가 아니었고 내부에 많은 등급으로 세분화되어 있었다. 공개적인 처형은 군주의 권력을 본보기로 과시함으로써 군주권에 대한 공포심과 위엄을 드러낼 목적으로 공개리에 가능한 잔인한 방법으로 연출되었다.[23] 처형식은 어떤 면에서는 군주권의 또 다른 과시방법인 대관식, 개선식과 유사한 의미를 지닌 것이었다.

그에 반해 근대적인 사형은 신분과 지위고하를 막론하고 똑같은 생명권의 박탈만을 의미하는 것이며, 그 방법도 한순간에 죽음을 맞는 것이고, 죽음에 앞서 육체적 고통의 행진을 형벌의 일부로 고려하지 않는다. 다시 말해 사형집행은 육체적 고통의 극단으로 설정하지 않고, 인간의 생명권의 박탈을 위한 것으로 인식된다. 따라서 가장 고통이 큰 방법을 강구하는 것이 아니라 반대로 가장 고통이 적은 방법이 일반적으로 채택된다. 죄질이나 범죄자의 신분에 따른 사형집행방법의 개별화는 더 이상 고려될 여지가 없다. 사형집행을 위한 수단 자체를 고통의 정도에 따라 등급매기고자 하는 발상도 이제는 별 쓸모가 없다. 이제 사형은 누구에게나 동일한 방법으로 행해지게 된다.

프랑스 대혁명 직후인 1791년에 제정된 프랑스 형법전 제3조에서는 "사형을 선고받은 자는 누구나 그 목을 절단한다"라고 규정하고 있는데 이는 상당히 중요한 의미를 띠고 있다. 즉 동일한 유형의 범죄에 대해서는 지위, 신분 여하를 막론하고 동일한 형벌로 처벌된다는 법앞의 평등한 죽음의 의미,

23) P.Spierenburg(1984), The Spectacle of Suffering: the Executions and the Evoltion of Repression, London: Cambridge University Press, p. 201.

잔인하고 오래 끄는 처형방법이 아니라 순간적인 죽음의 의미를 내포하고 있었다. 1792년 처음 사용된 기요틴[24)]이야말로 이러한 원리를 완벽하게 담보할 수 있는 도구로 평가되었다. 기요틴을 통해 죽음은 (여전히 가시적이긴 하나) 순간적인 사건으로 축소되었다. 법집행자와 사형수의 접촉은 최소한도로 줄어든다. 과거 죽음보다 더한 고통을 주었던 "죽음에 이르는 행진"은 극도로 축소된다. 감옥이 자유를 박탈하고, 벌금이 재산을 감소시키듯이 기요틴은 신체를 거의 자극하지 않고 생명만을 박탈한다. 논리적으로 볼 때 여기서 법의 적용대상은 감각이 있는 육체라기보다는 생명권의 소유자인 법적 주체(a judicial subject)인 것이다.[25)]

기요틴이 사용되었다고 해서 낡은 공개처형방법이 곧바로 폐지된 것은 아니었다. 19세기 초 프랑스에서 사형수는 종종 머리에 검은 베일을 덮어씌운 채 맨발로 형장으로 호송되었다. 그리고 그의 범죄사실과 형벌이 낭독되고 즉각 형이 집행되었다. 사형수의 눈과 얼굴은 가려져 그는 볼 수도 없었고 그가 누구인지 확인할 수도 없었다. 그의 얼굴에 천이나 용수를 덮어씌우는 것은 그로부터 빛을 박탈한다는 의미도 있었지만, 그보다는 보는 사람에게 더욱 공포심을 자아내게 함으로써 일반예방효과를 꾀하고자 했던 것이다.

1783년 영국에서는 교수기(hanging machine)가 채택되고 전통적인 뉴게이트로부터 티번에까지 이르는 호송절차가 폐지되었다. 대신 뉴게이트 감옥의 정문에서 교수형의 형태로 집행되었다.

Romily, Mackintosh, Buxton 등의 형벌 개혁가들이 사형의 폐지를 비롯한, 형벌의 다양성과 가혹성을 완화하려고 노력했지만 결실을 거두지 못했

24) 기요틴(guillotine)은 흔히 프랑스 혁명기의 공포정치(1792-93)와 연관되어 매우 잔인하고 악명높은 형벌로 알려져 있지만 사실은 인도적이고 평등한 형벌이란 이유로 채택되었다. 1789년 국민의회 의원이던 기요틴(Guillotin)은 모든 사형수는 누구나 동등하게 가능한 신속하고 고통없이 처형당해야 함을 입법으로 규정해야 함을 주장했다. 이전에는 귀족의 특권이었던 참형(decapitation)은 효율적이고 인도적인 사형방법으로 여겨지는 경향이 있었다. 1792년 입법의회는 Dr.Antoine Louis에게 기요틴의원이 말한 기준—인도적이며, 효율적이고도 평등한 처형방법—에 합당한 기계를 고안할 것을 주문했다. 기요틴은 이러한 취지에서 채택되었던 것이다. The Encyclopedia Americana, vol.13, p.580.

25) 프랑스의 경우 신속, 확실하고 새로운 법적 윤리관을 대변하는 것으로 평가되었던 기요틴도 애초에는 공개적으로 집행되었고, 대중의 구경거리로 남아 있었다. 1939년에 이르러서야 일반사람들이 볼 수 없는 감옥 구내에서 집행되게끔 되었다.

법앞의 평등하고 순간적인 죽음을 구현한 것으로 평가된 기요틴은 그 편리함 만큼이나 남용된 것으로 악명높다.

다. 오히려 산업혁명기 동안 형벌의 가혹성은 더욱 증대했다. 윌리엄 블랙스톤에 따르면 영국법상 사형에 처하여질 범죄(capital crimes)의 종류가 1760년에는 160가지였는데 반해, 1819년에 이르면 223개로 증가한 것을 볼 수 있다. 물론 이 시기는 혁명과 반동이 교차하는 와중에 형사정책의 방향 역시 전진과 퇴각을 되풀이했다.

공개적인 형집행의 폐지에 반대하는 여론도 지속되었다. 사형집행을 비밀리에 하게 된다면 이는 비밀재판으로 이어질 것이고, 앙시앵 레짐 하의 바스티유의 시대로 복귀할 것이라는 비난도 제기되었다. 형사사법 전반에 대한 공개성의 원칙을 채택하고 있는 영국에서는 이 공개성의 원칙은 영국인의 자유의 보루의 하나라는 주장이 상당한 세를 얻고 있었던 것이다.[26)]

공개집행의 폐지에 대한 반대는 뜻밖에도 사형폐지론자들로부터도 제기되었다. 사형의 폐지없이 그 공개집행만 폐지할 경우에는 사형폐지론의 주장이 물건너갈 것이라는 우려에서였다. 지도적인 사형폐지론자인 길핀(C.

26) D.Cooper(1990), "Public Executions in Victorian England: A Reform Adrift," in W.Thesing ed., Executions and the British Experience from the 17th to the 20th Century, Jefferson: McFarland & Company, p.155.

Gilpin)은, "사형을 더 이상 대낮에 공개적으로 하는 것이 용납될 수 없는 부정한 것으로 인정된다면, 영국인들은 사형 자체를 용납해서는 안된다"고 주장했다. 그는 공개처형 대신 사형 자체의 폐지안을 발의하기도 했다.[27] 공개처형의 존속은 사형폐지론의 강화에 도움이 된다는 역설이 나오게 되는 셈이다.

19세기 후반에 이르면 명확한 진전이 보여진다. 영국에서 공개적 사형집행은 1868년의 경우가 마지막이었다. 1868년 영국의회는 '감옥 내에서 사형을 집행하는 법률'[28]을 통과시켰다. 그 시점을 전후하여 발생한 조직적인 테러·탈옥·암살의 움직임도 그러한 흐름을 저지시키지 못했다. 이미 미국과 호주에서 공개처형의 폐지의 결과 범죄의 증가를 초래하지 않았다는 사실도 항간의 우려를 불식시키는 데 일조했다.[29] 그리하여, 2세기를 경과하면서 사형의 집행장소가 처음에는 거리에서, 다음에는 감옥 앞에서, 마지막으로 감옥 내로 바뀐 것이다. 이 법의 통과는 문명화의 순간(a civilizing moment)으로 표현되기도 했다. 공개적 교수형은 이제 '문명과 보편적 인도주의에 수치스러운 일', '야만적이고 비도덕적'이며 '중세적 잔재'라고 비난받았다. 따라서 공개처형의 폐지가 '범죄자의 인도적 처우에서 하나의 이정표'가 된다는 평가도 일리가 있다.[30] 공개처형의 폐지는 19세기 개혁가들이 도달할 수 있었던 한 정점이었다.[31]

다만 대중의 시선에서 사라졌다고 해서, 교수형의 집행 자체가 사라진 것은 아니다. 사형이 제거된 것이 아니라, 마치 외과의사의 수술처럼 보이지 않은 영역으로 이동한 것이다. 도시의 분위기와 국가의 체면은 고양되었지만, 사형방법 자체는 다름이 없었다. 때로는 문명화의 과정은 야만적 제도를 종식시키는 것이 아니라, 그것을 재배치하고 세탁하고 위장하는 역할도 한다.[32] 그러나 비공개화 자체가 사형제도의 야만성을 공식으로 인정하는 셈이

27) Ibid., p. 156.
28) The Act to Provide for the Carrying out of Capital Punishment in Prisons.
29) D. Cooper(1990), p. 162.
30) L. Radzinowicz(1948-1986), A History of English Criminal Law and Its Administration from 1750, vol. Ⅳ, London: Stevens, p. 352.
31) D. Cooper(1990), p. 162.
32) V. Gatrell(1994), The Hanging Tree: Execution and the English People, 1770-1868, Oxford: Oxford University Press, p. 590.

되므로, 사형의 집행 자체도 장기적으로 감소하게 된다. 종국적으로 사회와 국가는 사형을 불가피한 제도로 고집하는 사고로부터도 탈출하게 된다. 한 세기가 지난 1964년에 와서 영국에서 사형 자체를 법적으로 폐지하게 된 것은 이러한 장기적인 진행과정의 최종점이었다.

신생 미국에서는 독립과 더불어 사형을 적용할 수 있는 범죄의 종류를 대폭 감축시켰으며, 사형의 집행방법, 그리고 사형의 존폐를 둘러싼 논쟁은 1780년대부터 1860년대까지 뜨거운 쟁점이었다.

형벌개혁에 가장 앞섰던 펜실베니아주에서는 형벌개혁을 주도한 인사들은 사형이 폐지되어야 하거나(B.Rush), 적어도 매우 드문 경우에만 사형이 허용되어야 한다고 생각했다. 개혁가들의 사고와 퀘이커의 박애주의가 어울려, 1786년부터 1794년까지 일련의 형법개혁이 진행되었다. 1794년에 이르러 (예모살인범을 제외한) 모든 범죄에 대해 사형(교수형)이 폐지되었으며, 모든 종류의 신체형이 폐지되었다.[33] 형법개정의 기본방향은 "자유가 진보하면, 형법의 가혹성은 줄어든다"는 몽테스키외와 벡카리아[34]의 사상을 따른 것이었다.

1777년에 이미 뉴욕주는, 반역죄인에 대하여 고문을 가하고 신체절단의 처형을 해야 한다는 영국의 관습을 입법으로 폐지하면서, 교수형만이 가능하다고 선언했다. 반역자에 대한 기존의 처형방법은 '야만적'이고 '불필요한' 것이며, '인도주의 정신에 명백히 반한다'고 선언되었다. 1785년에는 재판관은 경미범죄에 대하여 체형 대신 자유형을 부여할 권한을 부여받았다. 1787년에는 뉴욕주의 권리장전에서는 범죄에 대한 '잔혹하고 비정상적인 처벌'(cruel and unusual punishment)이 금지된다고 규정했다.[35] 잔혹하고 비정상적인 처벌은 금지된다는 규정은 미합중국의 권리장전의 일부로 편입되었다.[36] 일군의 개혁가들은 1832년 이후 사형폐지법안을 상정시켰으나 주의회의 관문을

---

33) H.Barnes(1927), p. 105-133.

34) "As freedom advances, the severity of the penal law decreases." 이는 몽테스키외의 말이다. 펜실베니아의 개혁가들은 몽테스키외와 벡카리아의 사상에 큰 영향을 받았다.

35) P.Mackey(1969), Anti-Gallows Activity in New York State, 1776-1861, Diss. in History at the University of Pennsylvania, p. 44-45.

36) 미합중국의 수정헌법(1791년) 제8조는 "과도한 보석금, 과도한 벌금을 부과해서는 안된다. 잔혹하고 비정상적인 형벌을 과해서는 안된다"고 규정한다.

넘어서지 못했다. 그러나 그러한 노력은 사형의 정당성에 대한 계속적인 논란을 불러일으켰다. 사형폐지법안이 가까스로 부결된 후, 중도적 개혁가들은 사형폐지 대신 공개처형의 폐지법안을 상정시켰다. 그 요지는 교수형은 감옥의 담벽 안에서 집행되어야 한다는 것이었다. 거리행진과 형의 공개에 따른 폐해를 막고, 엄숙하고 감독받는 분위기에서 형이 집행되는 것이 바람직하며, 불필요한 공공지출을 줄일 수 있다는 요지였다. 공개처형은 군중을 사악하게 만들며 비도덕화시킨다는 우려가 제기되었다. 뉴욕주에서 1835년에 공개집행을 완전폐지하는 법안이 통과되었다. 거의 같은 시점인 1834년에 펜실베니아와 뉴저지주가 공개집행을 폐지하였다. 여러 주들이 이러한 선례를 따랐고, 몇몇 주들을 제외하고는 19세기 중반에 이르러 공개적 형집행은 폐기되었다.[37)]

다만 대중에게 형이 공개되지 않게 됨으로써 사형폐지운동은 그 추진력을 잃게 되었다. 공개처형은 사형에 대한 혐오감을 부추겨서 사형폐지운동에 동력을 제공하는 역설적 효과를 갖고 있었던 것이다.[38)] 공개집행의 폐지는 사형 그 자체가 야만적임을 입증하는 효과를 갖고 있었기에, 이후 사형의 집행은 현격하게 감소되게 되었다.

18세기와 19세기를 경과하면서, 사형제도 그 자체는 유지되었다. 그러나 중요한 변화가 생겨났다. 첫째, 사형의 집행방법으로 신체를 절단하거나 신체적 고통을 극대화한 형태는 사라졌으며, 주로 교수형 혹은 기요틴으로 대체되는 경향이 있었다. 기요틴의 경우도 고통의 극대화가 아니라 가장 짧은 시간에 사형에 처할 수 있는 수단으로 여겨졌다. 둘째, 공개적 처형의 경향이 크게 도전받았다. 사형의 집행장소는 거리와 광장으로부터 감옥 앞으로, 다시 감옥 안으로 이동했다. 사형은 점점 폐쇄된 환경에서 일반인의 정서적·감각적 자극을 일으키지 않는 방향으로 추구되었다. 셋째, 사형에 대한 의존도 자체가 크게 줄어들게 되었다. 사형은 점차 중대한 범죄에 대한 최종적 형벌로 국한되었으며, 장기적으로 볼 때 그 집행건수가 하락함을 본다.[39)] 사형

37) P.Mackey(1969), p. 115-120.

38) Ibid., p. 119.

39) 영국의 사형집행추세를 보면, 1820년을 정점으로 계속 하락하고 있음을 알 수 있다. 1816-20년

과 체형이 빠져나간 자리에, 자유형과 감옥이 들어섰다고 할 수 있다.

(4) 다른 자유박탈형의 등장과 쇠퇴—갤리선 사역, 식민지 유형, 감옥선 수용 등

범죄자를 죽이지 말고 그 노동력을 국가의 이익이 되게끔 활용하자는 발상은 근대사회 이전에도 여러 형태로 나타났다. 16세기부터 19세기까지를 개관해 볼 때 노동력 강제와 관련된 형벌제도는 대략 갤리선 사역형, 식민지에의 유형, 감옥선 수용(hulk) 및 자유형(imprisonment) 등 4가지 모습으로 전개되었다. 앞의 세 가지 형벌은 결국 자본주의의 발달 과정에서 도태되고 자유형의 승리로 귀결되었다. 다음에는 도태된 형벌제도의 역사를 짚어봄으로써 형벌의 변화에 작용한 경제적 · 사회적 · 정치적 요인들이 무엇이었는지에 대한 일단의 이해를 보충하고자 한다.

갤리선 사역형(galley servitude)부터 살펴보자. 고대의 갤리선 노예(galley slavery)는 노예제의 경제적 기초가 상실된 이후에도 지속되었다. 이는 무엇보다 힘들고 위험한 갤리선의 노잡이를 충원할 다른 방법이 없었기 때문이었다.[40] 15세기 말부터 일련의 해전과 신대륙발견은 항해활동을 크게 신장시켰고 그에 따라 노잡이의 충원은 국가적 관심사로 대두되었다. 당시의 선박은 운항을 위해 180인에서 350인까지의 노잡이를 필요로 했다. 대서양시대를 연 스페인은 그리하여 중범죄자뿐 아니라 구걸과 부랑행위자에 대해 갤리선 사역을 형벌로 부과했다. 사정은 다른 유럽국가에서도 비슷했다.[41]

갤리선 사역을 형벌로 채택한 것은 순전히 선박운항을 위한 노동력 확보라는 경제적 이유 때문이었다. 가능한 싼 비용으로 필요한 노동력을 얻기 위해 국가는 정책적으로 갤리선 사역을 형벌로 부과했다. 대대적인 노잡이 사

사이에 518명이 집행되었는데, 1821–25년 사이에는 364명, 1826–30년 사이에는 307명, 1831–35년 사이에는 207명, 1836–40년 사이에는 51명이 집행되었다. V.Gatrell(1994), p.617.

40) A.Zysberg(1984), "Galley and Hard Labor Convicts in France(1550–1850)," in P.Spierenburg ed.(1984), The Emerhence of Carceral Institutions: Prisons, Galleys and Lunatic Asylums 1550–1900, Rotterdam, p.80.

41) G.Rusche and O.Kirchheimer(1939), p.55.

냥이 이루어지기도 했다. 정치적 · 종교적 반대자들 중 상당수가 갤리선에 끌려가기도 했다. 하지만 18세기에 들어와서는 항해술에 있어서 기술진보로 인해 노잡이 노역의 필요가 사라지면서 갤리선 사역은 자연히 쇠퇴하게 되었다.

갤리선 사역은 범죄자들을 사형, 추방에 처하지 않고 사회에 위험없이 국가에 봉사할 기회를 제공한다는 이유로 한 때 옹호되기도 했다. 또한 갤리선 사역은 자유박탈과 강제노동을 결합함으로써 근대자유형제도의 핵심적 측면을 선취하고 있다고 평가받기도 한다. 하지만 이런 견해는 인정하기 곤란하다. 이 형벌은 근대의 자유형과 유사하기보다는 오히려 체형(corporal punishment)과 공통된 점이 더욱 많기 때문이다.[42]

또한 이 형벌은 형기를 만료했다고 반드시 석방된다는 보장도 없었고, 석방기준은 수형자가 고역을 감당할만큼 건강하느냐의 여부에 따라 결정되는 경우도 적지 않았다. 요컨대 갤리선 사역형은 자유노동력을 조달할 수 없는 분야에 노동력을 강제적으로 동원하기 위한 방법 이상도 이하도 아니었다.[43]

수형자들의 노동력을 활용하는 또 다른 방법은 식민지유형(transportation)이었다. 영국은 식민지로의 팽창을 위해 체계적으로 유형을 활용한 최초의 국가였다. 농업식민지에서는 노동력이 늘 부족했고 그 때문에 노동력의 확보는 제국의 긴요한 관심사였다. 식민화 과정에서 토착인구는 학살당하거나 전염병의 파급으로 격감했다. 유일한 대안은 유럽 본국과 아프리카 등으로부터 노동력을 강제수송하는 길이었다.

17세기 초반부터 영국정부는 미국 지역으로 범죄자를 추방하는 정책을 본격적으로 시행했다. 중죄를 저지른 범죄자 중 건장한 자를 식민지로 강제추방하는 것인데, 정부가 직접 처분하지 않고 상인이나 식민회사에 그 처분

42) 갤리선 사역형을 선고받은 자는 자유의 상실 이상의 대가를 감당해야 하게 되어 있었다. 그는 "GAL(gallery oarsman을 지칭)"이란 낙인을 몸에 새겨야 했고, 채찍으로 얻어 맞으면서 노잡이 역할을 강제당했다. 그의 운명은 종종 형기와 관계없이 오로지 국왕의 자의에 의해 결정되었다. 갤리선 수형자는 일종의 왕실 노예로써 자신의 육체에 대한 권리를 주장할 수 없었다. 일단 형이 선고되면 쇠사슬을 항상 차고 다님으로써 죄인임을 보여주게끔 되어 있었다. 결국 갤리선 사역형은 고통의 부과, 체형의 요소, 사회적 배제의 요소 및 구금과 강제노동의 요소들을 포함하고 있는 형벌형태로 볼 수 있다. A.Zysberg(1984), p.80-81.

43) G.Rusche and O.Kirchheimer(1939), p.58.

을 맡겼다. 식민지행을 조건으로 한 사면을 정책화하기도 했다.[44] 식민지유형에 대한 법적 근거는 처음엔 다소 임의적이었지만, 18세기 초에 와서야 의회의 법률로써 중죄에 대한 정규적 형벌로 공인되었다.[45] 법원은 중죄인에 대하여 7년 혹은 14년의 기간 동안 유형을 선고할 수 있었다. 이 때 유형수의 수송과 그 노동력관리를 상인이나 회사에 위임하면, 그들은 강제수송된 범죄자의 노동력을 판매할 수 있었다. 이러한 식민지유형은 정부가 거의 비용을 들이지 않고, 수형자들을 영국사회로부터 격리시키며 그 노동력을 수탈할 수 있는 방책으로 여겨졌다. 영국의 입장에서 볼 때 식민지는 교화소와 쓰레기 하치장을 겸한 것이었다.[46] 18세기에 영국으로부터 미대륙으로 강제이송된 유형수는 총 3만명 정도를 헤아린다.[47]

유형수와 노예는 그 기간에 의해 구별될 수 있었다. 유형수는 일정 기간 동안 강제노역을 하고 그 뒤에는 속박으로부터 벗어날 수 있었던 반면, 노예는 영구히 속박되었다. 죄를 사면받는 대신 식민지행을 택했던 유형수는 정해진 기간 동안 매매의 대상이 아니라 임대의 대상이었다. 또한 식민지의 분위기 하에서 유형에 대한 관대한 태도가 확산되어 있었던 까닭에 형기를 종료한 후 유형수가 정착하는데 따른 특별한 곤란은 없었다.

그러나 17세기 말부터 노예무역을 통해 흑인노예노동체제가 확립됨으로써 식민지에서 노동력 기근현상은 어느 정도 해소되었다. 식민사회가 정착되면서 유형지의 운용에 대한 저항이 점차 증가했다. 마지막으로 1776년 이후 미국의 독립으로 인해 미국땅을 유형지로 활용할 가능성은 아예 봉쇄되었다. 미국으로의 유형이 불가능하게 되자 곧 영국 내 수감시설은 포화상태가 되어 그에 대한 사회적 불안이 고조되었다.

호주의 뉴사우스웨일즈(New South Wales) 및 반디먼섬(Van Diemen)이 새로운 유형지로 선택되었다. 전자는 1787년부터 1840년까지, 후자는 1803년부터

44) W.Oldham(1990), Britain's Convicts to the Colonies, Sydney: Library of Australian History, p.2-3.
45) 유형은 엘리자베스 1세 때부터 구빈법의 일부로 시행되다, 1717년 의회법령의 일부(4 George I, c.2)로 시행되기에 이른다. L.L.Robson(1994), The Convict Settlers of Australi, Melbourne University Press, p.5.
46) W.Oldham(1990), p.3.
47) L.L.Robson(1994), p.5.

1852년까지 이용되었는데, 그 기간 동안 총 15만명 이상이 유형지로 강제수송되었다.[48] 그러나 19세기에 들면서 유형은 가장 중요한 형벌로써의 지위를 어느 정도 상실한 감이 있다.

한편 못쓰게 된 노후선을 개조하여 수감시설로 활용하려는 감옥선 수용제도(hulk system)가 시행되었다.[49] 이는 미국혁명 직후 유형을 통한 죄수의 격리가 불가능해지자 일시적인 편의를 위해 만들었던 것인데 이후 거의 80년 동안 지속되었다. 감옥선 수용은 사회와의 격리와 강제노동의 부과를 위한 또 하나의 방법으로 모색되었다. 하지만 초기부터 이 제도는 많은 결함을 안고 있었다. 많은 죄수들이 혼재한 상태에서 격리를 통한 개선효과는 애초부터 불가능했고, 질서유지를 위해 무자비한 폭력이 자행되었다. 감옥선의 불결함과 습기 등으로 건강을 제대로 유지한다는 것은 지극히 곤란한 일이었다. 이 제도는 처음부터 자기 정당성을 지닐 수 없었지만 그에 대한 대안이 막대한 비용이 드는 감옥건축이었기 때문에 어쩔 수 없이 유지되어온 감이 있다. 결국 감옥제도의 보편화와 함께 폐지되어야 할 운명에 처해 있었다고 할 수 있다.

48) 유형자의 수를 산출하기는 쉽지 않다. 그러나 최근의 망라적인 연구에 의하면, 뉴사우스웨일즈 및 반디먼섬에 송출된 유형자의 총수는 남성 122,620명, 여성 24,960명이며, 그 밖의 여러 방식의 유형을 포함하면 총 15만명 이상으로 추산된다. Ibid., p. 4.

49) 감옥선의 역사에 대하여는 W.Branch-Johnson(1957), The English Prison Hulks, London: Christopher Johnson; C.Campbell, The Intolerable Hulks British Shipboard Confinement 1776-1857, Bowle: Heritage Books 참조.

감옥선의 내부(위)와 외부(아래). 미국독립 후 영국에서 임시적 수용시설로 시작된 감옥선은 무려 80년 동안이나 지속되었다.

THE "WARRIOR" HULK WITH THE "SULPHUR" WASHING-SHIP IN THE DISTANCE.

제 6 장 감옥 개혁론과 개선이데올로기

1. 서　　론

근대적 형벌제도가 이전과 질적으로 구분되어진다고 할 때 새로운 제도는 어떤 근거에 의해 뒷받침되고, 누구에 의해 주창되었으며, 누구의 이익에 봉사했는가, 또 이러한 형벌제도의 개혁론의 이데올로기적 기반과 사회적 맥락은 어떠한가 하는 문제가 대두되지 않을 수 없다. 이제까지의 통념적 견해에 따르면 근대 형벌과 형사사법제도의 확립은 잔인성에 대한 인도주의의 승리, 자의적이고 불공정한 법집행에 대한 합리주의와 공리주의의 승리를 의미하는 것으로 해석해왔다.

하지만 이러한 관점은 몇 가지 문제점을 지니고 있는 것으로 생각된다. 우선 형벌개혁가의 개인적 측면에 주안점을 두다 보면 그를 둘러싼 사회적·계급적·정치적 맥락을 놓쳐버리기 쉽다는 점이 지적될 수 있다. 둘째, 표면에 나타난 담론에 집착한 나머지 그 배후에 가려져 있는 실질적 관심 내지 이해관계를 놓쳐버리기 쉽다. 셋째, 개혁가마다 다양한 주장을 펼치고 있는데 이를 인도주의 내지 박애주의로 묶고자 할 때 상당한 난점이 제기될 수 있다. 개혁론의 제 조류를 묶는 관심과 지향상의 일치점은 다른 곳에서 구해져야 하리라 생각된다.

18세기 후반부터 19세기 초반에 걸쳐 전개된 형벌과 감옥제도, 행형 개혁과 관련된 사상적 조류는 크게 벡카리아를 필두로 한 계몽사상, 감옥상태와 행형에 대한 관심과 개혁을 추진했던 박애적 내지 종교적 개혁운동, 벤담으로 대표되는 세속적·합리적 규율과 통제를 갈망한 공리주의로 대변할 수 있겠다. 이 장에서는 주로 영국의 경우를 중심으로, 형벌과 행형에 대한 개혁론을 당대의 사회적 배경과 관련시켜 비판적으로 분석하도록 하겠다. 이러한 작업을 통해 근대감옥의 이데올로기적 근거를 밝히는 한편 근대감옥이 지닌 사회통제적 함의를 살펴보고자 한다.

2. 체사레 벡카리아와 형벌개혁론

(1) 형벌관의 기초—일반예방과 등가성의 원리

앙시앵 레짐 하의 형정의 불합리와 비인도성은 계몽사상가들에 의해 본격적으로 비판받게 되었다. 이들은 기성체제의 각종 부패와 권력남용으로 인한 인권유린으로부터 개개인의 자유와 권리를 보장할 것을 역설했다. 이러한 계몽사상의 지적 분위기를 흡수하여 형법과 형벌, 형사사법제도에 대한 본격적인 논의를 전개한 사상가는 이태리인 체사레 벡카리아(Cesare Beccaria, 1738-94)였다. 벡카리아는 프랑스의 계몽사상의 영향을 받아 당대의 형벌제도를 비판하면서 고전파 형법학의 원리를 정식화했다.[1)]

벡카리아의 형벌관은 간단히 다음 두 명제로 정리될 수 있을 것 같다. 첫째, 형벌의 목적은 범죄예방을 통한 사회적 안전의 확보이며 그를 위해서는 일반적인 예방효과를 기대할 수 있는 방향으로 법이 정비, 운용되어져야 한다(일반예방주의 내지 공리주의적 접근). 둘째, 형벌은 범죄에 의해 침해된 이익에 비례해야 한다(등가형주의).

벡카리아에 따르면 형벌은 단지 범죄자에게 고통을 과하거나 이미 행해진 범죄를 원상으로 복구시키고자 집행되어서는 안된다고 본다. 형벌의 목적은 범죄자가 그의 이웃에게 다시는 손해를 끼치지 않도록 예방하는 것이고, 타인이 유사한 범죄를 저지르지 못하도록 억지시키자는 것이다. 이러한 목적을 달성하기 위해서는 "범죄와 형벌의 등가성의 원칙"이 유지되어야 한

1) C.Beccaria(1764/1963), On Crimes and Punishments, trans. H.Paolucci, Indianapolis: Bobbs-Merill, 이수성 · 한인섭 역(제2판, 2000), 범죄와 형벌, 지산. 이하 벡카리아 저작의 인용은 한글 번역판에 따름.

다.[2] 범죄에 대한 응분의 대가로서의 형벌은 사람들의 마음 속에 지속적인 인상을 남길 수 있다. 형벌의 고통이 범죄로 얻을 수 있는 이득을 약간 넘어서는 정도일 때 범죄와 형벌간의 등가적 균형이 확보된다.[3]

응분의 대가를 넘어서는 잔인한 처벌은 "최대다수의 최대행복"의 원리를 침해하는 것이고 일반예방의 목적에도 반하는 것이다. 형벌이 잔인해질수록 사람들은 더욱 그에 무감각해져버리는 경향이 있을 것이기 때문이다. 또한 형벌이 잔혹할수록 사람들은 그러한 처벌을 피하고자 할 것이고 종래는 잔혹한 처벌을 피하기 위해 후속범죄를 저지를 가능성이 있다. 다르게 표현한다면 입법자의 의식을 지배하고 있는 잔혹성의 원칙은 범죄자에게 증폭된 형태로 반영된다.[4] 나아가 형벌이 잔혹할수록 범죄와 형벌간에 적절한 균형을 유지하기가 점점 곤란해지게 된다. 마지막으로 형벌의 목적을 달성하기 위해서는 법앞의 만인의 평등이 전제되어져야 할 것이다. 신분, 명예, 재산, 교육 정도에 따라 법집행에 차별이 생긴다고 한다면 예방효과의 면에서, 또 법의 정당성의 면에서 차질이 생겨날 것으로 그는 보고 있다.

(2) 관대하지만 확실한 형벌의 추구

체사레 벡카리아

벡카리아는 형벌의 목적을 달성할 수 있위해서는 법의 안정성과 확실성, 법집행의 예측가능성의 요건이 우선적으로 고려되어야 한다고 주장한다. 그에 따르면 법은 확실하고 안정되어야 하며 법관의 변덕스러운 기분에 좌우되도록 해서는 안된다. 사실 "법의 정신"에 따라 재판하는 것처럼 위험한 것은 없다. 사람마다 제각기 특유한 관점을 갖고 있기 마련인데 법의 정신에 따라 재판하도록 하는 것

2) Ibid., p. 117.
3) Ibid., p. 84.
4) Ibid., p. 85.

은 법을 법관의 정열의 횡포에, 피고인의 사정에, 법관과 고소인의 관계에, 나아가 가변적인 인간심성에 영향을 미칠만한 모든 사소한 요인들에 좌우되도록 함을 의미하는 것이다. 따라서 법관은 자신의 불안정하고 결함 많은 판단에 의존해서는 안되고 오로지 "법의 목소리"만을 염두에 두어야 한다고 벡카리아는 주장하고 있다.[5]

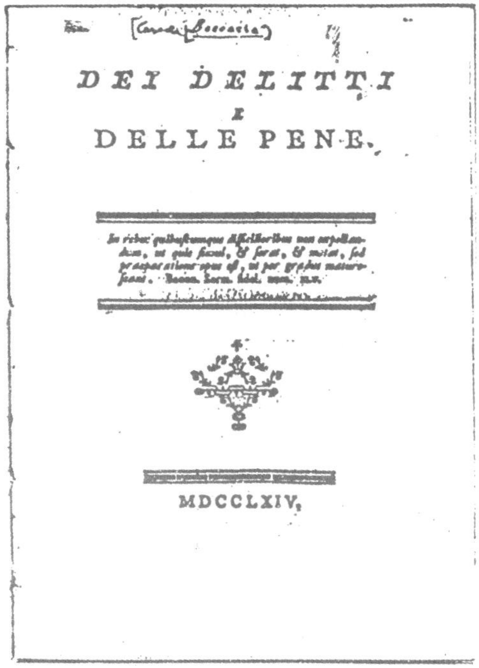
DEI DELITTI
E
DELLE PENE.

MDCCLXIV.

『범죄와 형벌』의 표지. 박해에 대한 두려움에서 연도(1764)는 나와 있지만, 저자와 출판사가 표기되어 있지 않다.

이로부터 도출되는 것은 법전은 사전에 정비되어야 하고 누구나 알 수 있도록 주지되어야 하며 자국어로 작성되어야 한다는 것이다.[6] 그렇지 않다고 한다면 시민들은 사회생활에 요구되는 법적 안정성의 느낌을 갖고 생활을 영위할 수 없을 것이다. 형벌의 내용을 시민들이 제대로 알지 못하고 법이 불확실한 채로 있을 때에는 법은 법관의 각정의 횡포에 맡겨지게 한다. 따라서 시민이라면 누구나 자신의 행위가 범죄에 해당하는지의 여부를 미리 알지 않으면 안된다.

벡카리아는 엄격하고 잔혹한 형의 집행보다 확실하고 예외없는 처벌이 범죄예방효과면에서 더욱 효율적임을 주장한다.[7] 형벌이 비록 관대하더라도 확실히 처벌될 가능성이 있다면 범죄는 그만큼 줄어들 것이다. 왜냐하면 경미한 위험이라도 피할 수 없는 경우에는 그에 대해 공포심을 갖게 되지만 큰 위해라도 피할 가망이 있는 경우에는 인간의 마음은 요행심에 의지하여 범죄행위로 나아갈 수 있기 때문이다. 이와 같이 벡카리아는 관대하지만 확실한

5) Ibid., p. 42.
6) Ibid., p. 45.
7) Ibid., p. 109.

형벌을 지향하고 있고 확실성과 예측가능성, 예외없는 처벌에 더욱 비중을 두고 있음을 알 수 있다.

이러한 견지에서 벡카리아는 사면제도를 비판하고 있다.[8] 원래 사면이란 잔혹한 형벌과 한짝을 이루어, 군주권의 위엄과 자비를 과시하고자 한 발상에서 나온 것이다. 잔혹한 형벌제도 하에서는 그 무리한 법집행으로 인한 불합리를 완화시키기 위해 군주의 특사가 행해질 가능성이 그만큼 많아질 수밖에 없다. 군주의 특사는 강압적 형벌과 강권적 통제를 통해 지탱되는 군주권의 모습을 온정적 시혜조치(paternal benevolence)를 통해 은폐하는 성격을 지니고 있었다.[9]

벡카리아에 따르면 만일 범죄자가 사면 기타 조치에 의해 처벌받지 않을 가능성이 있다는데 생각이 미치게 되면 요행심이 생겨날 것이다. 또한 유죄 선고를 받은 자에게도 자신에게 불리한 폭력의 행사라는 생각이 날 수 있어 법에 대한 존중심은 크게 훼손될 수밖에 없다. 따라서 법은 일률적으로 적용되지 않으면 안된다. 관대성과 인도주의는 입법가의 덕목일 수는 있어도 법집행자의 덕목일 수는 없다. 필요한 것은 사면제도의 존속이 아니라 사면제도의 필요를 없게 만드는 (관대하지만) 확실하고 완전한 형법과 소송법의 제정이라고 그는 주장한다.[10]

---

8) Ibid., p. 111.

9) D. Hay(1975), "Property, Authority and the Criminal Law," D. Hay et al., Albion's Fatal Tree, London: Allen Lane, p. 61. Hay에 따르면 이데올로기로서의 법은 세 가지 모습으로 나타난다고 한다. 먼저 위엄(majesty). 형벌권은 그 장려한 집행의식을 통해 일종의 종교적 신비성과 위엄을 부여하고자 한다. 법정은 "신성"하고 법관은 인간의 운명을 주재하는 신과 동격에 놓이게 된다. 둘째, 정의(justice). 법의 지배, 법앞의 만인의 평등, 법절차에 따른 인신구금, 조세법률주의 등의 주장을 유포시킴을 통해 법은 정의와 동일시된다. 법관, 검사, 경찰은 곧 사회정의의 실현자로 자신을 부각시킨다. 하지만 이러한 이데올로기는 계급적 사법의 현실에 의해 종종 그 유효성이 의문시되기도 한다. 여기서 법의 또 다른 모습이 부각되어져야 할 것이다. 자애와 관용에 넘친 군주는 사면이라는 부드러운 손길로 피비린내나는 형장을 모면할 수 있게 한다. 치밀하게 계산된 군주의 특사에 의해 사형직전에 풀려난 도스토예프스키의 전향은 자비(mercy)의 이데올로기적 효과를 보여주는 한 예로 인용될 수 있겠다. 요컨대 법은 범접할 수 없는 신성한 것이며, 누구에게나 공정한 정의를 시행하면서 동시에 관용과 자비를 겸한 것으로 사용될 수 있다는 관념은 법의 정당화를 위한 주요 기법이 되어 왔다.

10) C. Beccaria(1764/1963), p. 110.

(3) 사형폐지론과 구금형

벡카리아의 이 같은 형벌론은 사형제도를 논하는데서 그 특색을 단적으로 확인할 수 있다. 그는 오늘날까지 무엇보다도 사형의 정당성 그 자체에 정면으로 도전한 기념비적 업적으로 널리 기억되고 있다. 당대의 계몽사상가들과도 의견을 달리하면서[11] 그는 인간이 그의 이웃시민을 무슨 권리로 죽일 수 있는지 반문한다. 우선 인간은 자신의 생명의 창조자가 아니다. 생명을 박탈할 권리를 자신에게 또는 사회에 위임한다는 것은 자신의 권한 밖의 일이다. 사형과 같은 돌이킬 수 없는 형벌은 의심할 나위없는 근거 없이는 결코 과해질 수 없다. 한 시민에 대한 사형제도는 필요하지도 유효하지도 않다고 벡카리아는 본다.[12]

첫째, 사형제도는 불필요한 까닭에 정당성을 얻지 못한다.[13] 어떤 형벌이 정당성의 요건을 충족시키기 위해서는 그 강도가 범죄에 대한 일반예방에 필요한 한도를 넘어서는 안된다. 범죄로부터 어떤 이익을 예상하든 간에 누구도 자신의 자유와 생명을 영구히 대가로 치르고자 하지는 않을 것이다. 확실하고 예외없는 처벌은 잔인한 처벌보다 더욱 예방효과를 거둘 수 있는데 사형을 과한다는 것은 정당성의 정도를 초월하는 것이라고 벡카리아는 주장한다.

둘째, 예방효과의 측면에서 사형에 대한 회의이다. 벡카리아에 따르면 한 인간의 비참한 죽음을 잠깐 목격하는 것보다는 장기징역을 살고 있는 자를 지속적으로 대하는 것이 일반 시민에게 보다 큰 범죄억지효과를 가져올

11) 몽테스키외는 사형이 법절차를 통해 과해질 때 정당한 것으로 보았다. 루소에 따르면 사회계약을 위반한 범죄자는 스스로를 법 밖에 위치지우는 것이며 원시적인 전쟁상태로 돌아감을 의미한다. 따라서 사회계약을 위반한 자에 대해서는 원시상태에서와 같이 죽음을 과할 수 있을 것으로 보았다. C.Phillipson(1923), Three Criminal Law Reformers: Beccaria, Bentham, Romily, New York: E.P.Dutton, p. 69 참조.

12) 『범죄와 형벌』이 쓰여진 지 4반세기가 지난 1790년 벡카리아는 사형제도의 존속은 절대적인 필요가 있을 경우에만 비로소 정당화될 수 있다고 주장했다. 그러한 예외적인 경우란 가령 단순한 구금만으로는 사회평온을 해할 기회를 배제할 수 없는 반역죄인의 경우와 공공연하게 반역을 획책한 경우를 의미했다. 하지만 이러한 경우는 엄격히 법의 적용이라기보다는 (시민사회에 대한) 일종의 전쟁으로 해석하는 것이 좋을 것이라고 벡카리아는 보고 있다. Ibid., p. 72-73.

13) C.Beccaria(1764/1963), p. 88-99.

것으로 보고 있다. 그에 따르면 무릇 인간의 감수성은 강력하지만 순간적인 쇼크보다는 덜 강력하더라도 반복된 인상에 의해 영향받는다.[14] 언제나 인간이 사형을 통해 가장 거대한 공포를 느끼는 것은 아닐 것이다. 그보다는 자유형을 통한 견본적 효과(examplary effect)도 의미있게 평가될 부분이 많다. 이러한 효과를 더욱 증대하기 위해서 감옥은 만인이 보고 느낄 수 있도록 도시 내에 설치되는 것이 바람직하다고 그는 주장한다.

셋째, 사형제도의 약점은 돌이킬 수 없는 처벌형태라는 것이다. 유죄의 유무는 진실성이 아니라 개연성의 문제로 처리될 수밖에 없다. 그런데 개연성에 의거한 사형판결은 오판의 경우에는 돌이킬 수 없는 비극을 초래하는 것이다.

사형제도의 이러한 결함은 곧 다른 형벌형태—자유형—의 논리적인 우월성을 보여주는 것이기도 하다. 자유형과 감옥은 항상적인 고통의 실례를 시민들에게 널리 보여줌으로써, 또 지속적인 인상을 심어줌으로써, 등가성의 원리를 구체적으로 적용할 수 있음으로써, 수형자 자신보다 보는 사람들에게 더욱 공포감을 주입시킴으로써 더욱 큰 범죄예방효과를 거둘 수 있다.[15] 사형제도의 폐지와 자유형으로의 대체는 보다 인도적인 방향으로의 변화이기도 하겠지만 벡카리아는 그에 못지않게 이러한 변화가 형벌의 효율성, 확실성, 보편성을 담보할 수 있을 것으로 전망했다. 요컨대 벡카리아로 대표되는 고전파 형법학자들의 주관심이 "덜 처벌하는데 있었다기보다는 보다 잘 처벌하는"[16] 데 있었음을 우리는 확인할 수 있다. 형벌을 덜 잔혹하게 함으로써 더욱 효율적인 형벌이 될 수 있도록 하자는 것이 고전파 사상가들의 주요 관심사였다는 것이다. 다만 벡카리아의 경우 강력한 인도주의적 열정으로 인해 이러한 측면은 덜 두드러지지만 여타의 고전파 사상가를 살펴볼 때는 인도주의적 관심보다는 새로운 형벌의 경제학을 통해 형벌권을 정당화하고 나아가

---

14) Ibid., p. 91.

15) Ibid., p. 91.

16) M. Foucault(1977), p. 80-82 참조. 푸꼬에 따르면 벡카리아와 같은 고전파 형법이론은 형벌의 가혹성을 어느 정도 완화시키는데 기여했겠지만 그보다는 확실하고 보편적으로 처벌권을 행사함으로써 형벌권을 일상적인 시민생활에 보다 깊숙이 침투시키는데 주안점을 두고 있었다고 본다.

시민생활 내부에 형벌적 규제영역을 확대하고자 하는 지향을 읽어낼 수 있다.

자유형의 유용성과 감옥에 대한 벡카리아의 주장에는 다소 모호한 점이 있다. 자유형의 상대적인 장점을 인정하면서도 그는 범죄가 행해진 장소로부터 멀리 떨어진 곳에서 처벌이 이루어지는 경우—통상적인 자유형과 유형—에는 형벌의 견본적 효과를 거두기 어렵다고 여기고 있다. 또한 행위자의 고의 정도나 개별적 사정에 따라 형을 개별화하고자 하는 주장 역시 법앞의 평등의 취지에 반한다고 보아 이를 배척하는 경향이 있다. 따라서 벡카리아의 주장이 감옥에 대하여 갖는 영향이 있다면 그것은 어디까지나 간접적인 영향에 지나지 않는다.[17] 즉 형벌의 확실성과 일반예방의 중요성을 강조함으로써 근대감옥을 위한 중요한 전제를 정립하는데 기여했다고 할 수 있을 것 같다.

(4) 각국에 미친 영향

벡카리아의 저작은 앙시앵 레짐 하의 유럽 각국의 사상계에 커다란 영향력을 발휘했다. 사회계약론과 공리주의에 바탕을 둔 그의 형벌이론은 새로운 시대의 도래를 예고하는 신호탄의 성격을 지닌 것이기도 했다. 벡카리아의 책은 프랑스판으로 번역되었고, 그것은 유럽 각국으로 퍼져가 개혁가들의 주장을 구체화시켰으며, 각국의 근대 형법의 제정에 압도적인 영향을 미쳤다. 계몽사상가뿐 아니라 계몽군주를 표방하고 있었던 프러시아, 러시아에도 그 영향은 직접적이었다. 영국의 경우 18세기 후반 형벌개혁에 노력을 쏟았던 주요인물—William Eden, William Blackstone 및 Samuel Romily—들은 벡카리아의 저작을 통해 영감을 끌어냈다. 이든과 로밀리는 사형 및 유형의 제한과 폐지를 위해 벡카리아의 논거를 활용했고 블랙스톤은 자유형의 개선적 기능을 통해 예방효과를 도모할 수 있다고 보았다.[18] 무엇보다 벡카리아의 영국내 영향은 벤담을 통해서였다고 볼 수 있다. 벤담은 이미 벡카리아가 발전시

---

17) S.McConville(1975), A History of English Prison Administration, vol. I, 1750-1877, London: Routledge Kegan Paul, p. 83.

18) Ibid., p. 81-82; L.Radzinowicz(1948), A History of English Criminal Law, vol. I, London: Stevens, p. 304-314.

키고 있었던 공리주의의 틀을 완벽하게 체계화하여 자신의 형벌론, 행형론 및 감옥건축의 지도원리로 활용했다. 미국은 독립선언 이후 바로 벡카리아의 사상을 구체화된 형사정책 및 형벌개혁에 활용했다.[19] 미국의 헌법 및 각 주의 형법에는 그의 관점이 구석구석 미치고 있다.

프랑스에서는 1789년 대혁명 직후부터 형법 및 형사사법제도의 혁신에 착수했다. 그 지침은 순전히 벡카리아의 것이었다. 1791년 프랑스 형법전은 그야말로 벡카리아 사상의 입법적 정화라 할만하다.[20]

3. 존 하워드와 감옥개혁운동

(1) 감옥개혁가로서의 생애

감옥개혁운동은 존 하워드(John Howard, 1727-90)의 헌신적인 노력과 지칠줄 모르는 정열에 기인한다고 흔히 이야기되고 있다. 당시 감옥 기타 수용소의 상태는 치유불가능한 악으로 여겨지고 있었다. 수용시설은 불결함과 질병, 간수들의 억압과 횡포, 죄수들의 체념과 절망으로 뒤덮여 있었고, 이러한 상태에 대해 무관심(혹은 당연시)의 분위기가 지배적이었다. 감옥은 "악의 교습소이자 불결함과 질병의 온상"이라는 18세기의 속어는 당대의 감옥사정을 여실히 보여주고 있다.[21] 하워드는 이러한 감옥의 참상을 구체적으로 적시하고, 영국과 대륙 각국의 감옥을 견문한 내용을 토대로 감옥개혁을 위한 구체적 지침을 제시했다. 그의 분석은 구체적 · 미시적이면서도 비교론적 실태조사에 입각한 것이었기에 당대 개혁가들을 자극했고 나아가 감옥여건의 개선

19) H.Barnes(1927), p. 105 이하; P.Mackey(1969), p. 49-50.

20) 형법의 제정자들은 형법의 제정원리를 다음과 같이 압축했다. ① 형법은 인도적이어야 한다. 인도적이지 않은 법은 효율적일 수 없다. ② 형벌은 범죄의 심각도에 맞추어 단계화되어야 한다. ③ 범죄와 형벌의 정확한 관계는 법으로 명시되어야 한다. ④ 같은 범죄에는 같은 형벌이 적용되어야 한다. ⑤ 형벌은 공개적이어야 하며, 범죄현장에 가까운 곳에서 집행되어야 한다. ⑥ 형벌의 목표는 처벌과 개선이다. ⑦ 모든 형벌은 일시적이어야 한다. A.Wills(1981), p. 36 참조.

21) S.Webb and B.Webb(1922), English Prisons under Local Goverment, London: Longman, p. 18-32.

문제를 국민적 관심사로 끌어올렸다. 1779년 Penitentiary Act로부터 1823년 Goals Act, 1835년 Prisons Act에 이르는 영국의 감옥법 개정에는 하워드의 영향이 직·간접으로 짙게 배어 있다고 할 수 있다.[22)]

하워드의 감옥과의 대면은 1773년 베드포드셔(Bedfordshire)의 치안관(high sheriff)으로 임명되었을 때로부터 비롯된다. 공식적인 업무의 일환으로 베드포드 구치감(Bedford Goal)을 방문했을 때 거기서 그는 시설의 불결함과 시설의 부패상에 큰 충격을 받았다. 그는 이러한 참상을 개선하기 위하여 치안판사에게, 간수가 시설운영을 통해 사적 수입을 얻는 수수료제도(fee system)를 폐지하고 임금을 정규적으로 지급하는 방안을 건의하였다. 치안판사는 그러한 선례를 찾을 수 있는가 확인해볼 것을 요구했다. 그는 인근 지역을 방문하면서 임금제(salary system)는 고사하고 각처에서 베드포드셔 구치감에 못지않는 참상을 목격하게 되었다. 잉글랜드와 아일랜드에 대한 방문조사를 끝낸 후 그는 대륙 각국의 감옥실태에 대한 검토를 위해 곧 여행범위를 대륙 각국으로 확대했다. 귀국한 후 그는 1779년 자신의 견문을 정리하여 『감옥사정』[23)]을 출간하였는데 이 책은 곧 감옥상태와 개혁에 대해 여태까지 알려진 것 중에서 가장 탁월한 저작이란 평판을 얻게 되었다.

하워드는 영국감옥 운영상의 난맥상을 폭로했을 뿐 아니라 인도주의적 열정을 가지고 죄수들이 처해 있는 환경과 비인간적 대우를 생생하게 보여주었다. 하지만 무엇보다도 그의 공헌은 1830년대까지의 대부분의 개혁가들에게 지침이 될만한 감옥개혁을 위한 구체적 제안을 강력히 역설한 데 있다.[24)]

감옥시설과 환경, 운영상의 문제에 발언할 것은 그가 처음은 물론 아니었다. 그의 저작의 독창성은 그 도덕적 성격에 있는 것이 아니라 과학성에 있

---

22) R.Cooper(1975), English Prison Reform, 1773-1835: A Study in Administrative Change, ph.D.Diss., University of North Carolina 참조.

23) 하워드의 책은 여러 종류로 편집되었다. 여기서 인용하는 것은 J.Howard(1779/1929), The State of the Prisons, London: J.M.Dent & Sons; J.Howard(1777/2000), The State of the Prisons in England and Wales, with Priliminary Observations, and an Account of Some Prisons, with an Introduction by W.J.Forsythe, Routledge: Thoemmes Press; J.Howard(1791/1973), An Account of the Principal Lazarettos in Europe, together with further observations on some Foreign Prisons and Hospitals, Montclair: Patterson Smith.

24) R.Cooper(1975), p.44.

었다. 그는 견문한 사실에 바탕을 두고 냉정하고 객관적인 문체로 제도의 참상을 적확하게 기술하였다. 이러한 문체는 이후의 조사연구에서의 전범을 제공했다. 또한 그는 당대의 사회문제에 대하여 통계적 서술을 체계적으로 시도한 최초의 박애주의자로 평가받았다.[25] 나아가 그는 자신의 감각에 포착된 사실을 생생하게 전달할 수 있는 능력을 갖추고 있었다. 가령 식사, 수수료의 내역, 수감자의 수, 종류, 형구의 문제 등을 적시함으로써 그는 한 세기가 지난 1870년대의 사회통계학자들에 의해 사회과학의 아버지로 추앙받을 정도로 "과학적"인 언어를 체득하고 있었던 것이다. 하워드의 이러한 장점은 당대에 커다란 지적 호소력을 발휘할 수 있었던 한 요인이었다.

(2) 선진적 감옥모델의 수용

하워드의 활동과 저작이 갖는 또 다른 힘은 그가 제시한 개혁안의 구체성과 현실성에 기인한다. 그는 자신의 아이디어를 대륙 각국의 견문으로부터 끌어왔는데 거기에는 유럽 대륙의 선진적인 감옥실험들이 두루 포함되어 있었다. 그 중에서 Amsterdam, Rotterdam의 모범적인 징치감제도에 그는 깊은 감명을 받았다. 또한 독거제의 감옥운영, 지속적인 감시가능성의 확보를 위한 공간의 구성, 시간표에 따른 규칙적 생활, 성서읽기와 기도, 유니폼 착용 등 선진적 징치감에서 실험되고 있던 감시와 규율프로그램들의 대부분은 하워드에 의해 적극적으로 검토되었다. "두려워 말라. 나는 너에게 복수하려 함이 아니고, 개선시키려 함이로다. 내 손은 엄하나, 내 마음은 자애롭도다"[26] 라는 암스테르담 징치감의 모토는 자신의 지향점과도 일치하는 것이었다.

플랑드르의 겐트감옥(the Maison de Force at Ghent)은 그에게 또 다른 모델을 제공해 주었다. 이는 1771년 개축되면서 8각형의 건물로 설계되었는데 하워드는 이러한 건축모델을 "감옥사정"에서 상세히 기술함으로써,[27] 이후의

25) M.Ignatieff(1978), p.52.

26) "Fear not: I mean not vengeance, but your reformation. Severe is my hand, but benevolent my intention." in J.Howard(1791/1973), p.73.

27) Ibid., p.113-118; J.Howard(1777/2000), p.140-141.

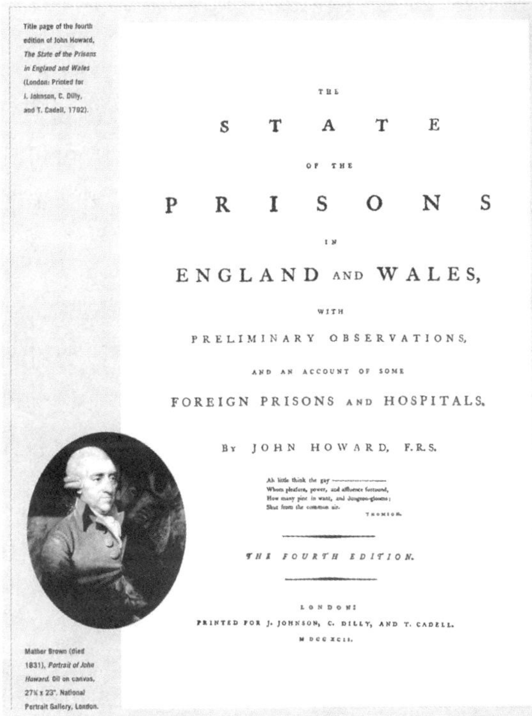

존 하워드와 『감옥사정』. 인도주의적 정열을 사회과학적 방법론으로 녹여낸 그의 저작은 형벌사의 고전이다.

감옥건축의 모델을 발전시키는데 큰 기여를 했다. 원래 겐트감옥은 바티칸에서 청소년의 개선을 위해 1703년 클레멘스 12세에 의해 지어진 상 미켈레(San Michele) 감옥의 독거식 구금에 의해 아이디어를 얻었다고 한다. 상 미켈레감옥은 카톨릭의 수도원식 규율과 징벌의 경험을 형벌의 목적으로 활용한 것이며 하워드가 이 감옥을 방문했던 1775년에는 독거구금제와 침묵 속의 속죄(silent penance)의 규칙을 여전히 지키고 있었다. 하워드의 유명한 모토 중의 하나인 "악당을 감시와 규율을 통해 선하게 만들지 않고서 형벌로 억제시키려 하는 것은 소용이 없다"는 어구는 상 미켈레감옥에서 따온 것이다.[28] 이와 같이 암스테르담, 겐트, 상 미켈레감옥의 선진적 실험들은 그의 개혁안에 다소간 반영되어 있고, 그럼으로써 근대감옥의 구성형태와 내부 운영방식에 직·간접으로 영향을 미치게 되었음을 알 수 있다. 사실 이들 모델을 견문하고 그가 제시했던 개혁안 가운데 상당 부분은 영국에서 거의 들어보지 못한 아이디어였던 것이다.[29]

28) Ibid., p.94-95.
29) R.Cooper(1975), p.44.

(3) 감옥구조와 관리에 관한 개혁안

감옥구조와 관리상의 문제에 대한 하워드의 개혁안의 요체는 다음 4가지로 정리할 수 있다. 첫째, 수용시설은 안전하고 위생적인 시설이어야 한다는 것이다. 그에 따르면 당시에는 사형집행으로 인해 죽는 죄수의 수효보다 감옥 내 질병(goal fever)으로 죽어가는 죄수가 훨씬 많았다.[30] 감옥에서는 굶주림과 악취가 가득했으며, 만연하는 질병은 죄수의 건강과 생존을 위협했다. 죄수가 최소한도의 건강을 유지할 수 있기 위해서는 “신선한 공기와 청결이 절대적으로 필요하다”는 점을 그는 강조했다.[31] 굶주림을 면하고 건강을 유지하기 위해서는 적정한 한도의 식사가 제공되어야 할 것이다. 또한 청결과 위생문제를 해결하기 위하여 감옥은 계곡이나 강 근처에 지어야 하고 내벽과 감방을 규칙적으로 소제하며 목욕, 환기시설이 설치되어야 한다고 주장했다. 하워드의 이러한 개혁항목들은 죄수들의 생존과 건강을 위한 최소한의 조치로 주장되었다.

둘째, 하워드는 감옥이 단순한 징벌장소가 아니라 개선의 장소로 변화되어야 함을 역설했다. 죄수라 할지라도 인간인 것은 틀림없으며 인간에 의해 인간으로 다루어져야 한다고 그는 보았다.[32] 깊은 신앙심에 의해 인도되었던 하워드는 인간은 누구나 하나님 앞에서는 죄인이며 범죄자도 인간인 이상 개선될 수 있다고 확신했다. 따라서 그의 노력은 어떠한 방법을 통해 범죄자의 개선을 도모할 것인가에 집중되었다.

그가 보기에 당시 감옥제도의 큰 문제는 모든 수형자들의 무차별적 수용과 혼거였다. 청소년과 성인, 초범과 누범, 남성과 여성, 일반범죄자와 채무자가 뒤섞여 있었고, 그러한 상황은 수용인구의 밀집으로 인해 더욱 악화되었다.[33] 이로 인해 탈옥이 빈번해지고 서로 휴대물품을 절취하는 경우가 적

30) J.Howard(1779/1929), p. 6.

31) Ibid., p. 31-33.

32) Ibid., p. 12.

33) 하워드가 조사한 바에 따르면, 1776년 당시 영국의 재감자수는 채무자 2,437명, 범죄자(중죄) 994명, 범죄자(경미범죄) 653명으로 총 4,084명이다. 채무자의 수가 범죄자의 수보다 더 많은 것이 특기할 만하다. J.Howard(1777/2000), p. 35.

지 않았다. 무엇보다 문제는 감옥을 범죄의 학교로 만드는 상황이었다. 이 같은 고질적인 문제를 타개하기 위해 그는 "분류의 원칙"을 제시한다. 수형자들은 죄질과 성별, 연령에 따라 분류되어야 하고 상호간의 접촉은 완전히 차단되어야 한다. 남성과 여성, 청소년과 성인상습범은 각기 다른 건물에 수용되어 다른 간수에 의해 다루어져야 한다. 특히 채무자는 일반 수형자와 완전히 분리된 사동에 수용되어야 한다.[34] 그러지 않고서는 채무자의 청결, 건강, 도의심, 내심의 평온은 유지될 수 없다. 그가 제안한 설계도를 보면, 남성수용구역, 여성수용구역, 채무자수용구역은 명확히 분리되어 있다.

나아가 하워드는 적어도 야간에는 각 수형자를 격리시킬 것을 주장한다.[35] 한밤중의 고독과 침묵은 자기성찰에 좋을 것이고, 아마 참회의 느낌으로 인도할 것이다. 이러한 방법은 또한 야간의 탈출모의를 예방하고 소내 질서를 유지하는데 도움을 줄 것으로 보았다. 하지만 그는 아직 수형자들의 고립화와 격리를 감옥제도의 불가분한 부분으로까지는 생각하고 있지 않은 것 같다. 그러나 하워드의 이러한 주장은 보다 확대되어 해석되면서 후일에는 그를 독거제의 선구자로 이해하는 경향마저 생겨났다.[36]

하워드는 또한 음주와 게으름이 범죄의 주요원인이 된다고 보았다. 그는 당시 간수들의 주요 수입원의 하나였던 술의 판매와 반입을 허용치 않는 입장을 취했다. 그는 노동의 중요성은 인정했지만 수형자들에게 강제노역을 시키는 것에는 반대했다. 강제노역은 노동에 대한 혐오감을 조성하게 되는 까닭에 수형자들에게 오히려 유해한 영향을 끼칠 뿐이다. 다만 감옥 내에 작업장을 설치하여 노동을 원하는 자에게는 그 기회를 제공하는 정도로 족하다고

34) Ibid., p. 23-24; J.Howard (1777/2000), p. 152-153.

35) Ibid., p. 21.

36) 하워드에 따르면 독거구금의 의도는 i) 가장 흉포한 범죄자를 길들이기 위한 수단으로, ii) 감옥 내 규율위반자에 대한 징벌로써, iii) 인격형성기의 청소년에게 단시일 내에 강력한 인상을 심어주기 위한 경우에만 정당화될 수 있다. 하지만 주간에 아무 일거리 없이 독거 하에 두는 것은 건강을 해치고 장래에 나태와 노동무능력의 습관을 조장할 위험이 있다고 보아 그에 반대했다. 다시 말해 단기간의 야간독거는 경우에 따라 필요한 것으로 인정하지만, 장기간의 독거구금은 인간이 견뎌낼 수 있는 이상을 강요하는 것이어서 미망과 절망에 빠질 위험성이 있다고 보았다. 따라서 하워드를 독거구금의 교조적 옹호자로 볼 수 없다. M.Grnhut(1948), Penal Reform: A Comparative Study, Oxford: Clarendon Press, p. 36 이하 참조.

보았다.[37)]

하워드는 또한 종교적 교육과 감화가 수형자들의 개선에 결정적으로 중요함을 역설했다. 각 감옥에는 교회당(chapel)을 갖추어야 하며, 성서나 기도서는 수형자들이 언제나 볼 수 있도록 비치되어야 할 것이다. 교회사들은 순전히 공적으로 부과된 업무에 만족하지 않고 수형자와의 면담을 통해 당자를 훈계하고 환자를 위로하며 신의 섭리와 자비를 깨우쳐 주어야 한다. 또한 간수들도 수형자들에게 모범이 되도록 교회당에 참석해야 한다고 생각했다.

셋째, 시설이 아무리 좋다 하더라도 감옥의 관리, 규율상의 적절한 배려가 없으면 감옥이 질병과 비참, 그리고 사악성의 서식처가 되는 것은 방지할 수 없다. 따라서 감옥행정의 요체는 훌륭한 관리자를 선임하고 간수가 수형자들의 뇌물이나 어떤 대가를 받지 못하도록 하는 것이다. 감옥의 관리자는 정직하고 활동적이며 인도적 정열에 충만한 사람이어야 한다. 간수는 주류 기타 물건을 판매하여 이익을 얻으려고 해서는 안된다. 또한 간수는 수형자와 담합하여 일을 처리해서는 안된다. 그 때문에 수형자들에게 어떤 보조업무도 떠맡기지 말고 간수 스스로 감옥업무를 수행해야 한다. 이와 같이 하워드는 감옥을 일종의 돈벌이 장소로 여기거나 간수와 수형자가 야합하는 경향을 극도로 경계하고 있다.

하워드의 그에 대한 처방은 이제까지 관례화되어 왔던 수수료제도(fee system)를 폐지하고 봉급제(salary system)를 확립하는 것이었다. 간수도 수형자로부터 대가를 얻어내는데 신경을 쓰거나 주류, 음식을 판매하여 수익을 도모해서는 안된다. 어떤 수형자도 수수료를 요구받아서는 안된다.[38)] 요컨대 간수 기타 감옥의 관리자는 감옥업무로부터 이익이나 사례를 얻는 사인의 지위로부터 벗어나 국가로부터 봉급을 받는 일종의 공무원으로 전환시킬 것을 그는 주장했다.[39)]

마지막으로 감옥의 관리는 너무도 중요한 임무인 까닭에 전적으로 간수

37) J.Howard(1779/1929), p. 24.
38) Ibid., p. 30.
39) S.Webb and B.Webb(1922), p. 37.

들에게만 맡겨둘 수 없다. 따라서 모든 감옥에는 의회나 시 행정당국으로부터 시찰관이 선임되어야 한다. 시찰관은 한 주에 한 번씩 요일을 바꾸어가면서 감옥을 시찰해야 하며 규정의 준수여부를 확인해야 한다. 그는 청결여부를 심사하고 불만사항을 청취하며 잘못된 점은 즉각 시정시켜야 한다. 그리고 이 직책은 고상한 동기에서 일해야 하는 명예직이므로 어떤 보수도 받아서는 안된다. 요컨대 감옥운영의 세부사항에 대해 공적인 감독을 받아야 한다는 것이다.

하워드의 개혁안은 감옥시설과 관리상의 문제점을 겨냥한 것이고 형법전의 개혁에 대해서는 본격적인 주의를 기울이지 않고 있다. 이 점에서 그는 벡카리아 등 고전파 형법학자와 다르다. 또한 그렇게 인간의 학대와 열악한 처우에 대해 분노한 인도주의자이면서도 사형제도의 폐지에는 이르지 않고 사형을 제한할 것을 주장하고 있다.[40] 그의 목적은 명백히 앞서 이야기한 4가지 사항에 집중되어 있었다. 실제로 1820년대까지의 하워드의 영향을 받은 감옥개혁가들은 형벌제도 전반에 걸쳐 문제제기를 하기보다는 감옥개혁이라는 제한된 실용주의적 목표를 추구했다.[41]

(4) 영향력의 원천

하워드는 자신의 활동을 통해 당대의 상상력을 포착할 수 있었던 행운아였다. 그는 박애적 소명의 상징으로 추앙되었다. 그의 인도주의는 영국 지식사회로부터 큰 공감을 자아냈고 범죄와 형벌에 대한 그의 시각은 벡카리아, 블랙스톤, 이든 등 당대의 주도적 개혁가들의 시각과 일치했다. 더욱이 개혁안의 신중성과 그의 사회적 신분도 그의 주장을 경청하게끔 하는데 일조했다. 하워드의 활동에서 보여지듯이 박애주의적 운동은 특정한 집단이나 계급과 대결하는 것이라기보다는 다소 '추상적인 의미의 악'을 개선하고자 했던

---

40) 하워드는, 현행법이 너무나 잔혹하며, 잘못 집행되고 있다고 비판하면서, 사형은 예모살인죄 및 주거침입 후 잔혹한 행동을 한 경우에만 허용되어야 할 것이라고 하여 사형의 제한을 주장하고 있다. J. Howard(1791/1973), p. 221.

41) R. Cooper(1975), p. 49.

것으로 비쳐졌던 까닭에 그는 사심없는 박애주의자라는 명망을 누릴 수 있었다.[42] 그는 신의 은총을 믿고 지속적인 근로, 육체적 절제, 규율의 내면화를 통해 영혼의 구원이 가능하다고 믿은 열렬한 복음주의자였다. 그의 활동은 당대의 계급적 현실에 직접 대응한 것은 아니었기 때문에 종종 위하형(威嚇刑)으로부터 박애형으로의 변화라는 추상적 맥락에서만 이해되어왔던 것이다.

인간의 개선가능성에 대해 하워드는 다소 낙관적인 편이었다. 그는 감옥제도와 기법의 향상을 통해 교수대에 매달려 죽어갈 불행한 인간들을 사회에 쓸모있는 성원으로 변모시킬 수 있다고 믿었다. 그에게서 구원은 신의 사업일뿐 아니라 국가의 책무이기도 했다. 종교적 소명의식으로 무장한 하워드는 이러한 세속적 구원사업을 위한 체계적인 기법을 강구하고자 했던 것이다.[43]

4. 감옥개혁운동의 종교적 배경

(1) 종교와 감옥개혁운동

근대감옥을 참회하는 장소(peniteniary)라 부르는 데도 이미 드러나지만 18세기 후반부터 19세기 중반에 걸친 시기에 있어서 영미의 감옥개혁은 종교의 영향력과 떼어놓고 설명할 수 없다. 영국의 비국교도적 운동, 그 중에서도 특히 퀘이커교도들은 수형자들의 영혼에 대한 깊은 관심에서 출발하여 감옥개혁을 위한 투쟁에 주도적 역할을 수행했다. 이 시기의 감옥개혁운동은 그들에 의해 주도된 각종 박애주의적 활동(가령 노예폐지운동, 교육기회의 확대, 빈민구호운동 등)과 같은 선상에서 추진되었고,[44] 종교적 열정과 소명의식으로 무장한 가운데 거대한 사회적 추진력을 얻었다. 요컨대 이 시기의 개혁운동은 본질적으로 종교적 색채를 띤 것이었다.

산업혁명과 더불어 나타난 새로운 종교운동의 사회적 성격을 감리교

42) M.Ignatieff(1978), p.37.
43) Ibid., p.56-57.
44) R.Cooper(1975), p.163.

(Methodism)를 통해 잠깐 살펴보기로 하자. 감리교 기타 비국교도들은 인간의 본래적 평등과 인간의 원죄(sin)를 강조하고 있다. 이러한 교리는 순전히 재산과 출신성분에 따라 사회적 지위를 결정하는 전통주의적 사고방식과는 배치되는 것이었다. 하지만 이것이 곧 당대의 계급적 상황을 폭로, 변혁시키는 방향으로 나아가지는 않았으며 오히려 새로운 사회창조에 있어서 질서, 수용, 복종 및 자발적이고 책임 있는 협동을 더욱 강조하는 경향이 있었다. 일반 프로테스탄트와 마찬가지로 감리교 역시 선행을 통한 개인적 구원을 역설했으며 "시간과 노동규율"을 제도화하기 위한 내재적 동기를 제공하는데 일조했다.[45] 이같이 감리교의 개혁적 · 전통파괴적 측면은 다른 한편으로는 권위에 대한 순종, 위계질서의 존중 및 복종적인 태도의 내면화 등 세속적 가치의 강조와 맞물려 있었던 것이다.[46]

감리교는 주로 노동자, 빈민, 광부 등 사회의 하층을 주된 전도대상으로 하면서, 하층계급의 요구를 수렴하는 한편 하층계급의 혁명적 잠재력을 누그러뜨리면서, 대중의 열정을 인격과 도덕성의 개선이란 측면으로 개별화하는데 기여했다고 평가된다(소위 Halevy논제). 감리교 기타 복음주의자들에 의해 추진된 박애주의적 사회개혁운동[47]은 바로 이러한 틀에 의해 성격져지고 있다고 할 수 있다. 노예폐지운동, 빈민구제운동, 금주운동, 여성의 제조건의 개선을 위한 각종 개혁운동은 "인도주의적 자선사업"의 모습을 띠고 있으며

45) E.Thompson(1963), The Making of The English Working Class, New York: Vintage Books, p.355-362.

46) N.Abercrombie et al.(1980), The Dominant Ideology Thesis, London: George Allen and Union, p.101.

47) 박애주의운동은 산업혁명과 병행하여 발전했다고 보여진다. 산업혁명으로 인해 대량의 빈민이 생겨나고 농촌에서는 교구민들의 경제적 부담이 가중되었고 도시에서는 폭력과 범죄의 온상이 마련되었다. 이러한 문제들에 대한 해결책 중의 하나로 대두된 것이 박애주의운동이라 할 수 있다. 빈민구제, 형벌개혁, 감옥의 개선, 자선학교와 자선병원, 흑인노예의 해방 등이 주내용인 이들 운동은 기존 체제를 유지하고자 한 지주, 귀족, 부르주아지로부터 체제에 비판적인 도시민, 하층계급에 이르기까지 광범한 층의 호응을 얻어냈는데 여기서 신흥종교집단들이 지도적 역할을 수행하였다. 이들은 당대의 빈곤과 부패를 신앙심의 부족 탓으로 진단하면서 상류층에게는 종교적 계율을 준수하고 하류층에게는 신이 부여한 자기 위치에 만족하고 도덕적 인간으로 개선되어져야 한다고 강조했다. 영국이 19세기 전반기의 체제위기를 극복하고 빅토리아조의 타협을 성취해낼 수 있었던 것은 이러한 박애주의운동에 기인하는 바 크다고 생각된다. 殊田朱技(1983), 여성해방사상의 흐름(김희은 옮김, 백산서당), p.83.

개량주의적이고 다소 개인주의적 해결을 꾀하고 있음을 볼 수 있다. 여기서 당대 현실의 가장 특징적 국면인 계급갈등의 문제는 개인적 도덕의 문제로 변형되어 나타나며 사회문제에 대한 비정치적 접근방법이 두드러지게 되는 것이다.

18세기 말에 등장한 감옥개혁운동도 이러한 성격을 공유하고 있다고 보여진다. 돌이켜 볼 때 감옥개혁운동은 대체로 중산층과 부르주아국가에 의해 지지되었다고 볼 수 있다. 하워드의 개혁노선에 대해 가장 큰 공감을 보였던 것은 퀘이커교도(Quaker)들이었다. 그들은 이미 모진 투옥과 박해의 경험을 통해 감옥의 폐해를 체득하고 있었고 따라서 감옥상태의 개선에 깊은 관심을 갖고 있었다.[48] 영국과 미국의 퀘이커들은 감옥개혁을 위한 현장방문과 구체적인 프로그램의 개발에 노력을 경주했다. 미국에서는 스스로 감옥개혁의 주역이 되었고, 영국에서는 개혁을 위한 최초의 압력집단이 되었다.

(2) 엘리자베스 프라이—여성감옥의 개혁운동

다음에는 퀘이커의 감옥개혁운동에의 참여동기와 활동내용을 프라이(Elizabeth Fry, 1780-1845)[49]를 통해 살펴보기로 하자. 19세기 초 퀘이커 여성들은 빈민들에게 복음의 메시지를 전하기 위한 수단으로 자선방문(benevolent visiting)을 실시하고 있었다. 방문범위는 병원, 구빈원, 수용소와 빈민의 주택가를 두루 포함했다. 애초에 감옥방문(prison visiting)은 이러한 빈민구제를 위한 일반적인 자선사업의 일환으로 행해졌다.[50] 감옥과의 접촉이 보다 잦아지면서 감옥문제는 이들의 현안으로 느껴지게 되었고 마침내 프라이의 본격적인 활약을 통해 종교와 감옥간의 본격적인 연계가 맺어지기에 이르렀다.

48) 퀘이커의 창시자인 G.Fox는 17세기 영국국교회에 반하는 신앙적 활동으로 인해 투옥되었는데 Derby Bridewell에서 죄수들의 무차별적 수용과 절도죄로 교수형을 받은 어린 소녀의 모습을 목격하고 깊은 충격을 받았다고 한다. 그로 인한 Fox의 인도주의적 각성은 이후의 퀘이커운동에 뚜렷한 자취를 남겼다. 나아가 모진 박해를 겪었던 퀘이커들은 사형폐지와 감옥개혁에 대한 관심을 지속적으로 전개하였다. R.Cooper(1975), p.163-164 참조.

49) 프라이의 생애와 활동 전반에 대하여는 E.Ryder ed.(1883), Elizabeth Fry: Life and Labors of the Eminent Philanthropist, Preacher, and Prison Reformer, New York: E. Walker's Son 참조.

50) R.Dobash and R.Dobash(1986), The Imprisonment of Women, Oxford: Basil Blackwell, p.41.

1816년 프라이는 뉴게이트 감옥을 방문했다. 거기서 그녀는 반라(半裸)의 여성들이 수치심은 잊은 채 싸우고 술에 취한 채 살아가는 인간의 품위를 상실해버린 모습에 소름이 끼치도록 놀랐다. 특히 여성구역은 "땅 위의 지옥"이라 불릴 정도로 비참했으며 여성수형자들의 여건은 남성보다 훨씬 열악했다. 그들은 외부로부터 거의 도움을 기대할 수 없는 가운데 자포자기한 심정으로 짐승과 다를 바 없이 지내고 있었다.

우선 프라이는 감옥 내 아동을 교육시키는데 노력을 쏟았다. 그러한 노력이 수형자들로부터 호의적인 반응을 얻게 되자 다음에는 감옥의 여건을 개선하고 수형자의 개선을 위한 계획을 입안, 발전시키는 데로 범위를 넓혀나갔다. 그를 위한 첫 조치가 "뉴게이트 여성향상협회(Association of the Improvement of the Females at Newgate, 1817)"를 조직한 것이었다. 이 협회의 목적은 "(뉴게이트에 수감되어 있는) 여성들에게 피복, 교육 및 일자리를 제공하고 성경을 가르치며, 질서 · 절제 · 근면의 습관을 함양시키고자 한다. 그럼으로써 감옥에 있는 동안에는 평온을 느끼게 하고, 사회로 복귀할 때는 존경받을 수 있는 인간이 되도록 하려는" 것이었다.[51] 이러한 목적을 달성하기 위한 방법으로 이 협회는 작업, 정돈과 청결, 성경읽기 및 교육을 제안했다. 구걸, 비어와 속어의 사용, 욕설, 노름, 유해한 독서, 천박한 노래 등은 이제 일상활동에 대한 규율을 통해 엄격히 금지되었다. 게으르고 비도덕적 습관들은 쉴새없는 노동과 성경읽기, 약간의 교육 및 철두철미한 청결에 의해 대체되었다.[52]

프라이는 또한 수형자들과 개별적이고 직접적인 접촉을 중요시하고 개선과정에 있어서 수형자의 동의와 협력의 중요성을 역설했다. 직접적 접촉을 통해 친절함과 동정을 보여줌으로써 수형자로부터 신뢰와 협력을 기대할 수 있게 된다. 모든 규율은 우선 그들에게 제시되고 그들로부터 자발적인 동의를 얻어 시행되었다. 아무리 좋은 프로그램이라 하더라도 수형자의 개선의지와 노력이 없으면 아무 쓸모가 없는 것이다. 이와 같이 프라이들은 재소자의 의견을 존중하고 개선의지가 있는 재소자를 보조, 지원하고자 했다.

51) E.Ryder(1883), p.127.
52) Ibid., p.130-131; R.Dobash and R.Dobash(1986), p.43-45.

뉴게이트 감옥에서 엘리자베스 프라이. 그녀는 재소자를 위한 종교교육을 강조했으며, 여성재소자의 처우개선에 전력을 쏟았다.

이러한 노력을 통해 뉴게이트감옥은 완전히 새 모습을 갖추게 되었다. 게으름과 싸움, 욕설이 난무하던 곳으로부터 경건한 분위기에서 근면하게 작업하는 장소로 변모되었다. 프라이와 그의 동료들의 노력은 기독교의 복음이 타락한 인간을 어떻게 구제하는지에 대한 실증으로 이해되었다.[53] 종교적 감화는 생활상의 변화를 가져왔다. 여성들의 태도와 습관이 근본적으로 변화되었다. 감옥의 여성들은 근면한 노동자의 모습을 지니게 되었다. 즉 프라이의 작업은 동시대인(F.Buxton)으로부터 "지상의 지옥"을 "질서정연한 공장(well-regulated manufactory)"으로 변모시켰다는 평판을 받기도 했다.

53) E.Ryder(1883), p.155.

(3) 엘리자베스 프라이—감시와 규율, 종교적 지도

뉴게이트에서의 활동에 대한 여론은 압도적으로 호의적이었다. 영국은 물론 유럽 각처에서 뉴게이트를 방문했다. 그에 자극받아 프라이와 그의 동료들은 영국 내 다른 지역으로 활동영역을 넓혀 나갔고 자신들의 활동에 대한 여론조성작업을 정력적으로 수행했다. 영국 전역을 방문하면서 그들은 거의 대부분의 감옥이 거의 교화에 도움이 안된다고 판단했다. 프라이는 이론가라기보다는 실천가였지만 자신의 주장을 정리한 책을 1825년에 내놓았다.[54)]

뉴게이트에서 프라이는 개별적 접촉과 수형자의 의견의 존중, 생산노동, 수형자의 성격 유형에 따른 분류, 종교적 감화와 종교교육, 감옥환경의 개선 등의 필요성과 중요성을 강력히 역설했다. 하지만 자신의 다년간의 체험을 체계적으로 정리해가는 과정에서 그녀는 새로운 규율형태와 교정기법을 제시하면서 전반적으로 보다 엄격한 감시와 규율을 실시할 것을 주장하고 있다. 따라서 후자의 프라이는 자발성과 인도주의적 관심에 넘쳤던 초기의 그녀와는 상당한 차이를 보여주고 있다.

우선 수형자는 자신의 참회와 개선을 능동적으로 수행해가는 주체로 더 이상 여겨지지 않는다. 이제 그들을 자기성찰을 통해 개선으로 이끌려는 사고방식은 위험한 것으로 간주되었다. 그들은 "개선의 기관(engine of reform)"을 통해 처리, 가공되어야 할 대상으로 개념화되었다. 처음 그녀는 수형자들에 대한 자애롭고 느슨한 감시를 주장했지만 이제는 벤담식의 "빈틈없고 지속적인 감시"를 선호하게 되었다.[55)] 감옥은 일하고 휴식하는 수형자들의 모든 움직임을 볼 수 있고, 야간에는 그들의 모든 소리를 들을 수 있는 시설이 되게끔 설계되어져야 한다고 보았다. 계속적인 감시는 훈련과 규율을 통해 교정을 도모하는 기관에서 가장 핵심적인 요소 중의 하나로 생각되었다.

둘째, 노동은 그것이 지닌 도덕적 효과와 물질적 이익 때문에 감옥에 불가결한 요소로 보았다. 중노동은 훈련과 규율을 통한 개선의 적절한 수단일

54) E.Fry(1825), Observations on the Siting, Superintendence, and Government, of Female Prisoners, London: Arch.

55) R.Dobash and R.Dobash(1986), p.51.

뿐 아니라 형벌의 주요부분으로 구성한다. 이러한 언명은 감옥노동이 지닌 이중의 목적을 보여준다. 즉 감옥노동은 감옥 내 질서를 확보하고 습관을 개선시키기 위한 수단인 동시에 수형자로 하여금 다시는 범죄를 저지르지 못하도록 하는 형벌인 것이다. 초기의 프라이가 노동의 개선적 측면에 관심을 갖고 있었다면 후기의 프라이는 그것의 징벌적 성격도 아울러 강조하고 있음을 볼 수 있다.[56]

프라이와 그의 동료들은 유용한 노동의 중요성을 강조했다. 가장 좋은 일은 사회에 나가서 쓸 수 있는 기술을 배우는 것이었다. 계속적인 노동은 또한 질서 있는 습관을 함양하고 소내 규율의 관리를 용이하게 하며 출소 후 가사노동이나 취업을 위한 훈련이 되는 셈이었다.

셋째, 노동 이외의 다른 중요한 개선수단은 곧 도덕적 · 종교적 교육이었다. 여성은 바느질 사용법을 익히는 것 못지않게 읽고 쓰는 법을 배워야 한다고 그녀는 보았다. 여기서 지적인 발전은 가르침의 부차적 측면에 지나지 않았고 보다 중요한 목표는 여성수형자의 도덕적 소양과 습관을 향상시키는 것이었다. 프라이에 있어서 주된 교육내용은 당연히 종교교육이었다.

종교교육은 수형자들이 매일 규칙적으로 성경을 읽고 예배에 참석하도록 하는 것을 의미했다. 또한 개별적이고 직접적인 면담을 통한 종교교육도 매우 유용할 것으로 보았다. 대부분의 복음주의자와 퀘이커의 경우와 마찬가지로 그녀는 복음의 전도가 수형자들의 참회와 개선을 가져올 수 있으리라는 믿음을 강력히 표명했다.

넷째, 프라이의 새로운 제안에는 앞서 말한 노동과 (종교)교육 이외에도 당대의 논의를 반영하여 수형자의 분류수용에 관한 관심이 강력히 나타나고 있다. 여성은 남성과 분류되어야 한다. 또 여성 기결수는 그들의 범죄적 특성과 등급에 따라 몇 단계로 나누어져야 한다. 이러한 분류처우와 처우의 단계화는 여성들의 품성과 행동에 따라 위계화함으로써 보다 높은 보상과 특전을 얻기 위해서는 근면하고 성실하게 행동하는 방향으로 유도하게 된다. 또한 개별행동에 대해 상점과 벌점을 미리 책정하여 수형자에게 알려준다면 엄격

56) Ibid., p. 51.

한 규율과 질서를 확보하는데 있어 보다 유리할 것이다. 이러한 도덕적 회계학(moral accounting)은 여러 가지 방식으로 강화시킬 수 있다. 가령 수형자의 등급에 따라 다른 번호를 갖는다든지 다른 등급의 수형자들에게 다른 색깔의 복장을 착용케 하는 방법이 흔히 이용된다. 복장색깔의 차등화는 각인의 현 위치를 계속 환기시켜 주고, 또 현 위치보다 나은 쪽으로 이동할 수 있는 자극을 부여한다. 범죄에 대한 수치심과 자기 모멸감은 수형자들의 개선의욕을 위한 한 전제로 프라이는 받아들이고 있다.[57] 물론 이 때의 수치심과 모멸감은 이전과 같이 공개적 구경거리로 삼음으로써가 아니라 개선의 회계학에 입각한 새로운 전략으로써 이용되었다.[58]

다섯째, 프라이는 여성감옥의 일상업무에 있어 남성의 간여를 배제할 것을 주장했다. 간수는 신앙심이 깊고 신실한 여성으로 구성되어져야 하며 남성은 교회사(教誨師)의 자격이 있는 경우에만 여감의 출입이 허용된다. 또 감옥의 운영과 관리는 전문적인 직원의 책임 하에 이루어져야 하며 더 이상 수형자들은 권위를 인정받지 못한다.

프라이는 순전히 감옥개혁을 개인적 관심사에 국한하지 않고 자신에 공감하는 퀘이커 일파들을 조직화했던 실천가였다. 프라이 가족의 영향 하에 두 개의 단체가 결성되었는데 "여성수형자의 개선을 추진하기 위한 영국부인회(The British Ladies' Society for Promoting the Reformation of Female Prisoners, 1821)" 및 "감옥규율 향상협회(The Society for the Improvement of Prison Discipline, 1818)"가 그것이다. 이 두 단체는 19세기 전반에 진행된 형벌개혁 및 감옥규율과 처우에 관한 논쟁을 주도했지만 대체로 후자의 영향력이 훨씬 컸다고 보여진다.

"감옥규율향상협회"는 보다 효율적인 감옥규율을 확립함으로써 범죄를 감소시키려는 목적을 표방하면서 1818년 설립되었다. 여기에는 감옥개혁에 관한 당대의 명망가들—가령 Samuel Hoarel, Thomas Forster, Peter Bedford, William Crawford 등—이 두루 포함되어 있었다. "협회"는 스스로 감옥개혁에 관한 정보의 유포에 초점을 둔다고 했지만 사실상 개혁을 위한 압력집단

57) 수치감과 모멸감을 갖도록 하기 위해 감옥측에서 흔히 사용하는 방법은 삭발조치인데, 삭발은 그 밖에 일종의 징벌조치로서의 측면도 지니고 있는 것 같다.

58) R.Dobash and R.Dobash(1986), p. 55.

으로 기능했다.[59] 협회의 주요 성원은 퀘이커였고 이들은 종교적 영향을 감옥개혁의 분야로 확대해 나가는데 큰 기여를 했다.

(4) 공공감옥의 참상을 완화시키기 위한 필라델피아협회

미국의 초기 감옥개혁운동은 퀘이커의 활동과 떼어놓고는 생각할 수 없을 정도로 양자는 긴밀한 관련을 맺고 있었다. 개혁가들의 아이디어와 이론들은 퀘이커의 원칙과 일치되는 것이었기에 실로 개혁운동은 퀘이커 원리의 승리를 의미하는 것으로 여겨졌다.[60]

미국의 감옥개혁은 종교적 색채가 짙은 사회단체에 의해 주도되었다. 그중에서 대표적인 것은 1787년 결성된 "공공감옥의 참상을 완화시키기 위한 필라델피아협회(The Philadelphia Society for Alleviating the Miseries of Public Prisons)"와 뉴욕에서 결성된 "빈민예방협회(The Society for the Prevention of Pauperism)"를 들 수 있다. 특히 퀘이커가 다수를 이룬 "필라델피아협회"의 영향력은 결정적이었다. 필라델피아협회는 "범죄를 저질러 수감된 자가 겪는 배고픔, 지나친 학대, 불결한 거처와 같은 참상을 기독교적 박애정신에 입각하여 완화하고, 부당하고 지나친 고통을 인도주의에 입각하여 방지하는 것을 목적으로 설립되었다.[61] 나아가 감옥의 비참한 상황을 단순히 기독교적 박애심과 인도주의적 동기에서 제거하는데 그치지 않고, 형법과 사법행정, 감옥관리의 전반에 걸쳐 철저한 개혁을 추구하고자 했다.[62]

이 협회의 활동은 1787년 신설된 월넛가 감옥(Walnut Street Jail)에 종교적 예배를 도입하는 조치로부터 시작되었다. 뒤이은 조사활동을 통해 협회는 초범과 누범의 분리, 남녀의 분리수용, 감옥 내 알콜반입의 금지 등을 실현시켰

59) R.Cooper(1975), p. 181. "협회"는 퀘이커와 벤담주의의 결합체였는데 이를 통해 종교적 열정과 공리주의적 합리주의의 두 사조가 감옥규율에 대해 공유된 관점을 지니고 있음을 확인할 수 있다.

60) H. Barnes(1927), p. 81-84.

61) 필라델피아협회의 관심사와 활동에 대하여는 Sketch of the Principal Transactions of the "Philadelphia Society for Alleviating the Miseries of Public Prisons," Philadelphia: Merrihew & Thomson, 1859.

62) Ibid., p. 83.

다. 가장 중요한 업적으로는 독거하의 중노동(solitary confinement at hard labour)을 수형자의 개선과 규율을 위한 기본 원칙으로 채택, 발전시켰다. 가장 중요한 업적으로는 독거제를 시행하기 위한 감옥건축을 주도했으며, 그로부터 유명한 서부주립감옥 및 동부주립감옥을 탄생시켰다. 펜실베니아 방식으로 불리는 이러한 근대감옥모델의 완성은 전세계적 주목의 대상이었으며, 다른 나라의 감옥건축 및 처우형태에 대한 논쟁에 결정적인 영향을 끼쳤다.[63] 또한 독거제의 도입은 곧 수형자에게 세속의 영향을 차단하고 종교의 영향을 극대화하기 위한 것인 만큼, 새로운 감옥체제에는 종교를 필수적 구성요소로 삼도록 했다.[64]

(5) 종교적 개혁운동의 사회적 성격

초기자본주의에 있어서 종교적 열정의 부활은 감옥개혁운동의 성격과 방향에도 깊은 영향을 남겼다. 복음주의자와 퀘이커들은 자신들의 박애적 소명을 실현하는 장으로 감옥이 특히 적당함을 발견하게 되었다. 이들에게 있어서 당대의 문제를 해결하는 길은 개인적 · 내적 개혁(personal inner reform)을 통하는 것이었고 자기개혁(self-reform)과 사회개혁은 동전의 양면처럼 생각되었다.[65]

이들에게 박애적 활동은 엄격한 종교적 교리에 의해 속박된 정열을 해방시키는 구실이 되었다. 박애적 활동은 개개인의 소명이자 도덕적 선택이었을 뿐 아니라 궁극적으로는 (갈수록 벌어져가던) 빈자와 부자간의 간격을 가교하는 역할을 했다. 물론 이는 중립적인 가교는 아니었다. 박애주의적 활동들은 부유층의 도덕적 책무와 빈민의 의존성, 예속성을 연계시키는 작업의 일환으로 평가될 수 있다.[66]

63) S.Walker(1980), Popular Justice: A History of American Criminal Justice, Oxford: Oxford University Press, p.74.
64) 위의 Sketch of the Principal Transactions(1859), p.17.
65) M.Ignatieff(1978), p.149.
66) Ibid., p.153.

지배층은 박애주의적 감옥개혁운동을 통해 그들의 자애심을 상징적으로 과시하고자 했다. 뉴게이트에서의 프라이의 활동은 빈민들에게 근면과 복종, 금욕의 규율을 주입함으로써 무엇을 성취할 수 있는지를 보여준 모범이었다. 수형자의 눈물과 참회어린 기도는 곧 종교와 의무의 언어를 통해 빈민의 마음을 움직일 수 있으리라는 (지배층의) 기대를 확증하는 것으로 받아들여질 수 있었다.[67)]

종교적 박애적인 감옥개혁운동은 앞에서 본 것처럼 세속적 공리주의와 결합함으로써 감시와 규율을 통해 수형자, 그리고 넓게는 빈민 일반을 "개선"하려는 의도를 지니고 있었다. 그들이 보기에 당시의 사회적 위기—범죄율의 증가, 요구호빈민의 증가, 폭동과 소요 등—는 일시적 불경기나 노동시장의 결함 등에 기인하는 것이 아니라 사회적 규제의 심각한 해체를 반영하는 것이었다. 그들은 이전에 사회결속의 바탕이었던 가족적 유대와 소규모 작업장의 유대가 자본주의적 산업화, 도시화로 인해 상실된데 대해 위기감을 표명했다. 범죄의 원인을 사회해체로부터 찾았기 때문에 그들의 개혁안은 정치적으로는 보수적인 시각을 지니고 있었다.[68)]

종교적 박애주의자들의 주장이 그대로 국가의 시책으로 반영된 것은 물론 아니었다. 하지만 그들의 개혁운동은 감옥개혁운동에 거대한 에너지를 제공했고, 중요한 아이디어와 논쟁점을 제시했으며 개선의 논리와 수단을 공급했다고 할 수 있다. 또한 무엇보다 중요한 것은 그들의 운동은 현실적인 추진력을 가지고 근대감옥의 모델을 만들어내는데 직접 영향력을 발휘했다는 사실이다. 이후 종교의 역할은 국가의 세속화와 세속교육의 지위강화에 따라 상대적으로 약화되는 경향이 있지만 그래도 종교는 근대감옥의 핵심적인 부분의 하나로 자리잡고 있다.

---

67) Ibid., p. 165.

68) 때문에 감옥개혁운동은 당대의 급진파로부터 공격받을 소지가 없지 않았다. 후자에 따르면 "범죄는 근본적으로 사회경제적 모순으로 생겨나는 것이며, 형벌제도의 개혁을 통해 범죄문제를 해결할 수 있다고 자기기만하기보다는 사회적 차원에서 범죄와 투쟁하는 것이 훨씬 유익할 것이다(W.Cobbett)"고 보면서 감옥개혁운동을 맹목적 신앙에 의해 이끌린 운동으로 혹평하고 있다. R.Cooper(1975), p. 183; 김경옥(1986), William Cobbett의 계급의식, 서울대 서양사학과 석사논문 참조.

5. 제레미 벤담의 형벌이론과 감옥구상

(1) 벤담의 입법론과 국가이론

계몽사상을 통하여 촉발된 당대의 형벌체계에 대한 공격은 벡카리아를 통해 우선적으로 정식화되었고 이어 벤담에 의하여 체계화되면서 고전파 형법학으로 성립되었다고 할 수 있다. 이들은 국가 형벌권의 정당성을 조건없이 인정하려고 하지는 않았다. 형벌 그 자체는 악이며 따라서 어떠한 근거에서 정당화될 수 있는가 하는 근본적인 의문을 제기했다. 그와 아울러 어떤 형벌이 보다 정당하고 바람직한 것인가, 인도적인 형벌과 합리적인 형벌을 조화시킬 수 있는 방법은 무엇인가 하는 문제에 대한 해결을 추구했다. 벤담을 통해 표출된 공리주의는 그에 대한 영국식의 접근을 잘 보여주고 있다.

벤담은 공리성의 원리에 입각하여 도덕과 입법의 기준을 제시하고자 했다.[69] 벤담은 개인적 공리성(individual utility)이 사회조직의 지도원리가 되어야 하고 도덕과 입법의 목표는 그를 극대화하는 것, 다시 말해 최대다수의 최대행복을 꾀하는 것이라고 역설했다.[70]

이러한 접근방법은 기본적 인권과 사회계약론을 주축으로 하는 자연법적 전통과의 단절을 의미하며, 그 자리에 공리성에 입각한 법과 정부를 구상하고자 하는 벤담의 의도를 보여주는 것이다. 그에 따르면 자연법 내지 자연권의 개념은 근본적으로 정치적 언어이며 이는 독재 내지 무질서로 이끌 가능성이 없지 않아 도덕과 입법의 과학적 기초가 되기에는 부적당하다. 벤담에게는 이미 스미드식의 "자연적 질서"에 대한 확신같은 것은 존재하지 않았다. 스미드가 사회성원간의 이익의 자연적 조화를 통한 국부의 증진을 인정

69) 입법가로서 벤담은 일개 법률개혁가에 머물지 않고 보다 근본적으로 사회의 도덕적 · 입법적 기초를 변혁하려고 하는 야심을 지니고 있었다. 즉 그는 도덕과 입법에 관한 뉴튼이 되고자 했다. J.Annette(1979), "Bentham's Fear of Hobgoblins: law, political economy and social discipline," in B.Fine et al., Capitalism and the Rule of Law, London: Hutchinson, p.65.

70) J.Bentham(1970), An Introduction to the Principle of Morals and Legislation, ed. by J.Burns and H.Hart, London: Athlone Press.

했다면, 벤담은 그러한 조화는 인위적인 입법활동을 통해 가능해질 것으로 전망했다. 그에게 외적 자연은 최대다수의 최대행복을 위한 방향으로 통제되어야 할 대상으로 여겨졌다.[71]

입법은 사회전체의 쾌락을 극대화하고 고통을 극소화할 수단과 방법을 발견하는 것이다. 정부는 상이한 이해관계를 지닌 개인들간의 인위적인 조화를 만들어냄으로써, 사회적 공리성의 기준에 맞추어 일반이익을 꾀하는 것이다.[72] 이렇게 보면 입법과 정부의 역할은 자유방임에 머물 것이 아니라 의도적인 조정(deliberate adjustment)의 차원에서 적극화될 수 있는 것이다.[73]

그렇다고 해서 벤담이 자유방임을 주장하는 고전파 정치경제학적 사고와 절연한 것은 아니다. 오히려 그는 자유방임의 영역과 입법, 정부가 개입·통제할 영역간의 구별을 분명히 설정하고자 한다. 금전적 이익의 취득이 지배적인 동기가 되는 상공업의 영역에서는 개인의 이익과 공익간의 조정은 자유로운 계약과 자유경쟁에 맡겨질 수 있다. 즉 사적 영역은 개별이익간의 자연적인 조화나 조정이 가능한 까닭에 정부의 작용을 통한 개입을 요하지 않는다고 본다. 반면 자연적 조화를 기대하기 어려울 영역에서는 정부는 상충되는 이익을 사회적 공리성의 기준에 의거하여 인위적으로 조정하지 않으면 안된다. 특히 범죄자, 정신병자, 병자, 빈민들은 자신의 문제를 스스로 관리할 능력이 결여되어 있는 까닭에 국가의 전면적인 개입이 불가피하다고 그는 보

71) S.Webb and B.Webb(1929), English Poor Law History, vol. I, London: Longman, p. 27.
72) N.Abercrombie, et al.(1980), p. 98.
73) S.Webb and B.Webb(1929), p. 27.

았다.[74)]

여기서 18세기 후반의 철학적 급진주의는 경제적 교환의 자연법칙을 탐구하는 고전파 정치경제학과 사회적 공리성의 인위적 조정에 초점을 둔 공리주의로 분화되기에 이른다. 이 시기의 철학적 급진주의는 공리성의 강조, 개인적 이익의 극대화, 재산축적의 찬양으로 특징지워지는 개인주의적 쾌락주의에 터잡고 있었다.[75)]

그것은 경제영역을 여타의 사회제도와 분리시키고 전자로부터 정치적 통제를 배제하고, 자연법칙에 따라 작용할 수 있도록 방임하자는 것이었다. 그 결과 국가활동은 경제체제의 분야에서 인위적인 사회적 조화를 꾀할 필요가 있는 한도 내에서 정당화되어진다고 생각되었다.

(2) 공리주의적 형벌관

공리주의원칙에 의거해 도덕과 입법을 체계화하려는 벤담의 노력이 집중된 분야 중의 하나는 형벌 그리고 감옥의 분야였다. 그에 따르면 형벌 자체는 악이다. 따라서 법적인 근거가 없거나 있어도 사회적으로 유용할 수 없을 때 형벌은 허용될 수 없다. 다시 말해 형벌은 사회적 효용이 입증되고 법적인 근거를 갖출 때 비로소 정당화될 수 있다. 그러한 정당화 근거로써 그는 종교적인 개혁가와는 달리 개선은 형벌의 부차적인 목적일 수는 있어도 일차적인 목적은 될 수 없다고 보았다. 결국 형벌은 일반예방(general prevention)의 목적으로 인해 비로소 정당화될 수 있다.[76)] 범죄를 처벌하지 않고 그대로 둔다면 이는 범죄자 자신뿐 아니라 같은 동기와 기회를 가질 모든 자들에게 범죄의 문호를 열어놓는 결과를 초래할 것이다. 결국 범죄자에게 과해진 형벌은 모든 사람들의 안전의 원천이라는 것이다.

이와 같이 벤담에게 있어서 형벌은 더 이상 천벌이나 복수가 아니라 범죄자의 필요와 사회적 공리를 위해 과해지는 계산된 조치였다. 형벌은 일반

74) Ibid., p. 28.
75) N. Abercrombie, et al.(1980), p. 98-99.
76) J. Bentham(1970), p. 158-165.

예방에 필요한 한도 내에서만 정당화될 수 있다. 형벌제도를 구상함에 있어서 벤담은 다음 몇 가지 기준을 세웠다. 첫째, 관대성의 기준. 일정기간 강제노역에 처해진 수형자는 더 이상의 육체적 고통을 받거나 건강이나 생명에 위해가 초래될 수 있어서는 안된다. 둘째, 엄격성의 기준 혹은 열등처우의 원칙. 생명 · 신체 · 안전에 대한 고려를 제외하고 수형자들은 죄를 짓지 않고 자유로운 상태에 있는 극빈층보다 좋은 대우를 받아서는 안된다. 셋째, 경제성의 기준. 수형자들의 관리의 모든 면에서 경제성의 고려가 가장 중요시되어야 한다. 수형자들로 인해 공공부담이 들어서도 안되고, 강제노역으로 인한 수익이나 저축은 허용할 수 없다.

벤담의 형벌에 관한 사고의 편린은 매질에 관한 논의에서도 엿볼 수 있다. 매질의 세기는 통상 매질하는 자의 근력과 범죄자에 대한 적개심에 따라 달라질 것이다. 이와 같이 형벌이 감정에 좌우되도록 하는 것은 불합리하고 불공정한 것으로 그는 생각했다. 그가 보기에 매질의 강도는 범죄의 심각도에 따라서만 정해져야 한다. 따라서 그는 균일한 타격력이 과해질 수 있는 타격기계(a whipping machine)를 구상하기도 했다.[77]

이 같은 논의에서도 볼 수 있듯이 벤담의 형벌론에서는 합리적인 것은 비인격적(impersonal)인 것이고 비인격적인 것은 인도적인 것으로 생각되었다.[78] 형벌은 시장이 상품에 정확한 가격을 매기듯이 각 범죄에 정확히 비례하여야 한다고 본다. 요컨대 형벌은 개개인의 이기적인 쾌락계산을 규제하기 위해 국가가 객관적인 고통을 과하는 것이며, 형벌학은 일종의 과학으로 취급되어야 한다는 것은 공리주의적 바탕에서 당연한 것으로 여겨졌다.

---

77) J. Bentham, Rationale of Punishment(1830), p. 82; M. Ignatieff(1978), p. 75에서 재인용.

78) 공리주의 개혁가들은 그 열성적인 노력에도 불구하고 근본적으로 '사회적 양심의 발로', '비참에 대한 연민'에 입각해 활동한 것이 아니라, 어디까지나 능률과 값싼 정부, 완전한 정치경제학의 확립에 주안점을 두고 있었다. E. Thompson(1963), p. 341. 공리주의는 인간을 기계적이고 비인격적인 틀에 구속하는데 관심을 경주했다. 이러한 공리주의자에 대한 냉소적 묘사로 유명한 것은 C. Dickens(1966), Hard Times, London: Norton에서의 T. Gradgrind에 대한 묘사 참조.

(3) 감옥건축의 구상과 통제원리

벤담은 감옥에 관한 관심을 팬옵티콘(Panopticon) 또는 감시소(Inspection House)라 불리는 형태의 계획으로 야심적으로 드러냈다. 벤담은 팬옵티콘의 건축형태와 규율방식을 입안했을 뿐 아니라, 이를 적극 선전하면서 구체화를 위한 집요한 노력을 전개했다.[79)]

팬옵티콘은 원래 일차적으로 감옥을 위한 용도로 구상되었지만 벤담은 그의 모델이 감옥뿐 아니라 학교, 공장, 노역소, 병원 등에도 두루 유용할 것으로 주장하고 있다. 팬옵티콘은 누구든지 또 어떤 용도로 사용되더라도 최소의 비용으로 최대의 감시 · 통제의 효과를 거둘 수 있을 것으로 주장되어졌다. 그는 자신이 입안한 팬옵티콘의 장점을 다음과 같이 압축적으로 제시한다.

> 도덕을 개선시키고, 건강을 보전시키며, 근면성을 고취시키고, 교육을 보급하며, 공공부담을 경감시키고, 경제를 반석 위에 놓이게 하며, 고디어스의 매듭처럼 풀기 어려운 구빈법의 문제를 해결하는 등. 이 모든 문제를 단 하나의 건축형태를 통해 풀어낼 수 있는 방법이 여기에 있다. 이는 여태껏 전례없는 정도로 사람의 정신을 지배할 수 있는 새로운 양식(a new mode of obtaining power of mind over mind)이며 누구든지 사용할 수 있는 이점이 있다.[80)]

팬옵티콘적 시설은 "악당을 갈아서 정직한 인간으로 만들고 나태한 자를 갈아 근면한 인간으로 만드는 기계"로 표현되었다. 혹은 벤담의 또 하나의 야심적 기획이었던 빈민에 대한 노역소(industry house)[81)]는 불순한 사회의 찌꺼

79) J.Bentham(1791). 팬옵티콘모델의 건축적 측면에 대해서는 본 논문 제8장 3을 참조.

80) Ibid., p.39.

81) 이것은 벤담의 빈민관리계획(pauper management plan, 1788)을 통해 구체화된 것이다. 벤담은 사적 소유와 정부의 부분적 보조로 운영되는 동인도회사의 모델에 의거하여 전국빈민구호회사(National Charity Company)의 설립을 계획했다. 이 회사는 요구호빈민 전부에 대한 전권을 행사하고자 한 것인데 처음에는 500,000명을 수용하는 250개의 노역소로 시작해서 20년 뒤에는 1,000,000인을 수용할 수 있는 500개의 노역소로 발전시킬 것을 예상하고 있었다. 이 회사는 전국민의 10% 이상의 인구에 대해 고용과 구호계획을 체결할 배타적인 권한을 갖는 것으로 구상되었다. 여기서 수용대상이 되는 자는 걸식자, 부랑자, 정신병자, 아동과 청소년, 맹인과 농아자 등이었다. 이들에 대해 감시의 원리와 공장제적 운영을 통해 사회의 생산규율을 몸에 배이게 하는 것은 경제적 측면과 사회통제적 측면에서 모두 유용할 것으로 벤담은 보았다. J.Bentham

기를 순은으로 만드는 것(Dross into Sterling)에 비유되었다. 노역소에 있어서도 일상생활 및 노동에 대한 엄격한 규율, 쉴새없는 감시와 감독, 입소자의 신상등록, 열등처우의 원칙 등 감옥과 유사한 통제기능을 추구하고 있다.

벤담은 스스로를 박애주의자로 묘사했으나 하워드나 프라이같은 의미에서 자비와 친절의 동기에서 작업한 것은 결코 아니었다. 오히려 그는 다수의 이익이란 미명하에 "소수의 최대의 불행(the greatest misery of the few)"을 옹호했다는 비난을 받고 있기도 하다. 이는 다소 지나친 감도 없지 않으나 어쨌든 그의 관심은 일반예방에 기초를 둔 합리적 형벌을 가공하는데 있었고 이것이 곧 박애적이라거나 인도주의적이라고 불릴 수 없음은 명백하다. 벤담 기타 공리주의자들은 누구나 시장사회의 성원—곧 사법의 적용대상—이 자동적으로 될 수 있다고 보지 않는다. 벤담이 구상한 규율의 기구들(disciplinary machines)은 모두 시장의 기준에 미달한 자들을 규제하고 개선하는데 주안점을 두고 있었다고 할 수 있다.

벤담과 그의 제자들은 팬옵티콘형 감옥이야말로 완벽한 형태의 건축이라고 주장하면서 그를 거부한 정부를 무지하고 몽매한 자로 비난했다. 하지만 그의 제안은 18세기 후반의 감옥개혁의 추세를 제대로 반영하지 못한 낙후된 측면도 적지 않다고 보여진다.[82)]

우선 벤담의 안은 야간에는 한 감방에 8명씩 거처하도록 했는데 이는 감옥 내 범죄의 전파를 막기 위해 고립화와 격리를 최선의 방책으로 내세운 개혁가들의 주장과 크게 배치되는 것이었다. 벤담은 팬옵티콘의 포괄적인 감시체제를 통해 수형자들의 상호접촉과 범죄오염을 막을 수 있다고 주장했으나 과연 그럴지 의문이 아닐 수 없었다.

벤담의 제안 중 가장 강력한 반발을 불러일으킨 측면은 아마 도급제식 경영방식일 것이다. 개혁가들이 간수의 전횡과 수수료제도를 극도로 경계한 반면, 벤담은 관리자의 사적 책임 하에 일종의 자본주의적 기업처럼 운영되기를 희망했다. 정부의 간섭을 배제하고 감옥을 시장 메커니즘에 맡겨 운영

(1798), Pauper Management Improved, p. 369-437; G.Himmelfarb(1984), The Idea of Poverty: England in the Early Industrial Age, London: Farber and Farber, p. 79-83 참조.

82) R.Cooper(1975), p. 130.

하자는 벤담의 제안은 감옥을 격리와 종교를 통한 교화, 개선의 장소로 삼고자 한 박애적 · 종교적 조류와 배치되는 것이었다. 수형자노동에 대하여, 고행을 통한 참회로 보는 시각과 이윤을 얻기 위해 착취되어야 할 상품으로 보는 시각 사이에는 커다란 간격이 있었다.[83)]

(4) 벤담의 유산

팬옵티콘의 미실현은 감옥의 역사에서 중요한 의미를 지니고 있다. 이는 감옥은 순전히 공장처럼 취급되어서는 안되고, 국가는 고용주의 입장과 같지 않음을 보여준다. 국가의 감옥은 시장 인센티브 대신 관료적 형식주의(bureaucratic formalism)에 의해 다스려지게 된다. 도급제식 경영을 반대하는 사람의 입장에서 볼 때, 국가의 형벌은 너무나 복잡미묘한 사회적 기능을 지니고 있는 까닭에 사기업가에게 위임하기에 적당하지 않는 것으로 생각되었다.

그러면 벤담의 형벌론과 감옥구상은 하나의 에피소드에 불과한 것인가? 그렇지 않다. 범죄의 동기, 범죄와 형벌의 등가성, 형벌의 규격화, 형벌목적으로서의 일반예방주의, 형벌 기준에 관한 벤담의 정식화는 고전학파 범죄학과 형법학의 핵심을 구성하는 것이었다. 그의 감옥구상은 다소간 변형되면서 영국의 밀뱅크 감옥, 미국의 서부주립감옥으로 나타나고 세계 각국의 감옥건축에도 반영되고 있다. 감옥의 내부규율의 핵심문제가 감시의 경제학에 있음을 일깨운 점에서 벤담의 공적은 감옥의 공간적 배치의 차원을 훨씬 넘어서는 것이었다. 개인적 사유의 산물로써 팬옵티콘은 비현실적이었지만 당대의 규율과 통제의 이상을 집약한 것이라는 의의를 지니고 있었다.

6. 요약 및 결어

18세기 후반부터 19세기 전반에 걸쳐 감옥 및 행형의 개혁과 관련된 사

83) Ibid., p. 130–131.

상적 조류는 크게 다음 세 가지로 나타났다고 볼 수 있다.

첫째, 벡카리아를 필두로 한 계몽사상인바 여기서는 사회계약론적 견지에서 일반예방주의와 등가성의 원리에 의거하여 형벌의 잔혹성을 완화하면서 확실성, 효율성, 보편성을 담보할 수 있는 고전파 형법학으로 발전하게 되는데 후자의 경우에 있어서는 형벌의 완화를 통해 형벌권을 정당화하고 궁극적으로는 시민사회 내부에 국가의 형벌권을 확장하고자 하는 지향을 볼 수 있다.

둘째, 당시의 감옥의 참상과 감옥행정의 부패, 무능력을 폭로하면서 박애적 내지 종교적 견지에서 감옥(시설, 규율, 운영)의 개혁을 꾀한 개인 내지 집단적 움직임인데 실제로 이후의 형벌과 감옥개혁에 대한 강력한 조류를 형성했다. 이들의 지향은 한마디로 무관심과 사악이 지배하던 기왕의 구치감제도를 지양하고 의도적인 노력을 통해 개선(reformation)을 꾀하는 penitentiary로 설립(혹은 penitentiary로 변형)하려는 것이었다. “악당을 선하게 만들려는 노력없이 형벌로 억제시키려는 것은 소용이 없다”는 것이다. 감옥개혁의 선구자로 불리는 하워드는 안전하고 위생적인 감옥을, 징벌의 장소가 아닌 개선의 장소로서의 감옥을 구상했다. 또한 종래 권력남용의 온상이었던 수수료제도를 국가 통제 하의 월급제로 바꾸고자 했고 그럼으로써 직무의 청렴성과 국가적 감독체제를 확립하고자 했다. 그는 수형자들 내의 악은 소내에서 지속적인 감시와 규율을 통해 개선될 수 있으리라 믿었다.

한편 복음주의자와 퀘이커에 의해 조직된 종교적인 감옥개혁운동을 빈민에 대한 박애적 사업의 일환으로 위치지우면서 훈련과 규율 그리고 종교적 교화를 통한 수형자들의 “개선”을 강조했다. 이들의 박애적 활동은 물론 종교적 소명의식으로 무장하고 있었지만 빈민의 의존성과 예속성을 온정적 수단으로 강화하려 했던 측면도 부인할 수 없다. 감옥을 일종의 “개선기관”으로 생각함으로써 감옥의 확대에 대한 이데올로기적 정당화가 이루어진 측면도 부인될 수 없을 것이다.

셋째, 세속적 공리주의의 견지에서 형벌의 목적과 원리를 도출해내고 이를 토대로 합리적이고 비인격적인 감옥모델을 만들어내는 시도인데 이는 벤담의 팬옵티콘형 감옥구상을 통해 집약적으로 표출되었다. 감시기능의 극대화를 통해 규율의 유지와 수용자의 개선이라는 문제를 일거에 해결하려고 했다는 점에서 그의 제안은 감옥사에 있어서 현실적인 실패 이상의 중대한 의의를 지닌다 할 것이다.

이 같은 개혁론의 다양성에도 불구하고 이들 제 조류간에는 분명한 합치점을 찾아낼 수 있다. 하워드와 프라이, 그리고 벤담 등의 주요 개혁가들은 무관심과 방치상태에 있던 감옥의 물리적 · 인적 제요건을 의도적으로 개혁함으로써 수용자들을 새로운 유형의 인간으로 "개선"시키고자 했다. 기존의 제도적 여건하에서는 인간정신이 손상당하기 쉽고 그러면서도 인간은 죄인임을 자각하고 참회(penitence)할 필요가 있었다. 세속적 관점에 선다면 누구나 잠재적으로 지니고 있는 합리적 계산능력을 일깨울 필요가 있다. 어느 관점에 서든 간에 개개인의 행위와 의식을 인위적으로 조작함으로써 새로운 인간형을 만들어 나간다는 점에 대해서는 차이가 없다. 이를 한마디로 표현한다면 감옥은 감시와 규율의 기구로 볼 수 있다. 이러한 의도를 가능케 하는 기법은 시간표에 따른 행동의 통제, 독거 하의 명상, 집단노동, 침묵, 공간적 격리, 감시 가능성의 확보 등이다. 그 중에서도 가장 강렬한 인상을 주는 것은 빈틈없는 시선을 통해 범죄자를 꼼짝못하게 하는 국가의 눈—자애롭고 공정하며 경계를 게을리 않는 팬옵티콘의 모습일 것이다.[84)]

한편 개혁가의 동기에 상관없이 근대국가는 그들의 주장을 다소간 수용함으로써 자신의 도덕적 정당성을 드러내는 기회로 활용했다. 개혁가들이 보기에 당시 형벌제도의 난맥상의 주요원인은 지방적 이해관계에 기초한 운영의 불통일성 및 운영자의 부패와 무능력에 있었다. 따라서 그 해결책은 국가권력의 집권화와 전문화에 있다고 보고 이를 직·간접으로 옹호, 지원하는 경향이 있었다. 그리하여 감옥개혁운동은 개혁가의 원래 의도와 상관없이 국가의 사회통제전략 속에 편입되었다.[85)] 박애적 · 종교적 감옥개혁가와 세속적 공리주의자들은 이 점에서 근대국가와 이해관계가 일치했던 것이다.

84) M.Foucault(1977), p.128-129.
85) M.Ignatieff(1978), p.164.

제 7 장 모델감옥과 행형방식의 발전

1. 서 론

감옥 내 인구를 어떻게 관리하는 것이 감옥의 목적에 가장 부합할 것인가 하는 문제에 대한 관심은 바로 감옥개혁운동의 발단에까지 거슬러 올라가는 것이었다. 수감시설의 열악한 조건과 부패, 타락, 무능, 행정감독의 부재로 일컬어지는 행정적 난맥상은 그만큼 개혁의 중요성과 시급성을 불러일으켰지만 개혁의 성과를 거두기는 매우 어려웠다. 구체적인 개선방안에 대해 각 이해집단간의 대립과 갈등이 노정되었고 그에 따라 개혁의 방향은 순탄하게 진행된 것이 아니었다. 개혁의 추이는 진전과 퇴각이 되풀이되는 가운데 새로운 방향을 서서히 노정시켰다고 볼 수 있다.

개혁가들의 주장과 강조점은 상이했지만 오늘날의 시점에서 볼 때 이러한 차이를 뛰어넘는 공유점도 충분히 확인되어질 수 있을 것으로 보인다. 개혁가들마다 억지 내지 일반예방과, 개선 내지 특별예방의 두 목표를 언급하고 있었고 실행상의 우선순위에 대해서도 개략적인 일치를 보였다. 즉 물리적, 위생적 여건의 개선, 작업의 부과, 도덕적 · 종교적 교육의 주입 등의 조치를 합리적으로 결합함으로써 형벌의 목적을 달성할 수 있을 것이라는 전망을 갖고 있었다. 이들은 당시의 감옥사정이 초범을 상습범으로 타락시키고, 아마추어 범죄자를 직업범죄자로 만들며, 수감자의 반사회적인 태도를 강화시키고 범죄하위문화를 조장하는 것과 같이 범죄학교(school of vice)로 기능하고 있었음을 의식하고 있었다. 그를 범죄로 이끈 일반사회 및 다른 범죄자와의 접촉을 제한하고, 절제와 복종심을 함양하기 위한 감옥여건과 규율을 만드는데 커다란 노력이 경주되었다.

이 장에서는 근대감옥제도의 구체적인 형성과정을 모델감옥과 행형방식에 대한 논의를 중심으로 살펴보고자 한다. 근대감옥의 형성기에 활성화된 일련의 감옥실험들은 그 물적 설비뿐 아니라 시설 내의 사회적 관계의 구조에 세심한 관심을 기울였다. 따라서 감옥에 관한 논쟁에서는 이 두 측면을 모두 배려하고 있음을 볼 수 있다. 그리고 일련의 모델감옥의 실험에서 영국과 미국은 서로 영향을 주고받았다고 보인다. 때문에 이러한 근대감옥은 구체적으로 어떤 전개를 보였고 거기에 주도적으로 작용한 요인은 무엇이었는지 살펴보도록 하겠다.

2. 영국의 전개

(1) 초기적 모색과 1779년 감옥법

영국에 있어서 감옥규율과 분류처우를 위한 초기적 모색은 Howard와 Hanway, Blackstone, Bentham 등의 논의를 통해 살펴볼 수 있다. 우선 하워드의 생생하고 강력한 고발은 곧 여론에 큰 반향을 불러일으키고 나아가 의회의 관심을 끌게 되었다. 한웨이는 수형자를 개선시키기 위한 가장 인도적이고 효율적인 수단은 "시설 내에 격리된 가운데 수익성 있는 작업을 수행토록" 하는 것으로 보았다. 때마침 중죄인에 대한 종래의 처리방식의 하나로 이용되었던 식민지에의 유형은 미국의 독립으로 인해 벽에 부닥치게 되었고 죄수들이 본국에 남을 수밖에 없을 것이라는 우려로 인해 감옥설비에 대한 관심은 보다 앞당겨졌다고 보인다. 1779년부터 1791년에 이르는 감옥설립과 감독에 관한 의회의 일련의 조치는 이러한 상황에 말미암은 것이었다.

개혁가들의 주장을 반영한 최초의 입법들은 1774년 '감옥내 수형자의 건강유지와 질병예방을 위한 법' 및 '석방죄수의 구제를 위한 법'[1] 등으로 나타

1) An Act for Preserving the Health of Prisoners in Goals and Preventing the Goal Distemper, 14 Geo.3, c.59; An Act for the Relief of Prisoners who shall be Acquitted or Discharged, 14 Geo.3, c.20.

났다. 전자는 감옥환경의 정기적인 청소, 수형자의 청결, 독거병실의 확보, 감옥의사의 선임 등 건강과 위생상태의 개선을 목표로 한 법률이었다. 후자는 석방시에 부담해야 했던 석방료를 수형자에게 받지 않도록 하고, 그로 인한 간수들의 수입상실분에 대해서는 지방당국에서 벌충토록 했다.[2)]

미국의 독립으로 인한 주요 식민지의 상실, 감옥선 수용의 결함, 범죄의 증가 등의 요인으로 인해 의회는 감옥에 관심을 갖고 국가 주도 하에 감옥관리와 행정을 하는 방안을 추진하게 되었다. 의회의 필요와 개혁가들의 주장이 결합하여 나타난 최초의 본격적인 개혁시도는 1779년 감옥법[3)]으로써 나타났다.

이 법에서는 수형자를 독거구금 하에 두고, 질서정연한 작업 및 종교교육을 통해 타인의 유사범죄를 억제하고, 범죄자 자신을 개선시키며, 근로습관을 함양시킨다는 뚜렷한 목표를 표방했다. 이는 존 하워드의 주장을 대폭 수용한 것이었다. 무엇보다 penitentiary란 용어를 공식적으로 채택했다는 점은 수감자의 행동 및 의식의 개선(reformation, amendment)을 종교적 참회(penitence) 및 근면한 작업이란 방법을 통해 달성하겠다는 관점을 뚜렷이 피력한 것으로 이해되었다.[4)]

감옥은 "절약, 청결, 의료적 부조, 규칙적인 노동, 휴식과 수면시간에다가 독거, 적절한 종교교육 등의 조치를 통해 불행한 범죄자의 건강을 유지하고, 근면한 습관을 함양하며 나쁜 친구와 사귀지 못하도록 하고, 진지한 자기반성을 습관화하며 모든 그리스도인의 원칙과 도덕적 의무를 가르치는" 것을 명시적인 목표로 내걸고 있었다.[5)] 이 법은 세심하게 배려된 노동 및 종교적 교화를 수반한 독거제의 아이디어를 받아들이면서, 그를 통해 일반예방적 효과뿐 아니라 범죄자의 개선과 근로의 습관을 함양시킬 수 있을 것으로 기대했다.[6)] 행형의 기본지침은 야간에는 완전한 격리, 주간에는 감시 하의 공동

---

2) S.Webb and B.Webb(1922), English Prison under Local Goverment, London: Longman, p.38.
3) General Penitentiay Act, 19 Geo.3, c.79.
4) "Remarks on Penitentiary Houses," in J.Howard(1791/1973), p.221.
5) E.Sutherland and D.Cressey(1960), Principles of Criminology 8th ed., New York: Lippincott, p.448.
6) S.McConville(1975), p.108.

작업을 수행하되 수형자 상호간의 대화금지에 역점을 두는 것이었다. 노동의 형태는 어느 정도 수익성이 있되 주로 힘들고 단조로운 종류의 일을 과하도록 했다. 이 법에서는 감옥 내의 건강과 위생에 대해서는 언급이 없었으며 종교행사에의 참여를 의무화하고 있었다. 무엇보다 중요한 내용은 하나 이상의 국가감옥(national penitentiary)을 설립하자는 것이었다.[7)]

1779년법에 대한 반응은 상당히 다르게 나타났다. 우선 야간격리의 규정이 어떤 일관된 행형학적 원리에서 도출된 것인지, 아니면 단순히 편의주의적인 발상의 산물인지에 대해서 여러 가지 논란이 야기되었다. 하지만 대체로 독거와 격리 그 자체에 대한 반대는 그리 나타나지 않았다는 점에서 당시의 시대적 조류를 시사받을 수 있다. 가령 로밀리(S.Romily)에 따르면 이 법은 범죄자의 개선을 형벌의 주요한 목적으로 규정한 점에 큰 의의가 있으며 동시에 고분고분하지 않는 수형자들에 대해서는 독거구금과 노동의 지속적인 부과를 통해 굴복시킬 수 있을 것으로 기대되었다. 또한 독거제는 여러 간수들간의 접촉으로 인해 생겨날 악영향을 미연에 방지하고 수형자들의 마음 속에 신앙심과 도덕심을 심어주고 유용한 직업기술을 가르칠 수 있다는 점에서 긍정적으로 평가되어질 수 있다고 생각되었다.[8)]

당대의 형법학계에 가장 지도적인 역할을 수행했던 윌리엄 블랙스톤 역시 비슷한 입장을 보였다.

> 이제 수형자는 노동하는 시간 이외에는 독거하에 있게 됨으로써 무절제한 모든 유혹으로부터 차단되고, 종교적·도덕적 가르침을 받으며, 공중의 이익을 위해 노동을 하게 된다. 아마 공포, 자애심 및 개선의 요소가 이보다 잘 결합된 형벌은 달리 생각하기 어려울 것이다. 반역자, 게으름에 찌든 자, 쾌락에 탐닉하는 자들에게 격리, 구금, 절제, 지속적 노동보다 더 두려운 형벌이 있겠는가? 하지만 이는 또한 수형자에게 보다 진실한 의미에서 은사를 베푸는 것이다. 격리와 고독은 자기반성을 불러일으키고, 구금은 유혹을 추방하고, 절제는 정력을 회복시키고, 노동은 정직하고 근면한 생활습관을 만들어 낸다. 또 종교적 가르침은

7) R.Cooper(1975), English Prison Reform, 1773-1835: A Study in Administrative Change, Ph.D. Diss University of North Carolian at Chapel Hill, p.78.

8) Ibid., p.79-80.

마음 속에 새로운 삶의 원칙을 정립하는데 기여한다. 따라서 이러한 전망을 지닌 형벌은 충분히 실험해 볼 가치가 있다.[9]

이러한 논지를 통해서도 알 수 있듯이 감옥에 대한 논의가 전개되는 초기에 이미 근대감옥을 둘러싼 기본적 논쟁의 골격들이 잡혀 있었다고 할 수 있다.

(2) 모델감옥의 추진과 국가적 통제

1779년법에서 가장 의미있는 부분은 모범적인 감옥을 중앙정부의 관할 하에 두려는 시도였다. 국가감옥을 만들어 내기로 한 뒤 1791년에는 영국 전역에 표준적인 감옥모델을 기획, 적용하기 위해 포괄적인 감옥법[10]이 제정되었다.[11] 하지만 이 법 역시 강제적인 것이 아니었고 시행을 위한 구체적인 장치를 만들어내지 못했다. 즉 각 지방의 여건에 따라 이 법을 채택할 것인가의 여부가 결정된 것이다. 또한 모범적인 국가감옥을 만들려는 시도는 당장 부지선정의 문제부터 난항에 부닥치게 되었다. 나아가 감옥신축을 위한 재원의 확보도 쉽지 않았다. 마지막으로 호주 지역에 식민지유형이 재개되자 감옥신축 내지 확장의 시급성은 일단 완화되었다. 이러한 제반 사정이 작용하여 국가감옥의 신축시도는 일단 보류되었다고 생각된다.

그러나 감옥건축과 행형제도의 개선을 위한 개별적 시도들이 이 시기를 전후하여 나타나고 있음은 주목할 만하다. 첫째, 초기의 감옥개혁의 실험들은 런던과 같은 대도시가 아니라 지방당국에 의해 주도되고 있었다. 18세기 후반 Sussex, Gloucester 등지에서는 일단의 개혁가들이 지방당국과 협의 하에 새로운 감옥모델을 실험하고 있었다. 이들의 시도는 특정 지역에 국한되

---

9) L.Warden(1938), The Life of Blackstone, Charlottesville: The Michie Co., p.387-388. 블랙스톤은 하워드의 작업에 자극받아 감옥개혁에 관심을 갖고 있었고, 감옥제도의 규율과 행형의 원리를 가장 먼저 옹호한 사람 중의 하나였다.

10) Prisons Act, 31 Geo. 3, c.46.

11) S.Webb and B.Webb(1922), p.40.

지 않고 다른 지역에 파급되면서 결국 감옥문제를 국가적 문제로 끌어올리는 징검다리의 역할을 했다.[12] 둘째, 개인적인 감옥구상들도 나타나고 있는데 그 중에서 가장 유명했던 것은 단연 벤담의 팬옵티콘형 감옥구상이었다.

벤담은 1790년경 팬옵티콘 감옥을 입안하고 그에 대한 정부의 동의와 재원확보를 위해 집요한 노력을 기울였다. 이 계획안에 대해 정부는 처음에는 원칙적 수락의 태도를 보이다 우여곡절 끝에 마침내 거부하기에 이르렀다. 벤담안은 참신한 발상에도 불구하고 매우 인공적이고 비인도적인 모습을 지니고 있었다. 벤담이 장점으로 내세운 대규모 수용과 감시기능성의 극대화의 동시적 확보는 당시 대륙으로부터 수입된 방사선형 감옥의 형태로 더욱 잘 충족되어질 수 있는 것으로 여겨졌다. 게다가 벤담안은 경제적 생산성의 확보를 중시하면서도 사적 도급인에게 수형자의 노동을 착취할 수 있는 여지를 허용하는 방안이었기 때문에 감옥에 대한 국가적 관리를 지향하던 시대적 조류와 부합하지 않는 면을 지니고 있었다. 감옥시설과 그 운영을 사적 기업가에게 위임하기에는 민감한 문제들이 적지 않았던 것이다.[13]

벤담안을 거부하는 대신 국가는 이제 주도적으로 국가감옥 설립을 추진하게 되었다. 9년간의 작업 끝에 1821년에 개설된 밀뱅크 감옥(Millbank Penitentiary)은 영국 내 모든 감옥에 일종의 모델 역할을 할 수 있을 것으로 기대되었다. 당시의 기준으로 볼 때 이 감옥은 가장 많은 비용이 소요된 건축물 중의 하나이며 가장 선진적인 행형과 규율의 원리를 구현했다는 평판을 받았다.[14]

밀뱅크 감옥에서 수형자들은 형기의 초반에는 독방에서 타인과 격리된 채 보내고, 후반에는 공동노동을 수행하게끔 규정되어 있었다. 이 때 격리는 아직 미국에서 보는 것처럼 완전한 독거제를 의미하는 것은 아니었다. 수형자들은 매일 두어 차례씩 같이 모여서 운동하고 담소할 수 있었다. 특히 종교의 역할에 비중이 두어져 교회사의 정기적인 방문이 이루어졌다. 밀뱅크는

12) S.McConville(1975), p.89-104 참조.
13) R.Cooper(1975), p.127-133.
14) H.Mayhew and J.Binny(1862/1968), The Criminal Prison of London and Scenes of Prison Life, New York: Frank Cass and Company, p.232 이하.

형벌보다는 개선에 더욱 중점을 둔다고 이야기되었다.[15]

하지만 개혁가들의 기대에 반하여 개설 초기부터 밀뱅크 감옥은 많은 결함을 노정시켰다. 열악한 식사, 가혹한 징벌, 전염병의 전파, 수용인구의 과밀화 등의 문제는 밀뱅크라고 예외가 될 수는 없었다고 보인다. 따라서 신감옥의 등장은 범죄문제 및 감옥규율상의 문제에 대한 해결책을 제시했다기보다는 보다 본격적인 문제를 제기했다는데 의의를 찾아야 할 것이다.[16]

감옥을 국가의 통제하에 끌어들이는 국가의 노력은 다시 입법의 분야에서도 추구되었다. 감옥문제에 대한 행정적 효율성을 기하고, 감옥규율에 대한 일관된 국가적 지침을 제공하기 위해 나타난 것이 1823년 '감옥건축과 규율에 관한 제반 법령을 통합하는 법률'[17]이었다. 이 법은 개혁의 초점을 지방적 차원에서 국가적 차원으로 끌어올리는 과정의 중요한 일부가 되었다. 이 시기에 오면 지방당국은 중앙정부의 요구를 외면하고는 더 이상 스스로를 지탱시켜 나가기 어려움을 느끼게 되었다. 이미 국가권력은 지방의 자율성을 압도하게 되면서 사회정책의 분야에도 영향력을 추구하게 되었던 것이다. 구빈법과 감옥법의 분야는 이러한 국가의 영향력 확대를 위한 중요한 시금석이었다.

(3) 감옥시설과 규율—분류제, 독거제 및 격리제의 논쟁

1823년법에서 채택된 행형의 기본원칙은 분류의 원칙(principle of classification)이었다. 수형자집단은 대체로 남성과 여성, 성인과 청소년, 중죄인과 경미범죄자, 기결수와 미결수로 분류되었으며 집단마다 상이한 노동과 처우가 부과되었다. 이 법에서는 경제성, 감옥노동을 통한 자급자족의 확보, 근로습관에 대한 실질적 강조의 경향이 나타나고 있으며, 그러한 의도를 충족하기 위해 공공작업장에서 공동노동이 요구되었다. 그러나 순전히 노동능률을

15) R.Cooper(1975), p.161.

16) R.Dobash and R.Dobash(1986), The Imprisonment of Women, Oxford: Basil Blackwell, p.57.

17) Act for Consolidating and Amending the Laws Relating to the Building and Regulating of Certain Galos and Houses of Correction in England and Wales, 4 Geo.4, c.64.

위주로 하다 보면 수형자들은 죄질이나 성격이 아니라 노동능력 내지 숙련도에 따라 처우받게 될 것이고, 또 수형자들간의 접촉을 통제하기 어렵게 된다. 다시 말해 수익성을 위주로 한 산업형 감옥모델(industrial prison)과 규율의 함양과 도덕적 개선을 위주로 한 감옥모델은 양립하기 어려운 경우가 허다했던 것이다.[18] 단지 수형자들을 "분류"하는 방법만으로는 상호접촉으로 인한 범죄감염의 위험성을 해소할 수 없다는 난점에 부닥치게 되는 것이다. 거기다 감옥노동이 자신의 일거리를 빼앗는다고 느끼는 장인층 내지 빈민층의 불만, 사회 내의 근로빈민보다 수형자의 생활수준이 더 나아서는 안된다는 열등처우의 원칙, 감옥노동을 통한 수익추구 가능성의 객관적 한계 등의 요인이 결합되어 점차 산업형 감옥은 빛을 잃어가게 되었다.

감옥의 경제적 효용성이 감퇴함과 함께 (그리고 수형자들을 수익성 있는 작업에 고용하는 방식에 대한 반동으로) 순전히 징벌적인 성격을 띤 작업방식이 고안, 확대되었다. 그 대표적인 것이 쳇바퀴(treadwheel, 踏車)였다. 이 쳇바퀴는 이미 1779년법안에서 가장 힘들고 단조로우며 가장 수치스런 형태의 노동으로 인정되었다. 단순하고 실용적인 쳇바퀴는 1818년 큐비트(W.Cubitt, 1785-1861)에 의해 고안된 것인데 대다수의 감옥에 전파되었던 것은 바로 이 큐비트의 발명품이었다. 옹호자들에 따르면 이 기구는 경제적이고 확실하며, 남용가능성이 없고, 무한정 세분화가 가능하며, 보는 사람의 눈에 두려움과 혐오감을 심어주는 등 정부에 커다란 이점을 안겨주는 것이었다. 게다가 이 기구는 경제적 용도로도 사용될 수 있고 아무것도 생산하지 않은 채 강제로 사역시키기 위한 목적으로도 사용될 수 있는 이점이 있어 경제여건의 변화에 따른 탄력성을 지닐 수 있었다.[19]

이 기구는 여러 비판에 직면하면서도 감옥마다 퍼져 나갔고 감옥에 특유한 노동형태로 연상될 정도로 보편화되었다. 쳇바퀴는 수형자들에게 작업을 강요하기 위한 값싸고도 손쉬운 방법을 제공한 점에서는 적어도 성공적이었다.[20] 또한 범죄자에게 감옥으로의 도피가 편안한 선택이 될 수 없음을 일깨

18) S.Webb and B.Webb(1922), p.85.
19) S.Webb and B.Webb(1922), p.96.
20) Ibid., p.98.

웠기 때문에 범죄예방적 효과를 기대할 수 있을 법하다. 하지만 다른 한편으로 쳇바퀴작업은 심신을 완전히 지쳐빠지게 해서 육체적 · 정신적 건강에 유해했고 여성의 경우에는 특히 그러했다.

감옥노동과 불가분의 관련을 지니면서도 그보다 더욱 논쟁의 표적이 되었던 이슈는 독거제와 분류제간의 대립이었다. 이는 수형자 상호간, 또 수형자와 간수간의 사회적 관계를 어떻게 규율할 것인가 하는 문제임과 더불어 감옥 전반의 운영과 수형자들의 활동 전체를 결정짓는 사항에 관한 문제였기 때문에 19세기 초반 감옥논쟁은 이 이슈를 핵심으로 전개되었던 것이다.

영국에 있어서는 초기에는 야간격리의 원칙이 바람직하다는데 대체적인 합의가 있었다고 보인다. 하지만 완전한 독거제의 실시는 시설의 미비와 수익확보의 곤란 등의 사정으로 인해 제대로 실현되지 못했다. 초기의 이러한 추진에 대한 반동으로 수형자의 분류와 공동작업을 통한 생산성 추구를 지향하는 감옥모델이 시도되기도 했다. 1823년법은 바로 그러한 선상에서 이해될 수 있다. 그러나 이 법에서 제시하는 분류 하의 중노동은 시간이 지날수록 범죄예방도 범죄자의 개선도 이룰 수 없는 제도로 비난받았다.

독거제와 분류제 기타 감옥규율상의 문제를 해결하기 위해 개혁가들은 이제 미국의 감옥개혁실험에 크게 의존하게 되었다. 뒤에서 보듯이 미국의 감옥개혁실험은 유럽 각국에 커다란 반향을 불러일으켰다. 영국에 있어서도 감옥의 집권화와 규율의 통일적 운영을 지향했던 의회는 감옥을 둘러싼 딜레마를 타개하기 위해 미국에 조사단을 파견하게 되었다. 그 결과 크로포드(W. Crawford)는 1835년 미국 감옥방문의 보고서를 제출했는데 거기서 그는 펜실베니아의 독거제와 오번의 침묵제를 주로 관찰하면서 전자의 장점을 특히 강조했다.[21]

---

21) W.Crawford는 필라델피아와 오번의 감옥에 대해 다음과 같이 설명하고 있다.
"두 제도의 장점을 비교판단해 볼 때 오번의 규율은 육체적인 것이고, 필라델피아의 경우는 도덕적 성격을 지니고 있는 것으로 보인다. (오번제의) 채찍은 순간적인 고통을 주지만 (필라델피아의) 독거는 영속적인 공포감을 야기시킨다. 전자는 수치심을 심어줌으로써 품위를 깎아내리고 후자는 굴복시키기는 하지만 모멸감을 안겨주지는 않는다. 오번에서 수형자들은 일률적으로 거칠게 다루어지지만 필라델피아에서는 점잖게 다루어진다. 전자는 사람을 경화시키며, 후자는 감정을 부드럽게 만든다." W.Crawford(1835/1969), Report on the Penitentiaries of the United States.

크로포드는 독거제의 규율방식에 기본적으로 찬성[22]하면서 독거구금(solitary confinement)의 원리를 수용할 것을 주창했다.[23] 그가 보기에 오번 방식으로는 사실상 침묵규칙을 회피하고자 갖가지 기법이 개발됨을 막을 수 없었다. 억지로 그 규칙을 시행하기 위해서는 무자비하고 자의적인 징벌을 구사하게 된다는 폐해를 지적했다.[24] 그는 독거제의 정적과 질서, 규칙성을 찬양했지만 미국 모델을 직수입하는데 대해서는 동의하지 않았다. 펜실베니아 방식을 액면 그대로 관철하려 할 경우에는 지나친 장기구금 및 종교적 감화의 불충분성 등의 폐단이 생겨날 수 있을 것으로 보았다. 결국 크로포드와 러셀(Russell) 등은 자신들의 대안으로 격리제(separate system)를 설정하고 이를 강력히 추진했다.

격리제라는 용어는 미국제도와 마찬가지로 각 수형자의 분리된 거실에의 격리수용의 중요성을 강조하지만 완전한 독거구금체제(미국)와 구분지으려는 의도를 드러내고자 선택된 것이다. 격리(separation)는 완전한 절대적인 고립(solitude)까지 의미하는 것은 아니다. 격리라 함은 다른 범죄자와의 접촉의 단절을 의미하는 것이지, 도덕적 권위를 갖춘 교화위원 또는 감옥 관리자와의 단절을 의미하는 것은 아니었다. 이 제도를 통해서 수형자는 교육받고 개선되고 성경과 예배에 관심을 갖게 되고 작업을 할 수 있게끔 되었다.[25]

크로포드와 러셀 등의 끈질긴 주장은 결국 1839년 감옥법[26]에서 격리구금제를 정부의 정책적 지침으로 규정함으로써 결실을 거두었다.[27] 동법은 또

22) 다음은 크로포드의 보고 중의 일부이다. "(미국 필라델피아의) 동부주립감옥의 구석구석을 보고 수형자들을 잘 살펴본 후 나는 (독거제의) 규율방식이 안전하고 효과있는 감옥관리방식임이라고 확실히 말할 수 있다. 그것은 수형자의 정신 및 건강에 긍정적인 결과를 가져온다. 도덕적 · 종교적 교육은 독거제의 방식으로 시행될 때는 범죄를 억제하는 데 강력한 도구가 되며 범죄자를 교정하는 데도 효과적이다." Ibid., p. 14.

23) Ibid., p. 37.

24) 침묵의 시행은 다음 방식으로 이루어진다. "수형자는 다른 수형자에게 말하는 것이 금지되어 있다. 작업하면서 그는 눈을 내리깔아야 한다. 작업에서 눈을 떼서 딴 데로 쳐다보거나, 다른 수형자를 응시하거나, 그와 대화하려는 것이 적발되면, 그는 동료들의 면전에서 채찍으로 얻어맞는다. 교정효과는 즉각적이고 확실하다. 징벌의 양은 감시자의 뜻에 달려 있다." Ibid., p. 17.

25) E.Henriques(1972), "The Rise and Decline of the Separate System of Prison Discipline," Past and Present, no.54(Feb.), p. 77.

26) 2 and 3 Vic, c.56.

27) S.Webb and B.Webb(1922), p. 127. 1839년 감옥법의 제정으로 1823년 법의 분류제가 폐지되고 격리구금제를 명시적으로 승인하게 되었다.

그를 위한 두 개의 모델감옥을 설립하기로 규정했고, 그에 따라 1842년에는 유명한 팬턴빌(Pentonville, 런던)과 퍼쓰(Perth, 스코틀랜드)감옥이 문을 열었다. 이들은 하루 23시간의 격리구금과 12시간의 노동을 계획했다. 나머지 한 시간은 운동시간 내지 도덕적 권위 있는 외부인사의 정기적 방문에 할애되었다. 수감자들은 유형지로 떠나기 전에 18개월간의 기간 동안 이러한 조건으로 구금되었다.

1840년대는 격리구금제를 영국전역에 확대시키려는 노력이 전개되었다. 40년대 말에 이르면 이 제도를 도입하여 신축되거나 개선된 감옥수가 55개에 달했고 총수용인원은 13,000명을 헤아리게 되었다.[28] 하지만 이런 통계에는 상당한 제한점이 있다. 실제로 아무런 체계적인 구금방식이 실시되고 있지 않는 경우도 허다했으며 격리제를 표방한 감옥들도 확정적인 격리의 목표에 이르지 못한 경우가 많았다. 과밀한 수용인구에 비해 수용시설은 언제나 부족했으며 또 노동능력의 수요가 상당한 곳에서 격리구금은 수용자의 일부분에만 적용될 수 있었던 것이다.[29]

다음에는 격리구금형 감옥규율의 목적과 수단, 성취의 수준 등을 대표적인 감옥인 팬턴빌과 프레스톤(Preston)을 통해 살펴보기로 하자. 처음부터 완전한 격리를 옹호했던 논자들은 "종교적 감화를 통한 범죄자의 개선"을 감옥의 목적으로 설정하고 있었다. 그들에 따르면 교화의 단계는 다음과 같이 예상되었다. 우선 유해한 주위환경으로부터의 격리는 종교적 · 도덕적 교화를 위한 예비작업으로 의도되었다. 수형자들은 감방에 홀로 격리되어 범죄로 인한 죄책감과 고통에 사로잡혀 몸부림치게 된다. 다음 교회사가 나타나 슬픔을 위로하고 죄책감을 씻어 내리면서 경건한 분위기 속에 참회하도록 이끈다. 이 교회사의 도움을 받으면서 생활환경을 정돈하고 사악한 유혹을 물리칠 힘을 얻게 된다. 이렇게 볼 때 격리제 하에서 종교적 감화는 핵심적인 요소로 여겨지는 경향이 있었다. 종교적 감화의 요소가 빠지고서는 격리감방은 단지 잔인한 징벌 이상의 의미를 지니지 못할 것으로 보았다.[30]

28) R.Dobash and R.Dobash(1986), p.59.
29) Ibid., p.59-60.
30) E.Henriques(1972), p.79.

수형자 편에서 볼 때 격리제 하에서 그들은 이전보다 훨씬 강력한 권력의 손아귀에 놓여졌다. 감옥당국은 더욱 잔인한 징벌의 위협과 형기단축, 조건부 석방 등의 유인을 통해 수형자들의 반항의지를 꺾고 저항 잠재력을 분쇄하면서 체제에 대한 순응을 강요했다. 또한 교회사의 성향보고는 수형자의 장래의 운명에 결정적인 영향을 미쳤던 까닭에 교회사 앞에서는 적어도 고분고분한 태도를 보이고 비위를 맞추지 않으면 안되었다. 감방 안에서 흔히 나타나는 종교적 격정이란 것도 흔히 해석하듯이 언제나 종교적 회개와 전향의 표시로 여겨질 수 있는 것만은 아니었다.

어쨌든 감옥에서 그들은 확신에 찬 중산층의 지배이데올로기—복음주의적인 종교적 감화와 지배적인 도덕적 가치—의 공세 앞에 적극적인 전향을 표시하거나 적어도 그에 준하는 태도를 보이지 않을 수 없게끔 되어졌다.[31]

격리구금제 하에서 경제적 수익의 도모는 기대하기 어려운 일이었다. 팬턴빌 감옥에서는 중노동은 거의 사라졌다. 쳇바퀴도 별로 사용되지 않게 되었다. 독거제 하에서 감옥노동은 이제 이윤획득의 목적이나 징벌을 위한 주요수단으로 여겨지지 않고, 도덕적 개선과 정직한 생활습관을 함양시키기 위한 보조적 수단으로 간주되었다. 따라서 감옥노동에 대한 관심이 후퇴하는 대신 수형자들에 대한 교육내용과 교육방식에 보다 관심이 자극되었다.

(4) 격리제에 대한 비판과 새로운 구상

1840년대에는 정점에 이르렀던 격리구금제는 10년도 채 경과하기 전에 세찬 비난 속에 쇠퇴하기 시작했다. 1850년대 이후 고조된 격리제에 대한 비판의 내용은 다음 몇 가지로 정리할 수 있다.[32]

첫째, 격리를 극단에까지 밀고 나가려는 옹호자들의 사고에 대한 회의와 불신이다. 가령 러셀은 팬턴빌의 경험을 토대로 수형자간의 통화와 식별을 막기 위해 칸막이된 좌석에 앉아 예배(기타 집회)를 보고, 이동시에는 안면(眼

31) Ibid., p.82-83.
32) Ibid., p.85 이하.

面)만 뚫어놓은 긴 앞챙달린 모자를 마스크처럼 내려쓰고 걷게 하는 등의 기법을 고안했는데 이렇게 정교화된 배려에도 불구하고 수형자들 사이의 통화와 신호의 전달을 완전히 차단하는 것은 불가능했다는 사실이다.

둘째, 이러한 독방식 구금도 범죄통제에 영향을 미칠만큼의 교정효과를 거두지 못했다. 행동의 자유가 전적으로 박탈된 독방에서 어떤 정신적인 자기 억제의 필요성은 없었을 것이고, 수형자들은 그저 무료함을 때우기 위한 공상 속에서 살아가지 않을 수 없었다. 이 제도의 옹호자들의 열렬한 의도와 그 생활에서 살아가는 수형자의 체험 사이에는 메울 수 없는 간격이 있었고, 거기다 그 제도의 근본취지 따위에 별반 관심이 없는 일반 감옥행정가들은 독방감금을 순전히 징벌적 목적으로 편리하게 활용하기도 했다.

그리고 셋째, 격리구금제에 대한 가장 심각한 타격은 그로부터 초래된 정신이상과 정신병의 증거가 축적되면서였다.[33] 이 제도의 옹호자들은 고독이 육체적 · 정신적 건강에 유익할 것으로 예견 · 주장했지만 실제로는 정반대의 결과가 나타났던 것이다. 팬턴빌 감옥 내 수형자의 상태에 대한 보고서에는 정서적 혼란과 기력감퇴, 신경쇠약과 정신병 등이 자주 지적되었다. 거기다 독방에 거주하는 수형자의 자살도 증가하는 등 부정적 측면이 부각되었다. 수형자들의 이러한 상태는 사회에 복귀한 뒤에도 많은 부정적 영향을 남겼다. 그들 중 상당수는 일상적 작업을 수행할 수 없을 정도로 육체적으로 허약하고 정서적인 안정감이 현저히 결여되어 있었다. 이 같은 육체적 · 정신적 상태 하에서 다시 산업사회의 무자비한 경쟁을 뚫고 나갈 수 없었다. 정직한 노동을 통해 생활을 영위할 수 있게 한다는 감옥규율의 이상은 종종 허울 좋은 표현에 지나지 않았던 것이다.[34] 종교는 이러한 결과에 대해 속수무책이었고 그러한 결과를 예방할 방안도 제시하지 못했다.

격리구금제는 이후에는 상당부분 지속되었고 독거실의 건축도 행해졌지만 개혁의 열망이 사그라진 뒤의 완전격리제는 이제 교정적 효과가 아니라 일반예방적 · 징벌적 용도로 활용되었을 뿐이다. 따라서 이후의 격리구금제

33) H.Mayhew and J.Binny(1862/1968), p.168 이하.
34) S.Webb and B.Webb(1922), p.184-185.

는 종교적 · 교육적 기능을 뒷전에 젖혀두고 중노동, 감식조치 등과 결부되어 가혹한 징벌조치의 하나로 인식되게 되었다. 그에 따라 새로운 세대의 개혁가들은 다시 근면한 노동을 통한 개선가능성의 확보라는 고전적 방식으로 회귀하거나 시설내 처우를 통한 개선가능성의 희망을 포기하고 사회복귀와 교정처우의 방식으로 나아가게 되었다.[35]

3. 미국의 전개

(1) 건국 초기의 형법 및 형벌개혁운동

독립전쟁과 뒤이은 미합중국의 수립은 미국의 형사사법제도에도 커다란 영향을 미쳤다. 미국독립선언은 18세기 계몽사상의 성과를 진보적으로 수용했고, 계몽적 원리에 의거하여 정치사회를 조직할 것을 천명했다. 인권의 헌법적 보장의 관념은 건국 초기에 이미 형성되었다. 그 중에서도 특히 형사법과 형사정책 분야의 혁신은 매우 두드러진 것이었다고 할 수 있다. 형법의 개정, 형사사법제도의 혁신, 수감시설의 개선과 근대적 감옥제도의 성립은 독립 후 신생아메리카를 특징짓는 중요한 현상이었다.

형사관계에 있어서 가장 선도적이고 의미 있는 혁신을 이룩해낸 곳은 펜실베니아주였다. 펜실베니아주에서는 퀘이커의 활동이 매우 활발했고 또 독립 이전에 이미 인도적인 형법전을 실시해온 선례[36]가 있어, 형벌개혁을 위한 분위기가 이미 성숙되어 있었다. 그리하여 1776년 펜실베니아 헌법(Pennsylvania Constitution)에서 관대하고 범죄에 비례하는 형벌을 제정할 것을 규정하고 있었다. 이와 관련하여 "자유가 확대될수록 형법의 잔혹성은 줄어들게 될 것이다"는 몽테스키외의 말은 이 시기에 흔히 인용되곤 했다.[37]

35) 본 논문 제10장 2 참조.

36) 1682년 W.Penn의 혁명적인 형법전으로부터 시작해 펜실베니아의 퀘이커들은 계속 형벌개혁의 노력을 경주해왔다. 상세는 H.Barnes(1927), The Evolution of Penology in Pennsylvania, Indianapolis: Bobbs-Merill Co., p.27 이하 참조.

37) S.Walker(1980), Popular Justice: A History of American Criminal Justice, Oxford: Oxford

형벌과 행형의 개혁에 대한 의지는 1787년에 일찌감치 '공공감옥의 참상을 경감시키기 위한 필라델피아협회(the Philadelphia Society for Alleviating the Miseries of Public Prisons)'의 결성으로 표출되었는데, 이 협회는 곧 미국 행형사에서 영향력 있는 조직체가 되었다. 실로 이 협회는 최초의 위대한 감옥개혁 운동단체였다고 할 수 있을 것이다.[38)]

이 협회에서 초기의 형벌개혁운동을 대표한 인사는 벤자민 러쉬(B.Rush)라고 할 수 있다. 그는 협회의 창립멤버의 하나였고, 특히 야만적 형벌제도의 개혁에 정력을 쏟았다. 벡카리아로부터 크게 영향받은 그는 사형제도가 인간의 이성에 반하고, 사회질서와 행복에 기여하는 바도 없으며, 신의 계시에도 반한다고 보아 사형의 완전한 폐지를 주장하기까지 했다.[39)]

독립 후 펜실베니아주의 형법전 개정의 첫 결실은 1786년에 나타났다. 1786년 형법은 사형에 처할 범죄의 수를 12개조에서 9개조로 축소하고 낙인형, 태형 등의 체형을 폐지하는 대신 벌금형, 구금형, 중노동 등을 새로운 형벌로 채택했다. 구성요건별로 보면 강도, 주거침입절도, 계간(sodomy)에 대한 사형조항을 폐지하고 대신 장기 10년의 구금형 및 재산몰수를 과하기로 규정했다. 또 재물의 절도는 완전배상 및 3년 이하의 자유형(imprisonment at hard labor)에 처하도록 규정하고 있었다.[40)]

1786년 형법은 자유형의 목적으로 "범죄자를 교화, 개선시킴과 아울러 타인으로 하여금 유사한 범죄를 저지르지 못하도록 하기 위해 타인의 마음 속에 강력한 인상을 심어 주기" 위한 것으로 규정했다. 이와 같이 교정과 개선의 목표가 명시적으로 선언된 것은 이전에 비해 질적 단절과 비약을 의미하는 것이었다. 여기서 중노동을 어떤 형태로, 어느 장소에서 부과할 것인가 하는 실행상의 문제가 대두되었다. 그에 대한 1786년법의 대답은 "지속적으로, 공공연하게, 그리고 수치스러움을 느낄 수 있도록 과해져야" 한다는 것이었다. 이러한 법전의 취지에 따라 수형자들에게는 거리, 도로, 기타 공공장

University, p. 47.

38) Ibid., p. 81.

39) Ibid., p. 81.

40) S.Walker(1980), p. 48.

소에서 작업이 부과되었다.[41)]

하지만 공공사역을 통해 수형자들의 수치심을 불러일으키려는 의도는 실제로 그리 만족스럽게 충족되지 못했다. 우선 형벌효과면에서 효과적인지 회의가 생겨났다. 고요하고 질서정연한 분위기를 선호하는 도시의 거주민들은 이들의 출현을 달가워하지 않았다. 또한 구경꾼과 수형자간에 불화와 분쟁이 잦았다. 이 같은 이유로 형집행의 공개화 경향에 대한 반성이 생겨나면서 그에 대한 대안이 모색되게 되었다. 모든 수형자들을 일정한 시설 내에 구금하고 거기서 중노동을 부과하려는 형벌제도는 바로 이러한 과정을 통해 고안, 실시된 것으로 보인다.

(2) 구금시설과 행형의 발전

미국에서도 초기 구치감은 무차별적 수용과 시설내 처우의 미비로 많은 비난을 받고 있었다. 결국 형집행의 공개화에 대한 반성과 구치감체제에 대한 반성이 결합되어 새로운 구금시설과 처우방식의 개발이 절박한 과제로 대두되게 되었다고 보여진다. 펜실베니아에서 1789년, 1790년, 1794년의 형법개정은 바로 이러한 과제에 직접 응답하고자 마련된 것이었다.

1790년 개정형법은 증인과 채무자를 범죄자와 분리시키고 남녀간에도 분리시킬 것을 규정하고 있었다. 또한 중노동구금형을 중요한 처벌형태로 규정했다. 그 중에서도 가장 의미있는 내용은 필라델피아의 월넛가 감옥(Walnut Street Jail) 중의 한 구역을 특정하여 주 내의 "완악하고 흉포한 범죄자"들을 구금하도록 했다는 사실이었다.[42)] 이 감옥은 중범죄자를 일률적으로 구금하기 위한 시설로 의도되었기 때문에 미국 최초의 근대감옥(penitentiary)으로 이해되고 있다.[43)] 여기서 수형자는 주간에는 혼거실에서 다양한 수공작업에 종사

41) 이러한 형태의 형벌은 (이후의 표준적인 형벌로 확립된) 감옥 내 중노동과 비교해 볼 때 과도기적 형태의 형벌이었다고 할 수 있을 것이다. S.Walker(1980), p.49.

42) P.Takagi(1981), "The Walnut Street Jail: A Penal Reform to Centralize the Powers of the State," in D.Greenberg, Crime and Capitalism: Readings in Marxist Criminology, New York: Mayfield, p.287.

43) S.Walker(1980), p.49.

하고, 야간에는 독방에서 잠잘 수 있도록 배려되었다. 이러한 격리와 개선의 강조는 기왕의 행형방식과는 근본적인 단절을 보여주는 것이었다.[44)]

하지만 이러한 목표는 그다지 순탄하게 추진될 수는 없었다. 우선 감옥 내 인구의 밀집으로 인해 독거구금 자체가 유지될 수 없었다. 또한 수형자들에게 규칙적인 일자리를 제공하는 것도 당시 사정으로는 그리 수월치 않았기 때문에 때때로 중노동 자체가 불가능한 경우도 없지 않았다. 하지만 이러한 제반 난점에도 불구하고 월넛가 감옥은 미국 행형사상 매우 중요한 의의를 지니고 있다. 그것은 노동을 통한 개선의 원칙을 정립하고 격리구금의 가능성을 제시함으로써 펜실베니아는 물론 미국 전역의 감옥설립과 행형에 있어서 길잡이 역할을 수행했던 것이다.[45)]

월넛가 감옥의 아이디어는 곧 여타의 주로 파급되었다. 1796년 뉴욕주는 그를 본받아 뉴게이트 감옥(Newgate Prison)을 설립했다. 1801년에 완성된 뉴게이트 감옥을 살펴보면 물리적 건축양식일뿐 아니라 그 운영방법에 있어서도 월넛가 감옥의 모델을 따라 입안되었음을 알 수 있다. 공동작업과 독거구금의 병행은 양자에 공통된 것이었고, 이는 나아가 유명한 뉴욕의 오번감옥의 모델의 선구가 되었다. 또한 뉴저지주는 1798년 트렌턴(Trenton)에 주립감옥[46)]을, 버지니아주는 1800년에 주립감옥을 설립했다. 제퍼슨(T.Jefferson)에 의해 도안된 버지니아 감옥은 벤담의 팬옵티콘 계획안의 수정판이라는 점에서 주목을 끈다.[47)] 이와 같이 초기의 감옥은 미국의 북동부 일대에 널리 파급되었다고 할 수 있다.

독립 이후 초기의 주립감옥(state prison)의 형성은 국가(주)에 의한 형벌권의 독점화 경향을 보여주는 것이다.[48)] 주립감옥의 확산은 수형자 분류나 건축

44) G.Gildermeister(1977), "Prison Labor and Convict Competition with Free Workers in Industrializing America, 1840-1890," Ph. D.Diss., Northern Illinois Univ. p.7.

45) Ibid., p.7.

46) 뉴저지의 주립감옥의 초석에 새겨진 다음 글귀는 시설내 구금을 둘러싼 당대의 행형철학의 원리를 잘 보여준다.
"노동, 침묵, 참회. 1797. 자신의 범죄로 타인에 두려움을 안겨준 자는 법을 두려워할 줄 알아야 할 것이며, 쓸모 있는 인간이 되어야 할 것이다."

47) S.Walker(1980), p.50.

48) P.Takagi(1981), p.288.

상의 우수성 때문이라기보다는 국가기구의 집권화와 관련하여 해석될 수 있다. 체형으로부터 자유형으로의 전환[49]과 함께, 범죄통제에 대한 공권력의 독점적 역할은 이후 모든 감옥개혁에 있어서 근본적인 전제였다고 할 수 있을 것이다.

이 시기를 전후하여 감옥규율에 있어서도 새로운 관념이 본격적으로 나타나기 시작했다. 새로운 감옥은 Penitentiary라 불려진데서도 분명해지듯이 이전처럼 응보를 위한 기관이 아니라 참회 내지 참회를 통한 개선을 꾀하고자 하는 분명한 지향을 표방하고 있었다.[50] 새로이 등장한 감옥에 대한 논의의 기저에는 이전처럼 수형자를 방치상태에 두지 않고 적극적 조치를 통해 개선을 달성하려는 의지가 담겨 있었다고 할 수 있다.

이러한 관념은 특히 펜실베니아의 퀘이커들의 활동 속에서 두드러지게 표출되었다. 이들은 주립감옥제도를 발전시켰을뿐 아니라 시설내 처우와 규율에 관한 새로운 관념을 발전시켰다.[51] 이론적 혁신가들은 구금 그 자체가 충분히 가혹한 형벌임을 자각하면서 시설 내에서 수형자들의 자기개선의 노력에 대해 국가가 보조해 주어야 한다는 점을 강조했다.

1790년 이전의 월넛가 감옥에 관한 기록에는 감옥규율(prison discipline) 혹은 관리(administration)란 말도 보이지 않았다. 감옥관리상의 유일한 관심사는 탈출의 방지에 있었다. 다시 말해 감옥권력의 기본적 관심사는 시설 바깥의 담벽의 경호에 있었지, 시설 내에 있는 수감자의 개선과 규율에 있지 않았다. 구금시설 내에서 주류는 자유롭게 판매되고 있었으며 심지어 매춘까지 행하여지고 있었던 점은 당시의 영국의 사정과 크게 다를 바 없었다.

1789년과 1790년 법률은 수용자의 분류와 소내 주류판매의 금지 및 개선

49) 1791년 펜실베니아주는 마녀죄(witchcraft)에 대한 사형조항을 폐지했고, 간통과 우상숭배(fornication)에 대한 낙인형과 태형을 폐지했다. 나아가 1794년에는 살인을 제외한 모든 범죄에 대한 사형을 폐지함으로써 사형의 폐지에 한 단계 더 진전된 입장을 보였다. 또한 살인의 등급을 나누어 일급살인죄(first-degree murder)에 대해서는 사형을, 그 밖의 살인에 대해서는 5년 내지 8년의 자유형에 처하도록 규정했다. 다른 주들도 펜실베니아의 규정을 대체로 따르는 경향이 있었다. 건국 초기 미국의 이러한 형벌제도의 변모는 체형과 사형의 역할은 점차 감소되면서 자유형이 가장 중심적인 형벌로써 자리잡아가는 경향에 대한 선구적인 예가 될 수 있을 것이다.

50) E.Sutherland and D.Cressey(1960), p. 448.

51) Ibid., p. 448.

을 위한 규정과 규율을 정함으로써 감옥관리상의 제반 폐해를 줄여나가고자 한 것이었다. 새로운 규율은 이전보다는 "관대하지만 엄격히 실시될" 것을 요체로 하고 있었다.[52] 가령 식사, 의복 등은 이전보다 나아졌고 이것은 일정한 규정에 따라 처리되었다. 이 같은 여건상의 합리적인 관리나 개선의 노력 이외에도 의사의 정기적인 방문과 매주 일요일의 예배의식도 진행되었다. 무엇보다 중요한 것은 감옥 내의 행상에 따라 보상과 징벌의 체계를 실시한 것이었다.

이러한 새로운 규율방식은 처음에는 상당한 개선과 억지효과를 거둔 것으로 평가되었다.[53] 하지만 초기의 성공은 운영상의 난맥상과 외적 여건의 악화로 곧 실패하였다. 실패의 주요 원인은 소내 인구의 과밀화로 인한 합리적인 분류처우의 실패로 평가되었다. 낡은 시설로 새로운 처우를 모색한다는 것도 무리였고, 확실한 행형원칙—독거제 또는 공동작업과 독거제의 병용 중 어느 것이든지 간에—을 견지할 여건이 조성되지 못했던 탓도 있겠다. 따라서 월넛가 감옥의 시도는 미국 감옥개혁운동에 출발점을 제공한 것은 분명하지만 보다 적극적인 실험에 의해 대체되지 않을 수 없게 되었다.

(3) 펜실베니아 방식—독거 하의 참회와 노동

필라델피아협회는 월넛가 감옥의 실험을 지켜보면서 낡은 건축물을 개축하여 개선효과를 도모하는데는 한계가 있음을 절감하고, 뒤이어 1818-29년에는 주립감옥(State penitentiary)을 신축하는데 역점을 쏟게 되었다.

필라델피아협회는 초기의 시행착오를 통해 이후 펜실베니아 방식(혹은 필라델피아 방식이라 불리기도 한다)이라 불리우는 새로운 감옥모델을 성안했다. 이 체제는 독거구금(solitary confinement)을 원칙으로 하면서 주간과 야간 모두 독거 하에 노동을 부과하는 것이었다. 독거구금은 바깥 사회 및 다른 범죄자와의 접촉을 방지함으로써 스스로의 참회와 개선을 도모할 수 있다고 가정하

52) H.Barnes(1927), p.149.
53) Ibid., p.151-152.

는 종교적인 성격이 강한 행형방식이었다.[54] 펜실베니아 방식 하에서는 작업이 부과될 때에도 작업 그 자체에 주안점이 두어진 것은 아니었다. 작업은 참회와 반성에 부수하는 것으로 여겨졌다. 초기에 당국은 작업의 소음으로 인해 수형자들의 자기성찰이 방해될까 우려했다. 또한 수형자들의 고립이 너무 오래 지속되면 오히려 유해한 영향을 안겨줄까 우려하여 공식적인 방문자(정부의 관리, 법관, 〈협회〉의 회원, 종교위원 등)와의 접촉을 주선했다. 하지만 독거구금의 원칙은 여전히 깨어지지 않은 채 유지되었다.[55]

펜실베니아 방식의 본격적인 첫 실험은 서부주립감옥(Western State Penitentiary at Allegheny, Penn.)이었다. 서부감옥은 1818년에 착공되어 1828년에 완공을 보았다. 서부감옥은 독거제를 구현한 감옥실험으로 평가되었다.[56] 육중한 담벽, 어둡고 고요한 감방, 일체의 이동의 불허, 운동장의 결여 등에서 보이듯이 음울하고 정숙한 분위기를 연출하고 있었다. 문을 연 첫 시기부터 서부감옥은 운동과 환기를 위한 시설의 필요성을 절감했고, 1829년 노동이 도입되었을 때는 어려움이 가중되었다. 감방은 너무 협소하고 어두워서 감방 내에서는 어떤 노동도 할 수 없었다. 운동과 작업의 필요성으로 인해 독거구금의 원칙은 어느 정도 훼손되지 않을 수 없었다. 결국 공식적으로는 "이 감옥처럼 건축되어서는 타락한 수형자들을 개선시키다는 큰 목표는 달성할 수 없다"는 결론이 내려졌다.[57] 요컨대 서부감옥은 펜실베니아 방식의 기본적 목표를 충족시킬 수 없음이 판명되고 1833년에는 개별 감방에서 생산적 작업을 할 수 있도록 감방에 대한 대대적인 개축이 행하여졌던 것이다.

서부감옥의 실험이 이렇게 시행착오를 거듭했던 반면 동부주립감옥(Eastern State Penitentiary at Cherry Hill)의 역사는 사뭇 달랐다. 처음부터 해빌랜드(J.Haviland)에 의한 세심한 건축설계, 종교적 규율, 투자규모의 거대함 등으로 인해 동부감옥은 필라델피아협회를 비롯한 감옥개혁가들의 염원을 온전히 담아낸 역작으로 평가되었고, 이후 펜실베니아 방식을 대변하는 모델로

54) 이정찬(1978), 현대행형학, 한국청소년 교육원, p. 123.
55) E.Sutherland and D.Cressey(1960), p. 449.
56) H.Barnes(1927), p. 157.
57) Ibid., p. 158.

인정되었다. 1821년에 입안되어 1829년에 완성을 본 동부감옥은 한마디로 "노동, 도덕, 종교에 대한 가르침을 병행한 독거 하의 작업제"를 구성원리로 하고 있었다.[58] 이 감옥은 범죄자의 처벌과 개선을 동시에 도모할 수 있는 규율양식을 제공한 것으로 평가받았으며 국가의 관용과 박애심을 표현하는 것으로 여겨졌다.

펜실베니아 방식하에서 수형자들은 주야간 격리된 감방에 홀로 거주하면서 수작업(handicraft labor)을 하도록 규정되어 있었다.[59] 처음 입소하면 수형자들은 목욕과 삭발을 한 뒤 죄수복을 착용하고 자기반성을 할 여건을 만들어 주기 위해 독방에 입감된다. 독방이 주는 답답함을 이기지 못한 수형자는 무언가 할 일을 궁리하게 되고, 이 때 성경책이 주어진다. 며칠 혹은 몇 주가 지나면 수형자들은 무료함을 견디다 못해 노동을 청원하게 된다. 작업은 수형자가 순종적이라는 사실을 확인하고 난 뒤에 비로소 허용된다. 즉 작업은 선행에 대한 대가로 허용되는 일종의 특전이다. 따라서 징벌을 과할 시에는 작업과 독서의 특전은 당연히 철회된다. 수형자는 원칙적으로 외부인사와의 접촉이 차단된 채 독방에서 노동하면서 생활을 해나가도록 되어 있었다.[60]

동부감옥의 입안자들은 이 감옥에서의 작업성과도 상당히 만족스러운 수준이었고 일반예방효과도 거둘 수 있을 것이라고 자평했다. 종교적 교육, 교화는 특히 효과적이라고 주장되었다. 외부의 인사와의 일체의 접촉이 차단된 가운데 묵상과 성경읽기, 교화위원의 권면 등의 방안은 수형자를 선도하는데 긍정적인 기여를 할 수 있을 것으로 기대되었다.

그러나 초창기부터 여러 가지 실행상의 결함이 노출되기 시작했다. 수형자들의 공공적 노동을 감옥기관의 관리자의 개인적 이익을 위해 활용하는 등 관리자측의 권한남용행위들이 노출되었다. 또한 감옥 내 규율의 유지와 복종의 강제를 위해 구속의자(mad chair), 구속복(strait-jacket), 철제 방성구(iron gag), 물고문용 의자(ducking stool) 등 잔인하고 비일상적인 징벌용 계구들이

58) Ibid., p. 159.
59) G.Gildmeister(1977), p. 14-15.
60) H.Barnes(1927), p. 160.

남용되었다. 무엇보다 문제는 독방에 감금된 수형자들의 정신이상의 증가를 둘러싼 논란이었다. 하지만 이러한 제반 폐해에도 불구하고 펜실베니아 방식의 옹호자들은 이 방식이 다른 어떤 유형의 감옥보다 관대하고 인도적임을 누누히 강조했다.[61] 물론 필라델피아협회가 보다 관대하고 인도적인 처우를 지향했다는 점은 분명하지만 실제의 감옥규율이 과연 그에 부합했는지는 별개의 문제로 이해되어져야 할 것이다.

(4) 오번 방식—침묵 하의 공동작업

한편 뉴욕주에서는 펜실베니아에서의 감옥의 발전에 크게 영향을 받으면서 자신의 감옥을 설립하려고 했다. 1797년에 설립된 뉴게이트 감옥은 시설의 미비와 불완전으로 인해 원래의 목적을 충족시킬 수 없었다. 뒤이어 1816년 오번 감옥에서는 역시 펜실베니아 모델을 본떠 독거제가 시도되었다. 여기서는 수형자를 모두 세 부류로 분류하여, 완전독거(일주일 내내), 부분독거(주 3일 혹은 주 1일 독거)가 실시되었다. 하지만 이러한 독거제의 실험은 실패작임이 곧 드러났다. 독거구금 하에 있었던 80인의 수형자 중 대부분이 사망과 정신이상을 경험했고, 2년 이상을 무사히 넘긴 수형자는 거의 없었던 것이다.[62] 결국 1824년 뉴욕주는 독거제를 포기하고 "주간에는 공장에 집결하여 작업을 수행하고, 야간에는 독거구금"을 원칙으로 하는 방식을 고안해내기에 이르렀다. 이러한 새로운 모델은 곧 오번 방식(Auburn system)으로 불리면서 북미 각지의 신설감옥에 크게 영향을 미치게 되었다.

주간에 집결하여 노동을 부과하는 것은 특히 공장제에 적합한 감옥모델의 발전을 의미하는 것이었다. 이 모델하에서는 생산적인 분업과 기계의 활용이 가능해지는 까닭에 합리적인 경영형태이고 재정적-경제적 측면에서 펜실베니아 방식보다 훨씬 우월함이 입증되었다. 생산적 능률을 극대화하기 위해서 오번 감옥은 사적 기업가에게 도급제나 임대제의 방식으로 수형자들의

61) Ibid., p. 162.

62) E. Sutherland and D. Cressey(1960), p. 450.

노동력을 활용하도록 조치하기도 했다.

수형자들이 같이 모이게 될 때 생겨날 가장 큰 문제는 상호접촉으로 인한 악풍감염의 위험성이었다. 이 문제를 해결하기 위해 오번 감옥에서는 상호간의 대화를 방지하고 절대적인 침묵의 계율을 강제하게 되었다. 작업하거나 식사할 때 어떤 대화도 엄격히 금지되었다. 모든 의사소통의 가능성을 봉쇄하기 위해 규칙위반시에는 가혹한 징벌이 구사되었다. 이러한 특징 때문에 오번제는 흔히 침묵제(silent system)로 일컬어지기도 했다.

주간 공동노동, 야간 독거, 절대적인 침묵의 유지, 강압적인 규율과 징벌을 특징으로 하는 오번 방식은 노동력의 부족을 느끼고 있던 미국에서 대체적으로 지지받았다. 오번식 감옥모델은 곧이어 1825년 유명한 싱싱감옥(Sing Sing Prison)에, 나아가 미국 전역의 감옥모델로 전파되었다. 이러한 오번식 감옥의 확대와 함께 펜실베니아식 감옥모델을 지지하는 파와 격렬한 논쟁이 야기되었으며 양 모델을 둘러싼 논쟁과정에서 근대감옥의 형태와 행형의 원리에 관한 골격이 형성되기에 이르렀다고 보여진다.

(5) 감옥논쟁과 유럽에의 파급

감옥논쟁은 주로 1825년부터 1860년대까지 펜실베니아 모델을 지지하는 필라델피아협회와 오번 모델을 지지하는 '보스톤 감옥규율협회'(The Boston Prison Discipline Society)[63]를 중심으로 전개되었다. 두 협회는 모두 자신의 감옥형태와 행형방식이 수형자들을 교화·개선하는데 보다 효율적이라 주장하면서 상대방의 단점을 구체적으로 비판했다.

펜실베니아식 독거제는 주야 독거 하에 있는 수형자의 건강을 약화시키고 나아가 정신병의 증가를 초래한다고 비난받았다. 독거환경은 의기소침, 우울증, 정신병과 같은 정신상태를 초래하고, 자살을 기도하게 만든다는 것이다.[64]

63) 〈보스톤 협회〉는 1825년 L.Dwight에 의해 조직되었는데, 이 협회는 미국 전역에 감옥에 대한 기본적인 입장을 설정하고 감옥을 둘러싼 여러 문제에 대한 개혁운동에 크게 활약했다.

64) 그러한 공격에 대한 펜실베니아측의 반박으로 E.Barrington and G.D.Haswell(1846), Seventeenth Annual Report of the Inspectors of the Eastern State Penitentiary of Pennsylvania, Philadelphia,

또한 수감자의 수만큼의 독거실이 필요하게 되어 건축비용이 크게 증가하고, 감옥노동에 따르는 경제적 수익성이 거의 없다고 비판받았다. 반면 오번 방식은 인간의 사회적 속성에 비추어 준수할 수 없는 침묵을 강제한다는 비판을 받았다. 같이 모여 작업하면서 접촉을 차단한다는 것은 거의 불가능할 뿐 아니라, 감옥측의 계속적인 감시와 침묵규칙을 어긴 데 대한 채찍질과 같은 무자비한 징벌이 일상화된다는 것이다. 채찍질만큼 당하는 인간의 품위를 깎아내리고, 반발심을 시험하는 것은 달리 없다. 굴욕적인 규율로 복종을 강제한다는 것이다.[65)]

미국에서의 대체적인 경향은 펜실베니아 모델을 단기간 시험해보다 오번제로 귀결되는 것이었다.[66)] 무엇보다 오번식 침묵제가 승리한 것은 그 경제적인 효용성 때문이라고 할 수 있다. 건축에 소요되는 비용이 보다 적고, 수형자들의 노동력을 효율적으로 활용할 수 있으며, 집거로 인한 악풍감염의 위험성은 침묵의 강제로 예방될 수 있을 것으로 믿어졌다.[67)] 말하자면 정신에 대한 관심보다 경제에 대한 관심이 제도의 확산 여부를 가르는 기준이었던 셈이다.

한편 미국에서의 모델감옥의 발전과 감옥논쟁은 때마침 새로운 형벌과 행형의 모델을 추구하던 유럽 각국으로부터 비상한 관심을 불러일으켰다. 유럽 각국은 각각 공식방문단을 파견하여 미국의 감옥실험을 조사 · 보고하게 하였다. 영국과 프랑스, 프러시아, 스웨덴 기타 유럽 각국은 이들의 보고를 토대로 자국의 감옥건축과 행형방식을 개선하고자 했다. 1830-40년대에 추진된 이러한 시찰활동은 당대의 감옥에 대한 관심의 정도가 어떠했는지를 보

---

p. 6-7 참조. 여기서는 동부주립감옥에서 재소자를 수용하기 시작한 1829년부터 1845년까지 총 수용된 2059인 중 자살자는 2건밖에 없었으며, 이 정도의 숫자는 어떤 환경에서든 나타날 수 있는 것이라고 수치를 들어 반박하고 있다. 또한 An Inquiry into the Alleged Tendency of the Separation of Convicts, to produce Disease and Derangement, Philadelphia: E.C. & J.Biddle, 1849. 이 책은 독거제 하의 정신병에 대한 주장들을 소개하고, 정신병에 대한 보고가 펜실베니아 감옥에서 제기된 것은 당국이 조기에, 인도주의적으로 수형자의 문제를 다루는 증거일 뿐이라고 반박하고 있다.

65) J.Dobson(1839), A Vindication of the Separate System of Prison Discipline, p. 32.

66) E.Wines and T.Dwight(1867/1973), Report on the Prisons and Reformatories of the United States and Canada, New York: AMS, p. 56.

67) 다만 구체적 조사에 따르면, 침묵의 강제적 시행은 용이하지 않았다고 한다. Ibid., p. 56.

여주는 동시에 미국 감옥의 특징적 국면을 생생하게 비쳐주고 있다.

이 보고서 가운데 유명한 것으로는 프랑스인 보몽과 토크빌의 것을 들 수 있다.[68] 이 보고서는 미국의 오번과 펜실베니아의 두 경쟁적인 제도에 대한 세밀한 조사 분석을 꾀하고 있고, 어느 한쪽에 특별히 치우친 것은 아니었다. 그들이 보기에 펜실베니아제 방식은 설치에 보다 많은 비용이 소요되었지만 관리하기에 용이할 뿐더러 보다 관리에 소요되는 비용이 적게 든다는 이점이 있었다. 오번 방식의 경우는 설치비용이 보다 저렴하고 생산노동에 적합한 형태였지만 관리상의 애로가 적지 않았다.

수형자들의 개선을 확보하는데 관련해서 그들은 신중하지만 예리한 관점을 드러내고 있다.

> 필라델피아 방식은 수형자의 양심에 깊은 인상을 만들어낸다는 점에서 오번 방식보다 훨씬 큰 개선효과를 도모할 수 있을 것이다. 하지만 오번 방식은 사회적 존재로서의 인간의 속성에 보다 합당하다고 할 수 있으며, 이 때문에 사회적 규율과 의무를 준수하게 만든다는 점에서 더많은 개선효과를 거둘 수 있을 것이다. 이 말이 타당하다면 필라델피아 방식은 보다 정직한 인간(honest man)을, 오번 방식은 보다 복종적인 시민(obedient citizen)을 만들어낼 것이다.[69]

또한 그들에게는 두 방식 모두 지나치게 가혹하게 여겨졌다. 미국의 사회는 가장 폭넓은 자유의 모범을 보여주고 있지만 같은 나라의 감옥은 완전한 전제주의(complete despotism)의 모습을 제시한다.[70] 이러한 민주주의와 "다수의 전제(tyranny of majority)"에 대한 이들의 지적은 이후 토크빌의 『미국의 민주주의』에서 본격적으로 개진되고 있다.

대체로 프랑스에서는 펜실베니아 방식에 경도되는 경향이 있었지만 이들

68) Gustave de Beaumont et Alexis de Tocqueville, Systeme Penitentiaire aux Etats-Unis de son Application en France. 이 책은 출간되자마자 영역되었다. G.Beaumont and A.Tocqueville(1833/1964), On the Penitentiary System in the United States and Its Application in France, Cambridge: Southern Illinois University Press. 토크빌이 미국을 공식방문한 목적은 바로 이 감옥시찰이었다. 시찰중 관찰한 신생 미국의 여러 모습은 그의 학문적 관심을 크게 자극했으며, 그 성찰의 결과가 유명한 『미국의 민주주의』(Democracy in America)이다.

69) G.Beaumont and A.Tocqueville(1833/1964), p. 57.

70) Ibid., p. 79.

은 오번 방식에 더 공감을 보였다. 그들이 보기에 오번 방식은 이론상 논리의 여지없이 우월감을 보여주며 설치 관리상의 비용이 적게 소요된다고 생각했다.[71)]

미국 감옥혁신의 영향은 영국과 프랑스를 넘어서 유럽 각국에 파급되었다. 프러시아는 1834년에 N.Julius를 파견했고, 보몽과 토크빌의 견해에 찬성하지 않았던 프랑스 정부는 1836년에 다시 F.Demetz와 G.Blouet를 파견했는데 이들은 펜실베니아 방식을 지지했다.[72)] 영국(1835), 벨지움(1838), 스웨덴(1840), 헝가리(1841), 프랑스(1844), 프러시아(1844) 등 각국에서 펜실베니아 방식은 긍정적으로 검토되었다. 하지만 1829년 동부주립감옥과 같은 완전한 독거제를 채택한 나라는 드물었고 대체로 "격리제"의 인상을 강력하게 받아들이는 선에 머물렀다고 볼 수 있다. 이 정도에서라도 펜실베니아 방식의 영향력은 가히 국제적이었으며, 각국의 감옥제도의 기본적인 규율원리로 지금까지 다소간 작용하고 있는 것으로 여겨진다.

4. 소 결

오늘날 "왜 독거제, 혼거제, 격리구금제 등 19세기 초반 감옥과 그 규율방식의 개혁시도들이 실패했는가"의 문제를 제기하는 것은 불필요하게 여겨질 수도 있음직하다. 하지만 이러한 실패원인을 살펴봄으로써 우리는 감옥의 실질적인 의미와 교정처우기법에 대한 교훈적인 시사를 얻을 수 있으리라 생각된다.

감옥시설과 그 운영방식이 개혁가들의 의도에 현저히 미치지 못했다는 점도 실패의 주요인으로 지적될 수 있겠다. 개혁가들 입장에서 볼 때 감옥시

71) Ibid., p. 110.

72) 영국의 보고로는 W.Crawford(1835), Report on the Penitentiaries of the United States, London, 1835. 프랑스에서는 F.Denetz, G.Blouet(1837), Rapports sur lespenetencies des Etatsunis, Paris. 프러시아에서는 N.Julius(1839), NordAmerika's Sittliche Zustande nach eigenen Anschauungen in den Jahren 1834, 1835 und 1836, Leipzig.

설에 대한 투자의 부족, 감옥관리자의 자질, 일반사회의 이해부족, 자질있는 교회사의 부족으로 인해 계획의 충분한 실현이 곤란했다고 항변할 수 있을 법하다. 하지만 개혁 추진자들의 자기기만성도 여기에 일조했음은 그들의 개선무기였던 종교의 역할을 검토해봄으로써 확인될 수 있다. 많은 19세기 개혁가들에게 종교는 자신들과는 무관하고, 단지 다른 사람들(즉 범죄통제의 대상이 되는 하층계급)을 통제하기 위한 이데올로기적 도구로써의 의미를 지니는데 불과했다. 수형자에게 부과하는 다양한 유형의 고통에 대해 그들은 상투적인 미사여구로 정당화해왔다. 하층계급의 통제를 위해 필요하다면 무신론자인 벤담조차 종교를 옹호하고 종교적 언사를 통해 형벌을 미화할 준비가 되어 있었다.[73] 물론 진실한 종교적 심성을 지녔던 몇몇 위대한 개혁가들(가령 J.Howard, E.Fry, 펜실베니아의 퀘이커들, A.Maconochie) 등의 존재가 무시되어서는 안된다. 이들에게 종교는 인도주의와 소명의식으로 연결되었고 수형자를 문명화된 일반시민과 같은 차원에서 취급함으로써 실질적인 성과를 거두었다고 평가될 수 있다. 하지만 이들의 활동을 부각시킴으로써 당대 감옥의 참담한 실상을 가지고자 해서는 안될 것이다.

19세기 초, 중반의 여러 유형의 감옥규율의 시도가 실패한 요인의 하나는 범죄원인과 대책을 감옥 내에 한정시켜 보려고 했던 탓도 작용했다. 범죄의 뿌리는 감옥 밖의 사회적 영역에서 찾아져야 하는 것이고 감옥규율이나 처우기법의 문제를 넘어서는 것임은 분명하다. 감옥내 처우의 실패로 인한 범죄의 전염효과는 일반사회 속에서의 범죄학습과 전염에 비하면 사소하게 보일 수도 있다. 대부분의 경우 범죄에의 전염은 감옥에 들어오기 이전에 존재하는 것이며, 범죄자의 낙인을 지닌 채 사회로 복귀하여 다른 동료들과 접촉함으로써 더욱 강화될 수 있을 것이다. 감옥규율 및 그 처우기법의 영향력을 과대평가하는 반면, 보다 근본적인 사회적 원인을 무시하는 경향은 감옥을 둘러싼 여러 가지 형태의 논쟁들에서 쉽게 발견할 수 있다.

73) 벤담이 보기에 종교는 건전한 도덕 내지 건전한 정책과 상응하는 것이고, 반종교는 극도의 무질서와 부도덕을 드러내는 것이었다. 이는 종교를 기능주의적으로 보는 자유주의적 사고의 일단을 보여준다 하겠다. E.Henriques(1972), p.89 이하 참조.

물론 당대에도 범죄의 사회적 · 심리적 원인에 대한 많은 논의가 있었고 그에 의거한 여러 갈래의 사회적 해결책이 제시되기고 했다. 공리주의자처럼 범죄를 개인주의적으로 환원시켜 설명할 경우 효율적인 경찰의 활동을 통해 검거와 형벌의 확실성을 담보함으로써 범죄로 인한 이득보다 손실을 늘리는 방안이 대책으로 제시될 것이다. 이들에게 감옥은 부랑자 · 빈민 · 범죄자에게 두루 일반예방적인 효과를 미치는 수용시설로 여겨졌다. 반면 범죄를 빈곤 · 실업 · 곡물가격 · 열악한 주거환경과 관련시킬 경우 사회적 여건의 개선이 요구될 것이고, 범죄를 무지 · 무절제 등과 연관시킬 경우 교육적 여건의 개선이 그 해결책으로써 제시될 것이었다. 하층계급에 대한 초등교육은 이들에게 유용한 직업기술을 가르칠 뿐 아니라 도덕 · 종교 · 정치경제학 등 지배이데올로기의 확산과 내면화에도 도움이 될 것이었다.

하지만 사회적 여건의 개선이나 교육적 배려 등의 제안은 당대 하층계급 전체를 통제하기 위한 지침으로 작용했던 "열등처우의 원칙"의 영향력 속에서 크게 침식되었다. 범죄자층은 지배-피지배의 사회적 연쇄의 최말단에 위치해야 마땅한 것으로 당연히 여겨졌다. 사회에서 정직한 노동을 통해 살아가는 근로빈민보다 더 좋은 여건에서 더 좋은 교육과 더 돈 잘 버는 기술을 익히고자 감옥에 수감시킨 것은 아니라고 주장되었다. 따라서 바로 이 원칙—그리고 이 원칙을 떠받치고 있는 사회정책과 그 이데올로기—이야말로 어떠한 감옥개혁의 선의도 무용하게 만들어 버리는 장애요소로 지적될 수 있을 법하다.[74]

19세기의 모든 감옥개혁은 일반예방과 범죄자의 개선이라는 두 목표간의 긴장과 갈등으로 특징져진다. 그러나 어떤 모델도 두 목표 중 어느 것도 제대로 성취하지 못했다고 비난받았다. 하지만 상호논쟁과 기획된 모델들의 거듭되는 실험 속에서 제기된 근본문제들의 대부분은 오늘날도 여전히 미해결의 문제로 남아 있음이 지적되지 않으면 안될 것이다.

---

74) G.Rusche and O.Kirchheimer(1939), p.137 이하 참조.

제 8 장 근대감옥의 규율과 통제: 그 기법과 정당화

1. 서 론

근대감옥이 각국에서 기본적인 형벌제도의 하나로 자리잡게 되면서 관심은 이제 수형자와 감옥권력, 그리고 수형자와 일반 사회와의 관계를 어떻게 조직해 나갈 것인가 하는 문제에 쏠리게 되었다. 감옥권력은 소극적으로는 내부의 규율 유지와 안전을 적절히 강구함과 함께 적극적으로 수형자의 의식과 태도의 개선을 위한 프로그램을 추구하게 되었다.

우선 감옥은 수형자에 대한 전제적인 규율의 장이라고 하는 특징을 지니고 있다. 감옥의 일차적인 요건은 수형자의 일거수 일투족을 감시, 통제할 수 있는 여건을 만들어내는 것이었다. 이러한 규율기능을 극대화하기 위해 여러 가지 기법이 고안되었다. 근대감옥의 주요한 기법들은 물리적인 격리와 정신적인 고립화, 그리고 사회적인 권위에의 복종의 강제를 염두에 두고 있는 것으로 보여진다. 이러한 목적을 달성하기 위한 또 하나의 주요한 방법은 감방(거실)과 사동의 공간적 배치의 적정화를 기하는 것이었다. 근대감옥은 건축적 측면에서 많은 노력이 기울여졌고, 때문에 감옥건축을 통해 본 감옥의 사회통제적 의미도 적절히 분석되어질 필요가 있으리라 생각된다.

감옥의 두 번째 주요 형상은 노동의 장으로서의 모습일 것이다. 자본주의사회에서 무능하고 나태한 인간들을 유능한 사회성원으로 재형성=개선시키기 위해서는 노동의 활용과 직업훈련이 중시되지 않을 수 없을 것이다. 감옥노동의 의미와 종류, 그리고 감옥노동의 경제적 · 사회적 역할 등이 여기서 확실히 검토될 필요가 있을 것이다. 세 번째 감옥의 형상은 도덕적 · 종교적 교육의 장으로서의 모습일 것이다. 감옥을 참회 · 교육 · 교화의 장으로 묘사하는 경향은 감옥에 대한 이데올로기적 정당화의 핵심을 이루는 것이기도 하다.

이와 같이 감옥권력의 의도와 전략은 소극적 · 부정적 통제의 측면뿐 아니라 적극적 · 생산적 측면에서 동시에 이해되어야 할 것이다. 이 장에서는 감옥권력의 세 가지 주요 실행방식 즉 총체적 통제, 노동의 강제 및 종교적·도덕적 감화 등의 구성논리와 사회적 맥락을 살펴보고자 한다. 그와 아울러 생각해 볼 것은 이러한 감옥권력의 의도와 기법에 대한 수형자의 반응의 문제이다. 권력의 의도가 곧 수형자의 운명을 그대로 결정해 버리는 것은 아닐 것이다. 후자의 입장에서 전자를 어떻게 인식하고, 어떻게 대응했는가도 아울러 검토될 때에만 감옥을 통해 행사되는 권력의 온전한 이해가 가능해질 것으로 생각된다.

2. 수형자에 대한 훈육 및 규율 확보의 수단

감옥의 관리나 수형자에 대한 통제양식은 펜실베니아 방식과 오번 방식의 형성과 함께 이전과는 질적으로 단절된 단계로 진입하게 되었다. 이 두 모델은 개혁가들의 청사진을 대체로 수용했고, 따라서 이론과 실제간의 괴리가 그다지 없는 편이었다. 이 제도들은 이전의 징치감 등 선구적 형태의 논리적인 연장이 아니라 기본적으로 독창적인 것이었다. 물론 그 체계의 여러 구성요소들은 이전의 경험으로부터 도출된 것이지만 전반적인 방식은 완전히 새로운 것이었다. 또한 돌이켜 볼 때 이 제도의 조직과 관리, 통제방식은 새로운 감시와 규율 유형을 표상하는 것이었고, 이는 또한 부상하는 자유민주주의의 또 다른 측면을 구성하는 것이기도 했다.[1] 따라서 여기서는 이러한 근대감옥에 있어서 새로운 규율형태를 통제의 논리와 기법의 각도에서 살펴보고자 한다.

---

1) D.Rothman(1971), p.94.

(1) 격리 · 고립화 · 침묵의 강제

격리(separation)와 고립화(isolation 혹은 solitude)의 원칙은 개혁가의 구상에서나 실제의 감옥개혁에 있어서 핵심적인 것이었다.[2] 이 원칙은 감옥건축의 전반적인 골격, 개별 감방의 배치, 수형자의 일정표 등의 정책적 골격을 결정하는데 작용했을 뿐 아니라 아주 세부적인 사항(가령 방문자 접견횟수, 서신발송횟수)에까지 적용되었다.

격리와 고립화 전략은 수형자들을 한편으로는 바깥사회의 유해한 영향으로부터 다른 한편으로는 동료 수형자들과의 접촉으로부터 생겨날 악영향으로부터 차단시키고자 기도했다. 첫번째 과제를 성취하기 위해서 감옥당국은 수형자와 그 가족, 친구 사이의 거의 모든 유대를 절단시켰고 바깥세계의 정보를 차단시켰다.

독거실에서 수형자는 작업 · 식사 · 세면 · 취침을 하도록 고안되었다.

필라델피아의 동부주립감옥의 절대적인 독거제는 그 극단적인 형태를 보여준다. 펜실베니아 방식의 주안점은 고독(solitude)의 확보였다. 수형자는 타인과 완전히 고립된다. 그는 감옥 안에 있는 다른 수형자로부터 공간적으로 격리되며, 사회 인사들과의 접촉, 외부매체와의 접촉은 금지된다. 범죄의 원인을 사회 및 범죄자와의 접촉으로 인한 악풍의 오염에서 찾기에 그 대안은

2) Ibid., p. 94.

절대적 고독의 확보에 두지 않을 수 없게 되는 것이다. 고독 속에서 그는 자신의 양심과 대면할 수 있다. 독거실에서 살아가게 되므로 감옥관리자의 간섭도 그리 필요 없으며, 그 때문에 징벌조치를 받을 가능성도 적다. 개개 독거실은 주야로 생활하고 작업할 수 있도록 되므로 오번 방식을 채택한 감옥에 비해 비교적 면적이 넓으며, 쾌적하게 설계된다. 이는 설계상의 비용부담을 증가시키지만 일단 건축되고 나면, 더 이상의 조치가 그리 필요치 않다. 때문에 관리자가 누구이든 독거제는 스스로 작동하도록 되어 있다.[3] 이 같은 독거제의 원칙은 자동화된 규율유지의 방식을 대변한다.

펜실베니아 방식의 감옥에서는 친지나 친구의 방문이 금지되었고 조심스럽게 선별된 교화위원과의 접견만이 허용되었다. 모든 서신왕래도 금지되었고 사회적 뉴스를 듣게 되면 동요를 일으킬 가능성이 있어 모든 신문열독도 금지되었다. 이러한 상황 하에서 수형자들은 외부세계로부터 완전히 차단되고, 가족적 유대가 박탈되었으며 형기를 마칠 때까지 감옥 바깥의 세계에 대해 아무것도 알 수 없었고, 아무런 관심을 갖지 못하도록 강요되었다.

뉴욕의 오번 방식 하에서는 이보다 덜 엄격한 편이었지만 기본원칙에 있어서는 별 차이가 없었다. 수형자들은 어떤 서신도 받아볼 수 없고 친구에 관한 어떤 소식도 전달받을 수 없으며, 감옥 밖의 사항에 대해 어떤 정보도 얻을 수 없었다. 친구들과의 접견, 서신교환도 불가능했다. 감옥 안에 일단 들어서면 그는 사회로부터 매장되는 셈이었다.[4] 이러한 규칙은 이후에 어느 정도 완화되기도 했지만 적어도 몇 십년 동안 신문과 서적의 반입은 허용되지 않았다. 사정은 펜실베니아 방식을 채택한 다른 주에서도 비슷했다. 감옥담 밖의 어떠한 소식을 아는 것도 수형자의 훈육에 도움이 되지 않으리라는 가정은 감옥규율의 밑바탕에 확고히 자리잡고 있었던 것이다.

이와 함께 중요한 것은 수형자들 사이의 접촉을 차단하는 것이다. 수형자들끼리의 교류와 연대형성은 한편으로는 기성의 윤리적 · 법적 규범에 반발하는 대항적인 하위문화의 형성을 조장할 것이고, 다른 한편으로는 조직적

3) J.Dobson(1839), p.5.
4) C.Dickens(1968), American Notes, New York: St.Martin's Press, p.91.

인 저항과 탈출모의 등을 꾀할 여지를 제공하게 된다.[5] 따라서 감옥 내 질서 유지를 위한 최소한의 조건으로 수형자 사이의 의사소통의 여지를 일체 금지하는 방책이 강구되었다.

이 점에 관해서는 펜실베니아 방식이 훨씬 효과적임이 판명되었다. 펜실베니아에서 제시된 완전한 고립화 전략은 모든 외부적 영향을 효율적으로 차단할 수 있었음은 의심할 여지가 없었다. 반면 오번형 감옥에서는 시설적 조치만으로는 아무래도 수형자간의 접촉을 막을 방도가 미흡했다. 야간에는 독방에 구금했지만, 주간의 활동(식사 · 작업 · 운동)은 공동으로 진행된 까닭에 보다 기술적인 관리와 긴밀한 감시가 요구되었다. 시행된 훈육의 수준도 시기마다 상당한 편차를 보였다. 1820, 30년대에 만들어졌던 초기 오번형 감옥에서는 엄격한 규율이 유지되었지만 점차 통제가 느슨해지는 경향이 있었다. 감옥인구의 과밀화와 공장제적 노동의 성격, 독거실설치에 따른 비용부담 등의 요인이 작용하여 수형자 상호간의 접촉을 완전히 차단시킨다는 것은 오번 방식하에서는 매우 어려운 과제였다고 할 수 있다.

오번 감옥의 경우 침묵제를 관철시킴으로써 이 난관을 타개하고자 했다. 보몽과 토크빌이 본 바로는 "모든 일은 완전한 침묵상태에서 진행되고 온 감옥 안에는 행진하는 발걸음소리와 작업과정에서 생겨나는 소리 이외의 어떤 소리도 들리지 않는다. 수형자가 제 감방으로 돌아오고 난 뒤에 감옥 내에는 죽음같은 정적이 감돈다. 천여 명의 살아 숨쉬는 생명체가 그 안에 있지만 오직 사막의 고적감에 휩싸이는 것이다."[6] 침묵에는 여러 의미가 부여되었다. 처음부터 고독을 제도화한 독거제를 도입하든, 아니면 공동의 공간에 있더라도 침묵을 강제하든, 적어도 수형자 간의 소통가능성의 차단은 하나의 중요한 도덕적 해법으로 여겨졌다.[7]

수형자의 외부로부터의 고립의 확보 및 수형자의 고독의 확보는 행형의 기본원리였을 뿐 아니라, 수형자의 훈육과 감옥규율 유지의 첫 걸음이었다. 개선의 효과를 논하기 이전에 근대감옥의 규율들은 질서와 규율을 일차적인

5) D.Melossi and M.Pavarini(1981), p.150.
6) G.Beaumont and A.Tocqueville(1833/1964), p.65.
7) W.Crawford(1835/1969), p.19 참조.

목적으로 설정하는 경향이 있었다.

(2) 권위에 대한 복종의 강제

감옥내 규율에 대한 복종의 강제는 행형의 기본적인 요청이었다. 이는 감옥의 공언된 목적의 한 부분으로 포함되었을 뿐 아니라, 감옥제도의 효율적인 관리를 위해서도 불가피한 것으로 인정되었다. 즉 복종의 강화는 교정목적을 달성하기 위한 선결요건일 뿐 아니라 감옥관리상의 요청에서 필요한 것이기도 했으며, 복종심의 함양 그 자체가 감옥의 중요한 목적을 구성하고 있었다.

먼저 감옥내 질서와 규율의 압도적인 강조는 그를 위한 수단을 편리하게 정당화하는데 기여했다. 감옥에 들어올 때 수형자는 모든 규율을 준수하고 간수의 모든 명령에 복종하도록 되어져야 한다. 그를 위해서는 수형자들이 자신의 감방을 쾌적한 서식처로 여길 수 있도록 해서는 안되며, 만일 그렇게 된다면 악습이 몸에 배인 수형자들을 교화, 전향시키는 과제는 무망한 것으로 되고 만다. 때문에 규율의 준수와 복종심의 함양을 위해서는 가장 강력한 수단이 지체없이 사용될 수 있어야 하는 것이다. 이러한 논리로부터 감옥 내에서 징벌권이 남용될 여지가 생겨난다.

절대적인 복종을 확보하기 위한 수단으로 가장 널리 사용된 징벌은 채찍이었다. 채찍은 한순간도 수형자의 노동을 허비하는 일이 없이 그 효과가 즉각 나타나는 장점을 지니고 있는 것으로 평가되었다. 즉 채찍은 효과 있고, 저렴하며, 부대기구를 거의 요하지 않는다.[8] 또한 징벌방에 집어넣거나 감식조치와 같은 징벌도 널리 사용되었다. 그 밖에 도르래에 매달기(pulley mechanism), 철제 방성구(iron gag), 구속복(strait-jacket) 등 감옥에 특유한 계구들이 고안, 활용되었다.

관리자측의 입장에서는 수형자에 대한 징벌의 사용은 그들을 고립화시키고 교화시키기 위한 당연하고 정당한 조치로 간주하는 경향이 있었다. 만일

8) Ibid., p. 73.

규율의 고삐를 조금이라도 늦추면 이제까지 교화위원들의 노고는 수포로 돌아갈지 모른다. 수형자들은 원체 게으른 습성이 몸에 배여 있고, 사악한 성향을 지니고 있는 까닭에 개선을 위한 첫 단계로 권위와 규율에 복종하는 법을 배워야 할 것으로 여겨졌다. 따라서 어떤 수단이 구사되든 거기에는 충분히 납득할 만한 사유가 있다고 가정되었다. 이러한 상황하에서 각종 "잔혹하고 비정상적인 징벌(cruel and unusual punishment)"은 폐쇄된 시설 내에서 규율유지의 명목 하에 가끔은 무제약적으로 남용되었던 것이다.[9]

가혹한 징벌조치는 한편으로는 관리자측의 불안감을 반영하는 것이기도 했다. 불안감이 커질수록 예방적인 징벌조차 훨씬 가혹하게 자주 이루어질 것은 예상될 수 있는 일이다. 오번 감옥의 경우 40여명의 교도관이 800여명의 수형자를 과연 자신있게 통제할 수 있을지, 만약 다수의 수형자가 소수의 간수에게 반항하기 시작한다면 어떤 결과가 나올지 소름끼치는 일이 아닐 수 없었다. 하지만 이보다 더욱 근본적인 요인은 징벌조치와 범죄자의 개선과의 긴밀한 상관관계가 인식되어졌다는 데에서 구할 수 있다. 당시의 개혁목표 가운데 질서있는 생활의 이상은 중요한 부분을 차지했다. 범죄자가 감옥 내에서 엄격한 규율의 교훈을 체득할 수 있으리라 확인하고, 감옥 생활이 엄격하고 가혹해야 한다는데 당시 개혁가들의 대체적인 합의가 있었던 것이다.[10]

규율의 준수와 함께 권위에 대한 복종심 역시 중요한 덕목으로 간주되었다. 개혁가와 감옥실무가들이 보기에 범죄자들은 분수와 한도를 제대로 익히지 못한 존재였다. 이를 시정하기 위해서는 감옥은 수형자들의 절대적인 복종을 확보할 필요가 있다고 여겨졌다. 수형자들이 본래적으로 가지고 있던 의지와 품성은 제약, 파괴되어져야 하는 것이다. 감옥 속에서 몇 년씩 보내면서 몸에 배인 정돈습관, 규율에 대한 무조건적인 복종, 획일적인 생활의 규칙성 등 모든 제약은 수형자의 마음에 심도있고 지속적인 인상을 만들어 내기 위해 계산된 것이다.

석방될 때 그는 정직한 인간, 덕스러운 인간은 될 수 없을지 몰라도, 몸

9) D.Rothman(1980 a), p. 18-20.
10) D.Rothman(1971), p. 102.

에 배인 건실한 습관(honest habit)과 신중한 판단력을 구비한 인간이 되어 있을 것이다.[11] 펜실베니아 방식이 표방한 "정직한 인간"이나 오번 방식이 표방한 "복종적인 시민"의 상 모두 규율과 권위에 대한 순종을 지향하고 있다는 점에서는 아무런 차이가 없다. 이와 같이 근대감옥의 기본적 규율은 정직하고, 복종적인 인간을 만들어 내기 위한 적절한 수단을 고안, 제도화하는데 집중된 감이 있다.

3. 감옥건축과 통제원리의 구현

근대감옥이 단순한 구금기능에 그치지 않고 규율유지와 교화개선을 동시에 꾀하는 시설로 표방한 이상, 감옥시설을 어떻게 만들까 하는 문제는 중대한 형벌적 관심이 되지 않을 수 없다. 근대적인 감옥은 어떤 점에서도 이전과 같은 무계획적인 건축물이 아니다. 감옥건축은 형벌적 목적과 공학적 수단이 결부되어 있는 것이므로 제도의 목적과 당대의 건축수준은 서로를 강화, 제약하는 관계에 있다. 여기서는 중요한 감옥건축안과 현실화된 감옥건축 모델을 검토하면서, 이들 건축모델이 수형자에 대한 통제, 나아가 전반적인 사회통제에 있어서 어떤 의미를 갖는지를 분석해 보고자 한다.

(1) 선구적 모델의 발전

단순한 구금기능을 넘어서 노역소 기능과 수용자의 개선의 기능이 부여되기 시작한 것은 앞서 지적했듯이 중상주의 시대의 징치감에서 비롯된다고 할 수 있다. 그 선구에 해당하는 영국과 암스테르담의 징치감은 그러나 감옥건축의 측면에서는 별 의미있는 진척을 보여주지 못했다. 거기서는 노후화된 기존 건물을 필요에 따라 개축하여 사용하는 정도였고 감옥시설(건축)을 위한 독자적 프로그램을 개발하지 못했다.

11) G.Beaumont and A.Tocqueville(1964), p.90.

18세기에 들어와 설계양식에 신선한 고안이 나타났다고 보여진다. 1703년 교황 클레멘스 11세(pope Clemens 11)는 이태리의 상 미켈레(San Michele)의 순례숙박소를 개조하여 비행소년을 수용하였다. 상 미켈레에는 비행소년들에 대한 감화와 교육을 통해 국가에 이바지할 소년을 양육할 수 있을 것이라는 기대 하에, 형벌을 통한 견제가 아니라 훈련과 교화를 통한 비행소년의 선도를 명시적인 설립목적으로 제창하였다.[12] 거기에 처음으로 작은 독거방과 외부로 향한 창을 만들고 작업장으로서 중앙홀을 부설하였다.[13] 건축물 자체가 교정의 기능적 의미를 갖기 시작했다는 데서 상 미켈레는 새로운 양식의 단초를 제시했다.

보다 의미있는 선구적인 감옥은 1775년 설립된 벨기에의 겐트감옥(Maison de Force at Ghent)의 근본적인 재조직화이다. 이는 암스테르담의 징치감을 본떠 1627년 설립되었기 때문에 신설된 것은 아니었다. 재조직화 과정에서 겐트감옥은 8각형의 건물로 지어지고, 사방은 내방식(inside cell)으로 지어졌는데 이러한 다각형식 설계는 벤담의 팬옵티콘 계획에서 채택됨으로써 유명하게 되고, 후일의 새로운 감옥건축에 상당한 영향을 끼쳤다. 겐트감옥은 '게으른 자'들로 하여금 일자리를 제공하고 근로기풍을 진작시켜 유용한 노동자를 만드는데 주안점을 두었다. 수형자들은 경제적 유용성의 관점에서 접근되어졌으며 작업에 익숙해진다는 것은 곧 도덕적 개선과 유관한 것으로 생각되었다. 형기도 수형자들의 경제적 용도 그리고 그를 통한 도덕적 개선 가능성의 견지에서만 의미를 지닐 수 있는 것으로 보아, 너무 짧거나 반대로 너무 긴 형벌을 배제했다. 무기형을 선고받은 경우는 절망감에 빠져 근로규율이나 도덕적 개선에 무관심해질 것이며, 형기가 6개월 이하인 경우에는 형의 목적을 달성하기 위한 시간적 여유가 없다는 것이 그 이유였다. 이러한 목적에 알맞는 운영방식으로 주간공동노동과 야간독거구금제를 도입했다.[14]

12) J.Howard(1779/1929), p. 94-95.

13) 大塚 仁 編(1981), 行刑の現代的時點, 有斐閣, p. 235. 상 미켈레는 격리제에 필요한 시설을 최초로 완비한 감옥이라는 점에서 형벌사상 중요한 의의를 갖는다. 각 사방의 구조는 천장까지 보이는 복도를 중심으로 양 측면에 대형의 독거방이 10방씩 3단으로 중첩된 형태였다. 이 독거방은 주로 야간에 사용되었고, 주간에는 공동작업 혹은 종교적 교회사업이 행하여졌다고 한다.

14) Ibid., p. 113-117.

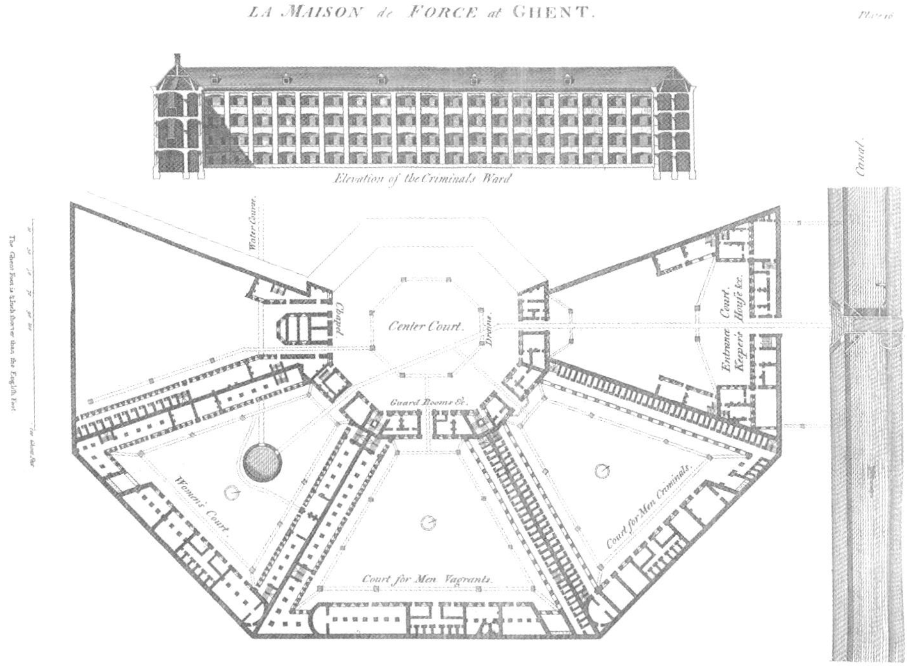

벨기에의 겐트감옥. 남성범죄자, 남성부랑자, 여성범죄자 구역으로 구획되어 있다.

이상의 선구감옥을 참고로 하면서 혹은 공장이나 병원 군대에서 이미 활용되고 있던 건축양식, 제도적 운용 등을 감옥제도와 조직에 활용할 가능성도 고려하는 가운데 19세기 감옥은 매우 다양한 형태로 나타났다. 각국의 모델감옥들은 국경을 넘어서 국제적 관심과 주목의 대상이 되었으며, 그 과정에서 상당한 표준화 경향도 보여지고 있다. 아울러 감옥의 다양성의 배후에는 몇 가지 공통된 전제와 건축구조(양식)상의 콘센서스도 확인될 수 있다. 즉 감시의 원리, 내면적 성찰의 중시, 상호접촉과 대화의 차단, 재소자들의 연대형성의 금지, 수형자집단의 해체·고립화와 감옥권력의 집중화, 단일화 이러한 제측면은 신설되는 감옥들에서 뚜렷이 발견될 수 있다.

(2) 제레미 벤담—팬옵티콘형 감옥건축 안의 의미

벤담의 팬옵티콘형 감옥건축 계획은 이러한 시대적 조류를 타고 성안된 가장 야심적인 감옥건축시도라 할 수 있다. 이 계획은 비단 감옥규율과 통제원리를 하나의 건축적 구상을 통해 완벽하게 드러낸 것일 뿐 아니라, 새롭게 대두하는 사회통제의 원리를 결정적인 형태로 포착했다. 심지어 자본주의/부르주아 권력의 통제의 유토피아를 그려냈다고 평가되기도 한다.[15] 팬옵티콘은 단순히 하나의 건축물이 아니라 새로운 비전을 제시한 것이며, 벤담이 말한 바에 따르면 인간의 정신에 대한 권력을 획득하기 위한 새로운 양식이었다.[16]

팬옵티콘의 건축형태는 대략 다음과 같다.[17] 건물의 외형은 원형으로 되어 있다. 원형건물의 가장자리 부분에는 수용자의 거실(감방)이 위치한다. 거실은 수용자들간의 모든 접촉과 대화를 차단할 수 있도록 격벽으로 분리된

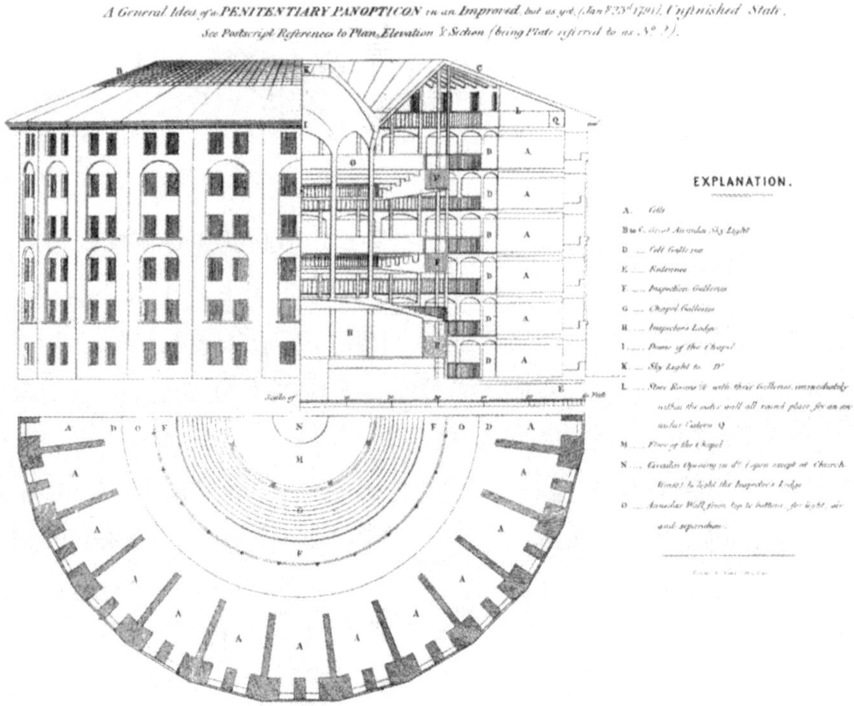

벤담의 팬옵티콘 안(1791년판)

15) B.Fine(1980), "The Birth of Bourgeois Punishment," Crime and Social Justice(Summer), p. 21.
16) "a new mode of obtaining power of mind over mind." in J.Bentham(1791), p. 37.
17) Ibid., p. 40-43.

다. 중앙부에는 감시용 탑이 위치한다. 채광은 원주의 바깥쪽의 창문을 통해 거실 안으로 들어오고, 또 안쪽의 창문을 통해 중앙부까지 전달된다. 따라서 거실 부분은 보다 밝을 것이고, 중앙부로 올수록 어두워지게 되어 있어 중앙부의 감시자가 거실의 수용자를 관찰하는 것은 가능하지만, 그 반대는 불가능하게 되어 있다. 이러한 건축적 조건하에서 필요한 모든 조치는 감시자를 중앙탑에 배치하고 각 수용자들을 하나의 거실에 집어넣는 일 뿐이다.

팬옵티콘이란 용어에서도 이미 분명해지지만, 벤담의 감옥 안은 무엇보다 감시(inspection), 그것도 전면적이고 지속적인 감시를 확보하기 위해 설계된 것이다. 각 거실에서 수용자들의 모든 움직임은 감시자에게 완전히 포착된다. 양 측면의 담벽은 같은 처지에 있는 다른 동료와의 접촉을 가로막는다. 그는 (감시자들로부터) 노출되고 감시되지만, 그는 감시자측을 확인할 수 없다. 푸꼬에 따르면 벤담의 이 기획은 수용자를 의사소통의 주도적 형성자가 아니라 단지 정보의 대상으로 전락시키는 효과를 갖는다.[18] 양 측면의 격벽을 통한 수용자 간의 분리, 그리고 눈짓과 언어를 통한 의사소통의 불가능성은 내부 질서의 안정성을 보증한다. 또한 팬옵티콘은 한편에서는 보지 못하는 채 시계에 노출되어 있고, 다른 한편에서는 자신은 전혀 노출되지 않은 채 무엇이나 볼 수 있게 되어 있다. 즉 감시자와 피감시자의 상호연결을 차단시킴으로써 오로지 일방적이고 수직적인 관계형성만이 가능하게 된다.

팬옵티콘에서 수용자들은 언제나 감시받고 있다는 느낌을 안고 살아가게 된다. 만일 이러한 느낌의 지속을 보증할 수 있다면 감시는 언제나 행해질 필요는 없을 것이다. 감시에 드는 비용을 절감하면서도 감시효과를 극대화할 수 있다는 것이다. 수용자를 의식적이고 영속적인 가시권 안에 끌어넣음으로써 권력은 자동적으로 행사될 수 있다.[19] 이 권력의 극치에 이르면 권력의 실질적인 행사가 불필요하다. 즉 수용자는 스스로 순응하게 되어진다는 것이다. 수용자가 누구든간에 그들을 복종시키고 교화시키는데 강제력을 쓸 필요가 전혀 없어지는 셈이다. 이 모든 것은 감시자의 감시능력을 무한한 것처럼

18) M.Foucault(1977), p.200.
19) Ibid., p.201.

보이도록 함으로써[20] 달성될 수 있을 것이다.

이 같은 수용자에 대한 감시에 더해서 벤담은 팬옵티콘을 "공중의 감시" 하에 둠으로써 운영에 대한 민주적인 통제를 확보하고자 했다. 누구든지 원하면 와서 자기 눈으로 팬옵티콘 장치가 어떻게 작동되고 있는지 확인할 권리가 있다. 이렇게 되면 이 장치에 의해 증대된 감시자측의 권력이 남용되거나 오용될 위험성이 억제될 것이다. 다시 말해 팬옵티콘과 같은 규율장치는 "세계라는 거대한 재판정"에 개방됨으로써 시설관리자측의 권한남용을 견제할 수 있을 것으로 벤담은 보았다.

팬옵티콘의 외부적 운영방식을 공중에게 보이는 것은 일반예방적 차원에서도 유익할 것이다. 범죄로 인한 대가가 어떠한지를 직접 살펴봄으로써 일반시민들은 강력한 교훈을 얻을 것임에 틀림없다. 또 육중하고 음침한 건축물의 겉모습은 목격자로 하여금 전율감에 사로잡히게 하고 격정을 가라앉히는데 효과가 있을 것이다. 그러기 위해서는 실제로 비교적 관대한 형벌이라도 매우 가혹한 것으로 보여지지 않으면 안된다. 또 가능한 많은 사람들이 볼 수 있도록 감옥을 도시의 중심부 가까이에 자리잡아야 한다. 이 모든 고려는 일반예방적 효과를 제고하려는 벤담의 형벌목적과 무관하지 않다.

팬옵티콘 건축모델은 영국에서 비실용성을 이유로 거부되었다. 그러나 감옥건축에서 감시가 핵심적 요소라는 그의 주장은 19세기 초반의 감옥건축에 보편화되었다.[21] 감옥의 구체적 형태가 어떠하든, 탈주의 방지와 함께 감시의 편의의 확보는 필수적인 요소로 자리잡게 되었던 것이다.

(3) 필라델피아의 동부주립감옥—존 해빌랜드의 방사상 감옥건축

벤담의 계획은 19세기 초 감옥설립계획에 부심하던 미국 각국에 일부 영

---

20) J.Bentham(1791), p.45. 이러한 팬옵티콘적 구상에서 감시자는 그 실질적 존재(real presence)에 더하여 어디서나 있는 듯한 느낌(apparent omnipresence)을 주어 감시를 극대화할 수 있다고 주장된다.

21) R.Evans(1982), The Fabrication of Virtue: English prison architecture, 1750-1840, Cambridge: Cambridge University Press, p.228.

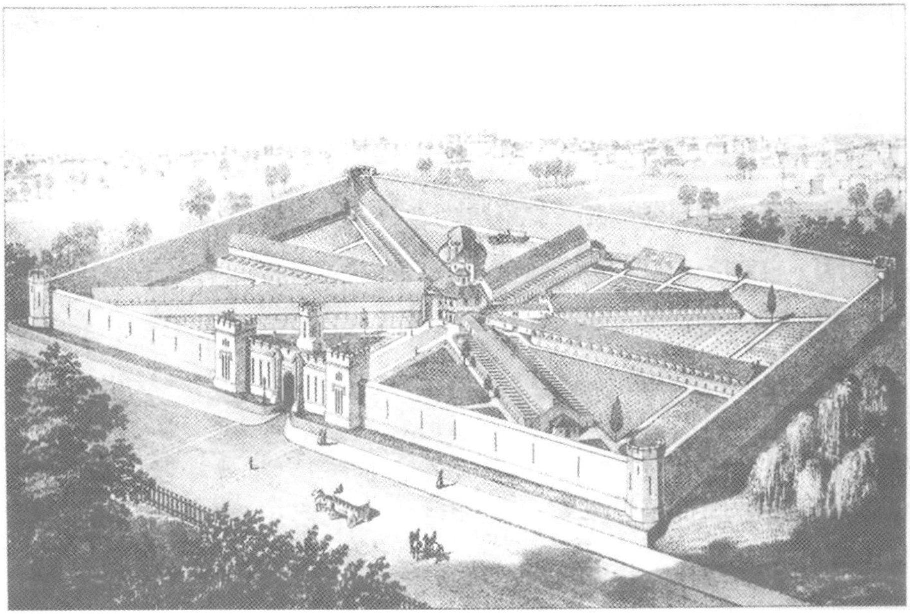

동부주립감옥의 조감도

향을 주었다. 1818년 펜실베니아주는 "노동 없는 독거구금제"를 원칙으로 한 서부주립감옥을 설립하기로 하였다. 1826년 피츠버그에 완성된 서부주립감옥(Western Penitentiary)을 살펴보면, 육중한 바깥담벽은 겐트감옥(Ghent prison)처럼 8각형으로 되어 있었고, 내부는 중앙감시탑을 둘러싸고 각 거실이 원형으로 배열되어 있어 벤담의 영향을 대번에 확인할 수 있다.[22] 그러나 실제로 세워놓고 보니 226개의 독방을 갖춘 이 거대한 석조건축물은 실제로 요새 이외의 어떠한 목적에도 쓸모없는 것으로 입증되었다. 이 시설은 수형자가 옆방의 수형자와 대화하는 것을 효과적으로 차단시킬 수 없었고, 엄격한 독거구금의 시행을 방해했다. 독방은 너무 어둡고 건강에 좋지 않아서 독거구금을 지속적으로 할 수 없었다. 거기다 "노동 없는 독거제"의 기본방침이 미국에서는 오래 가지 못하고 "독거 하의 중노동"으로 바뀌게 되었는데, 독방공간이 너무 협소하여 설비를 갖추고 작업한다는 것은 불가능했다. 결국 1833년

22) H.Barnes(1927), p.139; N.Johnston(2000), Forms of Constraint: A History of Prison Architecture, Urbana: University of Illinois Press, p.82-85.

에 기존의 서부감옥은 파괴되고 수형자들의 건강에 유익하고 개별 각방에서 감옥노동을 할 수 있도록 전면 개축되었다.

펜실베니아의 서부주립감옥의 역사가 이렇게 단명했던 데 반해, 동부주립감옥(Eastern State Penitentiary)의 건축사는 사뭇 달랐다. 1829년 완성된 이래 건축기술의 향상에 따른 몇 가지 부분적인 개축을 제외하고는 그 기본적인 형태는 150년 이상 지속되었다.

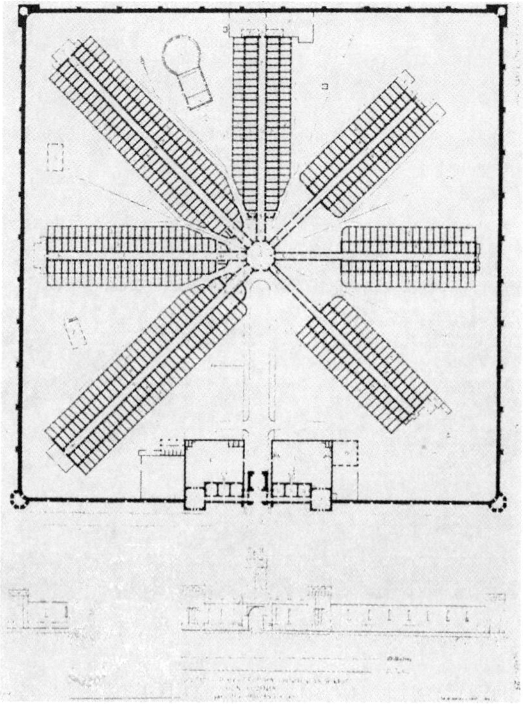

필라델피아 동부주립감옥의 설계도. 방사상 건물과 독거실 배치가 확연하다. 각 독거실의 바깥 쪽에 독거운동장이 붙어 있다.

동부주립감옥은 행형사에서 가장 유명한 건축가인 해빌랜드(John Haviland, 1793-1852)에 의해 축조되었다. 해빌랜드의 안은 흔히 방사상 안(radial plan)으로 정의되며, 그 방사상의 배치는 감옥건축을 특징짓는 것으로 널리 알려지게 되었다.

밖에서 본 동부주립감옥은 우선 고딕식의 육중한 중앙부와 10미터 높이의 길다란 담벽, 그리고 망루로 보여진다. 이러한 외형도 수형자와 일반시민에게 일정한 의도를 전달하려 기획된 것이다. 잠재적 범죄자의 마음 속에 공포감을 불러일으키고 다시는 범죄할 의욕을 꺾어놓도록 하며, 모든 지나가는 관찰자의 상상력에 특별히 무시무시한 인상이 지속되게끔 하는 효과를 불러일으키고자 했다.[23] 중앙부의 철문은 오히려 매우 작았는데, 범죄하면 빠져나가기 어렵다는 인상을 주려 계획된 것이다. 토크빌이 본 바로는, 그 겉모습

23) N. Johnston(2000), p. 85.

은 "중세의 요새화된 성채"와 같은 것이었다.[24)]

내부계획의 핵심은 펜실베니아 방식, 즉 주야로 완전히 독거하는 형태를 구현하기 위한 거실(cell)의 확보였다. 각 거실은 길이 3.6m, 폭 2.4m로 되어 있다. 각 거실에는 혼자서 거주하면서 중노동을 할 수 있도록 예정되었기에, 실내에는 침대와 변기, 세면기, 그리고 작업도구를 놓을 수 있도록 되어 있었다. 실제로 거실의 크기는 흔히 연상되는 감방보다 훨씬 넓은 공간이었다. 각 거실의 천장에는 좁고 긴 구멍이 뚫려 있어 그로부터 햇빛이 들어올 수 있도록 되어 있었다. 겨울을 대비하여 난방도 배려되었다. 수형자간의 소통을 방지하기 위하여 음성전달의 차단에 신경을 썼으며, 개별 거실을 차단하는 격벽을 두텁게 했다. 1층의 각 거실에는 바깥문을 열면 1인용으로 격리된 운동장이 있어 거기서 일정시간 동안 혼자 운동할 수 있도록 했다.

각 거실의 배치는 다음과 같다. 부지의 중앙에는 8각형의 중앙 사무소 겸 감시탑이 위치하고 그 각 면에 방사상(放射狀)으로 7개의 사동이 뻗어 있다. 각 사동은 중앙에 복도를 두고 독거실이 죽 늘어선 외방식(outside cell)이자, 복도 양쪽에 거실이 배치된 복방식(double cell)의 형태를 갖추었다. 거실의 총수는 처음엔 266개로 계획되었다.

감시의 경제성에 대해서도 최대의 배려를 했다. 방사상 설계는, 감시자가 중앙부에 설 때 7개의 사동을 한꺼번에 볼 수 있으며, 각 거실에 최단거리로 도달할 수 있도록 의도된 것이다. 2층 복도의 중앙부는 빈 공간으로 되어 있어, 아래층에서 위층의 각 거실을 볼 수 있도록 되어 있었다. 복도의 천정에는 외부광선이 안으로 들어올 수 있도록 했다. 정문 바로 안쪽에는 사무실, 관사, 병원이 위치하고, 사무소의 옥상에는 높은 탑이 있어 탈주와 같은 사고를 감시, 대비하도록 하였다.

이 모델감옥은 당시까지 세계에서 건설되었던 것 중 가장 정교하게 배려된 감옥이었고 당대의 기준으로 볼 때 가장 값비싼 건축물이었다. 이 제도는 미국과 유럽 각처에서 많은 방문객의 방문을 받았는데 이들은 펜실베니아 방

24) G. Beaumont and A. Tocqueville(1833/1964), p. 74.

식의 규율방식에 가장 합당한 건축형태로 생각되어[25] 유럽 각국으로부터 호의적인 반응을 얻었다. 유럽 각국에 펜실베니아 방식이 널리 확산된 것은 해빌랜드가 이 제도에 결부시켰던 건축기술의 우수성에도 기인하는 바가 적지 않다고 생각된다.

(4) 런던의 팬턴빌 감옥—격리제 감옥건축의 완성과 세계적 전파

1830년대에 미국감옥을 방문했던 영국학자들은 대개 해빌랜드의 동부주립감옥의 건축에 깊은 인상을 받고 이를 바탕으로 영국 내에서 모델감옥을 설립하려 했다. 이러한 노력은 젭(J.Jepp)에 의해 주도된 "모델감옥"이 1842년 런던에서 완공됨으로써 절정에 달했다. 이 감옥은 곧 팬턴빌 감옥(Pentonville Prison)으로 불려졌다.[26] 이 감옥은 당시 영국에 채택된 격리제방식을 시행할 수 있는 시설로 널리 활용되었다.[27]

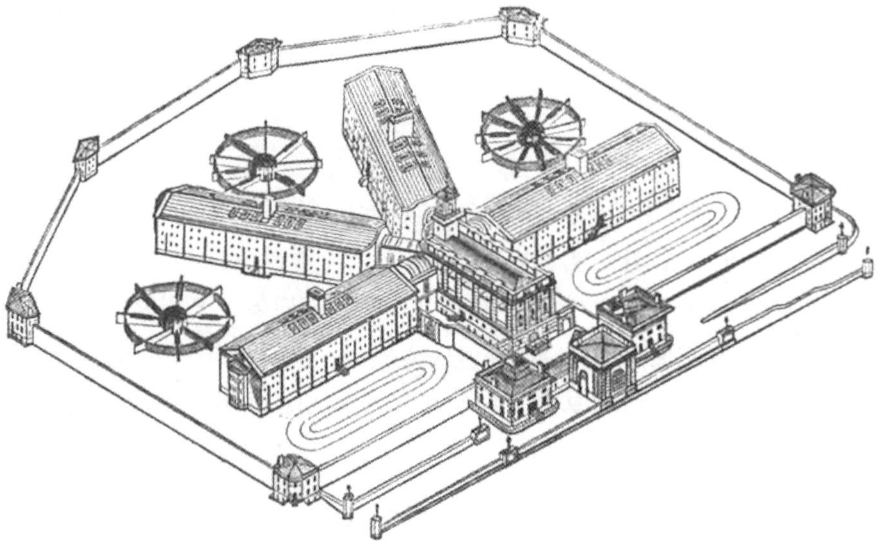

팬턴빌 감옥의 조감도

25) H.Barnes(1927), p.146.
26) N.Johnston(2000), p.90-91.
27) H.Mayhew and J.Binny(1862/1968), The Criminal Prisons of London and Scenes of Prison Life, New York: Frank Cass and Company, p.113-114.

팬턴빌 감옥의 전체적 구도와 내부구성은 대략 다음과 같다.[28] 감옥의 전면적은 6.75 에이크를 차지하고 있다. 전면에 출입문이 있고 나머지는 두터운 담벽으로 둘러싸여 있다. 주건물 위에는 시계탑이 중앙감시탑을 중심으로 있다. 중앙감시탑을 중심으로 4개의 사동이 방사상으로 자리잡고 나머지 하나는 출입구로부터 중앙탑으로 이어지는 역할을 한다. 4개의 사동 내부는 130개의 각방이 3층으로 되어 있는데 복도마다 40개의 독거실이 있어 총 520개의 독거실이 확보되었다. 각 독거실은 길이 4.1m, 폭 2.3m, 높이 2.7m로 되어 있어 내부 면적은 상당하다. 각 거실 내에는 침대, 세면기와 변기가 있으며 간단한 작업대를 놓을 수 있다. 모든 거실의 입구에는 감시구가 있고 그를 통해 간수는 수형자들이 안에서 무엇을 하고 있는지 지나치면서 살펴볼 수 있다. 복도에는 길다란 발코니가 뻗어 있다. 복도의 천장은 광선이 비쳐들어 오도록 밝게 처리되어 있다.

격리제의 원리는 건물 세부에까지 영향을 미쳤다. 거실간 격벽은 통방을 차단할 수 있는 두께가 되도록 시험되었다. 운동을 할 때에도 수형자간에 접촉이 불가능하도록 각자의 닫힌 공간이 주어졌다. 운동할 때는 수형자들은 얼굴마스크를 착용해야 했다. 예배시에는 수형자들이 앉는 의자 사이에 칸막이를 설치하여, 앞은 볼 수 있어도 옆은 볼 수 없도록 했다. 수형자간의 차단과 함께 감옥측의 의사는 잘 전달할 수 있도록 고안된 것이다. 거실에 있든, 예배나 운동을 하든, 팬옵티콘적 감시는 필수적이었다.[29]

이렇게 지어진 팬턴빌 감옥은 세계에서 가장 많이 모방된 교도소가 되었다. 영국 안에서만도 뒤이어 급격한 기세로 신축 교도소가 건설되거나 재건되었는데 몇몇 예외를 제외하고는 방사상 디자인이며 거실의 세부모양도 팬턴빌 방식을 따르고 있다.[30] 이러한 형태는 비단 영국 내에 한하지 않고 영국 식민지의 여기저기에도 건설되었다. 다른 유럽국가에서도 팬턴빌 양식이 모방 복사되었고, V자형 X자형 등 세부모양은 다르나 전반적인 원리에서는 유

28) R.Evans(1982), p.346 이하.

29) N.Johnston(2000), p.92.

30) R.Dobash and R.Dobash(1986), p.64 이하; H.Maynew and J.Binny(1968), p.172 이하.

사한 감옥건축은 세계 각국에 퍼져나갔다.[31)]

팬턴빌 감옥의 내부

일본의 경우에는 서구화의 첫 산물 중의 하나가 근대감옥의 설립이었다. 일본의 시찰단은 영국과 미국, 유럽의 감옥을 방문하였고, 독거실을 가진 방사상 감옥계획을 공식적 정책으로 확정하였다. 1879년 미야기 감옥(宮城監獄)이 영국 건축가에 의해 설계되었는데, 6개의 사동을 갖춘 형태였다. 그 후 일본에서는 방사상 혹은 부채꼴형, T자형 등의 형태를 갖춘 감옥의 건축은 가장 일반적인 양식으로 보급되었다. 중국의 경우 1909년 북경의 감옥이 일본 건축가에 의해 지어졌고, 그 원리 역시 동일한 것이었다.[32)] 이러한 감옥모델은 바로 1909년 일본인에 의해 지어진 경성감옥(서대문형무소)의 기본 형태가 되었다. 한반도에 이식된 첫 근대감옥은 바로 동부주립감옥에서 시발되고 팬턴빌 감옥으로부터 보급된 그러한 형태였던 것이다.

31) 유럽과 세계 각국에 퍼져간 양상에 대하여는 N.Johnston(1973), The Human Cage: A Brief History of Prison Architecture, Philadelphia: the American Foundation, p.34 이하; N.Johnston(2000), p.98 이하 참조. 일본에 끼친 영향에 대해서는 大塚 仁 編(1981), p.240 이하.

32) N.Johnston(1973), p.36-37.

(5) 소 결

근대감옥은 이전의 구금시설과는 달리 그 목표를 최대한 달성하기 위해 정교하고 세밀하게 고안된 건축물을 가지고 있다. 근대감옥은 밖에서 보기에 육중하고 음울한 인상을 불러일으키고 있지만, 내부의 공간환경은 가능한 협소한 구역으로 분할되어 있음을 알 수 있다.[33] 이는 감옥건축의 몇 가지 중첩된 기능을 잘 시사해준다. 첫째, 감옥은 탈주방지와 안전성의 확보를 기초로 하고 있다. 이는 견고한 감옥담벽과 건축물에 의해 상징된다. 둘째, 시설내 규율은 감시와 통제의 극대화를 지향하고 있다. 이 기능을 위해 반원형 혹은 원형의 팬옵티콘식 구조나 십자형 혹은 방사상의 팬턴빌식 구조와 같은 감옥에 특유한 건축기법의 발전을 가져왔다. 또한 감옥권력의 극대화를 위해서는 그 대상인 수형자의 힘을 분산, 무력화시킬 필요가 있다. 이는 상호 결집과 접촉의 여지를 봉쇄하는 독거 내지 격리용 감방의 발전을 가져오게 했다. 셋째, 그러면서도 수형자의 건강 유지, 노동과 교화를 가능케 할 시설을 확보할 필요가 있겠는데 이는 종종 두 번째 기능과의 조화를 깨뜨릴 염려가 있다. 격리하의 노동과 교화작업을 조화시키기 위한 극히 인위적인 건축기법이 여기서 생겨났다.

4. 감옥노동과 감옥규율

(1) 감옥노동의 의의와 목적

근대감옥과 자유형에 있어서 감옥노동[34](prison labor)은 핵심적인 구성요

33) N.Johnston(1985), "The Human Cage," in R.Carter et al. eds., Correctional Institutions, New York: Harper and Row, p. 11.

34) 우리의 경우 시대에 따라 형무작업으로 불리기도 했고, 지금은 교도작업이란 용어를 쓰고 있다. 전자는 형무소 시대에, 후자는 교도소 시대에 쓰는 말이다. 여기서는 19세기 감옥을 말하므로, 단순히 감옥노동이란 말을 쓰고자 한다.

소가 된다.[35] 감옥노동은 자유형의 단순한 부가물이거나, 가중적인 징벌조치의 일부라는 차원에서가 아니라 19세기 감옥제도의 불가분의 요소로 인식되었다. 다시 말해 근대감옥은 구금기능과 강제노역을 결합하는 것을 기본으로 하여, 거기에 일정한 이데올로기적 의미가 부가되어 성립되었다고 할 수 있을 것이다.

감옥노동은 다양한 형태로 활용될 수 있었고, 다양한 목적에 동시에 기여할 수 있는 것으로 여겨졌기 때문에 그에 대한 광범한 사회적 합의가 형성된 것은 별로 이상한 것이 아니다. 물론 각 시기마다, 각 단계마다 감옥노동의 구체적 내용과 그를 둘러싼 환경은 달랐고, 그에 따라 감옥노동에 대한 관심방향과 논쟁의 초점은 달라졌다. 하지만 분석적인 견지에서 추상화시킬 때 감옥노동의 의의와 목적은 대략 다음 세 가지 관점에서 접근되었다고 생각된다.[36]

첫째, 감옥노동은 범죄예방과 범죄통제라는 형사정책적 관점에서 이해되었다. 수형자에게 부과되는 중노동은 일종의 징벌적 고통을 의미하게 될 것이고(노동의 징벌적 성격), 일반인에게 징계하는 의미를 띠고 있었다(일반예방적 측면). 또한 작업에 종사함으로써 수형자들에게 잡념의 여지를 제거하고 게으른 습관을 포기하도록 한다. 노동을 통해 수형자들은 권위에 대한 순종적인 태도와 근면한 습관을 몸에 익히게 되며 나아가 유용한 직업훈련의 기회를 부여하는 의미를 지니는 것으로 생각될 수 있다.

근대감옥의 주창자들이 생각하기에 게으름은 범죄의 한 원인이자 징표로 생각되었다. 일하려 들지 않는 자는 범죄를 저지르려는 성향을 갖고 있고 또 게으름은 타락과 범죄를 위한 여건을 제공한다. 범죄자로부터 범죄적 성향을 씻어내기 위해서는 무엇보다 근면하고 정직한 노동을 통해 스스로를 부양할 수 있도록 하는 자세를 정립하는 것이 긴요하다. 이와 같이 감옥노동은 범죄의 원인으로 지적되어 온 게으름과 타락성을 교정하기 위한 방안으로 생각되었다.

---

35) S.Walker(1980), p.71.

36) C.Adamson(1984), "Hard Labor and Solitary Confinement: Effects of the Business Cycle and Labor Supply on Prison Discipline in the United States," Research in Law, Deviance and Social Control (6), Greenwich: JAI Press, p.27-29.

관리자들에게 감옥노동은 수형자들의 일상생활에 질서를 부여하고 보다 효율적인 통제를 위한 불가결한 방책이었다. 감옥노동은 일반사회의 노동과 다른 맥락에서 수행되는 까닭에 노동의 의미와 목적을 달리 한다. 감옥노동에 있어서 수형자들에게는 아무런 선택의 여지도, 아무런 권리도 주어지지 않는다. 거기서는 오직 주어진 과제에 대해 절대적으로 복종할 수밖에 없다. 이러한 맥락에서 볼 때 감옥노동은 통제와 규율확보를 위한 또 하나의 중요한 계기가 될 수 있을 것이다.[37)]

둘째, 재정적 내지 경제적 견지에서 보면 강제노동으로부터 생기는 작업수익은 행형비용을 절감시키는 수단으로 충당될 수 있었다. 감옥의 설치와 운영, 수형자들의 의식주 제공에 소요되는 비용 중 상당부분은 수형자들의 노동으로 충당해야 한다는 것은 수형자들이 사회에 진 빚을 갚는다는 의미에서 바람직하게 여겨지기도 했지만, 정책당국으로서는 감옥관리와 유지에 드는 재정적 부담을 경감시킬 수 있다는 점에서 이는 무척 유혹적인 제안이 아닐 수 없었을 것이다. 그 때문에 감옥산업으로부터 얻는 수익으로 관리와 운영에 소요되는 비용을 충당하도록 하자는 행형자족(行刑自足)의 원칙은 감옥의 관리자측과 사회 일반인에게 쉽게 받아들여질 수 있었던 것으로 보인다.

나아가 감옥산업은 노동력의 부족을 경험하고 있던 상황에서는 국가형성을 위한 인력확보라는 의미를 띠기도 했다. 미국의 경우 감옥산업은 각주의 부를 증대하기 위한 경제전략의 일환으로 활용되었다.[38)] 감옥이 자리잡고 있는 사회의 경제발전단계에 따라 노동의 내용은 농업, 소규모 생산업, 대규모 산업 등 상이했지만, 어느 경우에도 경제발전을 도덕적 향상과 밀접한 관련이 있는 것으로 계획의 추진자들은 정당화했다. 즉 감옥노동은 도덕적 향상을 꾀함과 동시에 생산적이어야 한다는 명제가 두루 통용되었다.

---

37) R.Dobash and R.Dobash(1986), p. 175.

38) J.Conley(1980), "Prisons, Production, and Profit: Reconsidering the Importance of Prison Industries," Journal of Social History(Winter), p. 257. 이하. 그에 따르면 감옥산업은 미국에서의 형벌발전에 핵심적 요소라 지적하고 있다. 생산성과 이윤동기가 형사정책의 초석이 되었다는 것이다. 감옥의 물리적 구조, 행정과정, 규율방식상의 제반 변화는 모두 수형자의 노동착취를 통한 이윤확보라는 동기와 직결되었던 것으로 conley는 정리하고 있다.

이 중에서 어떤 목적이 특히 부각되었고, 어떤 형태의 노동이 특히 부과되었는가 하는 것은 기본적으로 이론적 · 정책적 차원에서 결정된 것이 아니라 외부적인 경제적 · 정치적 상황에 의존했다고 보여진다. 감옥노동의 형태와 내용은 다음의 여러 요인이 복합적으로 갈등했다. ① 지역사회의 인구와 노동시장의 상태, ② 지역사회의 산업의 발달정도, ③ 감옥의 내부적 사정, ④ 감옥노동을 임금규제를 위한 안전판으로 활동하려는 기업가집단의 압력과 그에 대응한 조직노동계급의 반발의 정도, ⑤ 감옥노동을 사적 착취에 이용하려는 경향, ⑥ 감옥노동의 재교육적 · 치료적 성격을 강화하려는 박애주의자와 행형학자들의 노력 등.[39] 이러한 제반 요인들이 얽혀 특정한 모델과 작업경영의 방식이 결정되었고, 감옥산업의 사회적 성격도 결정되었다고 보여진다.

(2) 감옥노동의 기본형태와 경영방식

감옥노동의 구체적 형식은 매우 다양하지만, 분석적 편의를 위해 여기서는 일단 가장 기본적인 두 형태를 이념형으로 일단 설정해 봄으로써 논의를 풀어가도록 하겠다.

첫째, 감옥당국이 노동의 종류와 조직방식을 전적으로 관장하는 관용방식모델(state-use system)을 들 수 있다. 이 모델하에서는 감옥직원이 규율을 유지할 책임을 맡고, 생산된 제품은 시장에 내다파는 대신 감옥 기타 국가기관에 조달하도록 한다.[40] 수감자의 노동에 대한 보수는 지급되지 않으며, 때때로 상여금의 형태로 주어질 수 있을 뿐이다. 이 방식은 수형자의 노동에 대한 사적 착취를 반대하는 박애주의자와 노동조합의 지지를 받았지만, 제품의 질이 조야하고 생산과정의 산업화와 합리화를 기할 수 없다는 단점을 지니고

39) D.Melossi and M.Pavarini(1981), p. 131-132.

40) 우리나라에서는 1962년부터 〈교도작업 관용법〉(법률 제960호)을 제정, 관용방식을 채택했다. 이는 교도작업에 의하여 생산되는 물건 및 자재를 국가 또는 지방공공단체의 기관이나 국영기업체 또는 정부관리기업체에 우선적으로 공급하여 일반 산업조직에 미치는 영향, 즉 민업압박의 문제를 최소화하면서 교도작업의 발전을 도모하고 국고 절약을 기하는 제도로 의도되었다. 상세는 법무부(1987), 한국교정사, p. 749 참조.

있다.[41)]

둘째, 감옥노동의 이용, 관리에 관한 권한을 사적 도급인에게 위임하는 도급방식모델(contract system)을 들 수 있다. 여기서는 수형자들은 감옥 내에서 작업하지만 감옥당국에 의해 통제받지 않고, 민간 기업주가 수형자의 관리와 규율에 전적인 책임을 지게 된다. 민간 기업주는 노동과정을 통괄하고 수형자의 노동에 대한 보수를 지급한다. 생산된 제품은 자유시장에 유통될 상품의 성격을 띤다. 생산은 경제적인 효율성에 적합하도록 행해지며, 따라서 생산과정의 산업화와 합리화가 두드러진다. 반면 수형자의 노동력을 무자비하게 착취하는 폐단이 있었다. 더욱이 자유노동의 경쟁력을 상대적으로 약화시켜 임금의 억제요인으로 작용할 소지가 없지 않았기 때문에 조직화된 노동계급의 강력한 반발을 가져왔다. 또한 형사정책적 고려를 완전히 무시하는 결과를 가져올 염려가 있다는 비난에 직면하기도 했다.[42)]

이 두 형태의 경영방식을 양 극단으로 하여, 그 밖에도 여러 가지 형식의 경영방식이 고안, 실시되었다. 그 대표적인 것으로 공공사업방식,[43)] 공기업방식,[44)] 임대방식[45)] 등을 거론할 수 있을 것이다. 그러면 다음에는 미국 감옥의 두 모델이었던 펜실베니아와 오번의 경우를 통해 구체적인 성격을 살펴보기로 하자.

---

41) E.Sutherland and D.Cressey(1960), Principles of Criminology 8th ed., New York: Lippincott, p.517; 신진규(1987), 범죄학 겸 형사정책, 법문사, p.651.

42) D.Melossi and M.Pavarini(1981), The Prison and Factory: The Origins of the Penitentiary System, London: Macmillan, p.133-134.

43) 공공사업방식(public works system)은 도로공사, 하천제방, 공공건물개축 등 순수한 공공사업분야에 수형자를 투입하는 방식을 말한다. 사기업 압박의 효과를 최대한 감소시킬 수 있는 반면, 수형자의 교정교화, 직업보도의 목적에 반하는 측면이 없지 않다. 신진규(1987), p.651.

44) 공기업방식(public account system)은 감옥을 하나의 기업으로 운영하는 것을 말한다. 감옥은 자체의 기업성 회계에 의거하여 제품종목을 선정, 생산하고 이를 일반시장에 판매하여 수익성을 꾀하게 된다. 모든 이윤은 국고에 귀속되고 제반 규율의 부과와 통제는 형무당국에 맡겨진다. D.Melossi and M.Pavarini(1981), p.133.

45) 임대방식(leasing system)은 수형자를 외부의 민간기업주에게 일종의 노예노동자로 대여하는 것으로 그 계호, 급식, 작업지휘권까지도 그에게 맡긴다. 국가는 수형자에 대한 관리, 통제에 인적·물적 경비를 소요하지 않고 민간기업주로부터 대가를 받았기 때문에 순이익을 확보할 수 있어 어떤 방식보다 짭짤한 수익을 얻을 수 있었다. 하지만 이 방식은 수형자의 노동에 대한 무자비한 착취를 야기시키는 폐단이 있는 것으로 판명되었다. D.Melossi and M.Pavarini(1981), p.134-135.

우선 펜실베니아의 독거형 감옥은 매뉴팩처단계의 초기자본주의에 있어서 부르주아 사회의 이념형적 모델을 대변한다.[46] 여기서 중심적인 작업형태는 독거실 내에서 장인적 성격을 지닌 생산이며, 이는 아직 고정자본의 비중이 미비한 단계에서 수공적인 작업에 주로 종사하게 된다. 이러한 요청을 충족시킬 수 있는 경영방식은 공기업방식이다. 즉 생산방식은 전적으로 감옥당국의 손에 맡겨지는데 임금이 지불되지 않는 까닭에 생산과정을 산업화하지 않고도 시장경쟁을 견뎌낼 수 있다. 하지만 사회적 생산수준이 공장제 기계화에 이르게 되면, 이 형태로는 시장경쟁을 견뎌낼 수 없다는 점이 지적될 수 있다.

반면 오번의 공동작업제는 산업적 생산에 적합한 노동모델을 제공했다. 여기서는 노동절감의 효과가 있는 기계의 도입과 노동의 분업을 통한 생산이 가능하며, 기계와 노동은 공장식 규율에 따라 배치 운용되었다. 도급방식은 이러한 감옥에 가장 알맞는 경영방식이었다. 민간기업주가 감옥에 들어와 생산을 효율적으로 조직·통제하고 작업에 대해서도 일부 보수가 지급되었고, 만들어진 제품은 그의 책임하에 일반시장에서 판매되었다.[47]

미국에서 펜실베니아 감옥의 공기업방식이 점차 포기되고 오번의 도급방식에 밀려나게 된 것은 주로 경제적 이유 때문이었다.[48] 수공업적 방식으로부터 기계제 생산으로의 전반적인 이행추세로 인해 공기업방식은 더 이상 사회적 노동과 경쟁하기에는 역부족임이 입증되었던 것이다.[49]

감옥노동의 재정적 효과는 산업화의 급격한 진행에 따라 매우 의문시되게 되었다. 기계와 공장제의 도입과 확산에 반비례하여 감옥노동은 갈수록 수익을 올리기 힘들어졌고 많은 경우에도 운영비를 조달하기조차 어렵게 되었다.[50]

이러한 상황에서 감옥노동이 그 경제적 실효를 거두기 위해서는 감옥을 일종의 공장으로 재편하는 방법밖에 없었다. 오번제 감옥은 바로 이러한 경

46) Ibid., p. 135-136.

47) G.Gildemeister(1977), Prison Labor and Convict Competition with Free Workers in Industrializing America, 1840-1890, ph. D.Diss., Northern Illinois University, p. 11.

48) Ibid., p. 19 이하.

49) S.Walker(1980), p. 71 참조.

50) D.Rothman(1971), p. 104.

제적 요청에 부응하여 감옥노동의 이용과 관리를 민간자본에 위임하는 도급제 방식을 수용하게 되었다. 이는 감옥노동으로 인한 일정한 수익의 확보를 가능케 했을 뿐 아니라, 수형자에게 공장노동의 규율을 부과함으로써 근대적인 산업노동자에 합당한 태도와 규율을 체질화하도록 하는 이점을 지니고 있는 것으로 평가되었다.[51)]

경영방식의 차이는 또한 노동에 대한 보상지급 여부에 대해서도 차이를 나타낸다. 우선 정식 보수를 지급하지 않는 관용방식은 자유형의 선고에는 강제된 노동의 결과에 대한 권리도 박탈된다는 논리에 입각하고 있는데, 그에 대해서는 수형자의 노동을 노예노동과 유사한 것으로 파악한다는 비판이 제기될 여지가 있고, 노동의욕과 능률을 감퇴시킬 수 있다는 단점이 있다. 반면 작업에 대한 보수청구권이 정식으로 인정되는 도급형 모델은 수형자의 근로의욕을 고취시키고 자기존중심을 함양하며, 석방 후 사회적응에 필요한 자금을 확보할 수 있다는 장점이 있지만, 이 경우에는 수형자의 범죄등급에 관계없이 노동능력에 따라 보수가 주어질 것이라는 점에서 감옥 본래의 기능에 상반될 수 있다는 비판을 받게 된다.

끝으로 주목되어야 할 것은 감옥노동의 활성화에 대한 사회여론과 자유노동자들의 강력한 반발에 대해서이다. 특히 도급제 형태의 감옥노동은 많은 반발에 직면했다. 그에 대한 지속적이고 의미있는 반발은 노동계급과 노동조합에 의해 제기되었다. 일반 노동자들은 감옥노동이 자유노동과 경쟁관계에서 생기는 위협을 심각하게 의식하고 있었으며 실업이 늘어나는 불황기에는 특히 그러했다.[52)] 따라서 노동계급의 운동은 감옥노동에 대한 기본적인 장애중의 하나였다. 노동계급은 감옥을 사적 작업장으로 활용하려는 모든 시도에 강력히 반발하고 특히 도급제 방식의 철폐를 시종 주장했다.[53)] 또한 경쟁에 대한 위협요소를 없애기 위해 기계를 감옥에 들이지 말 것과 수형자들의 노동은 감옥에서 필요로 하는 물품의 조달을 위한 생산에 국한시킬 것을 주장했다. 이러한 노동계급의 강력하고 조직적인 반대에 부딪혀 도급형 감옥노동

51) D.Melossi and M.Pavarini(1981), p. 138.
52) G.Gildmeister(1977), p. 127 이하.
53) Ibid., p. 200.

은 장기적으로는 노동수요가 많았던 미국 이외에는 크게 발붙이지 못했다고 할 수 있다.

(3) 경제여건의 변화와 감옥산업

거시적으로 볼 때 감옥노동과 규율방식은 감옥 바깥 사회의 산업화수준 및 경기변동과 노동시장의 상태와 긴밀한 의존관계를 맺고 있음이 드러난다. 역사적인 자료를 검토해 볼 때 당대의 경제적 · 재정적 여건이 감옥노동과 규율 방식에 주도적인 영향을 끼쳤고, 행형학과 형사정책적 논의는 오히려 전자를 이데올로기적으로 정당화하는데 치중한 감이 있다. 이하에서는 구체적인 감옥규율이 각각 당대의 경제적 · 재정적 요청을 어떻게 반영하고 있는가 하는 점을 미국의 경우를 예로 들어 제시해 보기로 하겠다.

독립 직후의 미국은 노동력의 심각한 부족현상을 경험했다. 이 점은 사형에 처할 범죄의 범위를 축소하고, 중노동 구금형(imprisonment at hard labor)을 주형으로 채택하면서 월넛가 감옥을 비롯한 주요감옥에서 작업장을 설치, 운영한 데서도 보여진다.[54] 수형자들은 도로 · 조선 · 항만건설에 동원되기도 했고, 각종 작업에 종사했다. 또한 당대의 경제정책이 수입의존도를 줄여나가는데 있었던 만큼 노동공급이 부족한 미국에서는 감옥노동의 효용을 마다할 처지가 못되었다.

이러한 상황에서 수형자에 대한 독거구금의 타당성을 주장하는 퀘이커의 주장은 제대로 수용될 수 없었다. 퀘이커의 입김이 강했던 월넛가 감옥의 경우에도 독거제는 1790-1816년 사이에는 거의 실시되지 않았던 것이다. 초기 감옥의 대부분에서 독거실은 주로 감옥규율위반에 대한 징벌수단으로 사용된 정도였다. 독거제가 주변적일 수밖에 없었던 이유는 비용이 많이 든다는 점도 있지만 독거실에서 생산적 노동을 할 수 없다는 점이 더 작용했을 것이다. 이 시기에 만들어진 감옥은 참회소로 불렸지만, 참회를 위한 공간이 제공

54) H.Barnes(1927), The Evolution of Penology in Pennsylvania: A Study in American Social History, Indianapolis: The Boss-Merrill Co., p.164.

되지 않았던 까닭에 그 명칭은 시기상조였고 오히려 노역소(workhouse)라 불러야 적당할 정도였다.[55)]

그러나 이러한 중노동의 중요성은 1812-14년의 미영전쟁에 뒤따른 경기침체로 인해 그 경제적-재정적 호소력이 상실되고, 그에 따라 감옥산업도 커다란 타격을 받았다. 더욱이 실업률의 증가와 사회적인 궁핍화 현상은 수감인원의 증대를 가져오고 감옥내 질서유지를 그만큼 곤란하게 만들었다. 감옥이 빽빽하게 채워지면 개선형 감옥규율(reformatory prison discipline)의 여지도 그만큼 줄어들게 되고, 아예 그런 관념을 포기해 버리는 경우도 많았다. 감옥 안의 위기상황은 곧 일반적인 사회적 · 경제적 어려움을 반영할 것이기에 그 대응책으로는 보다 잔혹한 징벌에 의지하는 수밖에 없었다. 뉴욕주처럼 태형과 차꼬 등을 복원시킨 경우도 있었지만, 대부분의 개혁가들은 체형과 사형으로의 복귀가 아니라 보다 효율적인 범죄억제수단을 구사하고자 했다. 당시의 개혁가와 관료들은 부랑, 궁핍화, 감옥인구의 증대와 관련하여 빈민구제정책과 형사정책의 관대함을 크게 비난했다. 그들의 기본적인 지침은 이들에 대해 열등처우의 원칙을 관철시키는 것이었다. 그것에 따르면 보통 노동자들이 먹고 살 방책을 구할 수 없는 때에 감옥에서 의식주를 제공하게 되면 범죄를 조장하는 결과를 낳게 될 것이다. 결국 범죄를 억제

팬턴빌 감옥의 쳇바퀴(treadmill). 수형자에게 쳇바퀴작업은 '시지프스의 노동'에 비유되었다.

55) C.Adamson(1984), p.32.

시키기 위해서는 감옥생활을 훨씬 불편하게 느껴지도록 해야 할 것이고, 그러기 위한 한 방법은 수형자들의 노동 강도를 더욱 높이는 것이었다.[56)]

경기침체에 따른 생산적 감옥노동의 회피, 감옥 내 인구와 폭력성의 증대, 더욱 가혹한 노동수단의 필요성 고조—이러한 요청에 부응하기 위해 등장한 하나의 기법으로 쳇바퀴(treadmill)를 들 수 있다. 19세기 전반기에 영국과 대륙 각국에서는 하층계급의 범죄율을 통제하기 위하여 감옥노동을 일종의 고문방법(a method of torture)으로 변화시킬 것을 모색했다. 쳇바퀴작업은 가능한 단조롭고 지루하며 사람을 녹초로 만들고 경제적으로는 무용한 노동형태였다.[57)] 이 "끝없이 계속되는 계단오르기"에 비견될 수 있는 작업은 쓸모없고 지쳐빠지게 하는 노동에 대한 가장 확실한 보증이었다. 또한 기요틴이 가장 균일한 효과를 지닌 사형집행방식이었다면 쳇바퀴는 자신의 몸무게에 비례하여 작동되도록 고안되었기 때문에 작업의 고통을 균일화, 표준화시킨 기계로 여겨질 수 있었다.[58)]

우선 쳇바퀴는 범죄예방과 통제라는 형사정책적 목표를 성취하는 하나의 수단이자 일반사회의 근로규범을 강화하는데 기여하는 수단으로 평가되었다. 어느 시기를 막론하고 형사사법기관에서는 범죄의 원인으로 게으름 내지 그와 관련된 노동기피성향을 드는 경향이 있어 왔다. 그런데 쳇바퀴의 단조로운 고역은 어떤 완강한 습성과 태도도 분쇄할 수 있다. 또한 이 노동을 일단 경험한 사람들은 다시는 범죄할 엄두를 내지 못하게 될 것이다. 감옥이나 구호기관에서 쳇바퀴를 구비하고 있음을 알게 되면, 범죄를 계획하다가도 다시 한번 그것을 재고하지 않을 수 없게 된다. 쳇바퀴는 일정한 주거 없이 떠돌아 다니는 부랑자, 걸인의 수를 감소시키고 자선기관, 감옥의 부담을 덜어준다. 쳇바퀴에 대한 이러한 기대는 증가하는 산업예비군으로 인해 골치를 앓던 영국과 대륙 각국에서 (또 미국의 경우 불경기에 몇몇 주에서) 유용한 범죄통제 방법을 대변하는 것이었다. 이들에게 쳇바퀴노동은 추상적인 일반예방관념의 구체적인 표현의 예로 받아들여지는 경향마저 있었다.

56) Ibid., p. 35-36.
57) Ibid., p. 37.
58) M. Foucault(1977), p. 13.

쳇바퀴의 활용도는 사회적 · 경제적 사정에 따라 크게 달랐다. 산업예비군의 증대로 인해 골머리를 앓던 영국과 유럽 각국에서는 크게 각광받은 반면, 미국에는 그다지 일반화되었다고 볼 수 없다. 미국의 경우 심각한 불경기의 경우를 제외하고는 인력수요가 공급을 계속 능가하는 편이었던 까닭에 쳇바퀴는 경기침체의 재정적 · 경제적 난관을 타개하기 위한 단기적인 해결책에 그치는 경향이 있었다.

불경기적 상황에서 수형자에 대한 열등처우의 원칙을 관철시키려 할 때 나타난 극단적인 규율형태는 노동 없는 독거구금(solitary confinement without labor)이었다. 정직한 직공들도 일자리를 찾을 수 없는 상태에서 수형자들에게 노동을 제공하는 것은 불합리하게 느껴졌다. 노동은 신성한 소명이라는 퓨리턴적 논리를 바꾸어 이야기하면 이는 수형자들의 죄책감을 진정시키고 중화하려는 수단이어서는 안된다는 논리도 성립할 수 있을 법했다. 독거제에 대해 박애주의자들은 참회를 위한 여건을 제공하는 것으로 미화했지만, 실무가들은 이를 다른 어떤 형태의 규율보다 큰 범죄예방효과를 거둘 수 있을 것으로 전망했다. 독방에 있을 때 그는 뼈속깊이 고독감을 체험하게 되고, 나아가 일반인에게도 큰 공포감을 유발시킬 수 있을 것으로 기대되었다. 여기서도 경제적 필요성에 맞추어 이데올로기적 정당화가 뒤따라가는 과정을 관찰할 수 있다.

미국의 경우 독거구금의 영향력은 1820년대 펜실베니아주의 정열적인 실험을 통해 인식될 수 있다. 그러나 노동 없는 독거제는 대체로 본격적으로 실험되기 전에 곧 포기되었다. 심지어 그에 대한 지지가 강력했던 펜실베니아주에서조차 그에 대한 의학적 차원의 논란—정신병의 증대—에 직면하여, 보다 중요하게는 노동력에 대한 수요가 크게 되살아나게 됨에 따라 기본적인 방침을 수정하지 않을 수 없게 되었다. 1829년 필라델피아의 동부주립감옥은 독거제에다 노동을 할 수 있도록 조치했다. 순수한 독거제는 징벌수단으로 사용되었고, 한번에 10-12일 이상을 과할 수 없음을 원칙으로 했다.[59]

1820년대 중반 이후 경기가 되살아나고 노동수요가 증대함에 따라 다시

59) H.Barnes(1927), p.168-169.

감옥노동에 대한 긍정적 평가가 되살아났다. 이 시기에 오번식의 사회적 노동형태가 펜실베니아식 독거노동제를 압도하게 된 것은 어떤 이론적 장점이나 우수한 행형성과 이전에 경제적 여건으로 인한 것임은 분명하다. 1830년대에 이르면 수형자의 중노동은 곧 생산적 산업의 관점에서 규정, 배치되었다.

이상의 논의를 통해 볼 때 경기변동과 노동시장의 상태는 19세기 초반의 감옥형태, 규율양식, 행형 이데올로기의 헤게모니에 결정적인 영향을 미쳤음이 확인된다. 감옥노동을 경제적 · 생산적인 노동으로 규정하는 것은 호경기의 노동력 부족상태를 반영하는 것이었고, 반면 쳇바퀴나 노동 없는 독거제는 경기침체로 인한 실업과 잉여노동에 대한 반응으로 나타난 것이었다.[60] 다시 말해 경기변동과 노동시장의 상태는 범죄자를 사회질서에 대한 위협인자로 보는가 아니면 경제적 자원으로 보는가를 결정했고, 그에 따라 감옥규율 및 감옥노동의 형태와 내용이 결정되었던 것이다.[61]

(4) 소　결

흔히 생각하듯이 감옥노동의 형태와 내용은 감옥당국의 행형적 필요에 따라 자율적으로 결정되어지는 것은 아니다. 역사적으로 볼 때 감옥노동에 대한 형사정책적 논의는 종종 그 감옥이 자리잡고 있는 사회의 경제적 · 재정적 필요성을 반영하거나 정당화하는 방편으로 전개되어 왔다. 가령 관용방식과 도급제, 독거제와 공동노동제는 형사정책적 측면에서는 각각 일정한 장단점을 지니고 있겠지만, 어느 방안이 제도화되는가는 순수이론적 논쟁에 의해서가 아니라 당대의 경제여건, 그 중에서도 특히 경기변동과 노동시장의 상태에 의해 좌우되어 온 것으로 나타나고 있다.

또 하나 정리해 볼 것은 감옥노동의 사회적 비중과 그 기능에 대한 것이

60) C.Adamson(1984), p. 48.

61) 마르크스에 따르면, 자본주의 하의 잉여인구는 한편으로는 생산적 용도에 사용될 수 있는 경제적 자원으로써 다른 한편으로는 기존의 계급질서에 대한 위협요소로써 인식되는 경향이 있다. 잉여인구에 대한 구체적인 인식내용은 경기변동과 노동시장의 상태에 의해 결정된다. 이를 통해 볼 때 감옥인구에 대한 평가는 자본주의 하의 잉여인구 일반에 대한 평가와 직결되어 있음을 미루어 짐작할 수 있다.

다. 아마도 수공업적 · 장인적 생산방식이 일정한 비중을 차지하는 사회에 있어서는 감옥에서의 강제노동은 사회적으로 볼 때 노동생산성의 면에서도 무시할 수 없는 비중을 차지할 수 있을 것이다. 초기 중상주의 시대의 징치감의 경우가 그것이다. 하지만 공장제 기계공업이 주류를 이루게 되면, 감옥노동은 노동생산성의 면에서는 일반사회에 큰 영향을 끼칠 수 없게 되고 만다.

감옥노동은 한정된 범위 내에서 행해지고 산출물도 상대적으로 낮으며, 그 때문에 경제에의 영향력을 고려할 만큼 중요한 것은 아니다. 이러한 상황에서 감옥노동은 순수한 생산적 효율성보다는 노동을 통한 (사회적으로 기대되는) 인간상의 형성에 보다 주안점을 두게 되는 것으로 보인다. 이 경우 감옥노동의 기능은 내부질서유지와 통제의 편의라는 차원에서 인식될 수 있다. 즉 노동을 도입할 경우 강압적 수단을 그리 사용하지 않고서도 감시와 통제의 편의를 도모할 수 있다는 이점이 있다. 하지만 그보다 더욱 중요한 기능은 노동을 통해 폭력적이고 조급한, 지각 없는 수형자들로 하여금 질서와 규율을 몸에 익히고 규칙적 노동에 자신을 적응시키는 것이다. 이러한 의도는 오번식의 공장제 감옥노동형태를 통해 보다 잘 충족될 수 있을 것이다. 요컨대 감옥노동은 그 자체의 경제적 수익성의 차원에서보다는 산업사회의 규율과 리듬에 적응할 수 있는 인간, 즉 "건전한" 노동자로 변화시키려는 차원에서 이해되어야 할 것이다.

5. 종교와 감옥규율

근대감옥이 복음주의 종교활동과 깊은 연계를 맺고 있다고 볼 때 감옥 내에서 종교적 교화가 중시되었던 것은 그다지 이상할 것도 아니다. 초기감옥에 있어서 교육은 지적 계발(향상)이 아니라 주로 "도덕적 회개"와 "종교적 구원"을 겨냥한 것이었다.[62] 종교교육은 통상 성경읽기와 종교적 예배, 의식에의 참석을 정규적으로 수행하는 것을 의미했다. 종교적 활동 중에는 주의

62) W.Forsythe(1987), The Reform of Prisons 1870-1900, London: Croom Helm, p.15.

팬턴빌 감옥의 교회당. 수형자들은 옆을 볼 수 없고, 오직 전면의 설교자만 볼 수 있도록 고안되었다.

를 흐트릴만한 어떤 일도 허용될 수 없을 정도로 엄숙하고 경건하지 않으면 안된다.

교회사(chaplain)에 의한 개별적인 접촉과 상담은 일반적인 종교활동에 못지 않게 강조되었다. 교회사는 죄인의 영혼을 구원하는 역할을 자임하고 나섰으며 근대감옥의 불가결한 부분이 되었다. 이들이 보기에 진정한 교정은 오직 종교를 통한 길밖에 없다고 생각되었다. 가령 수형자들의 고립화, 시간표의 엄격한 적용 등은 범죄예방이라는 소극적 수단에 지나지 않으며, 적극적인 교화, 개선을 위한 보조적 수단의 의미를 가지는데 지나지 않는다.[63] 즉 고독과 고립화는 종교를 통한 개선의 전제요건에 불과한 것으로 여겨졌다.

설교와 예배, 개별적 상담 등 교회사의 활동이 소기의 성과를 거두었느냐에 대해서는 의문의 여지가 있다. 당시 교화의 성공의 가시적인 척도는 재범률(recidivism rate)이었는데, 이 점에서 감옥은 그다지 성공적이지 못함이 입증되었다. 또 하나의 성공의 척도는 감옥 내에서의 규율에의 순응 여부였다. 감옥체제가 수형자들을 진정시키고 수치심을 불러일으키게 하고, 나아가 교화 개선의 효과를 거둘 수 있도록 하는 것은 종교에 맡겨진 책무였다. 이 점에 있어서 과연 얼마나 실효를 거두었는가를 차치하고 적어도 모든 감옥에는 종교적 교화를 담당하는 직분이 불가결한 부분으로 여겨졌음은 인정될 수 있을 것 같다.

하지만 근대감옥에서 이러한 종교의 역할은 갈수록 감소하게 되었다. 이

63) R.Dobash and R.Dobash(1986), p.52.

는 세속국가에 있어서 종교의 이데올로기적 헤게모니의 약화에도 관련된 현상일 것이다. 초기 감옥에서 종교의 역할은 공교육에 대한 국가의 관여의 확대경향에 맞추어 감옥 내에서도 세속적인 직업훈련, 학습의 기회 등이 보다 중요하게 되었다고 보여진다. 오늘날 감옥 내 종교의 역할은 다소 의례적인 정도로 축소된 느낌도 없지 않지만, 여전히 감옥규율의 일부를 담당하고 있는 사정은 부인될 수 없으리라 생각된다.

6. 수형자들의 반응—순응 · 저항 · 하위문화 · 탈출

이 장의 앞부분에서는 감옥의 규율형태와 그 이데올로기가 지닌 사회통제적 의미를 '위로부터의' 권력의 전략을 중심으로 살펴보았다. 그러면 이러한 권력의 의도와 전략은 소기의 성과를 거두었는가? 대상자들은 그에 대해 수동적으로 순응하는 이외의 아무런 대안이 없었는가? 규율에 대한 태도에 있어서 개인적 · 집단적 특성에 따른 유의미한 편차는 없었던가? 이러한 의문이 쉽게 제기될 수 있을 것이다.

여태까지 검토해 본 문헌에서는 지배의 전략과 이데올로기에 보다 중점을 두는 나머지 그에 대한 '아래로부터의' 반응에 대해 소홀히한 감이 없지 않다. 가령 감옥권력의 통제전략의 측면을 밝혀내는데 누구보다 공헌이 컸다고 평가되는 푸꼬의 경우에도 그러한 권력과 지배의 전략 내지 기술들이 과연 소기의 목적을 달성했는지, 또 수형자들의 개인적 · 집단적인 대응이 그러한 권력의 전략에 다시 어떤 영향을 미쳤는지 하는 문제에 대해서는 별반 검토하고 있지 않다.[64] 사정은 고프만,[65] 루쉐, 멜로시 등의 경우에도 별다를 바가 없는 것으로 보인다.

64) 다만 푸꼬는 1971년 미국의 아티카 감옥의 폭동으로부터 큰 충격을 받았으며, 감옥정보그룹을 결성하여 감옥내부에 대한 정보의 수집, 수형자들의 시위와 폭동에 대한 지원 등의 작업을 수행했다. 그러한 자료와 정보의 수집과 함께, 감옥의 규율과 훈육의 계보학적 탐구를 꾀한 것이 그의 유명한 '감시와 처벌'이었다.

65) E.Goffman(1961), Asylums, Chicago: Alddine.

그러나 객관적 분석 못지 않게 주체에 대한 분석은 감옥에 대해서도 중요한 것으로 생각된다. 어떤 제도도 인간을 제도가 원하는 방식대로 주조해내기 어렵고, 그 제도적 굴레 속에서 인간은 자신의 필요와 욕구에 따라 다르게 반응한다. 아무리 억압적 시설에 수감되어 있다 해도 거기 있는 인간들은 감옥이 표방한 가치의 수동적 수령자가 아니었으며, 무기력한 대중으로 머물렀던 것도 아니었다.[66] 또한 감옥의 규율은 모든 범죄자에게 한결같이 적용된 획일적인 것일 수는 없었다. 다시 말해 '주체'의 특성에 따라 적용되는 권력의 전략과 기술은 상이하게 배려될 것이다.[67] 만약 이러한 측면을 무시한다면 감옥규율의 확산의 정도와 그 한계에 대한 분석은 불가능해질 것이다.[68]

감옥의 억압적이고 혐오감나는 환경에 대한 수형자들의 반응형태는 몇 가지로 나누어 볼 수 있겠다. 첫째, 표면적인 긍정의 태도. 수형자들은 교도관, 교회사, 교화위원들의 "자비"와 "박애"를 감사히 수락하며, 감옥생활을 "참회"와 "감사" 속에 보낸다(혹은 보내는듯이 행동한다). 그럼으로써 그들은 보다 편안한 생활을 보내며 종종 형기단축의 혜택을 얻을 수 있다. 독거제 혹은 격리제와 같은 방식 하에서는 수형자들은 고립감과 고독에 몸부림치게 되고, 타인과의 접촉을 갈망하게 되는데 바로 이 시점에 국가의 대변자들이 등장하게끔 배려되어 있다. 이런 상황에서 표면적인 긍정의 태도는 절망적인 상황을 타개하는데 도움을 줄 수 있다. 통제자측의 입장에서는 수형자들의 이러한 태도변화를 무척 고무적인 눈길로 바라보겠지만, 수형자들의 입장에서는 절망의 극단을 벗어나기 위한 몸부림, 보다 편안한 생활과 보다 많은 빵

66) P.O'Brien(1982), The Promise of Punishment: Prisons in Nineteenth-Century France, Princeton: Princeton University Press, p. 10.

67) M.Poster(1984), Foucault, Marxism and History, Cambridge: Polity Press, p. 111.

68) 이 점에 있어서 19세기 프랑스 감옥에 대한 O'Brien의 분석은 고려될 가치가 있다. 그녀는 톰슨식의 신사회사적 방법으로 감옥조건에 대한 피압박자들의 창조적인 대응의 요소를 강조함으로써 이제까지의 객관적인 분석을 뛰어넘는 전망을 제시해 주고 있다. 그녀는 모든 수형자들이 동일한 방식으로 취급받았다는 인상을 주는 푸꼬와는 달리, 남성, 여성, 아동들이 지닌 특성이 감옥제도에 어떻게 독특한 문제를 제기했고, 다른 취급을 받았는지를 부각시키고 있다. 우선 성인 남성 수형자들의 표준적 처리방식이었던 독거실은 남성보다 기질이 약하고 도덕적으로는 보다 온순한 여성 수형자에게는 적당하지 않는 것으로 여겨졌다. 아동들은 대체로 팬옵티콘적 규율에 맡기지 않고 농촌에서 농장형 작업을 하도록 했다. 아동은 거실에 고립되지 않고 가정이라 불리는 집단으로 묶였다. 가장 악질적인 범죄자에게도 감옥은 적당하지 않았고 이들은 악명높은 형벌식민지(penal colony)에 보내졌다. P.O'Brien(1982) 참조.

을 얻기 위한 굴욕적 타협, 더 나아가 형기단축의 혜택을 위한 전략적 제스추어일 수도 있음을 유의해야 할 것이다.

둘째, 감옥규율에 대한 지속적인 반발과 저항. 감옥이 부과하는 규율— 침묵의 강제, 거친 식사, 지속적인 감시, 종교교육의 지루한 되풀이, 부족한 식사량— 중 어느 하나도 반발과 저항의 계기가 될 수 있다. 그 중에서도 특히 집단적인 저항의 초점이 된 것은 열악한 식사와 간수들의 지나친 폭력행사였다. 그에 대해 수형자들은 단식투쟁, 간수에 대한 폭력행사 등의 방법을 통상 구사했고, 그에 대해 가혹한 응징을 받았지만 그러한 저항은 멈추지 않았다.

가혹한 수감조건에 대한 산발적 저항에 머물렀던 반항형태는 1970년대 초반에 이르러 일변했다. 감옥의 존재 자체에 대한 의식적인 저항이 구미 전역에 걸쳐 확산되었고, 그로 인해 종래의 통제기법 및 통제이데올로기 전반에 걸친 재검토를 요청하게 되었다. 감옥은 '자유주의의 겉옷을 입은 전체주의적 시설', 나치의 수용소와 다를 바 없는 '파시스트적인 집중수용소'라는 공격을 받았다. 감옥의 문제가 본격적으로 정치적 쟁점으로 부상했던 것이다. 이러한 급진적 수형자운동은 수형자조합(prisoners' union)의 결성, 대규모의 시위와 폭동, 교정주의 이데올로기에 대한 공격을 포함했다. 본격적인 감옥폐지운동(abolition movement)도 이 때 처음으로 이론적으로 가공되었다.[69]

셋째, 집단적인 저항과 같은 적극적인 방법이 아니더라도 수형자들은 원칙적으로 금지되어 있는 상호간의 의사소통을 꾀함으로써 감시와 통제의 망을 회피하면서 자신들의 연대를 꾀했다. 의사소통이 구조적으로 거의 불가능하게 만들어진 환경 하에서도 금지된 물품의 반입, 변형된 성관계 등의 행위와 비밀신호, 은어, 속삭임과 휘파람, 정교한 노크체계, 기술적인 통방체계 등을 통해 의사소통의 기회를 확대하고자 했다. 이러한 수형자들의 의사소통을 통한 공감대의 형성은 나아가 감옥하위문화(prison subculture)를 만들어 내는데 기여했다. 수형자의 독자적인 규율과 가치관, 규범의식은 감옥체험을

69) R.Adams(1992), Prison Riots in Britain and the USA, London: Macmillan; T.Mathiesen(1974), The Politics of Abolition, Oxford: Martin Robertson; E.Carrabine(2004), Power, Discourse and Resistance: A Genealogy of the Strangeways Prison Riot, Aldershot: Ashgate, p.1-21 참조.

통해 생성, 확산되게 된다.[70]

넷째, 감옥으로부터의 탈출이었다. 자물쇠, 감방과 사동, 높은 담벽, 망루의 감시 등의 방법을 통해 탈옥의 가능성을 봉쇄하는 것은 감옥 관리자측의 절대적인 관심사였다. 그러나 자유에 대한 희구는 객관적으로 불가능한 상황을 극복하고 탈옥을 감행하게 하는 동력을 제공한다. 탈옥은 정문을 통해, 높은 담을 넘어, 그도 아니면 심지어 지하로 굴을 뚫어 이루어진다. 탈옥을 위해서는 몇 년의 기간의 집중적인 노력이 필요하기도 했다. 탈옥은 바깥의 대중들에게 언제나 공포감으로 다가온 것은 아니었다. 제도의 철벽을 뚫어내는 탈옥의 모험은 인간의 상상을 자극하고, 체제의 허점을 확인하는 데서 카타르시스를 주기도 했다. 탈옥은 문학과 예술의 모험담에서 빠질 수 없는 소재로 자리잡았으며, 20세기에 와서는 영화의 최상의 소재 중의 하나였다. 그러나 실제로 탈옥이 성공할 가능성은 극히 낮았으며, 하나의 탈옥은 다음을 위한 교훈이 되어 탈옥의 성공이 갈수록 어려워질 것은 당연했다.

통제자측의 기법과 전략, 수단과 목표에 대한 분석 못지 않게 중요한 것은 그에 대한 수형자들의 대응방식을 이해하는 것이라 할 수 있다. 근대감옥의 실상은 개혁가의 약속대로 질서와 규율에 순응하는 인간을 만들어 내는 것과 거리가 멀었다. 수형자들은 피동적 대상자의 지위에 그치지 않고, 고립감과 무력감 및 절망감으로부터 벗어나기 위한 필사적인 노력을 전개했고, 그 결과 원래의 감옥의 약속과는 상반되는 현실을 만들어냈던 것이다. 질서와 규율, 교정 등의 약속은 감옥에 대한 "수사학적" 진실로 남아 있을 뿐이라는 점을 인정한다면, 감옥이라는 억압적인 통제의 장에 대한 '아래로부터의' 분석은 앞으로 시도되어야 할 과제로 남아 있는 셈이다.

---

70) G.Sykes(1958), The Society of Captives, Princeton: Princeton University Press; 신진규(1987), p.712 이하 참조.

제 9 장 감옥과 사회통제, 자유주의 국가

1. 서　　론

흔히 근대감옥은 산업화, 도시화와 함께 늘어나는 범죄문제에 대한 인도적이고 효율적인 대응방식의 일환으로 나타났다고 해석하는 경향이 있다. 즉 격증하는 범죄는 그에 따른 '필연적인' 사회적 통제를 유발시켰고, 경찰과 감옥은 범죄에 대한 일반예방 내지 특별예방을 담당하기 위한 근대적 제도로 고안되었다는 것이다. 아울러 형벌제도로부터 야만적이고 잔혹한 제도를 배제하고, 이러한 근대적 제도를 만들어낸 사회와 국가는 명백히 도덕적 향상을 가져온 것으로 생각되어진다.

통념적으로 볼 때 형벌은 응보, 억지 내지 일반예방, 특별예방의 기능 중 하나 이상을 담당한다고 이야기되고 있다. 근대 형벌에서 중요한 부분을 차지하는 감옥 역시 이러한 견지에서 이해되고 있음을 본다. 그럴 때 감옥의 유효성 내지 정당성은 그러한 목적 내지 기능을 얼마나 잘 수행하고 있는가에 비추어 평가될 것이다. 다시 말해 감옥은 수형자로 하여금 다시는 감옥에 들어올 생각을 없게 만들거나, 생활을 재조정함으로써 들어오지 않게끔 하고, 사회 일반인으로 하여금 감옥이 주는 공포에 의해 죄를 지을 엄두를 못내게 할 때 비로소 사회적 효용을 입증할 수 있다는 것이다.

문제를 이런 식으로 잡아나갈 때 다소 당혹스런 점은 감옥이 이러한 예방 및 교정효과를 입증했다는 증거가 빈약함[1)]에도 불구하고, 지금껏 세계 각

---

1) 근대감옥은 그 성립기부터 끊임없는 비난에 시달려 왔다. 초기에 제기된 회의와 비난의 내용은 오늘날에도 되풀이되고 있다. 그러한 〈감옥의 실패〉에 대한 근거를 대별해 보면,

1. 감옥은 범죄율을 낮추는데 기여하지 못하고 있다.
2. 상습범과 누범은 일반적인 현상으로 되어 버렸는데, 이러한 현상은 감옥에 의해 야기된 것이다.

국에서 지속되어 오고 있고, 심지어 그에 대한 확실한 대안도 잘 떠오르고 있지 않는 이유는 무엇일까 하는 의문이다. 감옥은 예방적 · 교정적 측면에서 성공을 입증했기 때문에 지금껏 견뎌나온 것인가? 아니면 감옥은 실패에도 불구하고 다른 대안이 없기 때문에 마지못해 정당화되는 것일까? 아니면 감옥의 실질적인 기능 내지 목적은 다른 곳에서 구해져야 할 것인가? 사회적 맥락에서 감옥의 실질적 측면을 분석하고자 할 때 이러한 의문은 당연히 제기되어진다.

여기서는 자본주의사회와 국가에 있어서 감옥의 사회적 기능 내지 역할에 대한 포괄적인 해석을 시도해 보고자 한다. 먼저 감옥을 형벌론적 테두리 내에서 이해하고자 하는 접근방법을 지양하고, 전체 사회구조 속에서 감옥이 갖는 실질적 의미를 살펴보고자 한다. 다음 감옥으로 대표되는 통제양식이 지닌 특성을 다른 사회통제양식과의 관련성하에서 살펴볼 필요가 있다. 이러한 논의를 통해 공식적 사회통제기관으로서의 감옥의 계급적 · 정치적 의미가 보다 분명해지리라 생각된다.

2. 감옥제도와 사회적 기능

(1) 범죄문제와 감옥의 위상

감옥의 기능을 형벌이나 교정의 문제와 관련시켜 접근하는 경향은 비단 리버럴한 형벌학, 행형학에 국한되는 것은 아니다. 이러한 문제영역은 가령 루쉐 등의 저작에서도 마찬가지로 나타나고 있다. 그들은 유물론적 관점에서 노동시장을 포함한 자본주의적 조건이 감옥에 미친 영향을 고찰하고 있지만,

3. 모든 범죄자들을 한 장소에 집결시켜 특정한 생활양식을 부과함으로써 감옥은 범죄자를 만들어내지 않을 수 없다.
4. 일단 석방된 자들은 (사회적 냉대와 낙인으로 인해) 다시 범죄하는 길 이외에 아무런 살아갈 길이 없음을 발견한다.
5. 감옥은 범죄자 자신뿐 아니라 그 가족까지 처벌하는 결과를 가져온다. M. Foucault(1977), p. 266-268 참조.

감옥제도 및 그 처우방법의 목적은 결국 범죄문제의 해결과 관련된 것이라는 선상에서 논의를 전개하고 있다. 그리하여 감옥개혁의 한계 내지 실패를 일반예방과 재사회화 이념간의 풀릴 수 없는 모순(어떠한 개혁프로그램도 형벌의 일반예방 효과를 부인할 수는 없으며, 후자를 위해서는 열등처우의 원칙이 포기될 수 없고, 이로써 개혁의 한계가 설정된다) 및 재사회화 이념의 현실적 허구성(재사회화 이념은 감옥에서 습득한 질서 있고 근면한 생활양식이 출소 후 일반사회에 적응하는데 기여하리라는 전제를 깔고 있는데, 현실적으로 볼 때 그에 부합하는 감옥은 거의 존재하지 않는다)에 기인하는 것으로 보고 있으며, 실패의 증거로 그들은 재범률의 통계를 제시하고 있다.

한편 로쓰만은 당대의 사회문제에 대한 일련의 수용소적 해결의 추구는 개혁가들의 입장에서 볼 때 이중적 목적을 추구하기 위한 것으로 해석한다. 즉 첫째 감옥은 수형자를 개선시키고, 둘째 일반사회의 모델로 기능할 수 있으리라는 것이 개혁가들의 확신이었다. 그런데 개혁가들의 약속 내지 선의는 실무가들의 편의에 의해 침식 · 왜곡되어 갔고, 그러한 약속이 지켜지지 않았음에도 불구하고 감옥을 포함한 여러 형태의 수용소들은 지속되고 있다고 파악하고 있다. 따라서 그는 행형실무가의 집단적 이해관계가 형벌 목적의 실현에 어떻게 장애요소가 되어왔는가를 분석하고 있다.

이에 반해 푸꼬와 이그나티예프는 감옥의 실질적 목적 내지 기능을 형벌론적 틀 안에서 이해하려는 태도를 반박하고 있다. 푸꼬는 감옥제도를 범죄문제를 해결하기 위한 것으로 파악하지 않고, 여타의 사회제도에 전용될 수 있는 권력양식을 만들어내고 새로운 지배구조를 제공하는데 미친 효과에 비추어 평가하고자 한다. 그에 따르면 감옥을 계획 → 실행 → 이상에 못미치는 현실 → 재검토 → 새로운 개혁시도라는 연속적인 악순환 속에서 파악하는 것은 부적합하다. 사실 어떤 면에서는 감옥의 현상적인 실패 그 자체가 감옥의 영속화의 근거가 된다. 감옥의 가치는 범죄를 없애는 능력 여하에 있는 것이 아니라 범죄를 분류 · 관찰 · 감시 · 기록화하는 등의 방법으로 문제인구에 대한 지식을 확장할 수 있게 하는 능력에 있다. 즉 문제대상의 감소에서가 아니라 그에 대한 정보의 축적과 규율의 확산을 통한 권력의 강화를 꾀함에 있어 감옥의 실천은 충분히 의미있는 기여를 한 것으로 평가될 수 있는 것이다.

이그나티예프 역시 푸꼬의 논지를 다소간 수용하면서, 감옥개혁은 어떤 의미에서는 성공한 것으로 본다.[2] 19세기 중반 이후의 유럽과 북미에 있어서 대부분의 수형자들은 개혁가들이 구상한 세계 속에서 일상생활을 견뎌내지 않으면 안되었다. 모든 개혁가들이 범죄율을 낮출 수 있을 것이라는 전망에 의거하여 감옥개혁론을 주장했다고는 생각되지 않는다. 오히려 개혁가들은 새로운 사회통제기구를 효율적이면서도 인도적인 제도로 납득시키고, 체제에 순응하지 않는 인간들을 교화 · 개선시킬 수 있다는 전망을 안겨줌으로써 기존 체제를 안정 · 강화하는데 기여할 수 있었기에, 감옥제도는 거듭된 실패의 주장에도 불구하고 살아남을 수 있었다.

그에 따르면, 범죄율의 증감 여부는 분명히 감옥내 처우의 강도와 규율의 기법 여하에 크게 좌우되었던 것은 아니었다. 오히려 물가, 경기변동, 실질임금률의 증감 등 감옥바깥의 사회경제적 요인이 훨씬 커다란 영향을 미쳤다고 생각된다. 그렇다면 범죄율과 재범률의 정도를 가지고 감옥의 성패를 논의하는 것은 무리가 없지 않다. 19세기 중반 이후 영국에서는 범죄율이 대체로 감소하는 추세에 있었음에도 불구하고 감옥은 양적으로 증가하고, 집권화하는 경향이 있는데 이를 통해 볼 때도 감옥제도는 범죄문제와 관련시켜서만 논의해서는 곤란함을 알 수 있다.[3]

감옥은 또한 그에 대한 보다 효과적인 대안이 제시되지 않았기 때문에 존속해온 것으로 보기도 곤란할 것 같다. 당시의 감옥제도에 대한 예리한 비판자들—가령 C.Dickens, H.Mayhew와 같은—도 감옥 자체의 필요성을 무시하고 있지 않았다. 다른 사회통제 전략을 제시하지 못한 데는 그들의 무능때문이라기보다는 다른 이유가 개재되어 있는 듯하다. 즉 감옥제도에 대한 표면적인 논쟁의 배후에는 심층적인 콘센서스가 가려져 있지 않은가 하는 생각을 해 볼 법한 것이다.[4] 물론 이러한 콘센서스는 감옥의 예방 및 개선의 효

2) M.Ignatieff(1978), A Just Measure of Pain: The Penitentiary in the Industrial Revolution 1750-1850, New York: Columbia University Press, p.209.

3) Ibid., p.209.

4) M.Ignatieff(1983), "State, Civil Society, and Total Institutions," in S.Cohen and A.Scull eds., Social Control and the State, Oxford: Martin Robertson, p.87.

율성에 관한 합치에 기인하는 것은 아니었다(이 점에 대해서는 오히려 실패라는 쪽의 콘센서스가 형성되어 있다고 봐도 그다지 틀린 것은 아닐 것이다). 분명히 근대감옥이 이렇듯 확산된 데 대해서는 감옥건축과 운영에 소요되는 거대한 비용을 정당화할 만한 무언가가 제시되지 않으면 안될 것이다.

범죄문제에 대한 적절한 해결책을 제공한다는 보장이 없음에도 불구하고 감옥에 대한 지속적인 지지와 호소력은 그보다 더 큰 사회적 필요에 의존할 것이다. 개혁가들의 감옥제도의 제안에 대한 호소력은 범죄문제뿐 아니라 당대의 전면적인 사회적 위기에 대한 적절한 반응으로써 그리고 새로운 기초위에서 질서를 재확립하기 위한 정치적 · 사회적 · 법적 개혁의 일환으로써 감옥제도를 제시하고 납득시키는데 성공했다는 사실과 관련된다. 산업화, 도시화로 인해 종래의 중심적인 사회통제양식—즉 가정과 지역공동체—은 지배적 위치를 상실한 가운데 대안적 통제를 시급히 요청했던 사정과, 자본주의적 시장의 논리가 사회저변에 파고들면서 생활전반의 합리화를 이끌어내는 사정이 결합되어 새로운 합리적 통제를 대변하는 감옥제도는 일정한 사회적 합의를 확보할 수 있었던 것으로 보인다. 물론 이 때의 합의가 어느 쪽에 보다 유리하게 작용했는지에 대해서는 보다 엄밀한 검토를 요한다.

(2) 사회적 위기와 계급통제

전통적으로 볼 때 범죄는 인간의 원죄나 사악성의 형태로 이해된데 비해, 개혁가들은 범죄를 사회적 위기의 한 징후로써 보고 매우 경계를 요하는 현상으로 인식시키는데 어느 정도 성공했다. 위기의 효율적 관리를 위해서는 피지배집단을 분할통치(divide-and-rule)할 필요가 있었다.[5] 가령 노역소는 게으르게 먹고 사는 요구호빈민(pauperism)과 정직하고 근면한 근로빈민(the laboring poor)을 인위적으로 구별, 구획짓는 역할을 했다. 요구호빈민을 노역소에서 가혹하게 다루게 되면 사회 내의 근로빈민에게 직접적인 강제력을 행사하지 않고도 규율에 복종시키는 것이 가능해진다. 이 두 집단은 원래 노동

5) M. Ignatieff(1983), p. 90.

계급의 한 분파였지만, 국가의 빈민정책은 이들을 서로 분리시키고 질시하도록 고무시키는 것이다. 가령 맬더스는 요구호빈민에 대한 시설외 구제를 반대하는 논거 중의 하나로 그를 허용하면 정직하게 생활하려 애쓰는 노동자층의 근로의욕을 떨어뜨릴 것이라는 점을 지적했다. 이런 식의 논법은 실상 객관적인 여건과 경제적 지위 면에서는 서로 다를 바 없고, 또 상호 교류되어지는 프롤레타리아의 각 분파로 하여금 상호 질시하고 적대케 함으로써 기존의 경제질서를 보전하는 이데올로기적인 역할을 수행하게 된다.

감옥제도 역시 마찬가지의 논리에서 이해되어질 수 있다. 19세기 초반에는 "노동계급-위험계급"이라는 연상에서도 볼 수 있듯이 전체 프롤레타리아는 잠재적인 범죄집단으로 관념되는 경향이 있었다.[6] 그러나 자본주의 발전이 진행되면서 노동계급 자체의 분화가 촉진되었다. 그러는 과정에서 다소간 자본주의화로 인해 혜택을 받게 되면서 원래 지녔던 혁명성이 둔화되면서 체제에 순치된 예의바른(respectable) 노동자층과 그렇지 않은 범죄자 집단으로 분화되었다. 여기서 감옥제도의 정착과 감옥인구의 축적은 결국 범죄집단을 일반 노동계급으로부터 분리, 고립화[7]시키면서 상호간의 접촉과 교류를 통한 연대형성의 가능성을 봉쇄하는데 기여했다.

결국 감옥은 특정한 "위험계급"의 분자들을 격리, 구금시키는 한편 그 밖의 근면하고 온순한 노동자들을 공장으로 내모는 계급적 전략의 일환으로 기능할 수 있었다. 이러한 제도적 실천은 노동계급 내에서 다시 노동자층과 범죄자층, 선량한 노동자와 '불순분자'와의 사이에 사회적 구분과 구획을 만들어내고 재생산하는데 간접적으로 기여한다. 감옥의 담벽과 외부로부터의

6) 위험계급이란 용어는 통상 실업자, 부랑자, 범죄자와 정치적 선동자의 결합을 통해 기존질서에 위협적인 요인을 제공하는 집단에 쓰여졌는데 이것은 산업노동자층의 일부이거나 산업예비군을 겨냥하고 있음은 명백하다. 이들은 폭력적이고 선동자의 꾐에 쉽게 빠져들며 나태하고 의존적인 자로 흔히 묘사되었다. D.Jones(1982), Crime, Protest, Community and Police in 19th Century Britain, London: Routledge and kegan Paul, p. 17.

7) 분리와 고립화를 위한 이데올로기적 설명으로 실증주의자들은 범죄를 그가 속한 사회경제적 맥락에서 분리시켜 단순한 도덕적 교육을 제대로 받지 못한 자로 묘사하는 경향이 있다. 다시 말해 범죄는 비도덕화된 소수의 일탈자의 행위로 치부하는 것이다. 한편 엥겔스와 봉거도 범죄원인에 대한 "비도덕화 가설"을 수용하지만, 노동계급의 비도덕화를 자본주의의 억압적·착취적 제조건에 기인하는 것으로 설명함으로써 실증주의적 결정론과 차이를 보인다. 상세는 한인섭(1984), 범죄에 대한 비판범죄학적 고찰, 서울대 법학과 석사논문, p. 48-53.

시선차단은 결국 (감옥에 구금됨으로써 그 자아상을 확보하고 공식적 낙인을 부여받는) 범죄자 집단과 (감옥의 위협효과의 범위 내에 들어가 있으나 정식으로 낙인을 부여받은 바가 없는) 노동자층간의 상호 이해와 유대감의 여지를 처음부터 차단하는 것을 겨냥하고 있는 듯이 보인다. 여기에 감옥의 (개선과 억지를 위한 제도로서의 분명한 실패에도 불구하고) 비밀스런 "성공"의 비밀이 있는 것이다.[8]

거기다 감옥제도의 정착과 감옥인구의 축적은 "범죄계급"의 이미지와 실체를 형성하는데 결정적 역할을 했다고 보여진다. 감옥이라는 기구를 통해 비로소 생산된 누범, 상습범 등의 현상은 그들이 처한 사회적 조건(즉 빈곤, 실업 등)의 결과라기보다는 감옥생활의 결과로 더욱 잘 설명될 수 있다.[9] 이제 범죄는 사회적 맥락에서 고찰되기보다는 행위자의 특이한 속성과 관련시켜 설명하는 것으로 변질되었으며, 범죄학과 기타 범죄에 관한 "과학적" 담론들은 범죄집단을 사회의 여타 집단과 근본적으로 다른 개념을 통해 접근되어져야 할 존재로 인식되게 된다.

이러한 설명방식은 범죄가 사회반응을 야기한다는 전통적인 접근과는 상당한 괴리가 있을 것이다. 19세기 초반에는 노동계급 전체가 위험계급으로 인식되는 경향이 있었다. 감옥의 출현은 그 중에서 범죄자들을 선별하고 추려내는 역할을 했다. 감옥은 범죄집단을 규정하고 이를 일반 노동계급으로부터 분리해내는 등의 제도적 실천을 통해, 누범과 상습범 등으로 대변되는 감옥인구를 만들어낸다.[10] 이렇게 감옥인구가 특정화되고, 제도에 대한 각종 기록이 축적됨으로써 "범죄계급"에 대한 "과학적" 지식체계가 대두한다. 범

8) M. Ignatieff(1983), p. 90.

9) M. Poster(1984), Foucault, Marxism, and History, Cambridge: Polity Press, p. 113.

10) 오브라이언은 누범, 상습범 등의 현상은 형벌제도의 산물이라는 관점을 취한다. 우선 누범, 상습범에 대한 공식적 인정은 범죄 데이타를 수집, 관리할 수 있는 집권화된 경찰제도를 전제로 하여 비로소 성립할 수 있다. 또한 한 범죄자를 인지, 식별할 수 있는 일정한 수사기법의 발전이 요구된다. 다시 말해 사진, 지문, 주민등록, 범죄자 카드제도 등의 발전이 없이는 상습범, 누범은 확인될 수 없다. 이와 같이 상습범, 누범에 대한 인지체계의 발전은 공식적 범죄자 낙인의 전제이다. 더 나아가 상습범, 누범 등의 현상은 사회통제기관 그 자체의 자기성취적 예언(self-fulfilling prophesy)의 측면도 무시될 수 없다고 본다. 사회 속의 다양한 부류의 인간들이 다양한 동기에서 범죄한 결과에 대해 감옥이라는 하나의 훈육기제를 통해 일정한 특성을 공통적으로 지닌 집단으로 변모되는 측면이 그것이다. P. O'Brien(1978), "Crime and Punishment as Historical Problem," Journal of Social History, p. 509 이하.

죄학은 이들을 사회적 조건과는 무관한 유전적·심리적·정서적 결함을 지닌 존재로 설명함으로써 범죄계급을 여타의 사회집단으로부터 더욱 분리시키고, 범죄자의 이미지와 실체를 더욱 강화하게 된다. 결국 감옥의 실패는 제도상의 결함 때문이 아니라 범죄하지 않을 수 없는 운명을 타고난 집단에 기인하는 것이며, 이들을 구금하는 것은 사회방위적 견지에서 당연시된다. 사회환경에 의해 주도되고 국가권력의 낙인을 통해 형성된 누범과 상습범은 타고난 범죄자로 재정립됨으로써 그에 대한 실증적 분석과 사회방위를 당연한 반응으로 여기게끔 변질되는 것이다.

(3) 내부적 의사소통과 연대의 차단

감옥은 범죄인구를 다른 노동계급과 분리, 격리시키는 역할을 할 뿐 아니라 범죄인구 내부에 격리와 고립화를 지속적으로 꾀하고 있음을 볼 수 있다. 이는 단순히 관리의 편의 차원에서만 해석될 성질의 것은 아니다. 어떤 모델의 근대감옥도 가장 기본적인 단위는 개개의 거실(감방)이다. 즉 감방(cell)은 말 그대로 감옥의 세포인 것이다. 감방을 기본단위로 하는 감옥체제는 곧 (독거든 침묵의 강요이든간에) 수형자들간의 의사소통을 위한 집단적인 연대형성을 차단하고 개개인을 철저히 무력화시키고 고립화를 꾀한다. 수평적인 연대형성이 차단된 위에 개개인의 정신에 대한 전면적 간섭 및 교리주입(indoctrination)이 행해진다.

사실 독거감방은 개인을 기본적인 단위로 설정하는 부르주아-자본주의 형법학, 나아가 고립된 개인을 논리적 출발점으로 삼고 있는 개인주의적 자유주의의 제반 전제들이 소리없이 관철된 듯한 느낌도 있다. 자본주의 국가는 법적·이데올로기적 담론을 통해 개개인이 처한 사회경제적 상황을 부인하고, 개개인을 법적 주체로 정립함으로써 계급적 삶을 개별화, 고립화시키는 기능을 수행한다. 그런 다음 개개인을 인민/국민의 관념을 통해 재편성함으로써 고립된 개개인을 국가의 차원에서 결속시키는 기능을 한다.[11] 이러한

11) N. Poulantzas(1974), Political Power and Social Classes, London: NLB, 홍순권 외 역(1986), 정치권

자본주의 국가의 전반적인 구도는 법적 담론(legal discourse)의 구성방식에도 작용하고 있으며, 감옥의 건축학에도 반영되어 있다. 실로 국가의 영향력은 감방 하나하나의 구성과 규율에 있어서도 세밀하게 작용하고 있는 것이다.

3. 총체적 수용시설과 정치적 자유

(1) 총체적 수용시설의 사회적 제도화

시설내 구금을 통한 계급적 통제전략은 비단 감옥과 노역소에 국한되는 현상은 아니다. 19세기 전반기는 빈민, 범죄자뿐 아니라 정신장애자, 비행소년 등 인구의 다양한 부문에 대한 구금과 감시, 통제를 꾀하는 사회제도의 일반화라는 특징을 보이고 있다. 이러한 구금제도의 확산은 무엇을 의미하는가, 그리고 이 제도들과 자본주의적 작업조직인 공장과의 관계는 무엇인가.

이 문제에 대한 해명의 실마리는 벤담의 논의에서 얻어질 수 있다. 앞서 지적했듯이 벤담은 자신의 팬옵티콘형 감옥을 입안하면서, 팬옵티콘적인 감시와 규율의 원리가 감옥뿐 아니라 공장 · 학교 · 수용소 · 감화원 · 정신병원 · 병영에도 그대로 통용될 수 있음을 주장한 바 있다. 이들은 유사한 목적—시설 내에 들어온 모든 이들에 대해 전면적인 감시와 통제를 통해 근면하고 복종적인 인간으로 변모시키려는 목적—과 유사한 훈육 및 규율의 원리를 지니고 있다.

한편 푸꼬는 17-18세기를 거치면서 새로운 권력/지배의 정형이 만들어지고 확산되어감에 주목하고 이를 훈육적 권력, 혹은 감시-규율적 권력(disciplinary power)의 개념으로 정리하고 있다.[12] 그에 따르면 새로운 권력은 개개인의 신체를 일정한 공간 속에 배치함으로써 격리와 고립화를 꾀하고, 시간표에 맞추어 하나하나의 활동을 세밀하게 통제하며 또 동작과 제스추어

력과 사회계급, 풀빛, p. 160.

12) M. Foucault(1977), 제 3 장 참조.

를 제도의 목적에 맞추어 가는 등의 방식으로 모든 활동을 통제, 조종하고자 한다. 이와 같이 인간의 신체와 활동을 훈육하는 과정은 또한 끊임없는 감시 · 시험 · 분류 · 평가의 일상화된 메커니즘을 통해 더욱 강화될 수 있다. 이러한 권력행사의 궁극적인 목표는 인간의 경제적 유용성을 증대시키고 정치적 능력을 감소시키기 위한 목표를 지니고 있다. 다시 말해 새로운 권력은 유순하면서도 쓸모있는 인간을 만들어 내고자 한다. 푸꼬에 따르면 이러한 훈육기법들은 애초 수도원 등지에서 부분적으로 활용되다, 18세기 후반에 이르러 학교 · 공장 · 병원 · 감옥 · 노역소 · 수용소 등의 제도에서의 실천과 상호영향을 통해 확산되어갔다고 보고 있다.

결국 이러한 일련의 총체적 수용시설(total institution)의 확산 경향은 근대사회의 한 특징적 면모로 지적될 수 있을 것 같다. 이들 제도는 상호보완적이며 상호의존적인 통제구조를 형성하고 있으며 학교－노역소－수용소－감옥의 단계구조를 이루고 있다.[13] 때문에 이들 중 어느 하나의 필요성 혹은 존립근거에 도전하는 것은 단지 하나의 특유한 제도에 도전하는 것이 아니라 그를 에워싸고 있는 상호연결된 통제구조 전반에 대한 도전으로 인식되어지게 된다. 그 때문에 감옥제도 역시 몇 가지 개별적인 비판에 의해 붕괴되어질 수 없는 것이다.

그 중에서도 특히 감옥과 공장과의 연계는 보다 주목되어야 할 것이다. 근대 공장제도를 만든 산업가들은 감옥개혁가들과 같은 권위—가령 금욕주의, 인간의 개선과 진보에 대한 믿음, 리버럴한 국가관 등—로부터 영감을 얻어왔다는 사실은 의미심장하다. 역사적으로 볼 때 감옥과 노역소는 일종의 생산의 장으로 기능해온 경우가 적지 않았고, 제도적 기능 면에서도 감옥의 규율은 사회의 프롤레타리아로 복귀 동화하는 것을 지향하고 있었다.[14] 감옥개혁가들은 종종 감옥이 "질서정연한 공장"처럼 운영되어야 한다는 확신을 표명했다.[15] 이렇게 볼 때 공장은 근대사회 전체의 조직의 가장 전형적인 모

13) M.Ignatieff(1978), p.215.

14) D.Melossi(1977), "The Penal Question in Capital," in T.Platt and P.Takagi eds., Punishment and Penal Discipline, California: Crime and Social Justice Association, p.74-75.

15) 이와 관련하여 푸리에는 공장을 "완화된 감옥"으로 표현하고 있고, 마르크스는 공장에 관한 장

델을 제시하고 있다고 볼 수 있음직도 하다. 멜로시가 지적했듯이 아마도 자본주의 사회에서 실질적인 사회통제의 핵심적인 장은 공장일 것이고, 그를 위한 보조기관으로서 다른 사회통제기관이 작동하고 있다고 봐도 크게 무리는 없으리라 생각된다.[16)]

(2) 리버럴리즘과 관용의 한계

한 가지 의문이 생겨날 수 있다. 영미에 있어서 19세기 전반기는 부르주아 민주주의(리버럴리즘)의 확립과 제도화로 특징지워진다. 시민적 · 정치적 자유의 확대와 법적 · 행정적 개혁이 이루어진 시기, 요컨대 관용의 확대로 특징지워지는 이 시기는 동시에 불복종자에 대한 국가적 강제력이 훨씬 확대되고 제도화되어간 시기로 생각되어질 수 있는 것으로 보인다. 토크빌 등은 미국을 견문하면서 "미국사회는 가장 자유가 확대된 모범을 보여주고 있지만, 그 나라의 감옥은 가장 완벽한 폭정의 모습을 제시한다"는 측면에 주목하고 있다.[17)] 다시 말해 바깥 사회에는 경쟁적 평등주의가, 감옥 담벽 안에서는 유례없는 전제주의가 관철되고 있었다.[18)] 1820년대의 총체적 수용시설의 탄생기는 일반적으로는 잭슨식 민주주의(Jacksonian Democracy)로 불려지는, 미국식 자유주의 체제가 확립되어간 시기로 인식되어지고 있다. 이렇게 부르주아 민주주의의 정치적 · 법적 조건이 만들어진 시기는 곧 "소수"의 일탈자 집

에서 이를 인용하고 있다. K.Marx(1968), Capital I, 김수행 역(1989), 자본론 I, 비봉출판사, p.542.

16) D.Melossi(1979), "Institutions of Control and Capitalist Organization of Work," in B.Fine et al. eds., Capitalism and the Rule of Law, London: Hutchinson, p.90-94.

17) D.Beaumont and A.Tocqueville(1964), p.79.

18) 토크빌은 민주주의 하에서의 '다수의 전제'를 군주제와 비교하면서 다음과 같이 서술하고 있다. "군주제는 억압을 육체적 · 구체적인 것으로 만들었다면 오늘날의 민주공화정은 억압을 완전히 마음의 문제로 만들었으며, 그 억압이 지배하려고 하는 의지까지 마음의 문제로 만들었다. 어떤 한 사람이 절대적인 지배를 하는 상황에서는 영혼을 지배하기 위하여 신체를 공격했다. 그러나 영혼은 자신에게 가해지는 타격을 견뎌내면서 오히려 의연하게 솟아올랐다. 민주공화정의 폭정은 그것과 다르다. 여기서는 신체는 자유롭게 내버려 두지만, 영혼은 얽매여진다." A.Tocqueville(1969), Democracy in America, New York: Doubleday, 박지동 역(1987), 미국의 민주주의, 한길사, p.256.

단에 대한 점증하는 불관용에 의해 특징지워지는 시기와 일치하고 있다. 다수의 횡포는 그 상징으로 소수집단에 대해 필라델피아 감옥의 독거하의 고독 혹은 오번 감옥의 침묵의 강제의 형태로 표출되었던 것이다.

이러한 자유민주주의의 야누스적 면모는 벤담과 같은 공리주의 법사상에서 매우 분명하게 확인되어질 수 있다. 벤담은 탁월한 입법가이자 행정개혁가로써 선거권, 형법개정, 행정개혁 등의 분야에 두드러진 발자취를 남겼다. 하지만 동시에 그는 범죄자, 빈민, 부랑자의 통제에 대해서도 대단한 관심과 정열을 기울이고 있다. 그에 따르면 금전적 이익의 취득이 중심적인 동기가 되는 상공업의 영역에서는 공익과 사익간의 조정은 자유로운 계약과 자유경쟁의 자율적인 작용에 맡겨질 수 있다고 본다. 반면 범죄자 · 정신병자 · 일반환자 · 요구호빈민 등 자신의 문제를 스스로 관리할 능력을 결여하고 있다고 보여지는 집단은 감옥, 노역소, 정신병원, 구빈원 등에 구금, 통제되어야 한다. 다시 말해 부르주아의 거래의 영역에는 기존의 제약들을 철폐하는 '자유방임'의 원리가, 그렇지 않은 노동계급과 주변계급에 대해서는 세밀화된 통제와 정신적 통제가 강화되는 측면이 제시되고 있는 것이다. 전자에서 보이는 관용과 자유의 확대는 후자에 대해서는 찾아볼 수 없다. 최대다수의 최대행복의 논리를 뒤집으면 소수(과연 소수인지도 의문이지만)에게는 최대의 불행을 의미할 수도 있음직하다.

이러한 논의는 근대사회의 사법과 공법의 이원화 경향과도 상통한다. 즉 사법의 영역에서는 사적 자치의 세계가 지배하고, 형법적 규제의 영역에 있어서는 보다 정밀하고 확실한 규제가 행하여지도록 의도된다. 이전에 널리 허용되어 왔던 관습적 · 대중적 불법에 대해서는 관용의 폭이 축소되는 경향을 보인다. 가령 농민 공동체에 의한 삼림의 관습적인 사용은 이제는 재산권 규정에 의해 절도로 재규정되며, 이제까지 법적으로 용인되어 왔고 또 공동체로부터 지원받아왔던 밀렵, 밀주제조, 난파선 약탈 등은 모두 범죄로 재규정되어지는 경향에서도 볼 수 있듯이,[19] 형법적 규제는 이전보다 훨씬 세밀

19) P.(1981), "The Theft of Wood, and Working Class Composition," in D.Greenberg ed., Crime and Capitalism, California: Mayfield; D.Hay et al.(1975), Albion's Fatal Tree, London: Allen Lane에 실려 있는 Winslow, Rule, Hay의 논문을 참조.

하고 예외없이 처리될 것을 지향하고 있다.

반면 시장적 거래의 영역에서는 누구나 대등한 거래의 당사자로 간주된다. 사적 자치와 계약자유, 당사자 대등의 원칙은 상품거래뿐 아니라 노동계약에 있어서도 마찬가지로 적용된다. 정치적 · 법적 영역에서 있어서는 누구나 평등하다.[20] 사회적 관계를 개인간의 계약으로 다룸으로써 근대법은 그 계약에 포함되어 있는 사회적 성격을 제거해 버린다.

물론 이러한 측면은 사용자와 노동자간의 노동계약에서 가장 두드러지게 드러난다.[21] 하지만 계약적인 관념과 거리가 있는 듯한 가족관계, 정치관계도 계약적 원리에 의해 해석되어진다. 가령 혼인관계에서도 그것은 계약이므로 당사자는 각자 혼인에 따르는 권리의무를 지며, 그에 위배할 때에는 계약의 해지, 즉 이혼이라는 결과로 나타날 수 있다. 이렇게 혼인을 계약으로 표현함으로써 근대 가족법은 혼인이 의거하고 있는 사회적 · 경제적 현실—즉 여성의 경제적 의존성에 입각한 경제질서의 불평등성—을 은폐하는 역할을 한다.

다시 말해 정치적 · 법적으로 평등한 개인은 평등한 계약의 형태를 통해

---

20) 시장적 거래의 영역, 다시 말해 교환관계의 영역은 당사자간의 대등한 관계를 전제로 이루어진다. 부르주아 법의 기본원리는 바로 이러한 등가적 교환관계를 기축으로 하여 이루어진다. 마르크스는 유통 혹은 교환의 분야를 "천부인권의 참다운 낙원"으로 비유하면서 이를 다음과 같이 풍자하고 있다. "여기서 지배하고 있는 것은 오로지 자유와 평등과 소유와 벤담이다. 자유! 왜냐하면 하나의 상품, 예컨대 노동력의 구매자와 판매자는 스스로의 자유의지에 의해서만 행동하기 때문이다. 그들은 자유롭고, 법적으로 대등한 인물로 계약을 체결한다. … 평등! 왜냐하면 그들은 오직 상품소유자로서만 서로 관계하며, 등가물과 등가물을 교환하기 때문이다. 소유! 각자는 자기 것만을 처분한다. 벤담! 그들 쌍방은 모두 자기 자신의 이익에만 관심을 기울이기 때문이다. 그들 각자는 오직 자신에 대해서만 생각하고 남에 대해 무관심한데, 바로 그 때문에 그들은 모두 사물의 예정조화와 일치되게, 공익에 합치하는 일을 수행하는 셈이 된다"(K. Marx(1968), p. 223-224).

21) 자유로운 계약의 실질적 결과가 무엇이었는지, 또 계약자유의 실체가 무엇이었는지에 대해서는 다음의 예문을 통해 알 수 있다. "공장 안에서는 고용주가 바로 절대적인 법이다. 고용주는 마음대로 규칙을 만들고 수시로 그것을 변경하거나 덧붙인다. 심지어 고용주가 말도 안되는 조항을 삽입했을지라도 판사는 노동자에게 다음과 같이 말한다. '당신은 당신 자신의 소유주이다. 만약 당신이 그러한 계약을 원하지 않았다면 아무도 당신에게 그러한 계약을 강요하지 않는다. 그러나 현재 당신이 자유의사로 공장에 들어간 이상 당신은 그 규칙을 지킬 의무가 있다' 그래서 노동자는 그 자신 부르주아지인 판사와 부르주아지에 의해 만들어진 법률의 조롱을 견딜 수밖에 없다." F. Engels(1845), Conditions of the Working Class in England, 박준식 외 역(1988), 영국노동자 계급의 상태, 세계, p. 219.

실질적으로 예속되고 지배받는 상황 속으로 들어가는 것이다. 그런데 근대법체계에서 후자의 측면은 은폐되어 있다. 그와 마찬가지로 법적 권리의 확대의 측면은 표면적으로 드러나지만, 소수에 대한 사회적 불관용과 학대는 은폐되어 있다. 활발한 정치적 · 법적 토론의 뒤편에서는 수용소군도(carceral archipelago)[22]라 부를만한 현상이 생겨났던 것이다.

그러나 이러한 두 개의 상반되는 것처럼 보여지는 경향은 상호모순적으로 이해될 필요는 없을 것 같다. 계급갈등이 유례없이 격화되고 그로 인한 사회적 위기가 고조되었던 초기 산업화 단계에서 각계각층을 동시에 만족시킬 해결책은 추구될 수 없었다. 정치적 · 법적 자유의 확대는 중산층 이상의 지배계급의 활동에 대해서는 관용의 확대를, 하층에게는 보다 효과적이고 세밀한 통제의 그물망을 각각 의미하는 것이었다. 이전보다 훨씬 격화된 계급갈등은 하층의 활동들 정치적 · 경제적 투쟁뿐 아니라 일상적인 오락, 여가, 놀이에 이르기까지에 대한 통제의 필요성, 사회정책적 견지에서의 간섭확대의 필요성을 제고시켰다. 자유와 관용의 확대를 주장하는 부르주아 자본주의국가는 동시에 수용소군도를 통해 당면하는 계급갈등에 대한 효율적인 대응을 추구했던 것이다.

22) 수용소군도라는 말은 소련의 작가 솔제니친이 소련의 강제노동수용소를 가리키는 Gulag Archipelago에서 유래된 것이다. Arkhipelag는 군도(群島)를, GULag는 수용소를 감독했던 '교정노동캠프의 중앙행정국'의 약칭이었다. 솔제니친의 책은 스탈린 사망 이전의, 그러나 이후에도 여전히 살아 있던 사회주의 소련의 강제노역을 고발하는 실화에 바탕을 둔 기록이다. A. Solzhenitsyn(1973), The Gulag Archipelago, 1918–1956: an experiment in literary investigation, New York: Harper & Row, 저자서문 및 머리말 참조. 그런데 푸꼬는 18–19세기 서구의 감옥과 수용소들을 'carceral archipelago'라고 부르고 있다. M. Foucault(1977), p. 297 참조. 한편 1980년대 이후 미국에서 대량적 수용은 서구의 수준을 한창 앞지르고 있으며, 범죄율의 증감과 관계없이 감옥인구의 팽창은 지속되고 있다. 이는 과거 동구권 국가들과 맞먹고 있는 정도이며, 이제껏 '문명화과정'으로 지칭되던 흐름을 역진하고 있다(본서 제2부 제3장 참조). 이를 '서구형 굴락'으로 진행하고 있다고 비판하기도 한다. J. Pratt(2002), Punishment and Civilization: Penal Tolerance and Intolerance in Modern Society, London: Sage, p. 186.

제10장 교정적 처우와 사회통제

1. 서 론

감옥제도 및 감옥규율의 향상을 통해 범죄문제를 해결할 수 있을 것이라는 개혁가들의 희망은 이후의 사태전개에 따라 커다란 실망과 환멸에 봉착하게 되었다. 1770-80년대에 시작되어 1820-40년대에 정점에 이르렀던 감옥개혁의 추세는 1850년대에 이르면 이미 사그러드는 모습을 보였다. 감옥은 개선의 목표를 상실하고 단순한 수용기관으로 변질되었다.[1] 처음에 제도의 운영은 개선의 취지를 잘 반영하는 듯이 보였으나, 이제는 감옥은 일탈인구를 관리, 통제하기 위한 한 방법이 되었다. 범죄자의 개선을 표방하고 세워졌던 감옥은 더 이상 그러한 희망을 포기하고, 범죄자의 수용과 관리의 편의라는 차원에서 운영되었던 것이다.

1860년대 이후에는 이전의 모델감옥의 역할을 했던 펜실베니아와 오번체제는 모두 크게 비난받았다. 두 방식의 장단점에 대한 격론은 원거리에서 보면 사실상 무의미한 것일 수도 있다. 둘 다 격리와 고립화, 그리고 작업의 강제라는 원리 면에서 차이는 없으며, 그 실현의 수단에서 차이가 있을 뿐이다. 펜실베니아 방식이 '신체'적 격리를 통해, 오번 방식은 절대적 침묵 및 소통의 차단을 통한 '정신'의 격리를 통해 목표를 달성하겠다는 차이가 있을 뿐이다.[2]

이 두 방식은 매우 인위적이고 인간의 사회적 욕구에 배치된다고 여겨졌다. 적절하게 조성된 환경이 교정을 촉진시키고, 시설의 적절한 공간적 배치

1) D.Rothman(1971), p.240.
2) E.Wines and T.Dwight(1867/1973), p.56.

가 수용자의 개선에 불가결하다는 식의 관념은 더 이상 통용되지 않았다. 또한 격리제나 침묵제는 공히 인간의 사회적 본능에 대한 목적 없는 침해이자 수형자들의 품위와 인격을 타락시키고 자발적인 교정의욕을 박탈하는 것으로 비판받았다.[3] 19세기 중반에 미국의 지도적 행형학자인 Wines과 Dwight는 감옥에 구금하는 조치로써 수형자들의 개선을 확보할 수 없다고 주장하면서 감옥제도에 대한 근본적인 불신을 표명했다.[4] 자유형은 자연스럽지 못할뿐더러 유해하다고 확신하고, 그들은 적절한 예방책과 감시수단을 강구하여 가능한 조속히 수형자를 사회에 복귀시킬 것을 주장했다. 구금기간이 오래될수록 도덕적 · 지적 기능이 무감각해지고 그럴수록 개선은 어려워진다. 따라서 대부분의 범죄자에게 구금은 최악의 처우이며, 그런 까닭에 감옥은 최후의 수단으로 주로 교정불가능한 범죄자들이 타인에게 어떤 유해한 영향을 줄 수 없도록 하기 위해서만 사용될 수 있을 뿐이다.

감옥제도의 개선과 자유형을 통해 범죄문제를 해결할 수 없음이 명백해지자 관심의 초점은 이제 건축형태, 거실과 사동의 배치가 아니라 사회복귀와 사회적응으로 이전되었다. 감옥은 여전히 가장 주요한 형벌형태로 남아 있었지만, 원래의 취지와 기대는 포기되었고, 새로운 세대의 개혁가들은 지역사회(community)와 사회복귀(rehabilitation)를 강조하는 가운데 범죄자의 사회복귀를 가능케 할 제도적 여건, 처우의 기법, 지식적 기초를 추구하게 되었다.

이 장에서는 19세기 후반에서 20세기 초반에 이르기까지 지역사회와 사회복귀를 표방하면서 등장한 교정처우(correctional treatment)모델을 비판적으로 검토하고자 한다. 우선 새로운 조류에 대한 선구적인 실험형태를 일단 살펴본 다음, 교정처우의 제도적 발전의 내용과 한계를 분석하고, 나아가 그러한 조류를 이끌어내고 또 정당화했던 범죄학-행형학적 담론(criminological penological discourse)의 내용과 그것이 지닌 사회정치학적 함의를 검토해 보도록 하겠다. 이러한 논의를 통해 감옥(혹은 교도소)에 대한 대안의 가능성과 한계를 짚어봄으로써 한편으로 감옥의 비중과 위상을 이해할 수 있고, 나아가

3) D.Rothman(1980 a), p.32.
4) E.Wines and T.Dwight(1867/1973), p.56.

감옥과 사회통제 및 국가와의 관계에 대해 보다 분명한 이해를 얻을 수 있으리라 기대한다.

2. 새로운 모델의 추구

(1) 선구적 실험

1) 알렉산더 매코노키의 점수제

행형에 있어서 새로운 접근방법은 오스트레일리아, 아일랜드, 미국 등에서의 조건부 석방(conditional release)의 실험으로부터 싹터 나왔다. 물론 소위 신행형학(new penology)은 이전 세대의 개혁가들의 약속을 적극적으로 실현시킨 것이기 때문에 완전히 새로운 기획이라고는 볼 수 없다. 새로운 시도들은 개별화된 처우제도와 누진처우제도를 활용함으로써 감옥제도를 효율적으로 운영하자는 취지에 기반하고 있다. 이러한 조건부 석방제도는 결국 가석방, 부정기형, 보호관찰 등의 형태로 제도화되기에 이른다.[5]

알렉산더 매코노키(1872-1860)

새로운 모델의 탄생과정을 몇 단계로 나누어 간단히 설명해 보기로 하자. 감옥이 수형자를 일반사회에 복귀시키기 위한 훈련장이어야 한다는 발상은 매코노키(A.Maconochie, 1787-1860)의 선구적인 실험을 통해 처음으로 제기되었다. 그는 1840년경 영국의 식민지이며 유형지였던 호주의 노포크섬

5) S.Walker(1980), Popular Justice: A History of American Criminal Justice, Oxford: Oxford University Press, p.84.

(Norfork Island)의 감옥의 소장으로 취임하였는데 거기서 그는 수형자의 사회복귀를 궁극적인 목표로 설정하고 그를 가능케 하는 방안으로 점수제(mark system)를 창안, 실시하였다.

그에 따르면 수형자 처우의 목적은 범죄자의 개선이며, 형벌을 받은 후의 사회복귀를 목적으로 하여야 한다. 순전히 타인에게 본보기를 보여주기 위한 복수나 응보 위주의 형벌은 그 자체 하나의 악이다. 행형의 단계를 통해 수형자는 범죄를 유발하는 성향으로부터 해방되어 어떤 유혹에도 저항할 수 있는 힘을 강화시킬 필요가 있다. 매코노키는 그 목적을 달성하기 위해 수형자의 도덕적 · 신체적 개선을 추구하면서, 근면과 자율을 장려할 수 있는 제도적 방안을 강구하고자 했다.[6)]

수형자의 형기는 수형자가 자신을 사회적으로 유용하고 법을 준수하는 시민으로 변모시키기 위해 필요한 자기훈련(self-discipline)을 충분히 할 수 있는 정도의 기간이어야 한다. 따라서 형기는 기간의 경과가 아니라 과제의 달성에 연계되어야 한다. 부여된 작업이나 과제를 달성하게 되면 그는 석방될 수 있다. 수형자에게는 그 범죄의 등급에 따라 달성해야 할 총점수가 사전에 정해지며, 그가 한 작업이나 선행에 대하여는 반드시 점수가 주어진다. 그는 자신의 노력으로 그 점수를 획득하는 것이다.[7)]

점수제의 운용은 단계적 누진처우의 방법으로 시행된다.[8)] 첫째는 징벌단계이다. 감옥에 입감할 때 수형자는 단기간의 엄격한 제약과 박탈의 상태에서 지내게 된다. 그에게는 도덕적 · 종교적 교육이 제공되며, 이를 통해 참회와 겸손의 마음을 함양하고자 한다. 이러한 단계를 성공적으로 종료하면, 그는 두 번째 단계 작업 및 자기통제의 단계로 진입한다. 수형자는 자신에게 할당된 일을 완수할 때 매일 표준점수를 받는다. 할당량 이상의 작업을 하거나 모범적 행동을 한 경우에는 가산점이 부여된다. 반대로 규율을 위반한 경우

6) T.Erikson(1976), The Reformers: An Historical Survey of Pioneer Experimets in the Treatment of Criminals, New York: Elsevier, 犯罪行動研究會 譯(1980), 犯罪者處遇の 改革者, 大成出版社, p. 102.

7) J.Barry(1958), Alexander Maconochie of Norfolk Island: A Study of a Pioneer in Penal Reform, Melbourne: Oxford University Press, p. 74.

8) Ibid., p. 74-75.

에는 육체적 징벌을 받거나 강제노역을 더하는 종래의 방법이 아닌, 그 동안 얻은 점수를 정해진 만큼 삭감당하게 된다. 수형자가 얻은 점수는 금전으로 환원될 수도 있으며, 수형자는 자신의 노력으로 얻은 점수 중의 일부로 숙박비 · 식비 · 피복비를 공제하게 된다.

둘째 단계의 소요점수를 획득한 수형자는 셋째 단계로 넘어간다. 5-6인의 다른 수형자와 함께 공동작업을 하는 단계이다. 점수는 이제 개인의 성취도가 아니라 그가 속한 팀의 성취도에 의해 얻어진다. 각자는 그 팀의 다른 성원의 행동에 대해 연대책임을 지게 된다. 시간이 지날수록 활동의 제약은 완화된다. 마지막 단계에 이르면, 수형자의 처우는 석방 이후의 상태와 점점 유사하게 된다.

이 제도는 장래의 자유에 대비하여 수형자를 단계적 · 누진적으로 훈련시킨다는 명확한 목표를 설정하고, 수형자 스스로의 노력을 통해 자신의 운명을 개척해갈 수 있다는 확신을 심어주고자 입안된 것으로 볼 수 있을 것이다. 이를 위해 매코노키는 수형자의 자존심과 인격성을 훼손하는 방법은 지양되어야 할 것으로 보았다. 수형자의 인격을 존중하기 위해 모든 야만적이고 저열한 징벌은 배제되어야 한다는 것이다.[9] 그 밖에 일상생활과 처우방식이 이러한 고려에 맞추어 실시되었다. 가령 규율위반에 대한 제재에 있어서 수형자의 참여를 허용했다. 또한 행형의 방침을 사전에 공표함으로써 수형자들로 하여금 적극적으로 그 의도를 이해하고 따르도록 함으로써 수형자의 인격성을 배려하고 있음을 확인할 수 있다.

매코노키의 점수제는 한때 지옥같이 여겨졌던 노포크 섬을 질서있고 잘 규율화된 사회로 개선시키는데 성공하였다고 평가된다. 수형자의 개선의 성과도 괄목할 만했다. 그러나 그의 실험은 전례없는 방식이었고, 기존의 형벌제도의 예상을 뛰어넘는 것이었으며, 수형자를 관대하게 다룬다는 비난에 시

9) 매코노키는 범죄문제를 전반적인 사회문제의 한 소산으로 보고, 범죄자의 개선과 사회복귀를 형벌의 일차적 목표로 내세웠다. 여기서 응보는 야만적이고 인간적 품성에 부적당한 것으로 배격되었다. 수형자들의 궁극적인 사회복귀를 위해서는 그를 책임있는 인간으로 대우하고, 사회적인 삶을 준비할 수 있는 행형이 되어야 함을 역설했다. G.Cavender(1982), Parole: A Critical Analysis, London: Kennikat Press, p. 13.

달려야 했다. 그리하여 그는 4년간의 임기를 마치고 해임되었다. 그는 영국으로 돌아와 자신의 방법을 적극 옹호하였다.[10)]

2) 월터 크롭턴의 아일랜드식 누진처우제

매코노키의 혁신은 영국에서는 기득권자들의 반발로 발전되지 못했지만, 아일랜드에서는 달랐다. 아일랜드의 교도소장으로 있던 월터 크롭턴(Walter Crofton)은 매코노키의 사고에 적극 공감하였다. 그는 매코노키의 생각을 더 구체화하여 하나의 제도적 처우형태로 다듬어 실시하였으며, 이를 구미 각국으로 적극 소개하였다.[11)]

아일랜드식 누진처우방식(Irish Progressive System)은 크게 4단계로 나누어 시행되었다.[12)] 이 제도는 형기 3년 이상의 수형자에 대해서만 적용될 수 있는 것으로 했다. 제1단계는 독거구금의 단계이다. 이 기간은 8-9개월에 수형자의 행장에 의해 결정되었다. 이 기간에 수형자는 소위 감옥의 전중력을 온 몸으로 느끼게 된다. 최초의 3개월은 감식조치에다 어떤 노동도 허용되지 않았다. 크롭턴에 따르면 이 기간을 경과하게 되면 아무리 게으른 수형자도 일하지 않고는 배길 수 없는 심정이 된다. 그 다음에 충분한 식사로 체력을 회복시켜 통상적인 노동을 감내할 수 있도록 한다. 제1단계에는 또한 종교적 감화와 함께 실용적 기술을 가르친다.

그런 다음 둘째 단계로 진입하여 특정한 감옥에 수감되어 다른 수형자와 함께 집단작업을 하게 된다. 이 단계에서는 매코노키의 점수제에 따라 주로 운영된다. 각 소단계로의 진급은 완전히 수형자의 누진점수제에 의해 결정된다. 다시 말해 수형자는 "자기운명의 결정자"임을 자각할 수 있도록 한다. 이 단계는 3급, 2급, 1급 및 A급으로 세분되었고, 필요한 점수를 획득하면 다음 단계로 나아갈 수 있도록 했다. 여기서 점수는 수형자의 기능이 아니라 과제

10) 일각의 비난에도 불구하고, 그의 방법, 즉 점수제의 창안자로서의 그의 업적은 존 하워드의 업적에 필적하며, 개선형(reformatory punishment)을 추구하는 모든 곳으로 확산될 것이라는 동시대인(Ullathorne, 1866)의 격찬도 뒤따랐다. J.Barry(1958), p.79 참조.

11) Ibid., p.213.

12) T.Erikson(1976), p.114.

를 달성하고자 하는 의지임이 강조되었다. A급에 이르면 수형자는 다른 단계의 수형자와 완전히 분리되어 수용되었다. 교육은 다른 단계에는 노동과 병행하여 실시되었지만, A급의 경우에는 야간에는 공부하고 주간에는 노동에 종사하는 식으로 분리되었다.

다음 제3단계는 중간단계(intermediate stage)라 불렸는데, 여기서 수형자는 완전 개방시설로 이송되었다.[13] 이는 크롭턴의 독창적인 아이디어로 평가된다. 이 중간단계는 "교도소와 사회 사이의 여과기"로 불렸고, 이 때 사회적 응능력이 완전히 시험되었다(중간처우제도). 이 기간중에는 주로 영농, 목공 등 가벼운 일에 종사하게 되고 교도소 근무의 사회사업가(social worker)로 하여금 수형자의 취업처, 귀가처 등에 관한 알선에 협조하도록 하였다.

그러다가 만족할 행장을 나타낼 때 제4단계, 즉 조건부 석방(conditional release)의 단계에 들여보냈는데, 이것이 바로 오늘날의 가석방 단계이다. 이 마지막 단계는 행형사상 처음으로 갱생보호(after-care)프로그램을 도입한 것으로 볼 수 있다. 이 때 가석방된 자는 사회사업가 또는 경찰의 관찰을 받게 하였다.

크롭턴의 아일랜드식 방식의 요체는 다음과 같이 요약될 수 있다. 첫째, 보상. 수형자의 석방을 포함한 모든 혜택은 자신의 노동과 선행에 달려있도록 한다. 노동과 선행의 실적은 매일 기록된다. 둘째, 개인적 영향. 관리자와 수형자 사이에 긴밀한 개인적 유대가 확립되어야 한다. 소장, 교도관, 학습교사, 종교교회사가 수형자를 개별적으로 잘 알 수 있어야 하며, 그러기 위해서는 교도소에 300명, 중간교도소의 경우에는 100명 이상을 수용해서는 안된다. 셋째, 점차 자유로운 상태에 근접하도록 할 것. 마지막 단계에 가까울수록 규제는 최소화하고 자유는 확대된다. 넷째, 출옥 이후의 엄격한 감시. 만일 재범의 우려가 높으면 석방허가증을 철회할 수도 있도록 한다.[14]

이러한 방식은 대체로 매코노키의 아이디어를 수용하면서 거기에 두 가지 수정을 가했다고 볼 수 있다. 첫째, 통상적인 감옥과 사회 사이에 중간교

13) Ibid., p. 115.
14) J.Barry(1958), p. 213-214.

도소 단계를 설정함으로써, 단계적인 분류처우를 위한 제도적 장치를 마련했다는 점이다. 이는 후일의 각종 중간적 처우형태의 선구가 되었다. 둘째, 매코노키는 석방 후 범죄자에 대한 감시는 경찰에 예속을 초래한다고 보아 그것을 반대한데 비해, 크롭턴은 범죄자에 대한 감시 · 관찰은 완전한 개선효과를 도모하기 위해 불가결한 것으로 보았다. 이는 후일 가석방과 동시에 보호관찰에 붙이는 parole의 선구가 되었다.[15)]

3) 신시내티 선언(1870)과 신행형학

크롭턴의 아이디어는 새로운 감옥개혁의 필요성을 절감하고 있었던 각국의 개혁가, 실무가의 관심을 자극했다.[16)] 미국교정협회(National Prison Association)는 1870년에 창립대회를 갖고, 신행형학에 기반한 교도소개혁운동(reformatory movement)을 제창한 신시내티 선언을 채택했다. 이 선언은 다음 한 세기에 걸쳐 교정과 행형의 대원칙을 천명한 것으로 중요성에 있어 달리 비길 데가 없는 것이다.[17)] 그 선언의 대강의 요지는 다음과 같다.[18)]

- 수형자에 대한 행형규율의 으뜸가는 목적은 보복적 고통을 과하는 것이 아니라 범죄자의 개선이어야 한다.
- 수형자의 인적 특성에 기반하고, 점수제에 따라 운용되는, 누진적 분류체계가 모든 감옥에서 확립되어야 한다.
- 희망은 공포보다 더 효과있는 방법이다. 수형자의 선행 · 근면 · 학습열의에 대하여 보상제도를 잘 운용하여, 수형자의 마음 속에 '희망'이 언제나 살아있는 힘으로 작용할 수 있도록 해야 한다. 징벌보다는 보상이 모든 양질의 교정제도에 필수적이다.
- 수형자는 그 운명이 자기 손에 달려있음을 측정할 수 있도록 해주어야 한다.

---

15) G.Cavender(1982), p.14.

16) E.Wines and T.Dwight(1867/1973), p.72-75. 그들은 "아일랜드식 방식이 우리가 알고 있는 최상의 모델"이며 곧바로 미국에 적용되어야 한다고 주장한다.

17) H.Barnes and N.Teeters(1951), New Horizons in Criminology, New York: Prentice Hall, p.557-558.

18) "Declaration of Principles adopted and promulgated by the Congress," in E.C.Wines ed.(1871), Transactions of the National Congress, On Penitentiary and Reformatory Discipline, held at Cincinnati, Ohio, Albany: Weed, Parsons and Company, p.541-547의 일부를 발췌요약함.

그 자신의 노력으로 자신의 처지를 계속 향상시킬 수 있는 여건을 만들어 주어야 한다.

- 정기형 대신 부정기형으로 대체해야 한다. 만족할 정도의 개선을 증명할 때에만 종료되는 형이, 단지 시간의 경과로 종료되는 형을 대체해야 한다.
- 모든 교정기관에서, 종교는 으뜸가는 중요성을 갖는다. 종교는 인간정신과 생활에 가장 효과있는 작용을 하기 때문이다.
- 교육 역시 결정적으로 중요하다. 교육을 통해 지성이 계발되고, 자기존중심이 함양되며, 높은 목표를 추구하고, 저열한 오락에 대신하는 취미를 갖게 된다.
- 수형자의 자기존중심을 계발해야 한다. 수형자의 품위와 지위를 격하시키는 것(degradation)을 형벌의 일부로 삼는 것처럼 더 큰 실수는 없다. 그러한 것은 향상에의 열망을 꺾어버리며, 유약한 자를 좌절시키고, 강퍅한 자를 자극하며, 순종과 개선에의 의욕을 꺾어버린다.
- 직업훈련이 훨씬 광범하게 발전되어야 한다. 작업은 덕성을 보조하는 수단일 뿐 아니라 생계수단이기도 하다. 지속적이고 활동적이고 존중할만한 작업은 모든 교정의 기반이다. "사람을 근면하게 만들어라, 그러면 그들은 정직해질 것이다"라는 존 하워드의 격언은 실용적이고 타당한 것이다.
- 교정기관에서 산업노동은 중요하고 유용하며 외부 노동자에게 불리한 것도 아니다. 다만 도급제형의 작업은 수형자의 훈육에 지장을 초래하고, 자유노동자에게도 불리할 수 있다.
- 엄격한 독거구금, 누진적 분류처우, 가석방으로 이어지는 아일랜드식 누진처우제도를 모든 곳에 도입하는 것이 바람직하다. 교도소도 분류되고, 등급화되어야 한다.
- 경미범죄자에 대한 단기자유형은 범죄를 억압하기보다는 자극할 수 있어 바람직하지 않다. 인간의 개선에는 시간이 소요되며, 개선의 과정이 효과를 발휘하려면 충분한 형기가 확보되어야 한다.
- 자유는 모든 인간이 상속받은 권리이다. 무고한 시민의 자유를 잘못 박탈한 국가는 합당한 보상을 제공해야 한다.
- 수형자는 자신의 범행에 대해 합당한 책임을 져야 한다. 동시에 사회는 범죄계급에 의해 자행된 권리 및 법익 침해에 대하여 적지 않게 책임을 져야 한다. 사회는 범죄를 유발한 사회상태를 개선하고 변화시키기 위해 모든 조치를 다해야 한다.

신행형학의 주요 이론가는 브록크웨이(Brockway, 1827-1920)이었다. 그는

19세기 후반기 내내 미국 행형학과 감옥제도의 개선에 관한 논의를 주도했다. 그는 감옥의 전통적인 목표를 인정하면서, 새로운 수단을 통해 그 목표를 달성하고자 했다. 그는 "감옥규율의 궁극적 목표는 응보적 고통의 부과가 아니라 범죄자의 개선(reformation)이어야 한다"고 역설했다. 사회방위는 범죄자의 처벌보다는 범죄예방 및 범죄자의 개선에 의해 달성되어야 한다. 여기서 '개선'이란 말은 "역겹고 말썽많은 개인이 관대하고, 사회적으로 용납할 수 있는, 유용한 시민으로 변화될 수 있도록 그 생활 및 습관을 교정하는 것"으로 이해된다. 그러기 위해서는 그의 충동, 욕구 등 기질상의 변화와 자기통제 능력의 향상 등이 이루어져야 한다.[19]

그의 개혁안에서 새로운 것은 감옥규율을 보다 효율적으로 하기 위해서는 부정기형이 도입되어야 함을 강력히 역설한 점이었다. 브록크웨이에 따르면,

> 형기는 정기가 아니라 부정기형이어야 한다. 관할권 있는 법원에 의해 유죄선고를 받은 모든 주민은 주의 피후견인으로 되어 후견인위원회(Board of Guardians)의 보호감독을 받는 것으로 한다. 그 기간은 위원회의 판단에 의해 사회일반인의 안정성에 지장이 없고 또 그 자신의 복지를 위해 사회복귀가 가장 좋으리라고 생각되는 시기까지로 한다.[20]

여기서 국가는 일반의지의 제도적 표현이자 국민을 선한 방향으로 이끄는 어버이(super-parent)와 같은 존재로 여겨지게 된다.[21] 한편 부정기형은 수형자들의 운명이 그 자신의 손에 달려 있음을 일깨움으로써, 그 자신의 선행과 노력을 통해 스스로 개선되도록 하고 그 결과 형기를 단축할 수 있음을 역설했다.

신시내티 선언과 브록크웨이의 제안은 이후의 감옥제도와 처우기법에 일반적인 접근방법을 제공했고, 다음 한 세기에 걸쳐 지속적인 영향력을 행사

19) Z.Brockway(1912/1969), "The Ideal of a True Prison System for a State," in Z.Brockway, Fifty Years of Prison Service: An Autobiography, Montclair: Patterson Smith, p.389-393.

20) Ibid., p.401.

21) D.Rothman(1978), "The State as Parent: Social Policy in the Progressive Era," in W.Gaylin et al. eds., Doing Good: The Limits of Benevolence, New York: Pantheon, p.67-96.

했다. 이러한 신행형학의 원리를 본격적으로 실천하고자 1876년 엘마이라 교도소(Elmira Reformatory)가 설립되었고, 그 소장에는 Brockway가 임명되었다. 그는 동 교도소의 제반운영에 대해 자유로운 결정권을 부여받고, 법규해석의 재량권을 인정받았다. 동 교도소의 처우방침은 1) 원칙적으로 과거에 자유형의 선고를 받은 적이 없는 초범자로써, 16세 이상 30세까지의 연령층을 수용대상으로 한다. 2) 부정기형, 즉 판결로써 형의 上限만을 정하고 下限을 형의 집행과정에서 결정할 수 있을 것으로 했다. 3) 처우는 수용자의 성격과 행장을 변화시키는 것을 목표로 했다. 구체적인 처우내용은 수용자의 등급에 따라 결정되었고, 선행에 대한 보상의 형태로 보다 나은 등급에 진입할 수 있었다. 그리고 4) 최종적 석방은 조건부석방을 거친 후에 행하는 것으로 했다.[22)]

부정기형의 도입과 함께 중요한 것은, 수형자 임금제도의 도입이었다. 수형자는 노동에 대한 보수를 지급받음과 함께 식사와 의류 기타 모든 급여물에 대해서는 그 대가를 공제하도록 했다. 이러한 보수제도에 의해 최하위로부터 상위단계로 진급함에 따라 보다 양호한 조건과 보다 많은 특전을 받을 수 있도록 하는 수형자누진제도가 아울러 채택되었다. 처우조건을 향상시키기 위해서는 수형자의 운동, 영양개선이 전문가의 관여 하에 이루어졌다. 또한 석방 후 자유사회의 일원이 되는데 부족함이 없도록 도덕적 · 종교적 감화와 함께 직업훈련이 전 수용자에 대해 실시되었다. 교육프로그램의 도입과 실시도 활발하게 진행되었는데, 그 가운데 군사교육은 상당히 중요한 위치를 차지했다.[23)]

이상의 신시내티 선언과 엘마이라 교도소의 실험에서 분명히 보여지듯이 새로운 조류는 처우의 개별화와 개방화를 통해 사회복귀(rehabilitation)의 목표를 달성하려는 방향성을 지니고 있었다고 할 수 있겠다.

22) Z.Brockway(1912/1969), p.401 이하.
23) T.Erikson(1976), p.403.

(2) 보호관찰 · 부정기형 · 가석방 · 소년법원 제도의 발달

범죄문제에 대한 새로운 제도적 해결의 모색은 대략 다음 세 가지 방향으로 나타났다.

첫째, 시설내 구금에 대한 대안으로 범죄자를 사회 속에서 감시 · 감독하자는 것으로 보호관찰부 형의 유예(probation)가 그에 해당한다. 둘째, 개별화된 처우를 통한 교정효과를 본격적으로 살리기 위해 수용기관을 분화시켜 나가는 것으로, 여성교도소과 소년교도소, 소년법원이 그에 해당한다. 그리고 셋째, 형기와 석방절차를 보다 탄력적으로 운용함으로써 교정의 취지를 살리고자 하는 것으로, 부정기형과 보호관찰, 가석방(parole)이 그 예로써 지적될 수 있다. 전통적인 감옥은 여전히 형벌기구의 중심에 위치했지만, 이제는 감옥은 다원화된 제도와 절차에 의해 보완 혹은 대체되었고, 그에 합당한 다양한 처우기법과 전략 등이 개발되었다. 또한 주목하지 않으면 안될 것은 이러한 제도적 변화는 제1차적으로는 청소년에게 적용되도록 배려되었다는 사실이다.[24] 새로운 실험들은 먼저 청소년을 대상으로 하고, 점차 성인의 처우에 확장되는 경향이 있었다. 아래에서 그 구체적 내용을 살펴보기로 하자.

1) 보호관찰부 형의 유예

보호관찰(probation)의 역사는 오거스투스(J.Augustus, 1784-1859)의 헌신적인 박애정신에 기인한다고 보통 설명된다. 그는 1841년부터 재판중인 범죄자를 위해 보석금을 대납한 다음, 보석허가를 받은 그를 데려와 악행을 중단하고 선행을 하도록 감화시키는 일을 자원해서 계속했다.[25] 일정한 보석기간이 경과한 뒤, 그를 법정에 다시 데려가 법관으로부터 명목상의 벌금형을 선고받거나 처벌을 면하도록 하였다. 한 사례가 성공하자 그는 점점 이 같은 접촉범위를 넓혔고, 어떤 선례도 없는 이러한 사회복지사업을 자원하여 수행함으

24) S.Walker(1980), p.87.

25) National Probation Association(1939), John Augustus: First Probation Officer. 이 책은 1852년 오거스투스가 쓴 보고서를 재간행한 것이다.

로써, 그는 수많은 범죄자를 구원하였다.[26]

이러한 개인적 노력은 1878년에 이르러 미국 매사츄세츠주에서 첫 보호관찰법을 통과시킴으로써 제도화의 길을 걷게 되었다. 이 1891년에는 주의

보호관찰: 그 탄생의 순간

존 오거스투스

1841년 8월 어느 오전에 나는 법정에 있었다. 구금실의 문이 열리면서 관리가 남루하고 비참하게 보이는 사람을 데리고 나왔다. 그는 피고인석에 앉았다. 나는 그 사람의 겉모습을 보고, 그의 범죄가 주취(酒醉)와 관련된 것으로 짐작했다. 곧 서기가 낭독한 대로, 그는 흔하게 볼 수 있는 술꾼이었다. 사안은 명백했다. 그러나 형이 선고되기 전에 난 잠깐 그와 대화할 수 있었다. 그는 아직 개선의 희망을 상실하지 않았음을 알았다. 겉모습과 안색으로 보면 그가 다시 한번 제구실을 하는 사람이 될 것이라는 믿음을 주기엔 역부족이었지만 말이다. 그는 자신이 교도소 행으로부터 구제된다면, 다시는 술을 입에 대지 않을 것이라고 말했다. 그의 목소리엔 진실성이 있었고 그의 표정은 확고한 결심을 보여주고 있었다. 나는 그를 돕기로 작정했다. 나는 법원의 허가를 받고 그의 보석금을 냈다. 그는 3주 후에 법정에 출두할 것을 명령받았다. 그는 서약에 서명했고, 법원을 나와 금주했다. 이 유예기간(probation)이 종료된 후 나는 그를 동반하여 법정에 갔다. 그의 모습은 완전히 달라졌다. 누구도 한달 전의 그 주취자임을 믿을 수 없었다. 판사는 매우 기뻐하면서, 통상의 형벌, 즉 교도소에 수감하는 대신 1센트의 벌금과 부대비용을 선고했다. 총 비용은 3불 76센트였다. 그 사람은 술을 끊고 근면하게 살았다.

이러한 방법을 통해 상습음주의 무덤으로부터 그를 구해낸 것이다. 이는 매우 고무적인 것이었으므로, 나는 1842년 1월까지, 17명의 보석을 허가받았고 모두 성과를 거두었다. 이러한 관행은 법원의 상례가 되었다.[27] 그는 1858년까지 모두 1152명의 남자, 794명의 여자들을 보석시켰고, 자원해서 동정과 배려를 베풀었다. 그 중 재범자는 거의 없었다.[28]

26) 그는 자신이 하고 있는 일에 대해, "나락에 빠진 자를 일으켜 세우고, 범죄자를 개선시키며, 능력닿는 한 비참한 처소를 행복의 집으로 바꾸는 일"이라고 자평하였다. Ibid., p. 3.

27) 이상은 Augustus 자신의 기록이다. National Probation Association(1939), p. 4-5.

28) C.Chute, "Forward," in Ibid., p.vi.

형사법정이 보호관찰관을 임명할 것을 요구하는 일반법을 통과시켰다. 1925년에는 미국연방보호관찰법(Federal Probation Act)이 제정되었다. 보호관찰관의 수가 증가하고 대상자의 수가 늘어감에 따라 본격적으로 발전하게 되었다.[29] 이후 보호관찰은 유럽 각국과 전세계에 확산되었다.

이같이 제도화된 보호관찰제도는 보호관찰을 담당하는 공식적 기관(public probation agency)에 의해 주도되었다는 특징을 지니고 있다. 보호관찰 업무는 주로 국가(또는 주)의 행정기관의 관할하에 있게 되었다. 보호관찰관은 사회사업가(social caseworker)로 인식되는데, 이들은 개별면담(interview) 기타 개인적 유대관계를 통해 업무를 수행한다고 하지만,[30] 결국 이들은 국가의 권위를 인정하는 전제 위에 국가기관의 공무원으로 구성되어 있다. 이들의 활동은 지역사회 내의 범죄자에게 국가의 감독의 손길을 뻗치는 역할을 하게 된다. 국가에 의한 개별적인 감시 · 감독은 신시내티 선언에서 열거된 개별화된 처우의 이념에 비추어 정당화되었다.[31]

2) 소년법원의 발전

소년법원과 소년을 위한 독립된 처우시설의 역사는 19세기 초반으로 소급할 수 있지만, 현대적인 의미의 소년법원은 19세기 말이 되어서 비로소 나타나기 시작했다. 1899년 일리노이주는 소년법원법(Illinois Juvenile Court Act)을 제정함으로써 소년법원을 공식적으로 창설했는데, 이는 기왕의 발전을 결산하는 동시에 새로운 시대의 도래를 알리는 것이었다.[32] 그 영향력의 정도는 동법이 실시된 지 20년도 채 안된 1917년 미국의 3개주를 제외한 모든 주에서 소년법원이 설립되었다는 사실에서 단적으로 확인될 수 있다.

소년법원제도의 취지는 "비행"소년이 성인범죄자의 그것과 별개의 법원에 의해 비공식적 절차를 통하여 별개의 처우를 받도록 하자는 것이었다. 소년법원에 의해 다루어질 비행소년의 범주에는 범죄소년뿐 아니라 범죄를 저

29) I.Halpern(1969), A Decade of Probation, Montclair: Patterson Smith, p.14-15.
30) 오영근(1988), 범죄인의 사회내 처우에 관한 연구, 서울대 법학박사학위논문, p.83-90 참조.
31) S.Walker(1980), p.89.
32) L.Siegel(1981), Juvenile Delinquency: Theory, Practice, and Law, St.Paul: West Publishing Company, p.311-321.

형사법원과 소년법원의 비교[33)]

형사법원	소년법원
1. 대립적 당사자 소송구조 2. 피고인의 범죄유무를 판정하는 것이 재판의 목적 3. 피고인의 성격적 특성을 파악하기 위한 기구 없다. 4. 피고인의 생활정보는 증거의 일부로 쓰여질 수 없다. 5. 형사처벌 6. 일반예방을 겨냥	1. 과학적 조사방법에 의한 청문 2. 소년이 비행자인가 여부와 함께 그의 일반적 성격과 생활여건의 조사 3. 소년에 관한 제반정보를 확보하기 위한 정교한 기구 4. 생활정보는 판결의 기초 5. 필요하다고 판단되면 국가의 보호, 후견, 처우를 받는다. 6. 특정개인의 필요에 따른 교정방법 선택

지를 가능성이 있는 소년(우범소년)도 포함되었다. 비행소년은 성인범죄자에게 허용된 공식적인 절차적 보장이 주어지지 않고 비공식적 절차를 통해 처리되었다. 사건의 처리는 일반에게 공개되지 않았고, 대립적 당사자주의가 아니라 규문주의적인 구조를 갖고 있었기 때문에 변호인을 선임할 필요가 없었다. 일반 형사범에게 엄격히 준수되어져야 하는 적법절차 조항은 소년비행에서는 적용되지 않았다.

소년법원제도의 주요한 목표는 소년범죄의 예방과 소년범죄자의 교정이었다. 그를 위해 소년법원제도를 담당하는 두 축인 법관과 보호관찰관은 비행소년의 성향과 생활배경을 조사 · 진단하고 그에 맞추어 적절한 처방을 제공하여야 했다.[34)] 따라서 이들의 역할모형은 법률가가 아니라 의사-상담자(doctor-counselor)였다.[35)] 즉 의사나 상담원이 특정 환자의 신체적 · 정신적 상태에 대해 진단, 처방하는 것과 같은 방식으로 비행소년과 일대일의 관계 형성을 통해 법적 치료사(judicial therapist)로 기능한다는 것이다.

33) E.Sutherland and D.Cressey(1960), PrInciples of Criminology, 6th ed., New York: Lippincott, p.399-410 참조.

34) L.Siegel(1981), p.314.

35) A.Platt(1974), "The Triumph of Benevolence: The Origins of the Juvenile Justice System in the United States," in R.Quinney ed., Criminal Justice in America: A Critical Understanding, Boston: Little, Brown, p.378.

소년법원운동의 또 다른 특색 중의 하나는 비행소년뿐 아니라 그럴 가능성이 있는 우범소년에 대해서까지 국가가 관여, 통제할 수 있게 했다는 점이다. 소년 "비행"의 개념에는 1) 범죄행위, 2) 법령위반행위, 3) 비도덕적 행위 기타 우범행위가 두루 포함되었다.[36] 우범행위에는 기성의 권위를 존중하는 태도를 보여주지 않거나, 지배적 도덕가치에 위배되는 행위 유형, 가령 음주, 유흥가 출입(구장, 댄스홀), 성적 방종 그리고 가출, 거리에서의 배회, 편싸움, 구걸 등의 행위들이 포함되었는데, 이러한 유형의 행위들을 조기에 단속, 규제함으로써 (노동계급, 이민가정의) 소년들을 "근면하고 스스로 억제할 줄 알며 법과 권위에 복종할 줄 아는" 예절바른 시민(respectable citizen)으로 만들고자 의도했던 것이다.

문제는 소년법원에 대한 이러한 움직임을 어떤 맥락에서 어떻게 설명할 것인가 하는 것이다. 이제까지 소년법원운동을 포함한 각종 아동, 소년에 대한 특수한 취급에 호의적인 반응을 보인 입장과 그러한 조류를 비판적으로 재해석하고자 하는 입장은 전혀 다른 설명을 제시하고 있다.

소년법원제도에 대한 전통적인 해석은 다음과 같이 정리될 수 있다.[37] 1) 19세기 말의 아동구제운동은 아동과 소년을 감옥으로부터 구제하고, 소년을 위한 인도주의적인 사법제도와 행형제도를 발전시키며, 경제적 · 정치적 착취에 대해 빈민층을 옹호함으로써 형사사법제도 전반을 인간화하는데 성공했다. 2) 추진자들은 아동과 소년의 복지와 교정에 정열을 쏟은 사심없는 개혁가였고, 결코 특정계급의 이익을 대변하려는 목적을 갖고 있지 않았다. 3) 소년법원제도가 충분한 성과를 거두지 못한 것은 초기 개혁가들의 지나친 낙관주의와 도덕적 절대주의 탓도 있지만, 그것보다는 운영상에 있어서 관료적 비효율성이 노정되었고, 재정적 지원의 부족과 충분히 훈련된 인력을 확보하지 못한데 기인한다. 요컨대 소년법원운동 기타 아동구제운동은 반동과 무지에 대한 진보적 개혁주의(progressive reformism)의 승리이자, 19세기 후반에 꽃피어난 인도주의적 이상의 제도적 구현을 의미하는 것이었다.

36) Ibid., p. 379.

37) H. Lou(1927), Juvenile Courts in the United States, Chapel Hill: University of North Carolina, p. 1-31; M. Rosenheim ed.(1962), Justice for the Child, New York: Free Press, p. 7 등.

반면 비판적 해석에 따르면, 소년법원운동 기타 아동구제운동이 급진적 개혁노선이 아니라 오히려 보수적인 기원을 지니고 있었고 중산계급적인 편견(middle-class bias)을 드러내고 있다고 지적한다.[38] 중산계급의 입장에서는 인도주의적인 개혁으로 보여지는 사항들도 주대상이 된 노동계급이나 소수인종, 그리고 대상아동의 입장에서 볼 때는 정반대의 해석이 나올 수도 있으리라 생각된다.

아동구제운동 전반에 대한 그들의 견해는 다음 몇 가지로 요약될 수 있다. 1) 개혁항목들은 새로운 사법제도를 발명한 것이 아니라 19세기에 이미 비공식적으로 발전하고 있었던 전통적인 정책을 촉진시킨 것이다. 2) 개혁가들은 소년을 의당 보호를 요하는 대상으로 간주하고, 그러한 가정에 위배되는 소년 즉 조숙한 독립을 꾀하거나 소년에게 아직 어울리지 않는 거동을 보이는 소년들에 대해 국가가 관여(보호 또는 제재)할 수 있도록 했다. 요보호소년(dependent children)과 비행소년(delinquent children) 사이에 엄격한 구분은 해소되었고, 그 때문에 소년에 대해서는 적법절차 규정의 적용을 받지 않게 되었다. 3) 그들의 비행소년에 대한 태도는 대체로 온정적 간섭주의(paternalism)와 낭만주의가 결합된 것이었지만, 그들의 활동은 국가의 강제력을 배경으로 하여 이루어졌다. 그들은 국가의 박애성(benevolence of the state)을 확신했고, 비행소년과 사회통제기관의 이익이 합치된다고 가정하고 있었다. 4) 소년구제운동은 전통적 가치관과 단절을 시도한 것이 아니라 오히려 전통적인 제도와 가치를 재확인하고 강화하려는 보수적 지향을 갖고 있었다. 친권, 가정교육 및 농촌 생활의 덕성들은 당시의 시대상황에 그다지 어울리지 않았으면서도 강조되었다. 개혁의 추진자들은 산업화와 도시생활에 의해 위협받는 보수적인 도덕법전을 강화하고자 했다. 도덕적인 절대주의의 입장에서 그들은 사회적 진보의 관건이 아동의 적절한 사회화에 있음을 강조하고, 사회의 유해한 환경—영화, 포르노, 흡연, 음주, 기타 소년의 순결성을 박탈할 소지가 있는 모든 환경—으로부터 소년을 보호하고자 했다. 특히 이민가정의 소년들에

38) A. Platt(1977), The Child Savers: Invention of Delinquency, 2nd ed., Chicago: University of Chicago Press, p. 135.

게 외래적 가치를 불식시키고 미국식 가치에 동화시키고자 노력했다. 그럼으로써 그들은 이민가정의 부모의 가치관에도 간접적인 영향과 압력을 행사하고자 했다.[39]

소년법원운동의 직접적인 영향을 받은 집단은 노동계급, 빈민층, 이민가정의 자녀들이었다. 소년의 범죄예방을 위한 관건으로 가정환경과 가족관계의 요소를 강조한 이상, 생활의 압력이나 적응상의 곤란 때문에 정상적인 가정을 꾸려가기 어려운 경우에 국가의 자비로운 손길이 미치도록 한 것이 개혁의 요점이었다. 가정의 실패가 드러난 시점에서 친부모를 대신하여 국가가 아동과 청소년의 어버이 역할을 수행해야 한다는 국친사상(國親思想)이 그 바탕에 깔려 있었다. 이 논리에 따르면 부모가 있고 돌아갈 가정이 있는 중산층의 자제들은 걸리지 않는 반면, 가정의 결손가능성이 상대적으로 높은 하층의 자녀들은 국가의 온정적 간섭을 받을 가능성이 그만큼 많았다고 할 수 있다.

또한 비행개념의 확대는 소년의 자립성과 자발성을 제약, 통제함으로써 소년의 불완전성과 의존성을 심화시키고, 청소년의 열등한 사회적 지위를 고착화시켰다.[40] 소년은 성인과 같은 법적 자격과 헌법상의 권리를 향유할 수 없게 되었다. 요컨대 소년법원운동을 포함한 소년구제운동은 소년을 성인의 보호, 후견을 필요로 하는 존재로 놓고, 소년의 행동 일반에 대해 국가의 온정적 간섭의 손길을 뻗치는 것을 정당화했다. 국가의 활동은 활동대상인 소년의 이익에 배치되지 않는다는 점을 전제로 하고 있지만, 실질적으로는 매우 보수적 · 가부장적 가치를 강화하는데 기여했다고 볼 수 있다.[41]

3) 부정기형과 가석방

형기의 탄력성과 조건부 석방(conditional release)은 신행형학의 도래와 함께 교정처우의 요체로 주장되었다. 필라델피아 제도와 오번제도 등 종래의

39) Ibid., 제 5 장 및 결론부 참조.

40) Ibid., p. 177.

41) D. Humphries and D. Greenberg(1981), "The Dialectics of Crime Control," in D. Greenberg ed., Crime and Capitalism, California: Mayfield, p. 239-240.

감옥규율형태로는 너무나 기계적이어서 범죄자의 교화개선에 어떤 적극적인 영향을 미치지 못함이 분명해졌다. 감옥에서 일정기간을 보내기만 하면 반드시 석방해야 하는 제도하에서는 수형자들은 시간을 지루하지 않게 보내는 것 이외의 어떤 적극적인 개선에의 동기유발이 이루어지지 않을 것이다. 제도 내에서의 규율위반에 대한 처벌은 외부적 태도에 영향을 미치기는 해도 내면으로부터의 개심(inner conversion)을 가져오지 않는다. 따라서 (교정당국이 관심을 갖고 있는) 개선의 진도와 (수형자가 가장 관심을 갖고 있는) 형기단축의 가능성을 연계시키기 위한 방안들이 모색되었다.

부정기형(indeterminate sentence)과 가석방제도(parole)는 이러한 시도들이 제도화된 형태로 드러난 것으로 볼 수 있다. 논리적인 차원에서 이 두 제도는 밀접한 관계가 있지만 구체적인 발전과정은 서로 달랐고, 그 때문에 양자가 결합되는 방식도 달랐다. 이 두 제도의 시초는 보통 1870년 신시내티 회의에서 구하지만, 실제로는 이전에 다양한 방식으로 발전해온 제도적 실천[42]이 그를 계기로 보다 명료한 근거를 획득하게 되었다고 보는 것이 더욱 정확하리라 생각된다.

부정기형과 가석방 등을 통한 형의 개별화는 다양한 기능을 수행했다고 보여진다. 우선 이러한 제도는 법정에서의 평등한 법적용을 추후 개별화시키기 위한 수단으로 활용되었다. 또한 이러한 재량권의 적절한 행사를 통해 교도소수용인구를 행정적 편의나 행형당국의 재정적 고려에서 조절할 수 있게 되었다.[43] 이전에 그러한 수단으로 활용되었던 사면제도와 비교해 볼 때 이 제도들은 눈에 띄는 조치없이 동일한 기능을 용이하게 수행할 수 있는 이점을 지니고 있었다.

부정기형과 가석방을 통한 형의 개별화와 조건부 석방은 다음 두 가지의

42) S.Walker(1980), p.93. 종래 형기단축을 위한 주요한 방안으로는 각종의 사면제도와 선시제(good-time law)를 들 수 있다. 첫째, 사면제도는 형벌의 남용에 대한 제도적 개선책으로 널리 시행되어 왔는데, 그 제도는 정책적 관점의 변경이 있거나 국가의 자비를 과시함으로써 법위반자를 사회체제 내에 흡수, 통합시키는 효과를 겨냥하고 있었다. 둘째, 선시제는 수형자가 감옥 내에서 선행을 한 대가로써 형기를 일정 기간 단축시켜 줌으로써 원래의 형기 이전에 자동적으로 석방시키는 제도를 말한다.

43) American Friends Services Committee(1971), Struggle for Justice, New York: Hill Wang, p.45 참조.

기본논리를 지니고 있다. 첫째, 형벌의 목적이 처벌이 아니라 교정 내지 사회복귀에 있다고 한다면, 범죄자는 교정될 때까지 감옥 안에 갇혀 있어야 마땅할 것이다. 둘째, 수형자는 그가 언제 출소할지 알 수 있다면 그는 그저 시간을 지루하지 않게 때우는 데에만 신경 쓸 것이다. 만일 소 내에서의 행장과 태도에 따라 석방가능성이 결정된다고 한다면 그는 교정의욕과 향상단계를 보여주기 위해 소 내의 여러 프로그램에 적극 참여하게 될 것이다. 만약 그가 교정 프로그램 등을 거부한다면 그는 무한정 감옥에 갇혀 있어야 한다는 논리가 역으로 성립될 수 있겠다.[44]

신시내티 회의와 이후의 브록크웨이의 활약은 부정기형과 조건부석방제도를 미국 교정행정의 일부로 받아들이게끔 하는데 기여했다. 브록크웨이는 장기와 단기의 제한을 모두 없앤 절대적 부정기형을 제창하고 입법을 통해 자신의 제안을 실현하고자 했다. 그럼으로써 그들은 교정의 증거가 보여질 때까지 수형자들을 무한정 통제할 권한을 확보하고자 했다. 그러나 뉴욕주의 입법부는 이러한 급진적 제안을 수용하는 데까지는 이르지 못하고, 상한을 규정한 부정기형법을 통과시켰다.[45] 19세기 말에 이르러 미국의 11개 주가 부정기형을 받아들였고 20여개 주가 가석방제도를 채택하고 있었다. 하지만 어디에도 절대적인 부정기형을 규정한 주는 없었다. 상한을 모두 규정하면서, 하한을 규정하기도 하고 그렇지 않기도 하는 등 다양한 패턴을 보였다.

부정기형, 가석방과 같은 조치는 수형자의 의욕을 제고시키고 처우에의 협력을 고취시킬 수 있는 동시에 시설의 관리와 규율유지에도 기여할 수 있다고 주장되어졌다. 수형자의 모든 행동거지에 대한 일상적인 평가를 수행하게 됨으로써 교정당국은 더욱 세밀하게 짜여진 감시와 규율의 그물망으로 수형자의 활동을 제약할 수 있게 되었다. 나아가 석방된 범죄자에 대해서도 정보를 수집하고, 형벌체계의 영향력을 확산시키고자 했다. 교정, 교화의 논리는 곧 사회통제의 논리와 직결되어짐을 여기서 확인할 수 있다.

---

44) E.Wright(1973), The Politics of Punishment: A Critical Analysis of Prisons in America, New York: Harper Row, p.44-46.

45) B.McKelevy(1977), American Prisons: A Study of Good Intentions, Montclair: Patterson, p.304-305.

3. 감옥모델의 재편과 교도소

교정의 시대를 주도한 개혁가들도 감옥의 필요성과 중요성을 무시하지는 않았다. 이들은 감옥의 폐기를 주장한 것이 아니라 감옥제도에 대한 새로운 구상을 제기하고자 했다. 그들의 주된 관심은 감옥을 진보적 노선에 따라 재편하고 교도소(reformatory)로 변경하고자 했다. 동시에 수용자의 의사와 관계없이 그들을 구금하고 "치료"하려 한 점에서 하향적이고 관료주의적인 색채를 띠지 않을 수 없었다.

종래의 감옥의 성격을 일변시킬 새로운 모델은 두 가지 방향에서 추구되었다.[46] 첫째, 감옥제도의 형성기에 개혁가들은 감옥이 새로운 사회의 모델로 기능하리라 희망했지만,[47] 이제는 정반대로 새로운 교도소는 지역사회(community)를 모델로 삼는 것이 바람직하다고 생각되었다.[48] 교도소의 일상생활은 가능한 한 일반사회의 그것과 다르지 않도록 배려되어야 했으며, 교도소 속에서 재소자들은 앞으로 살아갈 사회생활을 준비해 갈 수 있도록 조직되어야 했다. 수용생활의 궁극적인 목적이 사회복귀인 만큼 침묵제나 독거제와 같이 비사회적인 생활의 강요는 매우 불합리한 것으로 여겨졌다. 또한 바깥 사회의 영향으로부터 교도소를 격리시킨다는 발상도 우스꽝스럽게 생각되었다.

이러한 입장을 강력하게 추진했던 것으로 오스본(T.Osborne)의 수형자자치제(immate self-government system)의 실험이었다고 할 수 있을 것이다.[49] 수형자자치제는 교도소 내의 생활방식을 수형자의 자율적 규율하에 운영하도록 하는 방식으로 수형자의 자치능력과 책임의식을 함양함으로써 출소 후의 사회생활에 용이하게 적응할 수 있게 하는 것이다. 오스본은 펜실베니아 방식과 오번 방식을 모두 비판한다. 전자는 인간의 정신적 측면을 교정하려는

46) D.Rothman(1980 a), p.274.
47) D.Melossi and M. Pavarini(1981), p.143 이하.
48) D.Rothman(1980 b), "For the Good of All: The Progressive Tradition in Prison Reform," in J. Inciadi and C. Faugel eds., History and Crime, London: Sage Pub., p.157.
49) T.Osborne(1916), Society and Prisons, New Haven: Yale University Press 참조.

것이고, 후자는 인간의 육체적 측면을 교정하자는 것이다. 이 두 접근방식의 문제는 범죄문제가 순전히 정신적인 것만도 아니고 육체적인 것만도 아니며, 도덕적이고 사회적임을 경시한 데 있다. 그는 범죄자와 사회와의 자연적이고 건강한 관계가 회복되어야 함을 역설한다. 범죄자들이 하나의 인간으로 자연스럽게 성장하고 건강한 관계를 추구할 수 있어야 하며, 사회의 일반인처럼 재소자도 일상사의 잘잘못을 자유롭게, 자연스럽게 토론할 수 있어야 한다. 또 대표를 뽑아 규칙을 자치적으로 제정하고 집행할 수 있도록 되어야 한다. 교도소는 그에게 시민성을 함양하고, 책임감을 키우며, 민주주의를 느낄 기회를 제공해야 한다는 것이다.[50)]

오스본은 자신이 실험하는 교도소를 하나의 공동체(community)로 규정하고, 재소자를 시민(citizen)이라 부르면서 그들 자신이 소내생활의 전반적인 규율을 정하고 자치적으로 운영케 했다. 이러한 제도를 그는 시민성훈련(training for citizenship)이란 개념으로 파악하였는데 일종의 교도소민주주의의 실험으로 평가할 수 있을 것이다.[51)]

오스본 식의 전면적 자치제는 이후 그 성격이 변질되면서 대체로 교도소의 감시 · 감독 하의 제한적 자치 혹은 관주도자치제의 형태로 여러 곳에 수용되었는데 후자는 전자와 그 목적 · 자치범위 · 책임의 분배 문제에서 그 성격을 달리한다.[52)] 또한 자치제의 관주도적 성격은, 1970년대 이후 수형자들이 자신의 요구를 효과적으로 주장하기 위해 결성된 수형자조합(prisoner union)의 '아래로부터의 운동'과는 뚜렷이 구분된다.[53)]

새로운 개혁가들이 추구한 두 번째의 감옥모델은 병원모델이었다. 범죄의 원인을 사회적 · 환경적 측면에서 구하는 이론가들이 공동체적 감옥모델의 발전에 역점을 둔 반면, 범죄원인을 개인적 · 심리적 차원에서 해석하려는 이론가들은 일종의 병원으로서의 감옥모델에 관심을 쏟았다. 그들에게 새로

50) Ibid., p. 185 이하.

51) E.Sutherland and D.Cressey(1960), p. 482-492; 신진규(1986), p. 672-674.

52) H.Barnes and N.Teeters(1951), p. 502 이하.

53) 수형자조합에 대하여는 C.Huff, J.Scott and S.Dinitz(1985), Prisoners' Unions: A cross-national investigation of public acceptance, in R.Carter et al. eds., Correctional Institutions, 3rd ed., New York: Harper & Row, p. 403-419 등 참조.

운 감옥은 여러 유형의 범죄자를 진단 · 처방하기 위하여 심리학자 · 정신병리학자를 활용하고, 분류체계를 정하고, 개인에 가장 합당한 개별화된 프로그램을 만들어 내어야 했다.[54] 때문에 이 시기 개혁가들은 범죄자의 유형 분류에 특히 많은 관심을 쏟았다.

이 두 모델은 앞서 논의한 부정기형 · 가석방 · 보호관찰 · 소년교도소 운동을 정당화하려는 논리적 입지점이 되었다. 교도소를 하나의 공동체로 삼음으로써 감옥측은 재소자들이 출소 후 어떤 행동을 보일지에 대해 예측할 수 있는 자료를 손에 넣게 되었다. 곧 선량한 수형자는 선량한 시민이 될 것이고 교도소규칙에 순응하는 재소자는 사회의 규율에도 복종할 것이다. 같은 논리로 병원으로서의 교도소는 전문가가 재소자가 출소 후 어떤 행동을 보일지 미리 예견할 수 있음을 의미했다. 의사가 환자의 치료방법과 퇴원시기를 정확히 판정할 수 있듯이 심리학자나 정신병리학자는 범죄자의 처우와 출소시기를 정확히 판정할 수 있다. 따라서 전문가의 재량권을 대폭 허용하고 또 교도소조직과 관리기법을 향상시킴을 통해 범죄감소와 범죄자의 개선 가능성을 높여 나갈 수 있다고 보았던 것이다.

그러나 모델구성과 처우기법들이 아무리 그럴싸해도 실제의 교도소는 그와 크게 달랐다. 개혁적 원리와 프로그램들이 교도소의 일상생활에 어느 정도 영향을 미친 것은 사실이다. 그러나 어느 곳에서도 일반사회 내지 병원처럼 보여질 정도로 개혁원리를 망라한 교도소는 거의 없었다. 화려한 구호와 참담한 실상간의 괴리는 무척 컸다.

그러면 이러한 '교도소'의 실패는 어디에서 연유하는 것일까. 개혁프로그램을 시행하는데 인색했던 입법부, 인력의 부족, 재원의 부족 등의 원인도 지적될 수 있을 것이다. 또한 당시의 사회학과 심리학의 수준으로는 개혁가의 이데올로기적 야망을 충족시킬 정도가 되지 못했다. 수형자를 치유하고 싶다는 것과 그 과제를 수행할 처방을 손에 넣는다는 것은 별개의 문제였다. 그러나 실패는 이보다 더욱 근본적인 문제와 관련되어 있었다. 즉 인도적 방식으로 계호(guard)한다는 것이 과연 가능할 것인가? 잔인하고 비일상적인 징

54) D.Rothman(1980 a), p.275.

벌체제 없이 교정제도를 유지할 수 있는가? 통상적인 행형 여건과 운영 방식을 생각해 볼 때 그 대답은 부정적일 수밖에 없다.

개혁의 한계의 중요한 원인 중의 하나는 구금 및 보안의 필요가 개혁프로그램을 계속 침식했다는데 있다. 감옥을 병원으로, 일반사회의 분위기로 만들려는 시도는 종종 폭동, 탈출, 방화, 자살을 방지할 현실적 필요와 모순된다. 대체로 교정직원들은 안전한 구금업무를 수행할 자질만으로 선발된다(경찰, 전직군인 등). 이들은 화기사용법, 계구사용법, 소내규율과 질서유지법 등을 주로 학습하게 되지만 교정·교육프로그램에 대해서는 수박 겉핥기식으로 지나칠 뿐이다. 교정규칙과 규정도 구금에 따른 불상사를 예방하는데 주안점을 두고 있음이 발견된다. 이와 같이 감옥모델의 교도소모델로의 현상적 재편에도 불구하고 그 실체는 이전과 별다를 바 없이 운영되어온 것이다.

4. 실증주의 범죄학과 "교정"이데올로기

(1) 범죄학의 과학성과 정치성

19세기 후반은 범죄와 범죄자에 대한 근본적으로 새로운 형태의 지식의 형성으로 특징져질 수 있다. 1876년 롬브로조(C.Lombroso)의 『범죄자론』(L'Uomodelinquente)이 쓰여진 후 단시간 내에 범죄에 대한 실증적이고 과학적인 접근—범죄학(Criminology)이란 지식형태—은 이전의 형이상학적·(형)법학적인 접근을 제치고 범죄논의에 있어서 지적 헤게모니를 구축하기에 이른다.

근대 범죄학은 이태리의 Lombroso, Ferri, Garofalo에 기인한다고 보통 설명되지만, 곧 전유럽과 북미 지역으로 파급되고 국제적 연계를 통해 전세계에 막대한 영향력을 행사하기에 이르렀다. 이러한 과정에서 범죄학은 소수학자의 특이한 관심사임을 벗어나 사회적인 지지와 관심 하에 범죄 연구의 내용과 방법, 그리고 범죄에 대한 정책적 프로그램을 제공해왔다.

범죄학은 자신의 방법이 실용적이고 과학적임을 강조함으로써 종래의 범죄론에서 형이상학적 요소—즉 철학적 · 법학적 담론—를 체계적으로 제거하고자 하는 의도를 표방했다.[55] 범죄학자들은 행위의 도덕성 · 유책성에 관심을 갖는 게 아니라 범죄원인에 대한 실증적 분석에 관심을 갖는다고 주장되었다. 범죄연구는 자연과학과 같은 계량적인 통계기법을 통해 범죄현상에 대한 법칙의 발견을 목표로 하는 "과학"적 학문이어야 했다.[56] 자연과학과 사회과학 일반이 아니라 실증성과 과학성의 주장으로 이전의 사고체계에 대한 우위성을 주장했듯이, 범죄학자들은 자신의 학문적 위신을 끌어올리는데 실증성과 과학성을 내걸었다.

범죄학을 "과학"으로 내세울 때 그 연구의 기본단위는 이제 (추상적인 개인이 아니라) 개별적인 범죄자특성으로 이전되었다. 고전파 범죄학은 행위에 대한 선택가능성을 지닌 자유롭고, 합리적인 계산능력이 있는, 그 때문에 법적인 책임을 질 수 있는 인간상을 전제로 하고 있었다.[57] 그러나 실증주의 범죄학은 범죄를 '타고난 죄악(sin)'이나 '계산착오(faulty reasoning)'의 산물이 아니라 범죄자의 인격적 특성상의 결함(정신적 · 신체적 · 환경적)과 관련시켜 설명하고자 한다.

이렇게 볼 때 범죄학은 두 가지 발전가능성을 지니게 된다. 첫째는 범죄를 "사회적 환경에 의해 주조되는 사회적 사실"로 보는 사회학적 시각으로, 이는 Guerry, Quetelet, Durkheim 등 프랑스 학파에 의해 대표되었다. 둘째는 유전적 · 심리적 · 육체적 결함으로 인해 범죄자특성(criminality)을 지닌 특정한 인간의 행위양식으로 보는 개인중심의 설명방식으로, 여기서 범죄자는 자의

55) I.Taylor, P.Walton and J.Young(1973), The New Criminology, London: RKP., p.7.

56) 19세기 후반에 들어 자연현상과 마찬가지로 인간사회에 대해서도 과학적 설명, 나아가 과학적 법칙을 추구하는 움직임을 넓게는 과학주의, 좁게는 실증주의로 부를 수 있다. 범죄학의 성립과 발전에도 이러한 실증주의의 영향이 결정적이었음을 부인할 수 없다. 범죄학의 주요 개념과 방법, 절차, 연구목적 등 전반에 걸쳐 과학주의=실증주의의 영향은 뿌리깊게 박혀 있다고 볼 수 있다.

57) 이는 부르주아 생활의 전반에 스며 있는 개인주의 사조의 법적 표현으로 해석될 수 있다. D. Garland(1985 a), p.41 이하 참조. 혹은 파슈카니스식으로 이야기하자면 자본주의적 상품교환관계의 당사자가 곧 자유롭고 책임 있는 법주체(legal subject)이고, 이러한 법주체가 형법의 구성요소가 된다는 것은 곧 상품교환관계를 주축으로 한 사회의 성립을 의미하는 것이다. E. Pashukanis(1929/1978), Law and Marxism: A General Theory, London: Ink Links.

식과 사회의식을 지니지 못한 사회이전(asocial)의 인간으로 해석된다. 이는 F.J.Gall, C.Lombroso, Boies, Ellis, Goring 등 소위 실증주의 범죄학파에 의해 주장되었다. 특히 롬브로조의 정식화는 이 방면에서 한 때 범죄사회학의 영향을 일소하는데 결정적 기여를 했다고 평가된다.[58]

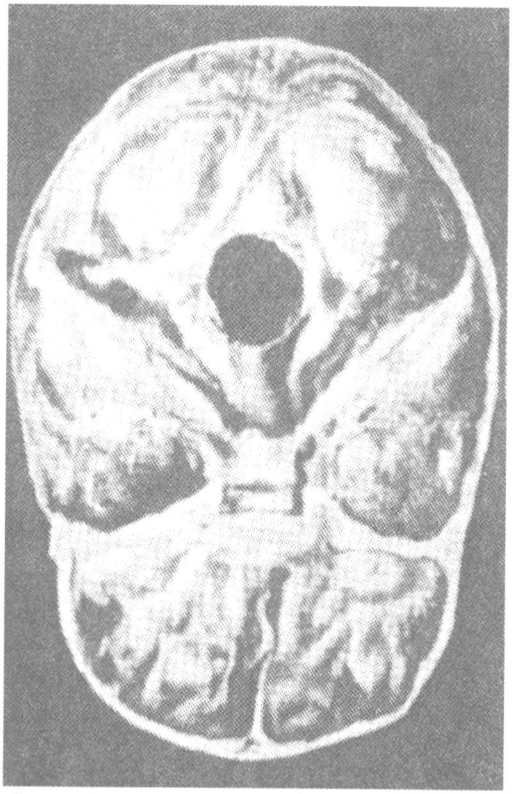

롬브로조가 해부한 범죄자의 두개골. 그 후두부 중앙의 함몰 부위는 생래범죄자의 한 징표로 간주되었다.

롬브로조 이후의 범죄학은 범죄자형(criminal type)의 존재를 전제한 위에 범죄자 개인, 혹은 특정 개인(또는 집단)이 지닌 범죄자 특성을 추출하려는데 노력을 집중시켜 왔다. 초기에는 생래범죄인 등과 같은 범죄자의 궁극적인 특성을 찾아내고자 했으나 점차 여러 요인들이 복합적으로 작용한 결과라고 하는 절충적 입장(multifactor approach)으로 정리되면서,[59] 범죄자 유형론에 관심이 쏠려지게 되었고, 그에 따라 주요한 범죄학자들은 나름대로 범죄분류를 시도하게 되었다.[60]

범죄자 분류는 그러나 단순히 과학적인(객관적인) 유형화라고 보기는 어려웠다. 객관적 기준 설정 이전에 사회방위라고 하는 정책적 관심에 의해 인도되었기 때문이다. 범죄자의 분류는 각 범죄자 유형에 맞추어 처우와 형벌을 개별화(individualization)하고자 하는 실제적 필요성에 의해 지배되고 있었

58) I.Taylor, P. Walton and J.Young(1973), p.38.
59) H.Barlow(1981), Introduction to Criminology, Boston: Little, Brown., p.31-34.
60) M.Clinard and R.Quinney(1973), Criminal Behavior Systems: A Typology, 2nd ed., New York: Holt, Rinehart and Wiston 참조.

다. 비단 이는 범죄자 분류에 한정된 지적이 아니라 범죄학적 담론체계 전반에 걸쳐 정책적 지향과 이론적 탐구는 긴밀한 상호작용을 하면서 범죄학의 관심과 방법, 정책프로그램의 틀을 형성했다고 보인다.

여기서 관심사는 범죄학적 진술들이 오늘의 시점에서 "과학적"인 검증을 견뎌낼 수 있는가가 아니라 그들이 갖는 정치적 · 이데올로기적 함의에 있다. 범죄학은 지난 한 세기의 전개과정에서 볼 수 있듯이 정치와 "외부적"이데올로기로부터 자율성을 현저히 결여하고 있었다.[61] 또 범죄학은 다양한 외부 학문으로부터 유용한 부분을 뽑아쓰는 종합 학문이었고 따라서 다른 사회통제의 과학과 깊은 연관을 맺고 있음이 쉽게 확인될 수 있다. 나아가 범죄학은 현실의 정치적 필요, 좁게는 정책적 필요(사회방위의 이념)에 연관되어 있기에 범죄학이 당대 "국가"의 요구를 어떻게 반영하고 표현했는가 하는 점이 분석되어야 할 것이다. 따라서 이하에서는 첫째, 범죄학적 담론이 싹터 나오고 발전할 수 있었던 실질적 조건을 살펴보고 둘째, 범죄학적 담론이 국가의 사회통제를 위한 과학으로서의 역할을 어떻게 수행했는가를 분석하겠다. 이러한 논의들을 통해 범죄학의 쌍생아인 행형학(penology)과 형사정책, 그리고 교도소에 미친 영향을 우리는 알아낼 수 있을 것이다.

(2) 범죄학의 성립배경

적어도 범죄학적 대상과 방법이 확립하기 위해서는 다음 몇 가지 조건이 요구되었다. 첫째, 통계자료의 발전을 지적할 수 있다. 국가기관에 의한 통계자료와 통계기법의 발전은 (문제)인구를 수량적 · 과학적 기초 위에 분류하고 그 특성을 밝혀내고자 하는 학문을 위한 중요한 전제요건이다. 물론 그 통계에 대한 정밀한 기법과 개념적 수단의 창안(가령 회귀분석, 상관관계, 요인분석 등)은 20세기에 들어 가능하게 되었지만, 통계적 데이터의 형성은 그것의 과학적 해석과 활용에 선행하는 것이었다. 자료가 어느 정도 축적되고 난 뒤 비

61) D.Garland(1985 b), "Politics and Policy in Criminological Discourse," International Journal of the Sociology of Law(13), p. 2.

로소 범죄현상의 상대적 안정성과 규칙성 여부, 영향력 있는 요인의 분석 등이 가능해질 것은 당연하다.

사실 출생, 사망, 혼인, 범죄, 이주, 수입, 심지어 자살 등의 자료의 집적은 집권화된 근대국가의 성장과 아울러 국가의 인력을 관리, 통제하려는 근대국가의 요구와 긴밀한 상관관계를 갖고 있다.[62] 1830-40년대에 이르러 이러한 국가과학(state science)은 보다 정비되고 규칙적으로 되었으며 여러 센서스 자료를 만들어 내게 되었다. 각국의 국가기관들은 각종 백서(White Book), 청서(Blue Book), 연감 기타 연례보고서를 간행하게 되었다. 경찰, 감옥, 수용소(asylum), 법원, 구빈원 등의 기관은 각종 자료와 통계를 공간하게 되었다. Quetelet와 Guerry들이 이러한 자료를 활용하여 범죄, 빈곤, 혼인 등의 수준에 있어서 규칙성의 패턴을 찾아내고 이러한 방식의 연구를 도덕통계학(moral statistics) 혹은 도덕물리학의 이름으로 정립한 것은 이 시기에 와서였다.[63] 물론 19세기 이론가들은 통계화된 범죄인구와 일반인구의 비교를 통해 전자의 특성을 찾아내려 했지만, 이 원자료를 활용하여 과학적으로 해석하는 방법에 있어서 상당한 한계를 노정시켰다고 보인다. 하지만 통계적 데이터의 "사실성" 및 그를 떠받치고 있는 국가의 후광효과로 인해 제 몫보다 더한 각광을 받았음에는 틀림이 없다. 사실 19세기 후반 이래의 실증주의 범죄학에서 범죄통계는 가장 기본적인 자료의 지위를 향유했다고 볼 수 있다.

범죄학의 발전에 있어 두 번째 중요한 기초는 정신의학(psychiatry)의 정립과 그 사회적 지위의 격상과 관련된 것이다. 그 성립기부터 지금에 이르도록 범죄학은 정신의학의 권위와 개념을 원용하여 그 관심사와 주요명제를 구성하고, "과학적"인 자료를 얻으며, 보다 일반적으로는 (정신)의학적 유추와 이미지를 효과적으로 활용해 왔다.[64] 특히 범죄학의 형성기에 범죄학과 정신의학은 많은 관심사를 공유했으며 개념구성과 정책프로그램의 제안에 있어서도 상호 영향을 주고받았다. 19세기 중반 이후 정신의학은 독립된 학문분야로써 자리잡고, 국가적 차원에서 정신질환자 수용소의 설립을 보장받았으며,

62) A.Giddens(1985), The Nation-State and Violence, Cambridge: Polity Press, p.179-180.
63) I.Taylor, P.Walton and J.Young(1973), p.37.
64) D.Garland(1985 a), p.81.

전문가를 배출하게 되었다.[65] 이와 같이 독립된 분과의 형성, 직업적 전문화, 제도적 기반과 조직적 관리 등 정신의학의 성립·발전과 같은 방식이 범죄학의 경우에도 그대로 나타났다고 보인다. 또한 초기 범죄학을 특징지은 자유의사의 부정과 결정론적 인간해석은 기실 당시의 정신의학의 성과를 수용한 것이었다. 범죄학 교재에서는 여러 정신의학적 용어들이 구사되었다.

정신의학적 언어들이 반복, 재생산됨에 따라 19세기 후반 정신의학자들은 그 영향력을 확산시키기 위해 사법영역으로 진입해 들어왔다. 정신의학적 언어들은 비단 정신장애성 범죄자에 한정하지 않고 모든 피고인의 정신의학적 상태에 대한 판단에 개입하고자 했다. 한편 범죄학은 이러한 정신의학의 분위기를 활용하여 정신의학적 진단과 처방의 언어들을 보다 일반적인 형벌개혁, 감옥개혁의 주장으로 확대하고자 했다. 그리하여 형성기의 범죄학은 정신의학과 제휴하여 법정에서 법률적 담론을 축소·제한하고자 했다. 이같이 정신의학은 범죄학의 대두를 위한 개념적 조건을 제공했고, 후자는 그 대가로 사법적 판단의 영역에 정신의학적 지식과 기법을 이끌어내는데 기여했다고 할 수 있다.[66]

마지막으로 범죄학이 싹터 나올 수 있었던 것은 순전히 이론적 발견의 축적에 기인한다기보다는 행형시설의 정착과 발전에 힘입은 바가 크다고 할 수 있다. 마치 병원의 존재가 의학발전의 실질적 기초가 되었고, 병영·수도원·학교가 관련분야의 지식과 실행의 축적의 바탕이 되었듯이,[67] 감옥은 범죄학의 출현을 위한 제도적 기반이 되면서 범죄학의 관심과 방향을 설정하는 배경이 되었다. 감옥은 일정한 통제된 조건 하에서 범죄자를 지속적으로 관찰·검토·측정함으로써 범죄자에 대한 체계적인 지식을 얻을 수 있는 장이 되었다. 감옥은 수감률·재범률·상습범의 패턴 등 범죄학적 기초자료를 제공했다. 심지어 감옥은 범죄자에 대한 새로운 처우기법의 효율성을 실험할 수 있는 장을 제공했다.

범죄자의 감금, 개선을 추구하는 제도로서의 감옥과 범죄자에 대한 지식

65) A.Scull(1979), Museums of Madness, London: Alen Lane, p.164.
66) D.Garland(1985 a), p.82.
67) M.Foucault(1977), p.141 이하 참조.

을 추구하는 범죄학 사이에 자연스런 연계가 구축될 것은 당연하다. 초기의 감옥학(la science penitentiaire)은 이러한 지식의 축적에 따라 범죄학 및 행형학으로 포괄적으로 재편되었다. 감옥이 서구세계에 널리 확대되었다는 사실은 범죄학의 국제적 연계에 대한 배경으로서의 의미도 지니게 된다.

(3) 범죄학적 담론과 사회통제적 함의

19세기 후반 범죄학의 형성기에 있어서 범죄학적 담론을 특징짓는 공통된 목적과 원리를 우리는 쉽게 확인할 수 있다. 범죄학의 이러한 일치된 방향성은 범죄학이 개개 이론가의 지적 작업에 국한되지 않고 사회조직과 사회제도에 의해 뒷받침된 일정한 실천적 프로그램을 추구한 자의식적인 사회운동이었기 때문에 가능했다고 보인다.[68] 여기서는 범죄학적 논의의 사회적 성격을 개별화와 분류처우, 병리학적 전망과 교정주의 이데올로기 및 국가개입의 정당화와 확대의 요청으로 나누어 설명하고자 한다.[69]

첫째, 범죄학은 범죄자 특성에 대한 탐구를 요체로 하여 성립되었다. 그를 위해 범죄학은 적절한 분석대상과 단위를 개인으로 설정하는 개별화의 입장과 범죄자와 비범죄자간의 질적 차이, 실질적 차이를 가정하는 분류처우의 입장을 그 전제로 지니고 있었다.

우선 개별화의 측면은 근대 형법학과 형법전의 기저를 이루고 있는 것으로 생각된다. 하지만 분류처우에 대해서는 고전파 형법학과 (실증주의)범죄학은 상이한 입장을 보였다. 고전파 형법학에서는 범죄자와 비범죄자는 자유로운 행위선택에 따른 우연적인 사건에 의해 구별될 뿐이지만, 실증주의 범죄학에서는 자유의사에 따른 행위선택의 가능성을 부인하면서 양자간에는 필연적이고 본질적인 차이가 있는 것으로 가정했다. 자유의사는 결정론에 의해 대체되고 범죄자는 여느 인간과 실질적으로 다른 존재이며 범죄는 특정인간의 인성적 징표로 해석된다. 이로부터 범죄원인과 범죄자 특성에 대한 탐구

68) D.Garland(1985 a), p.90.

69) D.Matza(1969), Becoming Deviant, Englewood Cliffs: Prentice-Hall, p.15 이하; D.Garland(1985 a), p.90 이하 참조.

의 논리적 근거가 도출되는 것이다. 아울러 논의방식도 인간 일반의 자발성과 계산가능성을 추상적으로 연역하는 철학으로부터 개개인의 인성과 성격을 귀납적으로 연구하는 심리학, 정신의학, 해부학 등으로 이전하게 되었다.

감옥이 근대국가의 기본적 형벌로 자리잡은 이래, 감옥담벽은 범죄자와 비범죄자 집단을 구획짓는 가장 간명한 기준이 되었다. 범죄자의 특성을 쉽게 파악하기 위해서는 감옥인구를 관찰, 분석하면 되게 되었다. 이러한 편리한 구획과 비교연구는 초기 범죄학자들이 애용한 방법이었고 오늘날에도 계속 활용되고 있다. 그러나 이러한 접근방법은 법적 지위 및 사회적 위치상의 차이를 개개인의 기질적 차이의 차원으로 축소시킴으로써 전제와 결론을 뒤바꿔놓은 느낌이 없지 않다. 범죄자 집단을 개별화하고 분류처우하고자 하는 요청은 범죄학의 개념과 방법에 대해서도 일정한 영향을 미칠 뿐 아니라, 일정한 정치적 성격을 지니고 있는 것이기도 하다. 즉 범죄자의 개별화, 분류는 일반대중을 보다 잘 통제하고 대중을 분할통치하려는 전략의 일환으로 해석할 수 있다.[70)]

개별화와 분류처우의 작업과정을 통해 범죄학은 명확한 범죄자특성을 찾아내게 되면, 그 다음에는 거기에 병리학적 원리(pathological principle)를 도입하게 된다. 범죄학에서 병리학적 관념의 도입은 개인과 사회에 있어 건강의 기준을 설정하고, 범죄자특성은 그 기준에 미달하는 것으로 간주한다. 이것은 범죄학의 한 공리를 이루게 된다. 다시 말해 범죄자는 무언가 비정상적·병리적이고 열등한 존재로 묘사되는 것이다.[71)]

범죄를 병리적인 현상으로 볼 때 범죄학의 연구내용은 자연히 결정된다. 즉 범죄학은 범죄의 원인보다 정확하게는 범죄자 특성을 실증적이고 과학적인 방법으로 탐구하고, 그에 의거해 그 범죄성을 감소 제거시킬 전략을 강구하는 이론이 될 것이다.[72)] 처음에 순전히 이론적인 작업임을 표방하던 범죄학은 이제 일정한 사회문제를 제시, 공격하여 제거하는데 관심을 가진 사회

70) D.Garland(1985 a), p.84.
71) J.Young(1981), "Thinking Seriously about Crime," in M.Fitzgerald et al. eds., Crime and Society, London: RKP., p.274 참조.
72) D.Matza(1969), p.15; I.Taylor et al.(1973), p.274.

통제를 위한 응용학문의 성격을 노정하게 된다(다만 소위 중립적인 과학의 언어를 구사함으로써 그것이 갖는 사회적 · 정치적 함의를 은폐하고 있을 뿐이다). 따라서 범죄학은 교정주의적 관점을 분명히 깔고 있는 행형학과 불가분의 관계가 있는 것이다.[73]

범죄학이 범죄의 원인, 배경에 대한 탐구를 한편으로 하고 그에 대한 적절한 대책을 다른 한편으로 한다고 할 때, 이는 범죄학의 구도를 개인 대 국가라는 자유주의적 국가관을 다소간 받아들임을 의미한다. 병리적 개인 대 치료하는 국가(therapeutic state)를 대립시킬 때 볼 수 있는 자연스러운 입장은 국가측의 관여를 확대하자는 것이다. 국가의 주도적인 관여와 통제 없이는 과학적 행형학도, 어떤 정책적 노력도 실효를 거둘 수 없다. 국가는 본질적으로 교정, 사회복귀 등 선을 표상함으로 그 역할과 권한을 늘린다 하여 잘못될 우려는 없다고 봐도 좋다는 것이다.[74]

범죄학 운동이 갖는 사회적 함의는 효율적인 통제를 확대할 수 있는 가능성을 정당화했다는 데서 일단 찾을 수 있을 것이다. 즉 이론적 적합성보다는 규율의 기술과 그것의 이데올로기적 정당화에 있어서 범죄학 이론이 갖는 잠재력이 범죄학의 확산과 지적 헤게모니 구축을 보증했다는 것이다.

우선 규제의 형태로써 전통형법은 크게 제약된 것이었다. 형법은 일정한 행위에 대한 상세한 금지목록을 공표함으로써 그러한 행위를 규제하려고 하지, 개개인에 대한 감시 · 통제를 겨냥하고 있는 것은 아니다. 형법은 개인의 자유를 일정 범위에서 제한하고자 하며 국가에 그 이상의 재량의 여지나 개인생활에의 침투가능성을 인정하지 않는다. 한편 범죄학은 이러한 형식적인 법앞의 평등이란 관념을 부인한다. 범죄학은 범죄자와 여타의 부류와의 질적인 차이를 인정하면서, 차별적 처우를 정당화한다. 범죄학은 정치나 도덕적 고려를 배제한 '과학적' 담론에 입각한 구분을 제시한다고 주장되었다. 이 시기에 범죄학적 담론의 이점은 '건강상태와 병리태', '비정상' 등 과학적 · 의학적 기준에 입각하여 보다 구분선을 세분화할 수 있는 능력에 있었다. 범죄

73) D. Garland(1985 a), p. 98.
74) D. Humphries and D. Greenberg(1981), p. 234.

학은 당시의 사회경제적 여건에 의해 지속적으로 범죄화된 계급—즉 인구의 가장 궁핍한 부문—을 거기에 속한 개개인의 자연적이고 체질적인 습벽(natural, constitutional propensity)에 기인하는 것으로 설명함으로써 (부르주아)법의 특성, 정치구조, 사회관계의 문제점에 대한 언급을 체계적으로 회피할 수 있었다.[75)]

이같이 범죄에 대한 새로운 담론형태는 시민의 일상생활에 대한 규율과 통제의 확대, 심화라는 (독점)자본주의국가의 요청에 부응하는 것으로 볼 수 있다.[76)] 우선 '범죄자'보다 '비정상', 일탈, 비행의 개념은 훨씬 광범하고 또 애매한 측면이 있는 까닭에 범죄학은 형법보다 폭넓은 통제영역을 포함하게 된다. 범죄학적 관점에서 볼 때 (형)법은 정상성의 절대적인 척도도, 가장 바람직한 척도도 될 수 없다. 형법을 위반하지는 않으나 사회적으로 위험성이 있어 통제를 요하는 자에 대해 형법은 속수무책으로 있을 수밖에 없다. 반면 범죄학의 경우 정신장애자, 술취한 자, 일정한 주거 없이 배회하는 자, 간질병자 및 상습범 등 '위험성' 있는 집단에 대해 확실한 단속과 통제를 요구한다. 이렇게 되면 사실상 요구호빈민과 극빈층 전부가 병리학적 관점의 적용대상으로 편입되어 단속과 통제의 범위에 해당하는 셈이 된다.[77)]

둘째, 범죄자 특성에 대한 지식이 축적될수록 사전적인 범죄예측이 가능해질 것이고, 그에 대한 예방적인 견지에서의 규제활동이 정당성을 얻게 된다. 또한 범죄자의 표지(stigma)를 지닌 자에 대해 형기를 마친 이후에도 사후적 통제활동도 이론적으로 제한해야 할 이유가 없다고 여겨지게 된다. 결국 예방구금, 형의 집행, 보호관찰(혹은 주거제한 등)이라는 전천후 통제의 망이

---

75) D.Garland(1985 a), p.104.

76) 독점자본주의는 법률의 영역에서는 법적 확실성에 대한 행정적 재량권, 법을 통해 작동하는 시장관계보다는 관료적 규제, 일반적인 합법적 재판권을 갖고 있는 일반법원보다는 특별법원, 개인적 책임과 부담보다는 사적 내지 국가적 보험, 절대적인 사적 소유권보다는 사회화된 소유권이 증대하는 데서 보여지듯이, "부르주아적인 사회관계 전반을 재조직화하기 위한 국가개입의 증대"를 특징으로 한다. P.Soloway(1979), State and Capital, p.170-177; B.Fine et al. eds., Capitalism and the Rule of Law 참조.

77) 이러한 논리는 실정법의 영역을 넘어서는 국가적 통제를 정당화하는데 종종 활용되기도 한다. 가령 1980년대 한국사회에 있어서도 삼청교육대나 형제복지원 사건의 경우만 봐도 금방 확인될 수 있다.

가동되게 된다. 행형학의 궁극적 과제는 특정인의 질병이 범죄로 표출되기 전에 감염된 자들을 발견하는 것이 되고, 그 과제의 효율적인 수행을 위해서는 국가의 관여를 (법에 의해 사전에 규제시킬 것이 아니라) 백지위임하는 방법이 가장 바람직하게 여겨지게 된다.

셋째, 행위로부터 행위자에로 중점의 이동은 행위자에 대한 보다 다양하고 심원한 간섭, 침투를 의미하는 것이었다. 개별화와 분류처우, 병리적 범죄관이 수용되면서 응보·비례·유책성 등의 개념은 낡아빠진 형이상학의 표시로 배척되었다. 문제는 응보, 복수의 고려나 범죄의 도덕적 측면이 아니라 (혹은 법적 고려가 아니라) 위험성, 재범가능성, 행위의 징표적 의미가 되었다.[78] 위험성의 유무·종류·강도에 따라 형벌과 처우는 개별화되고, 개개인은 다양한 행형전략의 실험대상이 되었고, 이것은 사회방위적 고려에서 정당화되었다.

아마도 범죄학의 유효성은 이론적 측면보다는 범죄제거와 사회방위를 위한 기술적·사회적 프로그램을 제공할 수 있다고 주장한 것과 관련시켜 논의되어야 할 것이다. 범죄학은 피상적인 쾌락계산에 입각하여 형벌을 통해 일반예방을 도모할 수 있다는 고전파 형법학의 순진함을 배격하고 과학적·공학적 접근을 진단과 예측, 예방과 치료를 위한 제도와 기법을 만들어 낼 수 있는 능력을 보유하고 있음을 강조했다. 하지만 범죄학의 성과물을 검토해 볼 때 그로부터 국가적 간섭의 필요성과 정당성을 되풀이하여 강조하고 있는 것과 별개로 구체적으로 그를 실시하기 위한 효율적인 수단에 대한 논의는 거의 나타나 있지 않다는 것은 쉽게 확인될 수 있다. 여러 행형학적 기법과 제도—가령 교도소, 소년원, 부정기형, 보호관찰, 예방구금, 거세, 단종, 처형— 등의 항목들이 책마다 나열되어 있지만, 이러한 기법을 통해 범죄예방과 사회복귀의 목표가 어떻게 달성될 수 있는지에 대한 논의는 별로 나타나 있지 않다. 즉 범죄학은 그 사회적-공학적 야심을 추구하기 위한 기법도, 그 기법을 통해 어떻게 그러한 야심이 충족될 수 있는지에 대한 분석도 취약한 것이다. 실효를 거두고 있는 분야는 주로 사회방위를 위한 경찰기술(수사기

78) M.Foucault(1977), p.92-93.

법, 정보망, 신호체계 등) 분야인데, 이들은 예방, 치료프로그램에 관한 것이 아니라 효율적인 격리와 통제의 기술일 따름이다.

범죄학은 또한 국가기능의 확대와 함께 국가와 직간접으로 관련된 전문가와 기능인들의 사회적 비중을 제고시키고 형사사법과정에 있어서 이들의 역할을 증대시켰다. 범죄학—그리고 행형학—은 감옥행정가, 법의학, 정신병리학, 심리학, 그리고 사회학의 영역을 이전에 사법영역(judivial domain)이었던 분야에까지 확대했다. 법률 전문가의 고유영역이었던 형사사법과정이 이제는 과학자와 행형실무가의 늘어가는 영향력에 의해 침식당하게 되었다.[79] 이는 정치적 · 이데올로기적 정당화의 계기로서의 법의 중요성이 그만큼 약화되고 대신 '과학'과 '공학'이 점차 헤게모니적 지식/권력이 되어감을 시사하는 것이다.

5. 사법영역과 행형영역의 실질적 분화

감옥과 교도소의 구성, 기능, 운영에 있어서 이러한 측면은 더욱 두드러지게 나타난다. 범죄학적-행형학적 담론양식이 감옥의 발전과 불가분의 관계가 있음은 이미 밝힌 바대로이지만, 중요한 것은 사법영역과 행형영역이 실질적으로 분화되었다는 사실이다. 사법영역에서는 법적 담론이 비법적 담론에 의해 침식되어 가는 추세였다고 한다면, 행형영역에 있어서는 법적 담론은 그다지 중요성이 없었다고 할 수 있다.

교정기관의 강화와 그를 토대로 한 독자적 지식체계의 형성은 더욱 법적 담론의 영향력을 위축시켰다. 사실 행형법만큼 적법절차의 보장이나 위반에 대한 제재가 결여되어 있는 경우는 거의 없을 것이다. 행형의 영역은 오랫동안 법의 사각지대(死角地帶)라 해도 과언이 아닐 정도였다. 소위 선진각국에서도 오랫동안 행형영역은 헌법상의 인권조항이 미치지 않은 특수지대라거나, 행형영역의 전문성을 들어 사법적 개입의 가능성을 차단해왔다. "수형자

79) 정우식(1987), 법률가와 사회사업가의 냉전: K.Menninger의 관점을 중심으로, 형사정책 제2호.

는 법이 그에게 자비로 부여한 특권을 제외한 모든 개인적 권리를 상실한다. 수형자는 형기 동안은 국가의 노예이다"[80]는 사고가 지배적이었다. 다시 말해 수형자는 '법적으로 죽은 자'(legally dead), 혹은 '국가의 노예'라는 것이다. 수형자가 되면 특별권력관계에 편입되어, 일반 국민이 누리는 권리를 향유할 수 없게 된다는 독일식 특별권력관계론도 같은 취지에 입각해 있다. 수형자의 인권 및 법적 지위에 대한 본격적 논의는 20세기 중반 이후에야 가능했으며, 그 이후에도 행형에 대한 사법적 개입은 보다 자제적이었다.[81]

근대형법과 형벌제도가 처음 나타날 시기에 어떤 법학자들도 이러한 행형권력의 사실상의 독립성과 행형주권(punitive sovereignty)을 흔쾌히 인정하려 하지는 않았을 것이다. 당대의 학자들이 보기에 앙시앵 레짐의 자의적인 형벌권 행사는 사전적 입법의 정비와 사후적 · 사법적 판단을 분리함으로써 가능하다고 믿었다. 그러나 역사적 진행과정에서 결과적으로 행형영역의 분리와 독립이라 부를 만한 현상이 소리없이 행해진 것이다.[82] 오늘날 재소자에 대한 처우의 구체적 내용 및 가석방 등을 결정하는 교정당국의 판단은 사법적 판단보다 어떤 의미에서는 더욱 중요하다. 전자와의 관계에서 후자는 일종의 전심판단에 지나지 않는다고도 할 수 있다. 법관의 판결은 교정당국에 의해 감독받고, 평가되고, 또 수정되어버리는 것이다.

순수히 사법적 판단에서 자유형은 자유의 박탈만을 의미하는 것이 보통일 것이다. 하지만 실제로 자유형의 내용과 의도를 살펴보면 감옥의 성립기부터 그 이상의 기능이 작동하고 있음을 엿볼 수 있다. 즉 행형과 구금의 부분은 사법적 판단에 대한 부속적 효과로서 후일에 들어선 것이 아니라 감옥의 기능 자체에 깊숙이 관련되어 있는 것이다.[83] 폐쇄된 사회(감옥) 내의 완전히 독자적이고 전제적인 권력은 일상화된 폭력을 통해서, 활동과 시간의 완전한 통제를 통해서, 24시간적 감시와 감독을 통하여 분명히 드러난다. 따라서 감옥(교도소)의 기능과 활동을 사법적 영역에 부속된 것으로 여기거나, 사

80) Ruffin v. Commonwealth, 62 Va 790(1871).
81) 한인섭(1990), 재소자의 인권과 처우, 법과사회이론연구회, 법과사회 제3호, p. 147-151 참조.
82) M.Foucault(1977), p. 247.
83) Ibid., p. 247.

법적 판단 속에 흡수시켜 설명하려는 법학적 경향은 실제 일어나고 있는 일들에 억지로 눈을 감고서야 비로소 성립할 수 있는 것이다.

6. 요약 및 결어

19세기 초반 감옥모델의 실험결과 단순히 감옥제도의 확충과 개선만으로 범죄문제를 해결할 수 없음이 점차 분명해지자 관심은 이제 감옥의 건축형태, 수형자들의 공간적 배치, 작업유형과 작업방식 등으로부터 사회복귀와 교정적 처우에로 이전되었다. 새로운 세대의 개혁가들은 교정이념과 사회처우를 강조하면서 그를 가능케 할 제도적 여건, 처우의 기법, 지식적 기초 및 국가적 지원을 요청하게 되었다.

새로운 모델을 위한 선구적 형태는 매코노키의 점수제, 크롭턴의 아일랜드제를 거쳐 결국 1870년 신시내티 선언과 엘마이라 교도소의 실험을 통해 정착되었다. 새로운 모델은 개별화된 처우와 조건부 석방을 중심으로 논의되었으며, 구체적으로는 소년법원과 소년교도소, 가석방과 보호관찰 및 부정기형과 선시제 등 다양한 형태로 전개되었다고 볼 수 있다. 이 시기 교도소는 지역사회를 모델로 재편되면서 그 처우방식은 일종의 병원으로서의 교도소를 지향하고 있었다. 교도소 활동은 의학적 · 심리학적 언어로 표현되었고 행형의 실무에 의사, 사회사업가, 정신병리학자, 그리고 범죄자들이 관여하게 되었다. 하지만 이러한 담론에도 불구하고 감옥은 여전히 안전한 구금과 내부규율의 확보라는 현실적 필요성에 의해 압도되고 있다고 생각된다.

이 시기는 또한 범죄와 범죄자에 대한 "과학적"이고 "실증적"인 접근을 내세우는 범죄학이 범죄연구에 있어서 지배적인 지식형태로 자리잡게 되었다는 특색을 보인다. 범죄학은 종래의 형이상학적 · (형)법학적 담론양식을 배격하고, 범죄를 범죄자의 열등성의 징표로 설명하고자 했다. 범죄자 특성, 범죄유형학의 발전, 소질과 환경의 영향 등이 범죄학자들이 주로 취급한 주제였다.

하지만 범죄학은 그 성립부터 지금까지 정치와 외부이데올로기로부터 자율성을 크게 결여하고 있었다고 보여진다. 범죄학이 싹터 나오기 위한 전제로 국가기관의 각종 통계자료의 발전, 정신의학의 발전, 감옥제도의 발전이 논의될 수 있다. 즉 국가기관의 뒷받침을 받으면서, 정신의학과 제휴하여 발전해온 학문이 범죄학이었고, 또 감옥을 그 실험실로 하여 감옥에 필요한 지식을 공급해온 것이 범죄학의 원초적 모습이라는 것이다.

범죄학이 그 다양성에도 불구하고 공통된 전망과 지향을 지니고 있음은 쉽게 확인될 수 있다. 우선 그 분석대상으로 범죄자의 개인적 특성을 설정하면서, 범죄자와 여타의 인간 사이에는 본질적인 차이가 존재하는 것으로 가정한다. 범죄성(criminality)은 곧 개인 혹은 집단의 병리적 측면을 나타내주는 것으로 해석되며 그에 따라 범죄학은 자연히 교정주의적 관심을 밑바탕에 깔고 있는 행형학과 연계되어지는 것이다. 나아가 "범죄적 개인" 대 "교정적 국가"를 대립시킴으로써 국가의 사회통제의 확대를 옹호하게 된다. 독점자본주의하의 국가의 요청에 부응하여 범죄학은 범죄개념을 확대하고, 범죄여부에 상관없이 전천후 통제망을 구축할 수 있으며, 사회방위를 위한 기법과 프로그램을 개발시켜 왔다.

범죄학-행형학적 담론양식이 지배적인 지식/권력으로 되어가면서 이전에 법률가의 지배영역이었던 사법영역에 비법률적 전문인의 목소리가 커져갈 것은 당연하다. 한편 행형영역에 있어서는 법적 담론은 처음부터 그다지 중요하게 다루어지지 않았다고 보여진다. 행형당국은 사법적 판단으로부터 사실상 독립된 채 수형자들에 대해 전제적인 권력을 행사하게 되어 버린다.

제11장 결　　론

이 글은 근대 감옥제도의 역사적 배경과 사회적 작용을 분석함으로써 근대감옥이 자본주의 국가의 사회통제 일반과 관련하여 어떤 의미를 지니고 있는지 살펴보고자 했다. 그러기 위해서 우선 근대감옥의 개념적 특성을 자유형의 집행시설, 노동의 강제적 부과, 교화개선의 목표, 총체적 규율과 통제의 장으로 일단 설정한 다음, 이러한 의미에서의 감옥제도가 근대 서구사회에서 어떻게 형성, 발전해 왔는가를 고찰하고, 근대감옥이 지닌 사회통제적 함의를 추구해 보려고 했다.

여기서 논의의 주대상으로 삼은 것은 18세기 후반부터 19세기 중반에 걸친 시기의 영국과 미국의 감옥이다. 그 이유는 근대감옥의 원형적 모델의 형성과 국가의 기본적인 사회통제기관으로서의 제도화, 그와 관련된 형벌 및 행형이데올로기의 발전에 있어서 가장 선진적이고 중심적인 역할을 수행했던 국가가 영국과 미국이라 할 수 있고, 본격적인 논의와 실험, 제도화가 진행되었던 시기가 바로 18세기 후반부터 19세기 중반에 걸친 시기였기 때문이다. 우리가 알고 있는 감옥의 기본적 형태와 행형방식의 원형은 바로 이 시기의 영미의 실험과 제도화에서 얻어질 수 있을 것이다. 이 시기에 형성된 감옥제도는 뒤에 많은 비판과 도전을 받아 왔음에도 불구하고 다소간 수정을 거쳐 여전히 지속되어오고 있다고 해도 과언이 아닐 것이다. 이런 점에서 볼 때 본고의 논의는 특정한 시기의 특정한 국가의 연구라는 차원을 넘어서서 보편적 의미획득에 시사점을 줄 수 있다고 생각한다.

이 글의 기본시각은 감옥제도를 포함한 사회통제상의 변화를 인도적이고 합리적인 개혁의 역사, 필연적이고 바람직한 개혁의 억사로 이해해온 종래의 통념적 전제들을 문제시하면서, 이러한 변화는 전반적인 사회과정 및 사회체제와 관련시켜 분석해야 한다는 것이다. 이 글에서는 사회경제적으로는 자본주의의 발전의 맥락에서, 정치적으로는 근대국가의 계급통제전략의 각도에서, 이데올로기적으로는 형벌과 행형에 관한 논의들의 사회적 성격을 드러내고자 하는 문제의식하에 근대감옥에 대한 체계적인 조망을 꾀하고 있다. 우리의 분석을 통해 발견된 사실들을 정리하고, 그것이 사회통제와의 관련에서 함축하는 바를 간단히 제시하고자 한다.

(1) 제도적으로 볼 때 감옥제도의 맹아는 16-17세기에 걸쳐 유럽 국가에서 나타난 징치감에서 구해질 수 있다. 유럽각국에 나타난 징치감 중에서 가장 영향력 있었던 모델은 암스테르담의 징치감이었다. 징치감은 주로 걸인, 부랑자, 경미한 범죄자 등을 한 장소에 수용하여 노동을 부과함으로써 경제적 목적과 사회통제적 목적을 달성하고자 했다. 대체로 징치감은 중상주의적 자본주의를 추진한 절대주의국가에서 주변계급에 대한 새로운 계급통제전략의 일환으로 나타났다고 할 수 있다. 징치감의 용도는 각국의 경제사정에 따라 다소 달랐지만 대체로 볼 때 노동을 통한 수익성의 확보라는 경제적 요인보다는 초기 자본주의에 요구되는 새로운 생산조건과 규율에의 적응을 통해 근대적 노동자 형성을 위한 한 계기를 제공했다는데서 구해질 수 있을 것이다. 애초에 징치감은 부랑과 구걸에 대한 견제장치로 등장했지만 점차 그 형벌적 효용이 인정되면서 형사감옥으로 변모, 발전되어갈 계기를 마련했다. 17-18세기 동안 징치감제도는 형사감옥으로 전화되면서 근대감옥의 선구적 모델들이 생성, 발전하게 되었다.

(2) 본격적인 감옥발전을 위한 사회적 여건은 산업혁명과 자본주의의 확립과 함께 주어진다. 근대자본주의는 기계와 공장으로 상징되는 생산력의 혁신을 가져왔고, 그와 함께 계급갈등을 격화시켰으며, 범죄문제를 포함한 사회문제를 누증시켰다. 경제문제에 대한 자유방임적 태도의 확산에 반해, 사회문제에 대한 국가개입은 더욱 증대되었다. 행정적 · 법적 혁신을 통해 드러나는 또 하나의 면모는 관료화, 집권화된 근대국가의 발전이었다. 이는 곧 자본주의국가가 노동계급과 주변계급에 대한 사회통제의 핵심적 담당자로 등장했음을 의미한다. 또한 공장제는 세분화되고 규칙화된 작업리듬을 일상화

하였고 시간을 가장 보편적인 가치척도로 끌어올렸다. 재화로서의 시간의 박탈을 형벌수단으로 할 수 있다는 발상은 이렇게 하여 사회적 지반을 얻게 되었다. 나아가 감옥은 자본주의적 규율의 핵심적 요소인 시간-작업규율을 부과하기 위한 통제제도의 하나의 역할을 떠맡게 되었다. 한편 구빈법의 혁신을 통해 정립된 원외구호의 철폐와 열등처우의 원칙의 제도화는 국가의 주변계급에 대한 일반적인 통제지침을 제공했을 뿐 아니라, 감옥 내 여건과 처우에 대해서도 상당한 영향을 끼쳤다고 보여진다.

이러한 일반적 여건의 변화와 함께 형벌사상 가장 의미있는 변화라 일컬어지고 있는 체형으로부터 구금형으로의 변화가 생겨났다고 할 수 있다. 다시 말해 신체적 고통을 공개적으로 부과함으로써 주권자의 권력을 과시하려는 처벌방식으로부터 대중의 시선으로부터 차단된 폐쇄된 공간에서 지속적인 감시와 훈련을 통해 인간의 정신을 개선하려는 처벌방식으로의 변화는 이러한 전반적인 사회변동과 같은 맥락에서 이해될 수 있을 것이다.

(3) 자유형과 감옥의 등장에 대한 이데올로기적인 측면은 당시의 감옥개혁론의 내용과 성격을 분석함으로써 이해될 수 있다. 18세기 후반부터 19세기 전반부는 영국과 미국을 필두로 한 유럽 각국에서 형법과 형사사법제도의 개혁을 위한 지적·사회적 운동이 특히 고양된 시기로 특징져진다. 첫 번째 조류는 형법과 형벌을 보다 합리적이고 효율적인 방향으로 개정하려는 움직임인데, 이는 결국 고전파 형법학으로 정립되었다. 벡카리아를 필두로 한 계몽주의 형법사상과 벤담을 위시한 공리주의 이론가들은 형벌의 잔혹성, 야만성을 어느 정도 완화하면서 확실성·보편성·효율성을 담보할 수 있는 형벌제도를 구축하고자 했다. 결국 이는 형벌권의 정당화에 대한 근거를 일반예방에서 구하고 궁극적으로 시민사회 내부에 국가적 형벌권을 보다 깊숙히 침투시키려는 노력을 의미하는 것이었다. 두 번째 조류는 부패하고 무능한 당시의 감옥의 참상을 폭로하면서 시설환경과 처우방식을 개혁함으로써 수형자들을 개선하고자 한 경향인데, 여기에는 하워드와 종교적 개혁운동이 포함된다. 이들 개혁가들 가운데 인도적 동기에 의해 이끌린 인사들도 적지 않았지만 궁극적으로 그 주장들의 제도화 과정에서 순수한 인도주의적 방향보다

는 국가권력의 집권화와 통제의 전문화라는 방향으로 인도되어간 느낌이 짙다. 인도주의자와 공리주의자, 종교적 개혁가간에 합의가 형성된 부분은 보다 현실적으로 제도화된 방향도 바로 이러한 방향이었다고 할 수 있다.

(4) 이상의 제도적 · 사회적 · 이데올로기적 기반을 배경으로 하여 발전한 근대감옥의 주요 모델과 행형방식을 둘러싼 논쟁을 영국과 미국을 중심으로 살펴보았다. 이 시기의 모델감옥들은 물적 설비의 개선과 아울러 감옥 내의 사회관계의 구조에 세밀한 관심을 쏟고 있었다. 감옥이 범죄의 오염장소가 됨을 막고, 정직하고 근면하며 복종적인 인간(노동자)으로 "개선"하기 위한 기구가 되어야 하고, 사회일반에도 억지효과를 거둘 수 있어야 한다는 목표는 모든 감옥실험에서 다소간 공유된 전제였다. 따라서 논쟁의 초점은 어떤 제도와 실행이 그 목적을 효과적으로 달성할 수 있는 방안인가 하는 점에 모여졌다. 감옥을 둘러싼 일련의 논쟁들은 상이한 사회경제적 여건과 정치환경의 차이에 따라 다양하게 전개되었다. 미국에서는 독거와 참회를 내용으로 한 펜실베니아 모델 및 혼거노동과 침묵강제를 내용으로 한 오번 모델이 대립하였고, 이들 논쟁은 국제적인 파급효과를 가져왔다. 결국 경제여건에 따라 노동수요가 많은 미국에서는 후자가, 노동공급이 많은 영국에서는 전자를 다소 변형시킨 격리제 모델이 팬턴빌 감옥 등에서 본격적으로 시도되었으나, 어느 모델도 결국 소기의 성과를 거두지 못한 것으로 평가되었다.

(5) 근대감옥은 독거실을 기본단위로 하는 건축물 속에서 수형자의 일상활동을 감시 · 통제하는 한편, 노동과 종교적 교화 등을 통해 적극적으로 인간을 재형성=개선시키고자 하는 사회조직이다. 이러한 감옥체제의 공간적 · 시간적 배치와 활동의 조직화는 일종의 인간공학적 바탕 위에 이루어져 있으며, "통제된 여건 하에서의 인간의 개선"을 꾀하고 있다. 따라서 감옥의 제반 구성요소들이 사회통제적 측면에서 지니고 있는 함의를 이해할 필요가 있다. 우선 근대감옥은 수형자 상호간의 접촉과 대화의 차단, 활동에 대한 전면 감시, 격리나 침묵 등의 수단을 통한 고립화를 통해 수형자의 힘을 무력화시키고 감옥권력의 집중적 행사를 보장하게끔 구상되었다.

둘째, 근대감옥의 형성기에는 감옥건축에 상당한 관심이 쏟아졌고, 그 결과 벤담의 파놉티콘형 감옥구상, 미국의 동부주립감옥, 영국의 팬턴빌 감옥과 같은 유명한 모델을 만들어 내기에 이르렀다. 감옥건축에 대한 관심의 근저에는 수형자의 격리와 고립화를 통한 악풍 감염의 위험을 차단하고 감옥권력에 의한 감시와 통제능력을 극대화하려는 의도가 자리잡고 있었다.

셋째, 감옥노동은 일반예방과 범죄자의 교화개선이라는 형사정책적 견지 및 노동을 통한 수익의 확보라는 경제적-재정적 견지에서 주로 이해되었다. 그러나 노동의 형태와 성격은 대체로 감옥을 둘러싼 경제여건과 사회세력의 영향력에 의해 좌우되었다. 형사정책적 견해는 그에 대해 부차적인 고려사항에 머물렀고, 사회경제적 요구에 대하여 정당화 논리를 제공한 인상이 짙다.

마지막으로 지적할 것은 감옥 내 규율과 개선의 두 목적을 충족시키기 위한 이데올로기적 매개로 종교의 역할이 중요시되었다는 점이다. 종교는 수형자들의 의식과 생활방식에 대한 부정적인 이미지를 강화하고 복종과 개선을 강조함으로써 수형자 또는 그가 속한 사회집단을 이데올로기적으로 동화, 순치시키는데 일정한 작용을 했다. 한편 이러한 권력의 통제전략에 대한 피통제자들의 개인적 · 집단적 적응형태도 주목될 필요가 있다. 적응과 저항의 다양한 패턴 가운데 특히 주목될 것은 감옥 하위문화의 발전이라 할 수 있다. 이와 같이 근대감옥의 기본적 구성요소를 이루고 있는 감방과 건축물, 노동과 종교 등은 모두 수형자들에 대한 세심하고 효율적인 권력행사를 가능케 하기 위해 가공된 설비, 기법임에 특히 유의할 필요가 있으리라 생각된다.

(6) 다음으로 감옥제도의 사회적 기능과 근대국가의 다른 사회통제기구와의 관련성을 보다 거시적으로 살펴보았다. 만약 감옥을 범죄예방 및 범죄통제의 효율성에 비추어 판단하고자 한다면 감옥의 현상적인 실패는 매우 분명해 보인다. 하지만 이러한 접근방법으로는 감옥의 지속성에 대한 이유를 제시해주지 못한다고 생각된다. 감옥의 가치를 범죄의 통제와 제거에 두지 않고, 지배계급의 계급통제전략의 일환으로 위치지을 경우에는 감옥의 사회적 기능이 보다 분명히 확인되어질 수 있다. 감옥은 원래 피지배층의 한 분파였던 위험계급을 일반 노동자층과 분리시키는데 일정한 역할을 했다고 보인다. 감옥의 억압적 효과는 주변계급에 미치지만, 그 억압의 이데올로기적 효

과는 노동계급을 포함한 하층계급 전부에 미치는 것으로 본다면 감옥이 국가의 계급통제전략의 일환으로 기여했다고 평가될 수 있을 것이다.

감옥은 다른 피지배층의 상이한 분파를 대상으로 하는 일련의 구금처우시설과 유사한 감시와 통제의 원리와 구조를 지니고 있다. 이러한 일련의 제도들은 적어도 18세기 후반에 이르면 독자적인 모습을 드러내고 상호영향을 미치면서 일종의 수용소군도를 구축했다고 보여진다. 이는 우리가 통상 알고 있는 자유민주주의의 확대라는 측면과 배치된다. 이 시기에 자유와 권리가 한편으로 확대된 사실은 분명하지만, 그러한 자유주의적 배후에 가려져 있는 소수에 대한 불관용과 학대는 앞으로 더욱 본격적인 조명을 받아야 할 것이다.

(7) 마지막으로 19세기 후반 이래 새로운 이데올로기로써 교정적 처우이념이 지배하게 되면서 그것이 근대감옥의 위상과 성격에 어떤 변화를 가져왔는지를 살펴보고, 새로운 지식형태로서의 범죄학의 성격을 분석하고자 했다. 새로운 행형실험은 개별화된 처우와 조건부 석방을 중심으로 전개되었는데, 가석방과 보호관찰, 부정기형, 소년법원 등의 제도를 정착시키기에 이르렀다. 하지만 이러한 실험들은 감옥의 배제를 추구했다기보다는 감옥처우의 다양화와 개별화를 통해 국가의 형사사법활동의 재량권을 확대해가는 각도에서 더욱 잘 이해될 수 있다. 이 시기의 감옥은 지역사회를 모델로 재편되면서 의학적 관점을 다소 수용하여 범죄자에 대한 일종의 병원을 지향하고 있음을 확인할 수 있다.

감옥의 발전과 처우기법의 발전은 범죄자에 대한 과학적인 지식을 추구하는 (실증주의)범죄학을 탄생시키기에 이르렀다. 범죄학은 국가기관의 뒷받침을 받으면서, 정신의학과 제휴하여, 감옥을 그 실험실로 하여 발전해온 것이다. 또한 범죄학이 정신의학과 사회학의 영향을 대폭 수정하면서, 교도행정의 분야에 법적 담론의 영향력은 현저히 축소되었다. 이러한 방향은 행정적 재량권의 확대와 사회전반에 걸친 국가개입을 추구하는 정책적 지향과 무관하지 않다.

이상의 논의를 통해 영미에 있어서 근대감옥제도의 역사적 배경과 사회적 위상, 사회구조와의 관련이 어느 정도 드러났다고 보인다. 그런데 근대국가의 기본적인 형벌형태로 확고하게 정착된 감옥제도는 오늘날 심각한 도전에 직면해 있는 듯하다. 감옥제도는 일반예방과 특별예방의 어느 근거에서도 그 효용을 제대로 입증하지 못했다. 감옥은 바람직한 사회의 모델로 만들어져야 한다는 초기 개혁가들의 주장은 오늘날의 입장에서 볼 때는 일종의 에피소드에 지나지 않는다. 또한 지역사회를 모델로 감옥체제를 재편하고, 사회복귀를 위한 교육적 · 치료적 프로그램을 제공할 것을 표방하고 있는 교정주의적 시각 역시 리버럴한 이념을 표방한 전체주의적 통제방식이라는 비난에 처해 있다. '개량된' 교도소는 그 효율성은 물론 정당성마저 도전받는 추세에 처해 있는 것처럼 보인다.

하지만 그처럼 많은 비난과 회의에도 불구하고 감옥 내지 교도소는 오늘날까지 여전히 건재하고 있으며, 행형의 이론과 실제의 중요한 부분을 차지하고 있다. 물론 현대 행형학은 사회내 처우, 지역사회의 중요성을 거론하면서, 이를 전 형사제도의 이데올로기적 입각점으로 삼는 경향도 보인다. 하지만 새로운 처우모델의 대부분은 사실 감옥모델의 변형이거나 그를 배경으로 하고 있음을 볼 수 있다. 나아가 최근에 대두된 소위 탈수용소 운동도 교정제도 자체에 대한 대안이라기보다는 범죄통제에 있어서 사회적 자원을 국가에 편입시킴으로써 후기 자본주의 국가의 재정위기를 타개하기 위한 시책의 일환으로 시도되어온 감이 있다. 결국 이들 제도적 실험들은 감옥에 대한 대체책이라기보다는 오히려 보완적 기능을 수행하고 있는 것이다. 다시 말해 기존 교정기관의 중요성은 다소간 지속되고 있으면서, 새로운 시도들은 통제의 망을 훨씬 확대하는 효과를 지니고 있는 것으로 생각될 수 있을 것으로 보인다.

사정은 구사회주의국가의 경우에 있어서도 그다지 다를 바 없었다. 사회주의국가에서는 자유형 대신 "사법적-의료적 교정노동처분," "노동교화형"이라는 용어를 쓰기도 했지만 그 이데올로기적 외피를 벗기고 보면 자본주의 국가의 자유형-감옥체제와 다를 바가 없었으며 때로는 더욱 심각한 인권유

린을 초래했다. 그렇다면 감옥제도는 어느 정도 보편성을 획득하면서 현대국가 일반에 기본적인 형벌형태로 활용되고 있다고 생각할 수 있겠다. 물론 오늘날 사회체제의 성격과 감옥제도의 관련성에 대하여는 보다 본격적인 조명이 있어야 하겠지만, 여기서는 이 정도의 시사에 그치기로 한다.

그러면 앞으로 감옥과 형벌제도는 어떻게 전망될 수 있겠는가? 감옥제도는 언젠가 박물관에서나 대할 수 있는 과거의 유물로 자리잡게 될 때가 올 것인가? 1970년대 이후 감옥폐지의 급진적 전망이 제기되었고 지금도 그 흐름은 지속되고 있으나, 현실적으로 감옥폐지의 가능성은 그렇게 높지 않다.[1] 수많은 비판에도 불구하고 감옥은 사회 속에 굳건히 뿌리를 내리고 있는 것이다. 이제까지 보아온 것처럼 감옥을 포함한 사회통제방식은 곧 그 사회의 성격을 반영하고 있는 것이며, 국가의 성격을 보여주는 것이다. 형벌제도를 그것이 바탕하고 있는 사회구조 내지 사회체제와 떼어놓고 볼 수 없다는 우리의 일관된 전제를 감안한다면, 새로운 형벌제도의 구상은 새로운 사회의 구상과 접맥되어 있다고 본다. 인간의 사회적 관계의 구성이 어떠한가에 따라 일탈의 규정과 제재양식이 결정될 것이기 때문이다. 따라서 사회구조 내지 사회체제와 무관하게 법적 · 제도적 혁신과 과학적인 관리기법의 향상을 통해 문제해결에 접근하려는 리버럴한 행형학적 담론은 한계가 있다. 사실은 그러한 법적 · 행정적 제도와 관리기법을 둘러싸고 있으면서 그에 영향을 끼치고 있는, 사회구조적 · 경제적 · 정치적 권력관계의 조명이 더욱 요청될지도 모른다.

앞으로의 과제는 이론적으로 본 논문의 관점과 방법을 감옥일반에 대한 하나의 접근방법으로 활용할 수 있도록 보다 세련화시키면서, 그것을 각국의 상황에 비추어 보다 정밀하게 검토하는 것이다. 그런 의미에서 가령 특정 감옥의 역사를 해당 국가의 경제적 · 정치적 · 이데올로기적 요구에 비추어 분석하는 작업 등이 권장될 수 있으리라 생각된다. 나아가 근대감옥과 현대행형과의 관련성이 보다 본격적으로 추구되어야 할 것 같다. 19세기의 감옥논

---

1) 감옥폐지에 대한 최근의 논의는 W.West and R.Morris eds.(2000), The Case for Penal Abolition, Toronto: Canadian Scholars' Press 참조.

의를 곧바로 현대 행형에 끌어다 쓸 수는 없다. 감옥은 고정된 제도가 아니라 시대의 조류와 함께 계속 변화하며, 형벌에서 차지하는 비중도 계속 변화한다. 교정시설 자체도 여러 방식으로 변모하고 있다. 따라서 '기원'과 '현재'를 혼동해서는 안되며, 현대 행형에서 교도소의 의미가 어떻게 해명될 수 있을까 하는 점은 현대의 자료를 놓고 더 규명되어야 할 것이다.

마지막으로 이 글은 영미국가의 감옥제도에 대한 분석인 까닭에 우리의 제도에 그대로 적용될 수 없음은 물론이다. 그러나 영미의 감옥제도의 형태와 규율방식 등이 세계적으로 퍼져간 것도 사실이며, 현재의 행형에도 그러한 자취가 상당히 남아 있다. 이 글이 한국의 논의 자체는 아니지만, 우리의 현대 형벌제도의 형성과 사회적 작용을 어떤 관점에서 볼 수 있을 것인가에 대한 관점 및 방법상의 시사를 얻을 수 있을 것이다. 한국의 형벌제도, 그리고 감옥-형무소-교도소의 분석작업은 별도로 추구되지 않으면 안된다.

〈보론〉 감옥폐지론: 그 주장과 전망

I

감옥은 폐지될 수 있는가? 경험적으로 볼 때 환상에 불과한 것처럼 보인다. 그러나 감옥폐지론도 하나의 지적 조류로서 내려오고 있다. 그것의 현실적 가능성 이전에, 그 주장의 요지는 무엇인가를 여기서 한 지도적 학자의 주장을 빌려 살펴보기로 한다.

역사적으로 볼 때 폐지론(abolitionism)이란 용어는 특히 노예해방과 관련하여, 그리고 사형의 철폐와 관련하여 주로 쓰여졌다. 노예제와 사형제도가 특정 시대와 사회에서 하나의 '불가결한' 제도로 인식되었고 폐지 당시에도 많은 논란이 야기되었지만, 그 후의 역사는 이러한 폐지가 인도주의를 향한 의미있는 진전임을 보여주었다. 그러한 논리의 연장선상에서 오늘날 자명한 것처럼 보이는 감옥제도와, 보다 넓게는 형벌제도 전반을 폐지함으로써 사회적 갈등을 보다 문명화된 방법으로 해결할 수 있다는 주장이 나오고 있다.

감옥폐지론은 사실 감옥의 등장과 궤를 같이한다고 볼 수 있다. 감옥이 범죄에 대한 만능의 처방과 거리가 먼 이상, "왜 감옥이어야 하는가"에 대해 본질적인 성찰과 비판이 나오는 것은 당연하다. 초기의 폐지론자 중의 하나인 크로포트킨에 따르면,

> 감옥제도는 근본부터 잘못된 것이다. 개량조치를 강구하는 따위는 아무런 의미가 없다. 부분적인 개량조치를 실제적인 측면에서 살펴보면 볼수록 중요한 진전은 불가능하며, 성취될 수 있는 적은 부분은 그나마 무의미한 것임을 확신할 수 있다. 필요한 것은 개선을 위한 필요조건으로서, 현대의 노동과 자본 사이의 관계를 철저히 변혁하는 것을 포함한, 사회의 대규모의 재조직이다.[1)]

1) 러시아의 대표적인 무정부주의자로 알려져 있는 P.Kropotkin(1887/1971), In Russia and French

오늘날 감옥폐지에 초점을 맞추는 논자들은 특히 감옥제도의 역사적 한시성을 지적한다. 감옥의 탄생 자체는 당시에 널리 퍼져있던 각종 신체형(corporal punishment)에 대한 성공적인 '폐지'운동과 연관되어 있다.[2] 18세기까지만 해도 유럽 각국에서 자유형은 거의 주변적인 위치에 머물렀지만, 19세기 중반에 이르면 다른 모든 형벌을 물리치고 지배적인 형벌로 부상하게 되었다. 그러나 오늘날 감옥제도는 거대한 실패로 간주되고, 일종의 총체적 수감시설(total institution)로써 어떤 방법으로든 치유될 수 없는 결함을 본질적으로 안고 있다. 그것의 폐지를 둘러싼 논쟁이 얼마든지 생겨날 수 있다.

최근의 감옥폐지론은 본질적으로 '폐지론적' 전망을 지니고 있다. 다시 말해 '대안'의 추구가 아니라, '폐지' 그 자체에 중점을 둔다는 것이다. 가령 노예제의 폐지가 대안을 만들어낸 연후에 폐지되는 과정을 밟지 않았던 것처럼, 감옥폐지도 대안이 먼저 강구되고 난 뒤 폐지되어선 안된다. 왜냐하면 그때의 대안은 진정한 대안이라기보다는 기존의 형사제재와 실질적으로 다를 바 없는 제재를 더 만들어낸 것에 지나지 않을 것이기 때문이다. 진정으로 대안이라 이름할 것은 폐지 이후의 새로운 국면 속에서 생성되어올 것으로 기대하고 있다.

형벌에 대한 폐지론적 전망은 다른 어느 곳보다 북유럽의 국가들에서 큰 반향을 얻었다. 형벌완화의 정책방침과 수형자의 권리 및 처우수준의 향상은 형벌폐지론과 상호 영향을 주고 받으면서, 북구에 독특한 하나의 지적 재산을 형성시키기에 이르렀다. 물론 폐지론이라 하여도, 그 강조점과 이론적 구성은 매우 다르다.[3] 따라서 이하에서는 20세기 후반기에 감옥폐지론의 이론

Prisons, New York: Schoken Books.

2) S.Scheerer(1986), "Towards Abolitionism," Contemporary Crises 10, p.6.

3) 형벌폐지론은 결국 형벌의 억압성을 완화하는데 앞장서온 나라에서 생성된 이론이며, 형벌강화를 통해 범죄문제를 억압하고자 하는 국가에서는 그다지 동조자를 얻지 못하고 있다. 가령 1970년대 이후 영미권에서는 주요 쟁점으로 의미있게 다루어진 적이 별로 없다. 반면 네덜란드와 북구에서는 형사정책과 행형실제에 상당한 영향을 끼쳐오고 있다. 대표적인 학자로는 흔히 Christie, Hulsman, Foucault, 그리고 Mathiesen이 꼽히고 있다. 이 중에서 Christie는 형법에, Hulsman은 범죄개념에, Mathiesen은 감옥제도를 주로 겨냥하고 있다. 주요 저작으로는 N.Christie(1981), Limits to Pain, Oslo: Universitetsforlaget; M.Foucault(1977), Discipline and Punish, Birth of the Prison, New York: Vintage; T.Mathiesen(1974), The Politics of Abolition, Scandinavian Studies in Criminology, vol 4, Oslo: Universitetsforlaget 등이 있으며, H.Bianchi et

과 실천 양 방향에서 지도적 역할을 했던 토마스 마티젠의 이론을 중심으로 폐지론의 성격을 살펴보기로 한다.

Ⅱ

마티젠은 1960년대 중반부터 감옥의 폐지를 위한 이론적 · 실천적 작업을 주도해온 노르웨이의 학자이다. 그의 작업은 한편으로 북구의 감옥 및 형벌 폐지 · 축소를 지향하는 사회단체를 조직 · 후원하는 정치적 실천[4]으로 이어지고, 다른 한편으로 국제적인 반감옥 · 반형벌운동(abolitionism)의 사상적 근거를 제공함으로써 급진적 · 비판적 이론의 발달에 기여해 왔다. 특히 그의 감옥폐지론은 선진적 행형사상과 실천을 주도해 온 북구 형벌사상의 보다 진전된 모습을 드러내는 것이며, 단순히 이론적 구상에 그친 것이 아니라 현실정치에서의 실천을 목표로 하고 있는 점에서 북구의 특색을 잘 보여준다 할 것이다. 흔히 감옥폐지론이라 함은 감옥의 폐해를 극복하기 위한 대안의 모색으로 생각되기 쉬우나 마티젠의 사상은 그것과 근본적으로 다르다는 점을 유의해야 할 것이다.

먼저 그는 감옥의 폐지를 자신의 급진적 형사정책의 목표로 설정했다. 감옥을 역사적 유물로 만드는 일, 그것이야말로 그의 이론과 그의 영향력이 반영된 반감옥조직(anti-prison organization)인 KROM[5]의 목표였던 것이다. 이

---

al. eds.(1986), Abolitionism: Towards a Non-repressive Approach to Crime, Amsterdam: Free University Press는 당시까지의 형벌폐지론에 대한 종합적 성과를 편집한 것이다.

4) 감옥제도의 폐해에 대한 문제점은 T.Mathiesen(1965), The Defences of the Weak, London: Tavistock에 요약했고, 그러한 문제점을 인식하면서 반감옥운동을 조직 · 활동한 경험을 이론화한 것이 T.Mathiesen(1974), The Politics of Abolition, Scandinavian Studies in Criminology, vol 4, Oslo: Universitetsforlaget이며, 그러한 실천을 보다 일반적인 사회적 실천의 영역으로 확대하려는 시도가 T.Mathiesen(1980), Law, Society and Political Action, London: Academic Press로 이어진다.

5) 북구에서 20세기 후반 감옥개혁운동의 시발점은 스웨덴의 KRUM(스웨덴 감옥개혁협회의 약칭)의 발족이라고 할 수 있다. 스웨덴의 조직은 서로 밀접한 연관을 갖고 있던 노르웨이와 덴마크에 파급되어 1967년에는 KRIM(인도적 형사정책을 위한 덴마크협회), 1968년에는 KROM(노르웨이 감옥개혁협회)으로 이어졌고 상호 연대를 구축하게 되었다. 초기에 개개 수형자에게 원조를 제공하는 조직의 측면과 형벌제도의 구조를 변화시키는 정치적 조직의 측면이 이들 조직에 혼재되어 있었으나, 점차 후자의 방향에 강조점을 두게 되었다. 그럼으로써 이들 조직은 교정당국과 기성 정치집단과 계속 갈등하는 비판적인 정치조직으로서의 특색을 드러내게 되었다. T.Mathiesen and W.Roine(1975), "The Prison Movement in Scandinavia," in H.Bianchi et al. eds.,

러한 폐지론에 대하여 그 대안을 모색하는 것은 대단히 큰 위험을 부를 수 있다고 보았다. 새로운 대안은 언제나 이전의 감옥과 크게 다르지 않는 구조를 만들어 내는 것을 의미하는 것이며, 결국 감옥구조의 확대 내지 연장선상에 있다는 것이다.[6] 진정한 대안은 현재 완성되지 않는 모습으로, 끊임없이 변화하는 사회관계의 모태에서 자라날 수 있을 것으로 본다.

문제는 단기적인 개혁과 장기적인 목표(즉 감옥폐지) 사이의 관계를 어떻게 설정할 것인가 하는 점이다. 단기적인 개량을 추구하다보면 장기적인 목표에 대한 전망을 결여하기 쉽다. 마티젠은 장기적 목표를 염두에 두면서 제기되어질 단기적인 개혁의 방향은 '부정적' 종류의 것이라 보고 있다. 즉 기존의 감옥구조의 기본을 부정하는 방향으로의 개혁이어야지 그것을 수선 · 공고화하는 데 기여해서는 안된다는 것이다. 예컨대 수형자의 휴가 및 방문기회의 확대를 추진하는 움직임은 감옥을 보다 개방하자는 것인데, 이러한 개혁은 물론 기존체제를 공고화하는 데 기여할 수도 있지만 적어도 개념상으로 본다면 이는 반감옥적인 것이라 볼 수 있다는 것이다. 그리고 그러한 개혁을 추진해가는데 있어서 그 주체인 수형자들의 조직적 참여를 대단히 중시하고 있다.

감옥폐지론을 내걸고 실천적 작업을 했던 초기에 그는 장래의 전망을 낙관적으로 보았던 것 같다. 그러나 '시간은 우리 편'이라는 그의 예상과는 달리, 서구 세계 전체를 통해 감옥제도의 팽창경향이 1970년대 중반 이후 나타나고 있다. 경기의 후퇴, 사회전반의 보수화, 보수적 정당의 권력장악 등의 요인들이 겹쳐 감옥의 중요성이 더욱 강화되어 왔던 것이다. 감옥에 대한 보다 큰 의존, 장기형의 증가, 수형자의 증가 등은 영미권을 필두로 하여, 북구에까지 다소간 파급되었다. 이러한 상황에서 그의 폐지론은 '공격적'이라기보다 '방어적'인 것으로 바뀌었다.[7]

그의 비판은 두 가지 방향에서 전개된다. 첫째는 '감옥에 대한 대안' (alternative to imprisonment)에 대한 비판이다. 그 동안 많은 대안들이 '탈시설

Deviance and Control in Europe, London: John Wiley & Sons, p.86 참조.

6) T.Mathiesen(1986 b), "The Politics of Abolition," Contemporary Crises, vol. 10, p.81.

7) T.Mathiesen(1986 b), p.84.

구금화'(decarceration) 혹은 '정식절차로부터의 전환 · 우회절차'(diversion), 사회봉사명령, 중간처우시설 등의 이름으로 제기되고 제도화되었다. 그러나 그러한 대안들은 감옥에 대한 실질적인 대안으로 평가될 수 없다. 그것들은 이전보다 더 많은 사람들을 공식적 · 법적 통제 아래 가져오게 하고, 전체적인 통제장치를 증가시킴으로써 감옥에 대한 '보완' 내지 '부가'의 성격을 나타내는 것이다. 계획되고 구조화된 '대안'은 사실상 그물망의 확대효과를 가져온다. 대안의 이러한 성격은, 정치가들이 기존 감옥의 필요성과 정당성을 옹호하고 심지어 감옥의 확대론까지 주장하면서, 동시에 그에 대한 대안을 옹호하는 '이중적 언사'(double talk)를 구사하고 있는데서 잘 드러난다고 본다.[8)]

감옥에 대한 대안이 사실상 감옥에 대한 보완에 불과하다면, 앞으로의 과제는 감옥제도 자체를 축소시키려는 노력일 것이다. 최근의 감옥의 팽창에 대한 그의 입론은 감옥의 팽창을 저지하고 가능하면 그것을 완전히 중단시키는 것이다. 그리하여 그는 최소한의 요구사항으로 '감옥신축에 대한 긴급유예'(moratorium)를 국제학계에 제기하고 있다. 그러한 유예를 가능하게 하기 위해서는 수형자의 수가 우선 줄어야 할 것이다. 모든 나라들이 수형자의 과밀화 현상으로 애먹고 있고, 그 때문에 감옥신축의 정당성을 홍보하는 상황에서는 특히 그렇다. 수형자의 증가는 범죄의 증가와 직접적인 상관관계에 있는 것이 아니라는 최근의 주장들에 그는 동조한다. 감옥제도의 팽창은 범죄율의 증가를 자동적으로 반영하는 것으로 해석될 수 없다. 다시 말해 공식적 범죄율과 수형자 인구는 독립적으로 변화하는 것이다. 감옥제도의 팽창의 배경은 복잡하지만, 역사적 · 비교적인 견지에서 볼 때 형사정책의 방향과 감옥이용의 빈도는 정치적 성향 및 형사사법기관의 선택에 따른 결과로 볼 수 있다.[9)]

수형자 수를 줄이는 과제는 양형상의 경미한 조정, 가석방의 요건과 절차에 대한 경미한 조정 등 보다 단순한 방법으로 달성될 수 있다고 주장된다.

8) T.Mathiesen(1986 b), p.86.

9) T.Mathiesen(1986 a), "The Argument against Prison construction," in H.Bianchi et al. eds., Abolitionism: Towards a Non-repressive Approach to Crime, Amsterdam: Free University press, p.84.

이같이 감옥의 팽창에 대한 정지는 사회 전반적으로 형벌수준에 대한 체계적인 반성과 재검토로 이어질 것을 기대하고 있다.[10)]

Ⅲ

감옥신축의 반대를 위한 그의 논거는 무엇인가? 그는 다음과 같은 8가지를 내세우고 있다.[11)]

첫째, 감옥을 통한 특별예방효과의 주장에 대한 반박. 1970년대 이후 자유박탈과 감옥시설을 통해 인간을 개선시킬 수 있다는 믿음은 더 이상 통용되지 않게 되었다. 자유형은 낮은 사회복귀와 높은 재범률을 초래하며, 인간성에 파괴적인 영향을 끼친다는 사실이 수많은 연구를 통해 입증되고 있다. 강제적 교정의 비효율성과 반인간성은 더 많은 감옥을 신축함으로써 해결될 수 있는 것이 아니라, 감옥의 수와 감옥에의 의존도를 급격히 줄여나감으로써 가능하다는 것이다.

둘째, 일반예방 내지 범죄억제효과의 주장에 대한 반박. 이러한 효과를 경험적 조사를 통해 밝혀내기는 쉽지 않다. 분명한 것은 설사 그러한 효과가 있다고 해도 사회 내 범죄율의 발전을 결정함에 있어 사회적 · 경제적 정책들보다 훨씬 적은 의미밖에 지니지 못한다는 점이다. 범죄율의 결정에 있어 형사정책은 가족, 학교정책, 노동시장의 조건, 사회정책, 일반 형사사법기구의 조직과 기능, 경제제도 및 인간관 등과 관련하여 볼 때 부차적인 의미밖에 없는 것이다. 수형자의 수, 형기는 더 말할 것도 없다.

감옥의 범죄억제효과를 논할 때 통제제도의 대규모의 변화와 사소한 변화간의 구별이 필요하다. 마티젠에 따르면, 형벌수준의 대규모의 변화(가령 감옥의 폐지 등)는 확실히 범죄억제효과에 영향을 미치겠지만, 사소한 변화는 거의 영향을 미치지 못할 것으로 본다. 감옥신축의 반대론은 이러한 사소한 변화에 속하는 사항이고, 이는 양형정책 · 가석방 및 석방요건을 약간씩 바꾸는 것으로 충분히 이루어질 수 있을 것으로 본다. 따라서 일반예방론에 의거

10) T.Mathiesen(1986 b), p.88.
11) T.Mathiesen(1986 a), p.84-89.

하여 감옥신축반대론을 반박하는 것은 설득력이 없다는 것이다.

셋째, 감옥신축에 대한 금지가 현실적으로 가능할 것인가에 대한 의문이 제기될 수 있다. 증가하는 범죄자, 감옥시설의 과밀화 등은 감옥신축 주장의 주요 논거로 제기되어 왔다. 그러나 마티젠은 이 문제를 다른 각도에서 풀어가야 한다고 주장한다. 예컨대 양형규정을 개정하고, 가석방요건을 완화하고, 미결구금자를 대폭 감소함으로써 과밀화문제를 해소할 수 있는 것이다. 이러한 취지에 따라 스웨덴에서는 1983년에 형기의 절반을 경과한 수형자에 대하여 특별한 사유가 없는 한 가석방을 허가하는 필요적 가석방제(mandatory half-time release)에 관한 규정을 제정하였다. 덴마크에서는 1982년 재산범죄의 최고형을 줄이고, 가석방을 위한 최저기간을 단축한 바 있다. 감옥인구의 팽창에 대한 해결책은 이와 같이 그 인구를 감소시키는 방향으로의 정책적 수정에서 구해져야 함을 그는 역설하고 있다.

넷째, 감옥건물은 한번 건축되면 쉽게 용도폐기되지 않으며 장기간 지속된다. 마티젠은 이를 감옥건물의 불가역적 특성이라 표현한다. 19세기 초반 유럽에서 세워진 감옥건물들이 오늘날에도 상당부분 그대로 사용되고 있는 점에 주의를 환기시킨다. 이는 감옥건축이 단기적인 실용적 조치의 일환이라기보다는 장기적인 역사적 과정의 일부로 이해되어야 함을 의미한다. 오늘날 더 이상의 건축계획을 반대해야 하는 것은 바로 이런 감옥건축의 특성과도 관계된다.

다섯째, 감옥제도의 팽창주의적 특성을 지적한다. 사회제도로서의 감옥제도는 먹을수록 식욕이 커져가는 동물과도 같다. 새로운 감옥은, 기존 감옥에 대한 보완물이 아닌 대체물의 의도를 가진 감옥도 보완물로 되어가는 경향이 있다. 대체물로써의 새로운 시설은 그 내부적 · 외부적인 압력과 계기가 작용하면 곧바로 기존 제도의 확대판으로써 운용되게끔 되어 있는 것이다.

여섯째, 인도주의적 견지에서 감옥은 옹호될 수 없다. 감옥은 비인간성과 비인간적 제도의 표본이다. 감옥은 인간을 굴욕적인 상황 속에 몰아넣고, 고립화시키며 자율성을 파괴한다. 흔히 구금에 따른 고통으로는 자유의 박탈, 여러 가지 재화와 서비스의 박탈, 이성간의 성관계의 박탈, 자율성의 박탈, 안전감의 박탈 등이 지적된다. 물론 수용조건과 수용형태에 따라 다소의 편차는 있겠지만, 구금에 따른 고통은 구조적으로 생산되는 것이며 감옥제도 자체의 일부로써 자리잡고 있는 것이다. 여건의 개선에 따라 고통의 정도는 완화될 수는 있어도 결코 없어질 수는 없다. 이러한 고통 가운데 가장 심각한 것은 자율성의 파괴와 안전감의 박탈로 지적된다.[12] 수형자들은 명확한 권리의 부재와 교정당국의 폭넓은 재량권 앞에 무방비상태로 노출되어 있다. 새로운 교정시설이 이전의 감옥보다 인도적일 것이라는 기대를 가질 수 없다.

일곱째, 문화수준과 가치관의 함양에 대해 끼칠 부정적 효과를 생각할 수 있다. 감옥제도는 하나의 물질적 제도에 그치는 것이 아니라 일정한 문화적 효과를 가지며 인간에 대한 일정한 사고방식을 상징하는 것이다. 감옥은 인간 사이의 갈등을 해결하는 한 방법으로 폭력과 굴욕화를 강조한다. 감옥이 팽창될 때 이러한 효과는 더욱 증가할 것이다. 감옥의 신축은 감옥을 통한 해결, 억압적 해결방식에 정당성을 부여하고 그것을 선호하게끔 하는데 영향을 미칠 수 있다.

마지막으로 경제적인 측면에서 감옥의 비효율성을 지적할 수 있다. 이는 많은 논자들에 의해 이미 지적된 것이다. 물론 마티젠은 경제적 측면만을 중심으로 고려하는 데 대해서는 반대한다. 어떤 제도가 인도적이고 합당한 가치를 대변한다면 비용이 더 드는 조치라 할지라도 기꺼이 수행되어져야 한다. 하지만 다른 앞의 주장과 결합되어질 때 경제성의 측면은 감옥신축에 대한 반대논리를 보강하는 의미있는 주장으로 받아들여질 수 있다.

Ⅳ

마티젠은 결론적으로 감옥건축 및 신축의 이슈가 건축기술의 문제 혹은 수형자인구의 변화에 따른 단기적 경향이라기보다는 본질적으로 정치적인 것임을 강조한다. 가치의 선호를 어디에 둘 것인가, 동료 · 이웃 인간들을 어

12) 이러한 지적은 물론 물질적인 고통과 육체적인 고통의 위협이 어느 정도 제거된 북구의 상황에서 나올 수 있는 것임을 유의해야 할 것이다. 실제로 많은 나라에서 수형자들은 절대적 궁핍과 질병의 위협, 그리고 무자비한 테러에 무방비의 상태로 노출되어 있는 경우가 허다하며, 이 경우 수형생활의 고통은 보다 원초적인 데 있지 않을 수 없을 것이다.

떻게 다루기를 원하는가 하는 문제가 감옥건축뿐 아니라 사회통제 전반에 걸쳐 주요한 의문으로 제기된다. 새로운 사회적 구조에 대한 비전을 어떻게 만들어 낼 것인가, 인간 사이의 갈등을 새로운 방식으로 해결할 수 있도록 인간관계를 어떻게 대안적으로 조직할 것인가에 대한 보다 적극적인 구상이 요청된다. 이 같은 비전의 한 부분으로 그는 인간관계에 있어서 반권위주의적 측면을 조성하고 지원하는 조건을 발전시키는 것을 들고 있다.[13] 하지만 본질적으로 비전을 제시하고 그것을 현실화시키는 것은 미완(unfinished)의, 개척해가야 하는 과제로 보고 있다.

13) T.Mathiesen(1986 b), p.86.

제 2 부

현대 행형의 실제

—스웨덴과 미국의 제도와 운영을 중심으로—

제1장　선진교정의 현장: 스웨덴의 교도소와 행형실태

1. 교정선진국으로서의 스웨덴

형사정책을 전공하는 학도에게 스웨덴은 무엇보다 『교정선진국』으로 불린다. 스웨덴의 복지주의는 실업자, 장애인, 아동, 노인은 물론 교도소의 재소자에게도 미친다. 스웨덴 교정을 이끄는 두 원칙은 ▲ 자유형은 자유박탈에 족하고 더 이상의 고통을 과해서는 안된다는 것과 ▲ 교정환경은 가능한 외부사회와 유사하게 이루어져야 하며, 외부와의 접촉은 가능한 보장되어야 한다는 것이다. 그러한 원칙에 따라 재소자들은 작업에 대한 임금을 받고, 동료재소자와 그룹을 만들어 활동할 수 있으며, 쉬는 시간에는 카드게임도 즐긴다. 커피나 차를 자유로이 마시고, 담배도 사 피울 수 있다.

교도관들은 재소자의 문제에 대해 전문적인 상담을 하고, 사회 내 전문가와 연결한다. 가족면회는 교도관의 감독 없이 이루어진다. 전화도 대체로 허용된다. 정기적인 휴가가 인정되는 교도소도 많다. 다른 선진국에서도 이런 모습은 보여지지만, 스웨덴의 경우에는 복지국가의 이념에 충실하게 이러한 제도를 예외가 아니라 일상적인 운영원리로 삼았다는 것이 두드러진다.

교정시설의 낙후성과 재소자에 대한 열악한 처우, 빈번한 교정부조리, 반징역살이를 한다고 자조하는 교도관들의 현실을 늘상 접하고 있는 상황에서 스웨덴 교정은 그야말로 딴 세계의 이야기로 들린다. 저자는 1997년 1월 20일부터 2주간 스웨덴 연구원(Swedish Institute)의 알선으로 스웨덴의 교정현실을 방문조사할 기회를 가졌다. 목표는 스웨덴의 형벌 및 행형 전반을 개관하면서, 구체적으로 교정시설의 실제를 살펴보고자 했다. 저자는 이미 스웨덴을 비롯한 북구의 형사정책 전반을 이론적으로 개관한 바 있으므로, 그러한 기초연구에 의지하여[1] 이번에는 교정정책에 대한 전반을 학자, 정책당국, 실무가와 직접 면접조사를 하여 살아 있는 정책내용을 확인하면서, 교도소의 운영과 환경을 살펴보고자 한 것이다. 또한 저자는 스웨덴 방문에 이어 핀란드 헬싱키의 대표적인 두 연구소를 방문하여 그 곳에서 핀란드의 입장과 스웨덴의 입장을 비교해보기 위한 문헌조사 및 면접조사를 실시하였다. 그 내용도 본문에 반영될 것이다.

저자가 방문한 스웨덴의 교정시설은 2개의 개방교도소(Asptuna, Tillberga), 1개의 중경비폐쇄교도소(Kumla), 그리고 1개의 구치소(Huddinge)이다. 후딩에 구치소와 아스프투나 교도소는 스톡홀름 외곽에, 나머지 두 개는 1시간 이상 떨어져 있다. 이들 시설을 살펴보면서 교정선진국에서는 범죄문제를 어떻게 풀어가는지 탐색해 보았다.

현지조사는 그 현장의 실감과 살아 있는 토론을 진행할 수 있는 점에서 자료연구와 다르다. 처음에 교정시설 방문을 중심으로 한 계획을 짰지만, 형사정책의 이론과 실무를 담당하는 분들을 접하면서 최근 스웨덴에서 형사정책상의 주요 쟁점을 파악할 수 있었고, 그에 대한 접근을 아울러 요구하였다. 또한 사회내 처우의 중심을 이루는 보호관찰에 대한 현장확인을 하려고 하였으며, 그 과정에서 시민참여 문제를 아울러 확인코자 했다. 최근 스웨덴에서 논쟁의 중점이 되고 있는 전자감시제도의 도입과 운용을 둘러싼 현장지식을 얻을 수 있었고, 그 점도 소개하고자 했다. 단지 복지국가로만 생각하던 스웨덴의 경우에도 범죄문제를 둘러싼 복지적 접근과 억압적 접근이 계속 대립하여 왔으며 이러한 논쟁은 전체 형사정책의 골간을 형성하는 것이므로, 그에 대해서도 도입적 설명을 하고자 했다. 이리하여 내용은 전체 형사정책의 기조, 최근의 주요한 형벌제도를 바탕으로 하면서, 구체적인 교도소방문 기록

1) 한인섭(1994 a), 북구의 형사정책 연구—형벌 및 행형의 이론과 실제, 서울대 지역종합연구소, 지역연구 제3권 제2호, 1994 여름호, p. 205-258; 한인섭(1994 b), 스웨덴의 교정처우와 민간참여, 각국의 자원봉사제도 연구, 법무부, p. 165-214. 그리고 저자의 글에 소개된 논문 이외에 다음을 참조할 수 있다. Karen Leander(1995), "The Normalization of Swedish Prisons," in Vincenzo Ruggiero, Mick Ryan and Joe Sim eds., Western European Penal Systems, A Critical Anatomy, London: Sage, p. 169-193; Bo Svensson(1995), Crimial Justice Systems in Sweden, National Council for Crime Prevention; 보다 일반적인 것으로는 Hugo Tiberg et al.(1994), Swedish Law, a survey, Stockholm: Juristförlaget 등.

을 세밀하게 기술하는 형태로 되었다. 다만 논의의 완성과정에서 시간적 여유가 필요했으므로, 여기 서술하는 현상들은 1997년 2월 현재의 것이며, 논의자료는 추후 보충되어진 것도 있음을 밝혀두고자 한다.

2. 형사정책의 기조 및 형벌상의 동향

(1) 형사정책의 기조

스웨덴은 교정선진국, 인도주의적 형사정책으로 정평을 얻고 있다. 이는 다른 북구 국가들에게 어느 정도 공통된 현상이기도 하다. 그 중에서도 덴마크와 노르웨이가 가장 관대한 편이며 스웨덴은 그 중간쯤 해당되고 핀란드가 약간 억압적인 형사정책을 갖고 있는 편이다. 이는 인구 10만명당 교도소 수용자수에서도 확인되고, 시설환경 및 형법정책의 기조에서도 드러난다.[2)]

정책기조는 상대적으로 보다 복지지향적 접근(welfare-oriented approach)이 있는가 하면 상대적으로 억압적 접근(repressive approach)도 있을 수 있다. 스웨덴의 경우 1960년대 후반부터 70년대 초반에 복지에 주안점을 둔 관대한 접근방법이 우세했다. 이 시기에는 전반적으로 형벌범위가 감소하고 비범죄화의 추세가 지속되었다. 정치적 시위, 국기모독 등이 비범죄화되었다. 포르노그래피, 낙태 등도 비범죄화되었다. 형벌에서는 모두 형벌의 종류 및 이용을 감소시키려는 방향으로의 개혁이 이루어졌다. 군교도소가 폐지되었고, 평시는 물론 전시 하에서의 사형도 폐지되었다. 상습범을 대상으로 한 특수시설 수용도 폐지되었다. 평균형기도 단축되었다.

그러나 1980년대 이후 이러한 관대한 형벌정책은 후퇴되었고 형사입법의 팽창현상이 생겨났다. 물론 팽창현상이라 해서 무조건 억압적 정책으로 회귀한 것으로 단정되어서는 안될 것이다. 팽창의 한 단면은 성폭력 관련규정이

2) 이 기조는 스톡홀름 대학 범죄학연구소 소장 Henrik Tham 교수와의 대담(1997. 1. 21), 그리고 핀란드 헬싱키의 HEUNI 소장 Matti Joutsen과의 대담(1997. 2. 3) 및 입수한 각종 자료를 토대로 정리한 것임.

뚜렷하게 된 점이다. 성범죄의 범위가 확대되었고, 포르노그래피, 비디오섹스/폭력, 아내구타 등이 새로이 처벌되었다. 이같이 섹스/젠더 관련 범죄가 구체화되고 추가된 것은 여성운동의 성과의 반영일 것이다. 그리고 포르노그래피 등을 다시 제한하게 된 것은 보다 보수적-억압적 지향점으로 선회하는 측면과 여성운동의 성과가 일정하게 교차하는 부분이다. 요컨대 마약범죄, 경제범죄, 성범죄에 대한 보다 엄격한 처벌 및 구성요건의 확장 등이 변화의 핵심적 내용이다.[3)]

이러한 정책의 변화의 배경에는 정치적 역학의 변화가 개재되어 있다고 할 수 있다. 1970년대 초는 사회민주당의 권력이 가장 강했던 시기이다. 사회민주당은 범죄자를 '보호할 필요가 있고, 사회복귀될 수 있는 잠재력을 갖춘' 실패자(a loser)로 보는 관점을 갖고 있었다. 따라서 범죄자에 대한 접근은 연대감, 사회공학 및 사회적 치료(solidarity, social engineering and treatment)와 관련된 정책을 선호한다. 이를 범죄에 대한 복지적 관점이라 부를 수 있을 것이다. 복지국가적 접근은 경우에 따라서는 사회통제의 그물망을 확대시킨다는 비판을 받기도 하지만, 형법 및 형벌의 남용 대신 치료와 통합을 위한 프로그램에 관심을 갖고 있으며, 그것이 형벌 및 범죄규정의 감소의 결과로 나타나는 것이다.[4)] 특히 마약정책에서 복지적 지향은 억압적 지향과 결정적인 차이를 드러내는 부분이다. 또한 범죄원인을 빈곤, 사회해체 등으로 설정하게 되면 형벌적 대책보다는 보다 일반적 사회정책의 틀 내에서의 대책을 강구하게 된다. 범죄자는 이웃시민이라는 동정적 관점이 강조되는 한편으로 범죄자에 대한 비억압적 · 국가적 간섭의 폭이 넓어지게 된다.

그러나 복지국가 모델에 대한 비판이 가중되면서, 범죄자를 환경의 실패자로 보는 관점이 도전받게 된다. 자유주의적 모델에서는 범죄자를 (시민의 권리와 자유, 재산 등을 침해하는) 약탈자 내지 기생충처럼 다루는 경향이 있다. 다시 말해 범죄자는 절망적인, 이해할만한 이유 때문에가 아니라 정당화되기 어려운 개인적 이익을 위해 범죄를 저지른다. 따라서 범죄자는 그가 저지른

3) H.Tham(1995), "From Treatment to Just Deserts in a Changing Welfare State," in A.Snare ed., Beware of Punishment, Scandinavian Studies in Criminology, vol. 14, Oslo: Pax Forlag, p.97.

4) H.Tham, Ibid., p.114.

잘못만큼 응분의 대가를 받아야 하며, 실패자나 피해자처럼 치료의 대상으로 간주되어선 안된다. 그는 자유로운 행위자이다. 여기서는 자유, 책임, 개인이라는 요소가 강조된다. 1980년대 이후 스웨덴의 사회민주당은 이전처럼 압도적으로 강한 정당은 아니며, 정권을 내주기도 했다. 때문에 부르주아-자유주의 정당들이 가장 잘 내세우는 대범죄투쟁의 구호를 어느 정도 수용하지 않을 수 없다. 그것이 80년대 이후 형사정책의 기조가 보다 억압적 · 보수적이며, 형벌의존도가 높아지는 경향이 나타나는 정치적 배경을 이룬다.

그러나 이런 변화에도 불구하고, 비교법적으로 볼 때 스웨덴의 형사정책은 다른 나라에 비해 훨씬 복지지향적이라 할 수 있다. 예컨대 1980년대 이후의 경제여건의 악화에도 불구하고, 그것이 교정처우의 악화로 이어질 수 없다는 정책적 방침은 뚜렷하다. 경제여건의 악화가 곧 교정처우의 악화로 이어지는 자유주의 국가(가령 미국) 등과의 차별성은 뚜렷한 것이다. 아마도 스웨덴은 네덜란드, 덴마크, 노르웨이 등을 제외하고는 가장 선진복지주의적 접근이 남아 있는 것이다. 더욱이 1970년대에 정착된 복지국가적 교정모델에 기초한 교도소 환경 등은 거의 손상 없이 남아 있다. 북구에서 억압적 정책에 대한 의존도가 비교적 높았다고 하는 핀란드의 경우에는 1970년대 이후 행형정책의 면에서 스웨덴, 노르웨이에 가까운 방식으로 이행하는 경향이 현저하다.[5] 요컨대 복지국가적 형사정책 모델이 큰 틀에서는 유지되면서, 보다 자유주의적 공격을 수용하여 약간의 억압적 모델로의 후퇴가 보여지는 것이다.

---

5) 핀란드의 경우 지난 20년간 형벌수준이 현저히 감소한 드문 예를 기록하고 있다. 1970년대까지 인구 10만명당 재소자 인구 120명을 기록했던 핀란드는 이후 계속 감소추세를 보였다. 1990년대 중반에 이르러 핀란드의 인구 10만명당 재소자수는 75명 정도까지 내려왔다. 그에 반해 다른 북구에서는 원래 60여명 정도, 네덜란드는 40여명 정도였는데 형벌정도가 약간 상승세를 보여 1990년대 중반에 이르면 북구제국이 대차 없는 상태를 이루고 있다. 왜 핀란드에서만 이러한 자유형의 현저한 감소가 가능했던가 하는 질문이 당연히 도출될 것이다. 그에 대해 핀란드의 국립법정책연구소(National Research Institute of Legal Policy)의 Sepple 소장은 저자와의 대담(1997. 2. 4)에서 다음과 같이 설명했다. 첫째는 음주운전에 대한 양형실제가 달라졌다. 음주운전자에게 반드시 실형을 선고하던 경향으로부터 조건부 자유형으로, 그리고 형기도 감경되었다는 점이다. 그리고 음주운전에 대한 단속에서 사후통제보다 예방적 통제(routine check)에 초점을 맞추어 음주운전자 자체가 줄어들게 만들었다. 둘째, 가석방(parole)이 매우 증가했다. 셋째, 재산범죄에 대한 처벌이 보다 완화되었다는 것이다. 또한 Tapio Lappi Scpplc(1992), "Penal Policy and Sentencing Theory in Finland," The Canadian Journal of Law and Jurispudence, vol.V, No.1, January 1992 참조.

(2) 형벌의 종류와 전자감시(electronic monitoring)제도의 이용

1) 자유형과 그 대안

스웨덴에서 형사제재는 크게 자유형(14일에서 무기형까지), 벌금형, 조건부 자유형(conditional sentence), 그리고 보호관찰이 규정되어 있다. 그 중 자유형과 벌금형이 가장 일반적인 형이며, 조건부 자유형 및 보호관찰 등이 그에 대한 변형적인 형태인 셈이다. 조건부 자유형은 2년간의 조건부로 형을 유예하는 형을 말하며, 유예기간 동안 새로운 범죄를 행했다면 3년까지 연장될 수 있다.

보호관찰(probation)은 범죄자를 사회 내에서 상담, 지도, 관찰함을 말한다. 1988년 이후 알콜 및 약물남용자에 대해서 법원은 자유형을 과하지 않는 대신 특별한 형태의 보호관찰을 당사자의 동의 하에 선고할 수 있다. 즉 범죄자에게 알콜 및 약물남용에 대한 치료를 받을 것을 계약조건으로 제시하고 그가 그 조건을 승낙하면 자유형을 면하는 대신 치료프로그램을 따르는 것이다. 이를 계약처우제(contract treatment)라 부른다. 알콜남용자 · 약물남용자는 범죄자의 특성을 갖고 있다 해도 일종의 피해자 없는 범죄자에 해당하며, 달리 보면 알콜이나 약물남용으로 인한 중독성질환을 앓고 있다고 생각할 수 있다. 당사자가 치료프로그램을 받기로 진지하게 약속한다면 형벌 대신 치료를 받게 한다는 것이다. 물론 그가 계약상의 지시를 따르지 않으면, 유예된 자유형을 복역해야 할 것이다.

1990년부터 청소년(18-25세)에 대한 사회봉사명령(community service)이 도입되었다. 이것은 10월 이하의 자유형에 대한 대안으로서 시행되고 있으며, 자원봉사기관에서 40시간 내지 200시간 동안 무보수로 공익작업을 과하는 것이다.[6)]

스웨덴에서 자유형에 대한 일차적 대안은 보호관찰부 형의 유예(probation) 및 보호관찰부 가석방(parole)이다. 이는 스웨덴 교정보호국(Swedish Prison & Probation Service)에 의해 교정과 함께 통일적으로 관장된다. 보호관찰관은 피

---

6) T.Ekbom(1995), "Crime and Correctional System Situation in Sweden," A lecture in Tokyo.

고인에 대해 판결전조사보고서(presentence report)를 만들 책임을 진다. 이 보고서는 법원에 중요한 정보를 제공하며, 또한 시설내 처우가 아닌 사회내 제재(community sanction)의 활용가능성 여부를 평가하고 있다. 장기간 수감된 자의 대부분은 가석방 후 1년 동안 보호관찰 서비스(probation service)를 받게 된다.

보호관찰의 주요한 목표는 사회내 처우를 받도록 하기 위한 사회적 자원의 활용에 있다. 때문에 보호관찰 서비스는 전문가 공무원과 시민관찰관(lay supervisor)이 긴밀히 협조하는 체제를 갖추며, 보호관찰대상자는 이들 둘과 모두 관련을 갖는다. 보호관찰관은 고도로 훈련받고 일에 대한 수행의지를 갖도록 요청된다. 이들의 대부분은 사회복지 전공의 자격을 갖고 있으며, 심리학 · 상담학에 대한 지식을 갖도록 요청된다. 이들은 자신의 고객을 상담하고 문제를 같이 해결하며 격려한다. 보호관찰관의 주요한 일은 공판단계에서는 피고인에 대한 판결전조사보고서의 작성으로 재판을 돕는 일, 보호관찰 실무에서 고객의 접촉인사(contact person)로서 지도원호하는 일, 그리고 사회내 처우의 전반적 성공을 위해 필요한 일을 하는 것 등 3가지 종류가 있다. 전문적 도움을 제공하기 위하여 이전에는 직접 전문화된 서비스를 갖추기 위한 조직체계를 만들고자 했으나 지금은 지역사회 내에 이미 존재하고 있는 서비스자원들을 효과적으로 활용하고자 한다.

시민관찰관은 전문공무원과 함께 고객의 발전상황을 확인하고 평가한다. 시민참여를 최대한 유도하는 것은 보호관찰서비스의 주요 목표 중의 하나이다. 한 고객의 접촉인사로 지명된 시민관찰관은 최소한의 수수료를 받고, 보호관찰서비스의 눈과 귀가 되면서 고객의 모든 면에 걸쳐 상담, 지원활동을 통해 고객들을 선도하고자 한다. 이와 같이 전문가와 보통시민들이 합쳐서 범죄예방 및 범죄자처우를 위한 시민협력, 시민참여의 모델을 만들어 낸 것이 스웨덴 제도의 장점이라 주장할 때 그것은 단순히 미사여구로만 들리지는 않았다.[7)]

---

7) Prison and Probation Service in Sweden, "Probation work in Sweden," June 1996. 위의 Ekbom의 자료를 보면 1992년 현재 5,000명의 시민관찰관들이 월 26불 만큼의 대가를 받으며 활동하고 있음을 알 수 있다.

자유형에 대한 다른 대안으로 주목받는 것은 사회봉사명령(community service) 및 계약처우제(contract treatment)이다. 사회봉사명령은 일정시간 지역사회 내에서 무불노동을 제공하는 것이며, 주로 18세 내지 25세 사이의 청소년을 대상으로 한다. 사회봉사명령이 아니었다면 단기자유형을 복역할 자에게 적용된다. 특별한 종류의 보호관찰인 셈이다.

한편 또 다른 특별한 보호관찰 형태로서 계약처우제가 1988년부터 도입되었는데, 이는 마약 및 알콜중독자로 범죄자가 된 자에 대하여 그의 동의를 전제로 자유형 대신 사회 내에서 치료 프로그램을 받도록 하는 것이다. 법원은 이 제재의 확정에 앞서 충분히 그 내용을 설명하고 이를 숙지한 상태에서 동의할 것을 요구한다. 동의를 준수하는지는 엄격하게 감독한다. 이 제재는 2년 이내의 자유형에 대한 대안으로 구상된 것이다.[8)]

2) 전자감시제도의 실험과 제도화

최근 스웨덴에서 가장 관심을 많이 모으고 있는 제재는 전자감시를 통한 집중감독제도(intensive supervision with electronic monitoring)의 실험이다. 이 제도는 1980년대 초반부터 미국에서,[9)] 1989년경부터 영국에서 시행되고 있으며, 독일에서도 현재 시행되고 있다. 우리나라에서도 그 타당성 검토를 위한 이론적 연구를 수행중이다.[10)] 따라서 다른 나라의 경험을 보다 진지하게 살펴볼 필요가 있을 것이다.

스웨덴에서는 1994년 실험적으로 일부에서 도입되었고, 계속 확대실시되어가고 있는 중이다. 스웨덴의 제도는 3월 이하의 단기자유형에 대한 선택적 대안으로 도입되었던 점이 이들 나라와 다른 특색을 보여준다. 저자가 대담한 학자와 실무가들의 대부분이 이 제도를 언급하고 있을 만큼, 이 제도의 성

8) 한인섭(1994 a), p. 30. 1993년의 경우 계약처우제는 658명이 선고받았으며, 그 중 11%가 여성이었다.

9) 미국의 전자감시에 대한 한국 문헌으로는 정갑섭(1993), 미국의 전자감시 시스템과 가택구금의 연구, 한국교정학회, 교정연구 제3호, p. 85-112; 김용준(1993), 미국의 출소자 전자감시제도에 관한 연구, 한국공안행정학회보 제2호, p. 275-292 참조.

10) 법무부 보호국 EMP연구반(1999), 사회내 처우로서 전자감시 보호관찰에 관한 연구, 보호, 법무부 1999/6, p. 101-164 참조.

과와 성패에 대한 관심이 지대하였다. 때문에 저자는 전자감시제도에 대한 일반적인 논의와 제도화 과정, 그리고 구체적으로 어떻게 전자감시제도가 실시되는가를 살펴보고자 했다.

먼저 스웨덴 범죄방지연구원(National Council for Crime Prevention)을 방문하여 그 개요를 파악할 수 있었다.[11]

스웨덴에서 전자감시제도는 3개월 이하의 자유형을 살기로 선고받은 자 중에서 자유형 대신 전자감시를 받기로 동의한 자 중에서 선정된다. 그는 주간에는 그의 생업을 위해 직장에서 근무하고 직장 일을 마치고 시장을 보는 등의 시간을 제외하고는 지정귀가시간부터 지정출근시간까지는 자신의 집을 떠나서는 안된다. 다시 말해 야간에는 스스로를 가택연금시키는 셈이다. 가정에 머무를 때도 교도소와 같은 조건 하에서 머물게 되므로 알콜 및 마약 등은 금지된다.

전자감시제도는 3개월 이하의 자유형을 선고받은 자의 경우 누구나 신청할 수 있다. 그는 집중감독 및 감독내용에 대한 서면동의서를 제출해야 한다. 범죄자와 한 가정에서 동거하는 자의 동의도 필수적이다. 신청이 있을 경우 실시여부는 지역의 보호관찰사무소에서 결정한다.[12] 소요비용은 사전에 지불해야 하고 영수증을 보호관찰사무소에 제출해야 한다.

전자감시를 위한 조건은 다음과 같다. 기본적 전제로서 전기 및 전화가 가동되는 적당한 주거공간이 필요하다. 범죄자는 주야간 모두 가택연금되는 것은 아니므로 주간에 노동, 공부 기타 전념할 작업이 있어야 한다. 노동 이외의 직종에 있더라도 적어도 반일제 근무 이상의 작업에 종사해야 한다. 범죄자는 보호관찰서비스에서 결정된 대로의 프로그램에 참여하기로 동의해야 한다. 알콜, 약물 기타 모든 마약 종류는 금지된다. 범죄자는 집중감시기간 동안 하루 50크라운(6천원 정도)을 지불해야 한다.

소요장비는 다음과 같다. 첫째, 한쪽 발목에 채우는 전자족쇄이며 이를

---

11) 1997. 1. 23. 저자는 이 연구원을 방문하여 주로 얀 앤더슨 연구원(Jan Anderson)과 만나서 토의하였다.

12) L.Somander(1995), A Year of Intensive Supervision with Electronic Monitoring, results for the period August 1994-July 1995, The National Prison and Probation Administration, p. 4.

transmitter라 부른다. 이는 언제 어느 경우든 발에서 뗄 수 없다. 제품은 이스라엘제로 성능은 여러 차례 실험에서 충분히 만족할 만함이 입증되었다고 했다. 저자의 느낌으로 족쇄의 크기는 어느 정도 감추어질 만하나, 조금 기술이 향상되면 훨씬 소형으로 제작될 수 있지 않을까 생각되었다. 둘째, 전화기 및 전기선에 연결된 감응기로 이를 receiver라 부른다. 족쇄로부터 감응기로 분당 몇 차례의 신호가 보내진다. 그 신호는 기록되어 주 컴퓨터로 전달된다. 감응기와 족쇄가 근거리에 있을 때는 아무 소리가 들리지 않으며 15미터 이상 떨어지면 신호음이 난다. 그 소리는 즉각 감응기와 연결된 컴퓨터에 신호를 보낸다. 그 컴퓨터는 Norkoepping 시에 있는 중앙 통제실에서 관리되며, 다시 컴퓨터 단말기로 거주지역의 담당 보호관찰관에게 전달되며, 담당 관찰관은 대상자에게 확인전화를 하게 된다. 그가 그러한 제한조건을 위반하면 수감되어 원래의 형기를 복역하게 된다. 이 전체 시스템을 설치하는 데 비용은 상당하지만, 일상비용은 매우 저렴한 편이다. 재소자의 경우 1인당 하루 1,000크로나 정도 드나, 전자감시제도를 이용할 경우 450크로나 정도 소요된다. 하지만 그 비용의 대부분은 대상자 자신이 부담하므로 형집행에 대한 국가부담은 크게 절감되는 셈이다.

집중감시제도는 범죄자의 상황에 따라 상이하다. 통상적인 경우 적어도 주 2회 가정방문이 이루어지며, 그들 중 일부는 야간 및 주말에 이루어진다. 전화를 통한 접촉을 유지할 수도 있다.[13] 마약, 알콜 여부를 체크하기 위해

13) 전자감시제도는 보호관찰의 한 특수한 형태로 집행되는 것이므로 처음부터 끝까지 보호관찰관의 지도와 원호, 감독을 받는다. 보호관찰관의 역할을 구체적으로 알기 위해 보호관찰관이 전자감시제도를 실행하는 현장에 동행할 수 있었다.

97. 1. 28. 오전에는 보호관찰 센터에 가서 세실리아 앤더슨(Cecilia Anderson)으로부터 전자감시에 대한 실무 강의를 들었다. 실제로 어떻게 하는지 대상자(client)가 있으니 한번 보자고 해서 동행했다. 그녀의 오늘의 대상자는 보호관찰관 사무실로 방문한 키크고 잘생긴 청년이었다. 그는 약간 어리둥절하고 불안스런 얼굴을 하고 있었다. 그는 보호관찰관이 내주는 서류에 싸인을 하고, 은행에 돈낸 영수증을 제시하였다. 그 돈은 전자감시에 소요되는 경비를 자비로 부담한 것이었다. 조건에 따라 해야 할 소변검사에 동의했으므로(이 소변검사는 마약 및 음주 여부를 확인하기 위함이다) 소변검사를 실시하였다. 앞으로 그는 주 1회 사무실에 와야 하고, 사무실에서 2-3시간 정도의 강의 및 면담을 해야 한다. 정해진 시간보다 늦게 귀가해서는 안되며, 불가피하게 늦었을 때는 그 사유를 입증해야 한다. 대상자의 가정을 방문할 때는 2인의 보호관찰관이 동행하며, 저녁에 예고 없이 몇 차례 방문하기도 한다고 했다. 직장에는 그의 상사 중에서 시민감독관이 선정되며 그는 보호관찰관에게 소정의 사항을 보고해야 할 의무를 진다. 보고내용에

혈액 · 소변 · 호흡 샘플을 채취해 보내기도 한다.[14)]

그러면 실제 이용도는 어떤가. 1994년부터 기술적 여건상의 제약과 시행착오를 줄이기 위해 시범실시가 이루어지다 이제는 전국적으로 시행되고 있다.

> 1994. 8−1995. 7: (3개월 이하의) 단기자유형 대상자수 637명 중 432명(69%)이 신청, 이 중 396명에 대해 허가가 내려짐. 실시자 중 93%가 성공적으로 완수, 6%는 조건 위반으로 취소. 위반사유는 알콜 혹은 마약의 이용, 정해진 시간에 집 혹은 직장에 있지 않음.
> 1995. 8−1996. 2: 단기자유형 대상자수는 451명으로 음주운전이 과반수, 나머지는 폭력 및 절도 등. 이 중 341명(77%)이 신청, 이 중 309명(89%)에게 허가가 내려짐. 실시자 중 91%가 성공적으로 완수, 6%는 조건 위반으로 취소. 대체적인 수치는 시행 첫해와 유사한 것으로 밝혀짐.[15)]

이러한 수치로 볼 때 다수의 단기수형자들이 전자감시제도를 선호하고 있으며, 그 효과도 성공적으로 입증되었다고 자평할 수 있을 법하다. 전자감시제도의 옹호자들은 교정시설에서 과잉수용 현상을 경감시킬 수 있고, 범죄자의 사회내 처우를 실질적으로 개선시킬 수 있으며, 범죄자와 가족 · 사회와의 결합을 유지시킬 수 있는 이점을 지니고 있음을 주장한다. 반면 반대자들은 형사제재의 대상자를 확대시키는 부작용을 갖고 있으며, 보호관찰 중 지도 · 원호 기능보다 감시 · 감독기능에 더 치중하는 문제점을 지니고 있음을 지적한다. 거기다 빈곤자는 혜택을 보기 어렵고, 개인의 자유와 프라이버시를 침해한다고 비판한다.[16)]

그러나 스웨덴의 예는 보다 성공적이다. 적어도 직업활동을 유지하게 하

대해서는 사전교육이 실시된다. 그 시민감독관도 자신의 의무를 이행하겠다는 서명을 해야 한다. 보호관찰관은 사무실에서 전자족쇄를 채우고 감응기를 들고 그 청년의 집으로 갔다. 집에 가서 전화와 연결하는 데 상당한 시간이 소요되었다. 설치 후 집의 이곳저곳을 다니면서 신호음이 잘 연결되는지 확인했다. 대상자는 약간 긴장된 얼굴로 보호관찰관이 하는 일을 쳐다보면서 보호관찰관이 하는 지적을 주의깊게 듣고 있었다.

14) L.Somander(1995), p. 5.

15) L.Somander(1996), The Second Year of Intensive Supervision with Electronic Monitoring, results for the period 1 August 1995−29 Feburary 1996, Swedish Prison and Probation Administration 참조.

16) 森下忠(1992), 刑事政策の爭點, 成文堂, p. 115−117 참조.

고 수입상실을 피할 수 있다는 경제적 이점, 가족과의 유대의 유지 및 자녀와의 직접적 접촉을 계속 유지할 수 있다는 이점, 시설내 수용보다 인도적이라는 이점, 비용 면에서 예산절감의 효과가 크다는 점은 쉽사리 인정될 수 있다. 시행의 실제를 평가해보면 재범률을 시설내 수용의 경우보다 감소시켰다는 점도 인정된다. 또 하나의 부수적 효과는 단기수형자 중 주로 알콜/마약습관이 있는 자의 비율이 적지 않기에 범죄행동뿐 아니라 마약/알콜 습관을 치유하기 위한 프로그램을 이 기간 동안 집중적으로 시행하여 성과를 보고 있는 점을 들 수 있다.[17)]

전자감시제도는 범죄자에게 얼마나 고통스러울까, 자유형에 비하면 너무 경미한 고통만 초래하지 않을까. 앞의 앤더슨 연구원에 따르면, 이 제도에 대한 수형자의 태도조사의 결과 매우 고통스럽게 느낀다는 조사결과가 나왔다고 한다. 교도소에 있는 것보다는 낫지만, 매우 힘들고 거칠고 고통스럽다(hard, tough, painful)는 것이다. 자유사회에 살면서 부자유를 실감해야 한다는 사실이 더 고통스러울 수 있다는 역설이 성립한다. 그러나 자유로운 가운데 자기억제의 훈련을 쌓고 범죄의 대가를 충분히 실감하고, 또 그에 대한 경제적 부담까지 치르도록 하는 것은 상당한 이점이 아닐 수 없다.

다른 한 가지 문제는 이러한 제도의 도입으로 전체 수형자의 수가 늘어나지 않을까 하는 우려이다. 종래 보호관찰, 사회봉사명령 등의 새로운 사회내 처우들이 자유형과 같은 시설내 처우를 대체하는 것이 아니라 보완하는 효과를 냄으로써, 전체적으로는 국가의 형사사법체계의 영향력을 더 넓히고 형사적 통제의 대상자들을 더 확대하는 효과를 자아냈다는 비판이 있었다. 이를 형사적 그물망의 확대효과(net-widening effect)라 한다. 미국은 1980년대 초반에, 영국은 1989년 정도에 전자감시제도를 도입했는데, 이들 나라에서는 보호관찰의 한 유형으로 채택했기에 그물망 확대효과를 피할 수 없었다는 비판을 받아왔다. 스웨덴의 경우 이 비판을 감안하여, 전자감시제도는 자유형이 확정된 자들 가운데, 그 집행방법의 하나로 이 제도를 채택했다고 한다. 따라서 이 제도를 도입했다고 해서 그물망 확대효과는 생기지 않는다는 설명

17) L.Somander(1996), p. 19-20.

이었다. 그렇다면 스웨덴의 경우 비판을 감안한 대안을 세운 것은 인정할 수 있으나, 간접적인 그물망 확대효과마저 부인하기는 어렵지 않을까 하는 생각이다. 교도소에 들어올만한 범죄자군은 어느 사회나 넘쳐나기 마련이며 때문에 어느 나라든 교도소의 과밀화 가능성이 현실적 문제로 대두될 수 있다. 그런데 전자감시제도는 교도소의 일부기능을 대행하게 되므로, 그렇게 빠져나가는 수만큼의 신규인원을 입소시킬 여력이 생겨나기 때문이다.

관련되는 또 하나의 비판은 개인에게 전자족쇄를 채우는 체제가 도입되기 시작하면『1984년』의 감시사회가 현실화되지 않는가 하는 우려이다. 문제의 인간이 어디에 있는지 즉각 확인하고 관리하는 방식의 기술적 가능성은 이제 활짝 열려 있다. 이러한 개개인에 대한 전자관리 · 감시 시스템을 손쉽게 용인하면 나중에는 모든 개개인에게 바코드를 붙이고, 일거수 일투족을 손쉽게 관리할 수 있게 되지 않겠는가 하는 우려이다. 단지 전자감시제도 자체는 자유형의 대안이므로 별 문제되지 않는다고 할 수 있으나, 그것이 확고히 제도화하게 되면 더 나아간 사회통제에의 문호를 열지 않을까 하는 우려가 근본적으로 제기될 수 있을 것이다.[18)]

다만 이 제도를 우리나라에 도입할 경우에도 양보할 수 없는 원칙은, 보호관찰 대상자 중에서 이 제도를 선정할 것이 아니라, 단기자유형(가령 6월 이하의)이 확정된 자 가운데, 이 제도의 실행 여부를 도입해야 한다는 교훈이다. 그리고 이 제도의 적용에 대해 누구나 신청할 수 있도록 하여 형집행에 대한 차별적 대우(혹은 재량권 남용)의 비판을 피해야 한다는 것이다. 전자감시에 소요되는 비용은 자비로 부담하되, 그 비용을 부담할 능력이 없는 자들에

18) 1997. 2. 4. 핀란드 헬싱키에서 대담한 국립법정책연구소(National Research Institute of Legal Policy) 소장 Seppäläe는 그 같은 관점에서 전자감시제도를 반대한다는 입장을 밝혔다. 그는 북구에서는 스웨덴만 이 제도를 도입했고 다른 나라는 도입을 반대하고 있음을 알려주었다. 이 같은 전자감시제도는 대단히 큰 정서적 역반응을 불러일으킬 수 있고, 사회전체에 감시와 통제망이 널리 퍼져감을 의미한다고 했다. 물론 가장 중요한 조건으로 감옥에 대한 대안이라는 점을 들어 반박한다면 지지할 수 있을 수도 있겠지만, 그 대안이 언제까지 대안으로만 남아 있겠는가 하는 의구심을 표명했다. 감옥에 대한 대체안으로 나왔던 것이 시간이 지나면 그물망 확대효과를 일으킨 경험, 처음에 대체책으로 나왔던 안들이 보완책으로 변질되었고, 비교적 경미한 제재에 대한 효과적 대안으로 자리잡게 되어온 경험도 반추해 보아야 한다는 것이다. 그리고 이러한 대안은 국가가 전자정보를 악용하지 않을 것이라는 높은 신뢰를 기반으로 할 때 지지받을 수 있다고 할 것인데, 과연 어느 국가가 그만한 도덕적 신뢰를 확보하고 있는가가 문제라는 취지였다.

대해서는 어떻게 처리할지도 고민해야 할 대목이다. 자칫하면 재산수준에 따른 형벌의 차별이 생겨나서는 안되기 때문이다.

(3) 행형에 대한 감시의 문제—옴부즈맨 제도, 유럽위원회의 관여

행형영역을 특별권력관계로 취급하거나 사법적·시민적 통제가 불가능한 특수영역으로 취급하던 것은 낡은 권위주의와 독재주의의 산물이다. 오늘날은 행형영역에도 어떻게 사법통제 및 시민감시를 제도화할 것인가에 각국의 관심이 쏠려 있음은 두말할 나위가 없다.

스웨덴에서 행형에 대한 외부적 감시기관의 하나로 스웨덴의 옴부즈맨 제도(The Parliamentary Ombudsman)가 있다.[19] 옴부즈맨은 의회에 의해 임명되고 의회에 대해 책임을 진다. 현재 4인의 옴부즈맨이 있으며, 법관의 경력을 갖고 있는 경우가 대부분이다. 그들은 스웨덴 의회로부터 만장일치로 선출되므로 정치적 중립성의 시비는 생길 수 없다.

옴부즈맨은 일반시민으로부터 진정(complaint)을 받거나 스스로 문제점을 인지할 경우 일반행정에 대한 사항을 조사하고 권고를 할 수 있다. 그의 권고는 법적 구속력이 있는 것은 아니지만, 여론과 당국에서 존중되고 실질적인 효과를 갖는 것으로 평가되고 있다. 옴부즈맨이 창립된 1809년부터 약 1세기간은 옴부즈맨은 스스로 사안을 인지하고 수형자의 리스트를 조사하고 또 필요한 조사를 하였다. 즉 처음에는 일종의 특별검사로서의 역할을 수행했다. 공무원의 비위사실을 인지하면 옴부즈맨이 중대한 경우에는 직접 공소를 제기하고 경미한 경우에는 징계조치를 요구했다. 19세기에는 수많은 기소가 옴부즈맨에 의해 행해졌지만, 점차 직접 기소하는 역할은 감퇴하고 대신 경고(admonition)를 주는 것을 주로 하게 되었다. 물론 그러한 경고도 언론에 공표되고 연례보고서에 인쇄되어 의회에 보고되므로 강력한 효과를 가진다. 하지만 어떤 강제권이 없음으로 인해 '이빨없는 호랑이'라는 비판도 없는 것은 아

19) 1997. 1. 22. 저자는 의회 옴부즈맨 사무실을 방문하였다. 아래 옴부즈맨 제도에 대한 논의는 옴부즈맨 1인, 사무국장 등과 대담한 것을 토대로 정리한 것이다.

니다.

최근으로 올수록 옴부즈맨의 활동은 직접 인지조사보다는 오히려 민원인 진정에 의한 경우가 훨씬 높아졌다. 담당사건이 늘어남에 따라 옴부즈맨의 수도 1명에서 4명까지 늘어났다. 지금 옴부즈맨의 가장 중요한 역할이 진정의 처리임은 이의의 여지가 없다. 민주사회에는 모든 시민들은 당국의 조치에 대해 법적 관점에서 평가하고 시정을 요구할 권리를 갖는다는 관념이 옴부즈맨의 정당화 근거가 되는 셈이다. 또한 모든 공무원들은 그의 공무수행이 옴부즈맨에 의해 감사받을 수 있으며, 그가 적절한 공무수행을 하지 않을시에는 시민과 옴부즈맨에 의해 불리한 조치가 취해질 수 있음을 깨닫고 있다.[20)]

스웨덴인이든 아니든 누구나 옴부즈맨에 진정할 수 있으며, 개인적인 사건연관성도 요구되지 않는다. 진정은 서면으로 이루어져야 하며, 수수료는 없다. 다만 익명의 진정은 접수하지 않는다. 진정 중 대부분을 차지하는 것은 사법부, 경찰, 교도소 및 구치소, 보호관찰 및 사회봉사명령에 대한 것으로 이러한 형사사법관련 사항이 전체 진정의 절반 가량 된다.[21)] 다만 교정비리라 해도 그 내용이 경미하고 진정인의 주장을 크게 신뢰할 수 없거나 오해에 기인한 경우가 대부분이어서 '조사없이 기각', '조사 후 비판의견 없음'으로 처리되는 경우가 다수이며, '경고', 기타 '비판'이 다음을 차지한다.[22)] 경우에 따라 형사기소를 하거나 징계조치를 요구할 권한을 옴부즈맨은 갖고 있으나, 최근 그러한 예는 거의 없다.

재소자들은 서신 발송권이 제한되지만, 이러한 제한은 옴부즈맨에 보내는 서신에는 적용되지 않는다. 진정인이 요청할 경우 옴부즈맨 비서실에서는 진정이 접수되었음을 확인하는 영수증을 발송해야 한다.

---

20) B. Wieslander(1994), The Parliamentary Ombudsman in Sweden, Sweden: The Bank of Sweden Tercentenary Foundation, p. 50.

21) Ibid., p. 53.

22) 교정분야에서 최근에 가장 많이 제기되는 진정은 신체검사의 비인도성에 대한 것이라고 옴부즈맨과의 대화에서 확인할 수 있었다. 최근 마약의 교도소반입과 관련하여 엄격한 심사를 하지 않을 수 없고, 그에 대해 인권침해라 반발하는 기류가 있는 것이다.

3. 스웨덴 교도소의 실태조사

스웨덴의 형벌 및 행형에 대한 대체적 지식을 얻고 난 뒤, 교도소에 대한 현지참관조사를 진행하게 되었다. 지식적 측면에서의 정리는 예비적으로 진행한 바 있으므로 여기서는 일반적 소개보다는 현지방문조사의 특성에 맞추어 객관적 묘사와 주관적 느낌을 충실히 전달하고자 했다. 전체의 개요보다는 방문한 기관에 대한 섬세한 묘사에 주안점을 둔 보고라 할 수 있을 것이다.[23] 다만 스웨덴의 교정시설을 각 단계별로 살펴본 것이므로, 저자가 방문한 개별 기관들에 대한 소개를 종합하면 스웨덴 교정의 실제에 대한 전반적인 그림[24]을 그려낼 수 있을 것으로 보았다.

(1) 공장형의 틸베르야 개방교도소

스톡홀름에서 기차를 타고 펼쳐지는 전나무숲과 호수의 풍광에 넋을 놓다보면 베스트로스시에 도착한다. 다시 20여분을 택시로 가니 유명한 틸베르야 개방교도소(Tillberga open prison)가 나타난다.[25]

여기 소장(B.Ludvigsson)은 뜻밖에도 여성이다. 소장은 1961년부터 교도소에서 근무했고, 1973년 틸베르야 교도소가 신축될 때부터 여기서 일해왔다고 한다. 약간 실례되는 표현이지만 가냘픈 인상에다 다리도 불편한 여성이었는데, 그것을 보니 스웨덴답다는 느낌, 우리라면 신체적 · 성적 조건을 따져 소

23) 실태조사의 개요는 한인섭(1997), 선진 교정 현장 스웨덴 방문기, '그런데 교도소는 어디 있습니까', 신동아 1997년 4월호, p. 434-451에 일부 상재되었다. 거기에는 정확한 각주와 상세한 내용이 빠져 있으므로 아울러 보완한다. 교도소에 대한 실태조사의 성격상 논리적 내용과 함께 저자의 느낌이 여기저기 녹아 있다.

24) 스웨덴의 교정 실태에 대한 객관적 정리 및 개선권고안에 대해서는 가령 *Report to the Swedish Government on the Visit to Sweden, carried out by the European Committee for the Prevention of Torture and Inhuman or Degrading Treatment or Punishment, from 5 to 14 May* 1991, Council of Europe 및 *Response of the Swedish Government to the Report of the European Committee for the Prevention of Torture and Inhuman or Degrading Treatment or Punishment on its Visit to Sweden,* 1992/10, Council of Europe 참조.

25) 1997. 1. 30 방문.

장은 커녕 교도관 임용도 되기 어렵지 않았을까.

때문에 첫 대화는 이 교도소에 있는 여성직원의 수와 역할에 대한 것이었다. 여성직원은 대략 1/3 가량 되며, 남자들로만 구성된 곳은 재소자 수송부서뿐이다. 소장 자신이 처음 근무할 때는 남자 상사와 동료로부터 불편과 불신의 눈초리가 없지 않았으나, 시간이 갈수록 여성의 비율이 늘었고, 여성의 역할도 증대했다고 한다. 더욱이 재소자의 대부분은 남성이고 교도소가 남성문화적 요소를 갖는데서 생기는 문제점을 여성직원이 중화하는 데 도움이 된다는 조사결과가 쌓이면서 여성직원이 교도소의 자연스런 일부로 수용되었다는 것이다. 위해를 느낀 적은 없느냐는 질문에 대해서는 자기를 포함한 어느 여성도 그렇지 않을 것이라고 답하였다. 나중에 소내 식당에서 근무하는 여성조리사에게도 위험을 느낀 적이 없느냐고 거듭 물었더니 재소자들이 예의도 바를 뿐 아니라, 중범죄자를 수용하는 폐쇄교도소에서도 전혀 위험을 의식한 적이 없다고 했다. 다른 장점 말고도, 여성을 자연스럽게 접한다는 것이 교도소 분위기를 순화하는 데 도움이 된다는 사실은 음미할 만하다.

틸베르야 개방교도소는 세 가지 점으로 유명하다. 첫째는 소내 공장을 통해 시장지향적 생산작업을 하고, 그 대가로 높은 임금을 지급한다는 점이다. 둘째는 담당교도관이 재소자와 협의하여 재소자 재정계획을 돕고 실천한다는 점이다. 셋째는 정기휴가제를 제일 먼저 실시했고, 가장 많은 휴가를 부여한다는 점이다. 지금은 매 2주마다 72시간의 휴가를 부여한다.

틸베르야 교도소의 작업은 현대식 기계를 통해 조립식 주택을 만드는 것을 주로 하고, 그 외에 선반 가공작업을 한다. 교도소에서 만든 제품은 중간회사를 통해 간접적으로 시장에 판매한다고 한다. 조립식 주택은 주로 별장용으로 사용되기 때문에 경기변동에 민감한 것이 단점이고, 때문에 불황기에는 교육과 직업훈련에 보다 치중하는 식으로 대처한다고 한다.

임금에 대해서는 애초에 노동시장 수준의 임금지급을 원칙으로 했으나, 사회적 임금이 너무 빨리 오르고 또 불황의 여파가 교도소에도 미쳐 지금은 그 정도의 수준을 따라잡기 어려움을 토로하였다. 하지만 다른 교도소의 임금이 시간당 약 8크로나(1크로나당 125원 정도)인데 반해, 여기서는 23크로나로 3배 정도 높은 수준이다. 숙련자의 임금은 25크로나까지 올라가고, 직업훈련을 받는 경우에도 시간당 16크로나 정도를 지급한다. 재소자는 일부를 적립하고, 나머지를 피해자에 대한 변상, 가족에게 송금, 그룹활동비, 물건구매비 등으로 쓴다.

귀휴(歸休)제도에 대해서는 정기휴가는 물론 특별휴가까지 부여하는 교도소의 선구라는 자부심을 갖고 있다. 정기적 귀휴제도는 재소자의 석방 후 사회적응을 위해서는 외부와의 접촉이 필수적이며, 자신의 자유를 스스로 통제할 수 있는 능력을 키우는 것도 필요하다는 견지에서 도출된 것이다. 이 곳 재소자들은 2주에 한번 72시간의 휴가를 갖는다. 목요일 오후에 출발하여 일요일 오후에 복귀하게 되는 것이다. 이 기간 동안 자유로운 활동이 가능하나 단 음주와 마약은 허용되지 않는다. 복귀 후에는 음주와 마약 테스트를 무작위로 실시한다. 교도소 입구에 차량이 여럿 세워져 있어 약간 의아했는데, 재소자들이 귀휴를 나갈 때 타고갈 차량이란다.

어느 나라나 귀휴를 실시하고자 할 때 가장 우려되는 점은 도주가능성일 것이다. 틸베르야의 경우 연간 2,000회의 귀휴 중 미복귀율은 1% 정도에 불과하고, 귀소시간을 어겼거나 음주 마약관련으로 적발된 비율이 1% 이내라 한다.[26)]

궁금한 것은 대다수가 왜 도주하지 않고 복귀하는가 하는 점인데 여러 이야기를 듣고 나름대로 그 이유를 다음과 같이 추론해 보았다. 형기가 비교적 단기이고, 정기적인 귀휴가 보장되어 있고 소 내에서도 자유로운 면회가 가능하니 구태여 도주할 이유가 없다. 개방교도소라 도주하려고 마음먹는다면 소 내에서도 도주할 수 있기 때문에 귀휴가 도주율을 유독 높일 이유도 되지 못할 것이다. 자신이 적립한 상당한 저금을 교도소가 관리하고 있는 점도 부수적인 고려사항은 될 것이다. 귀소하지 않게 되면 그 때부터 불안하게 쫓기는 몸이 될 것이며, 잡히게 되면 더 이상 귀휴도 허락되지 않을 것이고 자유가 훨씬 제한되는 폐쇄교도소로 이송될 처지에 놓이는 등의 불이익도 심리적 압력이 될 것이다. 그러나 무엇보다 중요한 요인은 개방교도소의 분위기

26) 스웨덴 전체적으로도 미복귀 비율은 1% 내외인 것으로 알려져 있다. Ekbom(1995) 참조.

가 인간적이며, 교도관들이 군림하는 존재가 아니라 자신을 도와주는 존재라는 점을 잘 알기 때문일 것이다.

교도소간의 선의의 경쟁도 눈여겨 볼만하다. 전국의 교도소가 일률적인 원칙에 따라 움직이는 것이 아니라 교도소 나름대로 특징을 갖고 특수 프로그램을 개발하여 전국의 재소자가 볼 수 있도록 전산망에 띄운다. 그러면 재소자들은 자신이 원하는 교도소를 신청할 수 있다. 틸베르야 교도소는 높은 임금을 받고 휴가가 잘 보장되는 곳이기 때문에 선호도가 비교적 높은 편이다. 신청한다고 무조건 받는 것이 아니라 개방교도소로 올 조건이 갖추어진 재소자 중에서, 이 곳에서 여석이 있을 때 받는다고 한다. 모든 재소자가 이곳을 선호하는 것은 아니다. 다른 곳보다 열심히 일해야 하는 공장형 교도소이므로 일을 싫어하거나 치료를 우선적으로 요하는 자는 자신에 적합한 다른 교도소를 택할 것이다.

누구나 이 곳에 잘 적응할 수 있는 것은 아니다. 무엇보다 폐쇄교도소에 장기간 구금되어 있다가 이 곳에 오면 오히려 쇼크를 받고 적응상의 장애가 생길 수 있다고 한다. 그래서 모든 신입재소자들을 위해서 2주간의 입소자훈련 프로그램이 실시된다. 교육내용에는 지켜야 할 규율, 생활경제, 직업훈련의 기초, 보건 및 식생활교육, 심리상담 등이 포함되어 있으며 합리적인 재정계획을 수립 · 실행하는 것도 배운다. 이러한 교육을 거쳐 재소자들은 자기의 시간과 금전, 건강을 자기 책임 하에 관리해야 함을 배운다고 한다. 책임감과 자존심을 길러주는 것과 함께 건전한 사회인으로서의 기초를 닦게 하는 것은 개방교도소의 중요한 교육지표를 이룬다. 이러한 입소교육을 거쳐 다음 4주는 본격적인 작업실습을 하게 된다.

행정동 옆에 어린이 놀이터가 있는 것도 특이한 모습이다. 가족들이 면회올 때 어린이들이 뛰어놀 수 있게 배려한 것이다. 가족면회는 토·일요일에 허용되며, 가족들은 소 내 어디서든 자유롭게 돌아다닐 수 있다. 가족이 아닌 친구의 경우에는 행정동의 면회실에서 면회한다. 물론 어느 경우든 면회에 대한 감시는 인정되지 않는다.

식당에 가보니 매우 쾌적하고 청결한 분위기이다. 재소자 식당도 바로 옆에 붙어 있어 가보니 조별로 자리가 할당되어 있다. 음식은 교도소에서 매우 중시된다. 건강유지를 위한 조리법 강의도 자주 실시된다. 매주 식단이 게시된다. 음식을 만들 때 재소자는 원할 경우 보조적 역할을 하기도 한다.

식사 후 공장을 방문해보니, 우선 작업장이 대단히 컸다. 한 쪽에는 목재로 조립식 주택을 만들고 있었고, 다른 귀퉁이에는 선반 등 기계작업을 하고 있었다. 작업장에 출입할 때는 작업카드에 시간을 찍고, 일할 때는 작업카드를 꽂아둔다. 열심히 일하는 재소자도 있었고 그렇지 않는 자도 있는 듯 했으나 전체 작업진도는 별 영향이 없고, 작업강요의 분위기도 없는 듯 했다. 상당히 현대식 기계를 사용하긴 하지만 왜 다른 작업은 않느냐고 물어보니, 재소자의 성분이 다양한지라 단순하면서도 일손이 많이 가는 작업을 할 수밖에 없지 않느냐고 답변하였다. 아마 목재를 다듬는 일이 주는 심리적 효과도 있을 법한데 이 점은 좀더 생각해볼 일이다. 작업하는 장면을 사진으로 담으려 했더니 재소자 한 명이 다가와 자기 얼굴을 넣지 말라고 제지한다. 역시 재소자의 초상권과 프라이버시는 상당부분 존중되어야 한다는 것이다.

공장을 나와 재소자들의 거실을 보기 위해 담당 교도관의 사무실로 갔다. 각 사동(舍棟)에 교도관의 사무실이 같이 있는데, 거기서 몇몇 재소자에 대한 신상카드와 금전내역서를 뽑아볼 수 있었다. 사동 내에서 전화는 자유롭게 이용할 수 있고, 보행의 자유도 인정된다. 다만 하루 4차례 있는 점호시에는 자기 방에 있어야 한다. 특별거실이 몇 개 있었는데, 거기 재소자들은 주간에는 외부통근작업을 하고 일과 후 귀소한다고 한다.

다른 사동을 방문하니 거기에는 컴퓨터 교실, 샤워실, 체련실 등을 볼 수 있었다. 체련실에는 몇 명이 땀흘리며 운동하고 있기에 물어보니 이 곳 청소를 맡은 재소자들이라고 한다. 당구대, 탁구대, 구기를 할 수 있는 실내운동장이 있어 거의 환상적인 느낌마저 든다.

우리의 경우 교도관은 반징역살이의 고달픔에다 외부의 시선도 곱지 않아 맞선을 볼 때 자기 직업을 소개하기를 꺼려하는 경향이 있다는 이야기를 들은 적이 있어 이 곳 교도관[27]에게 직업만족도를 물어보았다. 자기들의 경

27) 일선 교도관들과 재소자들이 지속적으로 가까운 관계를 만들어가기 위해 서로 접근하는 것이 스

우는 정반대라는 것이다. 직업 자체가 재소자의 어려움을 공감하고 사회적응을 돕는 것이라 보람 있는 일이다. 형기를 마치고 나간 자들로부터 자주 상담 편지를 받기도 한다고 한다. 또 상대방에게 자기 직업을 말하면 누구나 호기심을 일으키기 때문에 화제거리가 많아 대화를 끌어가기도 쉽다고 했다. 이렇게 떳떳하게 직업적 자부심을 드러내는 것을 보면서 백범 김구선생의 말씀을 떠올렸다. 백범 선생은 1910년대 서대문감옥의 죄수노릇을 하면서, "내 민족끼리의 나라에서 감옥을 다스린다 하면…감옥의 간수로부터 대학교수의 자격이 있는 자를 쓰고 죄인을 죄인으로 보는 것보다는 국민의 불행한 일원으로 보아서 선으로 지도하기에만 힘쓸 것이요, 일반사회에서도 입감자를 멸시하는 감정을 버리고 대학생의 자격으로 대우한다면 반드시 좋은 효과가 있으리라고 믿는다"[28]고 토로했다. 간수와 죄수의 사이가 아니라, 대학교수와 대학생의 관계처럼 '선으로 지도하는 데 힘쓸' 때 좋은 효과를 기대할 수 있다는 것은 스웨덴의 예에서 절실히 느껴지는 대목이다.

(2) 전원풍의 아스프투나 개방교도소

아스프투나(Asptuna)는 틸베르야와 마찬가지로 4등급에 속하는 개방교도소의 하나이다. 담벽이 아니라 울타리가 처진 모습을 보면서 정문을 들어서니 눈앞에 군대막사와 비슷한 느낌을 주는 단층 건물 몇채와 약간 멀리 반원형의 호수가 눈길을 끈다.[29]

웨덴 교정의 중요한 목표가 되고 있다. 간수(prison guard)라는 보안을 연상시키는 명칭이 이제는 접촉인사(contact person)라는 명칭으로 바뀐 데서도 제도의 목표와 관심을 읽어낼 수 있다. 교도관들은 주/야 조로 나뉘어, 주간 담당자는 접촉인사가, 야간 담당자는 보안에 중점을 둔 간수형 교도관이 배치된다고 한다. 접촉인사는 재소자에게 상담과 조언, 심리적 · 사회적 지원, 범죄와 약물 없이 생활할 수 있도록 동기를 부여하는 일, 재소자의 재정계획을 세우는 일을 돕는다. 재소자들의 변화의 잠재력을 신뢰하고 구체적인 변화를 위한 노력을 해야 하는 것이 그의 주임무인 것이다. 이렇게 접촉인사로 변화된 행형 담당자들은 이전과 전혀 다른 특성 및 능력을 갖출 것이 요구된다. 즉 무섭고 권위적이고 명령에 충성하는 태도로부터 자기책임의식을 갖고 보다 대화지향적이며, 유연하고 독립적 인격을 지닐 것을 요구받고 있는 것이다. Ekbom(1995) 참조.

28) 김구, 『백범일지』, 백범김구선생기념사업회, 1947, p. 229.

29) 1997. 1. 29 방문.

아스프투나는 처음에 40명 정원의 규모로 계획되었으나 지금은 68명의 재소자를 수용한다. 스탭은 소장(Ulf Kjellsson), 부소장, 그리고 25명의 직원이 있고 6명이 상시근무하는 체제다. 직원당 10-15인을 관리하는 셈이다. 신입 재소자가 오면 그에게 지켜야 될 규칙을 제공하고, 생활플랜을 직원과 함께 짠다. 직원은 재소자에 대한 관리일지를 작성하고, 상담도 한다.

재소자들은 하루 8시간, 주 40시간 작업을 하며, 가끔 소외 작업도 한다. 작업의 종류는 목공, 영농, 조리, 교육, 그리고 외부통근작업이 있다. 컴퓨터실이 있어 몇 대의 컴퓨터가 설치되어 있었고, 거기서 재소자들의 컴퓨터교육도 있다. 임금은 시간당 7.6 크로나로 일반교도소와 같은 기준을 적용하고 틸베르야의 1/3 수준이다. 한주에 304크로나의 수입을 올리는 셈이다. 직업훈련 및 교육에 드는 시간에도 같은 임금이 지급되며, 질병으로 쉴 때에는 시간당 3.4크로나 정도가 지급된다. 정상작업은 물론 교육훈련, 심지어 질병시에도 일정한 보수가 주어지는 것이다.

재소자가 자신의 수입을 어떻게 관리하는가 하는 것은 교도소측의 중요한 관심사이다. 아스프투나는 그 점에서 별로 체계적인 교육을 실시하지 않고 있지만, 재소자의 수입과 지출은 교도소측에서 정확히 관리하여 수지내역을 재소자에게 제공한다. 구체적으로 어떻게 되는지 궁금해서 몇 명의 수지표의 샘플을 얻어보니, 거기에는 작업수익과 현금지출 외에도 정기휴가를 위해 매주 15크로나 정도를 적립한 것이 눈에 띈다.

담배와 신문은 개별적으로 구입한다. 편의품들은 주 1회 외부에서 와서 판매한다. 커피와 차를 자유롭게 끓여 마시는 것은 당연하다. 그러나 어느 교도소든 술과 마약은 엄격히 금지된다. 알콜에 대한 스웨덴의 제한주의는 역사적 산물이다. 한 세기 전만 하더라도 스웨덴인들은 보드카류의 독주를 즐겨 마셨다고 한다. 19세기 말부터 노동운동과 금주운동이 강력하게 전개되었고, 그것이 20세기 선진산업국으로 도약하는 정신적 기틀이 되었다. 1930년대부터 집권한 사회민주당은 배급제나 전매제와 같은 갖가지 방법으로 알콜을 규제했고, 그에 따라 술은 비싸고 구하기 어려운 물건이 되었다. 지금도 지도층일수록 금주하는 전통을 지킨다. 범죄자에게 알콜을 금지하는 또 하나의 이유는 사회의 알콜 소비량과 폭력범죄(살인 · 폭행 등)와의 긴밀한 함수관계에서 구해진다. 스톡홀름 대학의 헨릭 탐(H.Tham) 교수는 양자간의 관계를 도표화하여 알콜소비와 폭력범의 비율이 거의 일치함을 입증한 바 있다.

마약에 대해서는 비교적 허용적인 입장을 취하는 덴마크와 네덜란드와는 달리, 스웨덴은 마약에 엄격한 처벌을 한다. 판매는 물론 단순소비도 최근에는 처벌받게 되었다. 교도소에서 가장 신경을 곤두세우는 것은 마약의 밀반입과 마약거래이다. 알콜과 마약사용이 적발되었을 때 주어지는 징벌은 5일까지 형기를 연장하는 조치이다. 의심날 때마다 소변검사 등으로 음주측정을 하고, 마약의 경우 입소시 테스트를 한 뒤 수시로 검사를 실시한다. 재소자가 마약과 알콜측정을 거부할 때는 강제검사는 실시하지 않으나, 계속 거부할 경우에는 소 내 규율에 적응하지 못하는 자로 간주하여 다른 교도소로 이송조치를 할 수밖에 없다. 폐쇄교도소로의 이송, 정기휴가의 연기, 외부통근의 연기 등은 경미한 징벌보다 사실상 제재효과는 더 큰 것으로 판단된다.

개방교도소의 입소자는 두 부류로 나뉜다. 1년 미만의 단기자유형을 선고받은 자는 처음부터 여기에 입소할 수 있다. 다른 부류는 장기형을 살다 잔형이 6–8개월 정도일 때 사회적응을 위한 준비단계로 개방교도소로 이송되어오는 경우이다. 그러나 처우내용에 있어 두 집단간에 차이가 있는 것은 아니다.

이 곳에서도 물론 귀휴제도가 시행된다. 매 2개월마다 144시간의 귀휴가 허용되는데, 가끔은 72시간을 먼저 쓰고 또 72시간을 쓰는 식으로 분할하는 것도 가능하다. 범죄를 저지르면 귀휴는 물론 허용되지 않는다. 귀휴에서 돌아오지 않는 것만으로는 도주죄와 같은 범죄를 구성하지는 않으며, 규율위반으로 처리된다. 정기휴가 이외에 특별휴가도 있는데, 재소자에 대한 법정절차가 있거나 변호사면담, 사회복지요원과의 면담 등의 경우나 배우자가 아플 때 특별히 인정된다.

모든 개방교도소에서는 서신검열은 전혀 없다. 전화도 24시간 자유롭게 사용할 수 있고, 단지 휴대용 전화만 금지된다. 재소자와 교정직원 모두 간편한 사복을 입고 근무한다. 교정직원은 한 교도소에 계속 근무함을 원칙으로 한다. 소장은 여기서 5년, 부소장은 15년을 근무했고, 27년 동안 근무한 교도관도 있다고 한다. 이렇게 한 교도소에 계속 근무함으로써 자기 교도소에 대한 애착감을 갖고 교도소를 가꾸게 되는 이점이 있다고 한다.

외부인사의 면회는 일요일과 공휴일에 허용된다. 면회시에 감시는 허용되지 않는다. 마약과 알콜의 반입을 검사하기 위해 방문객을 검사할 수 있고 소지품도 조사할 수 있으나 강제로 할 수는 없다. 다만 조사를 거부할 경우 면회를 불허할 수는 있다. 접견장소는 특정되지 않고, 재소자의 방이든 야외든 자유롭게 할 수 있다. 접견시 성적 접촉도 가능하나, 교도측은 그 점에 신경을 쓰지 않는다.

대략 이러한 점을 확인하고 교도소의 이곳저곳을 둘러보았다. 단층의 막사같은 행정동 옆에 pavillion이라 불리는 별관과 재소자의 거주실이 있었다. 별관에는 운동시설과 휴게시설이 있었고, 당구대와 탁구대를 볼 수 있었다. 기록을 위해 사진을 찍어도 좋으냐고 했더니 재소자의 방이나 얼굴을 찍을 때는 재소자의 양해를 구해야 할 것이라고. 한 재소자의 방을 그의 승낙을 받아 들여다보니 침대와 책장, 책꽂이, 텔레비전, 옷장, 화장실이 갖추어져 있었다.

맑은 날씨를 즐기면서 호수 쪽으로 접근하니, 거기에는 작은 오두막이 있고 탁자와 야외바베큐를 할 수 있는 시설도 있었다. 보트도 있어 여름에는 가끔 타기도 한다고. 도중에 양, 닭, 돼지를 몇 마리씩 기르고 있었는데, 상업용보다는 재소자의 여가선용을 위한 것이라 한다. 전체적으로는 한적한 대학캠퍼스와 같은 인상이었고, 재소자의 방의 설비와 청결함은 대학 기숙사보다 나았다.

점심식사 후에는 작업장을 방문했다. 몇몇 재소자들이 생선을 담을 나무상자를 만들고 있었다. 약간의 숙련도만 있으면 1시간에 60개 정도를 조립할 수 있으며, 제품은 수산회사에 공급한다고 한다. 이전에는 목제 액자 등도 제작했으나, 지금은 생선상자만 만든다고. 틸베르야에 비하면 공장은 아담한 크기였지만, 그래도 적지 않은 수익을 올리는 모양이다. 하지만 공장에 중점이 있다기보다는 농촌적 분위기에다 정서적 순화에 도움이 될 시설이라는 인상이다.

(3) 중경비교도소의 실제—쿰라 폐쇄교도소

스웨덴에서 가장 중범죄자를 수용하는 1급 폐쇄교도소인 쿰라 교도소(Kumla closed prison)는 스톡홀름으로부터 3시간 떨어져 있다.[30] 한적한 시골역에 내리니 소장(Arne Granell)이 기다렸다가 자기 차로 교도소까지 안내했다. 무시무시한 교도소라 들었는데, 겉보기에는 그리 음침하지 않고 산뜻한 직사각형의 담벽 속에 들어 있는 건물이다. 이 지역에 교도소를 지을 때 지역사회의 반대가 없었느냐고 하니 여기서도 그러한 어려움은 적지 않은 모양이다. 지역사회의 경제활성화에도 도움이 되고, 교정직원들도 여기서 같이 생활하는 데 결코 안전상의 문제가 없음을 납득시키는 일이 선결되어야 한다는 것이다. 7미터의 높은 담도 기술적으로 잘 처리하여 외부환경과의 조화를 꾀하였다.

소장실로 직행하여 교도소의 개요를 우선 들었다. 원래 310명을 수용정원으로 하여 지어졌으나 현재 210명이 수용되어 있고, 그 규모는 스웨덴 최고라고 했다. 그러나 몇 천명의 수용을 예사로 하는 우리의 기준으로는 수용인원이 가장 적은 편에 해당할 것이다. 직원은 300명 정도이며, 그 중 35-40% 정도가 여성이라고 열심히 셈을 하며 답했는데, 사실 직원들을 남성과 여성으로 나누는 것은 더 이상 중요한 의미가 없는 모양이었다. 중범죄자를 수용하는 곳이기에 여성직원의 비율이 낮을 것이라는 한국식 예측은 여기서도 빗나갔다. 여성의 유일한 제약이라면 소변검사를 실시할 때 약간 곤란한 정도랄까.

전체적 구조는 가운데가 행정구역이고 좌우로 특별사동구역과 일반사동구역이 있고 일반사동의 옆에 공장이 있다. 각 구역 사이는 지하통로로 연결된다. 지하통로의 총길이는 600미터 정도이다. 나중에 지하통로를 가보니 벽면 전체에 다양한 벽화가 그려져 있다. 이 굉장한 작업은 2명의 벽화가를 고

30) 1997. 1. 31 방문.

용하여, 내부 재소자의 조력을 받아 이루어졌다고 한다. 1970년대 초반 스웨덴 교도소에서 커다란 스트라이크가 일어났을 때 재소자들은 이 지하통로를 철폐할 것을 주장하였다. 그들의 주장은 그대로 반영되지는 않았지만, 그 불만을 고려하여 더 이상 음산한 분위기를 느끼지 않도록 밝은 벽화를 그렸다고 한다.

스웨덴의 1급 폐쇄교도소는 모두 3개인데, 여기는 장기형을 선고받은 자와 일반교도소에서 관리곤란한 자를 수용한다. 여기서도 가장 위험한 분자로 취급되는 자는 탈출가능성이 높은 자, 외부와 연계하여 마약거래를 하는 자, 동료에게 폭력을 행사하는 자가 꼽힌다. 탈출을 막기 위한 시설로는 높은 담을 이중으로 둘러치고, 모든 문과 벽에는 감시카메라를 작동시키며, 중앙통제실에서 집중감시를 하는 것이다. 지하통로도 탈출을 곤란케 하는 시설의 일환으로 고안되었다. 그 동안 어느 정도의 탈주자가 있었는가 물어보니 32년의 역사에서 25명이 탈출하였다고 한다. 나중에 둘러보니 탈출한 자들이 사용한 도구와 재소자로부터 압수한 마약도구 등을 전시해놓은 것을 보고 그것도 재미있는 착상이라는 생각이 들었다.

수용자 중 2/3는 외국인이라고 한다. 나중에 마르텐스(P.Martens) 교수의 논문[31]을 찾아보니 스웨덴에서 외국인범죄의 비율은 대략 15-20% 정도인데, 이는 거주외국인수가 5% 내외인데 비하면 약 3배 정도의 범죄율을 보이는 셈이다. 그런데 심각한 범죄일수록 외국인이 차지하는 비율이 커진다. 1990년 통계를 보면 살인의 경우 30%, 강간의 경우 40%, 강 · 절도의 경우 22%, 마약범죄는 18%, 교통범죄는 15%가 외국인이었는데, 최근에는 구소련의 붕괴에 따른 이민유입자의 증대로 말미암아 더욱 증대하는 경향이다. 때문에 중범죄자를 수용하는 쿰라 교도소의 경우 외국인의 비율이 압도적으로 높게 되었다.[32]

폐쇄교도소에서 면회는 면회실에서 이루어진다. 소 내에는 모두 5개의 면회실이 있는데, 3개는 3인 정도가 입실할 수 있고, 2개는 5-6인이 입실할

31) P.Martens(1992), Criminality among foreign citizens in Sweden, Nordisk Kriminolgi, I, p. 28.
32) 북한인도 1명 수용되어 있었는데 7년 전 마약거래로 처벌된 것이라 했다. 연민의 느낌이 들어

수 있는 규모이다. 면회신청은 전화로 하고, 사전에 신청할 것을 원칙으로 한다. 2주에 한 번씩, 한 번에 2시간 정도의 면회가 이루어진다. 폐쇄교도소라 할지라도 가족간 면회를 감시하는 것은 역시 허용되지 않는다. 그러나 가족 이외의 경우에는 교도관도 동석한다. 이렇게 제한적인 면회를 하는 이유는 마약반입 금지가 가장 큰 이유이고 그 밖에 범죄모의 등을 예방하기 위한 것이다.

폐쇄교도소이기 때문에 외부와의 통화를 임의대로 하지는 못한다. 통화를 원하는 재소자는 전화기를 들고 교도관에게 연결을 요청하면, 교도관이 수화자의 인적 사항을 확인하고 연결시켜 준다. 교도소측은 재소자의 가족명단과 전화번호를 갖고 있어 가족과 통화하는지 사전에 점검할 수 있으며, 통화내용을 언제든지 청취할 수 있다는 사실도 미리 주지시킨다. 실제로 가족 이외의 자와의 통화는 빈번하게 청취하지만, 가족간 통화는 의심날 때 한해 제한적으로 청취한다고 한다. 일종의 징벌에 해당하는 특별사동에 수용된 자의 경우에는 통화는 더욱 제한된다. 하지만 거기서도 통화가 언제나 불허되는 것은 아니며, 전화기도 설치되어 있다.

장기형을 선고받은 자는 보통 쿰라와 같은 1등급 중경비 교도소에서 형을 시작한다. 7년형을 받은 재소자라면 대략 3년 정도를 여기서 보내고 이후 순차적으로 나은 등급으로 이송된다. 형기가 길수록 1등급 교도소가 최종지인 셈이다. 스웨덴은 사형제도를 폐지했고, 무기형이 최고형인데 전국에서 대략 65-70명 내외의 무기수가 있다고 한다. 50여명의 사형수가 대기하고 있고, 1,000여명의 무기수가 살고 있는 우리의 경우가 어둡게 비추어진다.

어느 나라나 교도소 재소자는 대부분 남성이고, 중범죄일수록 남성의 비중이 높아진다. 때문에 폐쇄교도소의 경우 특히 성적 박탈감으로 인한 폭력과 호모 섹슈얼리티의 문제로 고민한다. 여기서 재소자들이 느끼는 성적 박탈감에 대해 물어보았더니 무감독면회 덕분에 그러한 문제는 별로 없다고 했다. 스탭들이 그런 문제를 의제로 논의해본 적이 거의 없다는 것. 역시 가족

면담할 수 있느냐고 물어보니 부소장이 전화로 의사를 타진하였던바, 그 쪽에서 면담요청을 거부하였다. 먼 곳에까지 남북한의 불신의 그림자가 남아 있어 순간적으로 안타까운 느낌이었다.

간의 면회, (개방적 교도소의 경우) 정기귀휴제의 실시 등의 요인이 교도소 내의 성적 문제를 해결하는 데 기여하는 셈이다.

스웨덴의 현대교정은 1970년대로부터 비롯된다. 70년대 전반에 전국교도소에서 재소자조합이 결성되었고, 대규모의 단식투쟁이 있었다. 5,000여명의 재소자 중 절반이 거기에 가담했고, 법무부에서는 재소자 대표들과 면담하여 요구를 정리했다. 재소자들은 주로 귀휴제의 실시, 접견기회의 확대와 접견시 감독을 하지 말 것, 재소자의 프라이버시 존중, 전화부스의 설치, 서신검열의 중지, 교도작업에 대한 임금의 인상, 재소자조합의 인정 등을 내세웠다. 법무부측은 재소자의 집단적 권리는 부인했지만 나머지 요구들은 합리적인 선에서 수용하면서 행형법을 개정하고 교정제도를 개편하였다.[33)]

쿰라 교도소에서 이러한 감옥폭동의 양상이 어떠했던가 물어보니, 71년 바깥에 있는 정치집단과 연계된 폭동이 있었고 항의시위가 이루어지기도 했다고 한다. 또 지붕창문을 깨고 옥상에 올라가 항의시위도 했고, 담 밖에서는 연대시위를 하는 등 굉장했다고 하면서 그 때의 사진을 보여주었다. 그 뒤 법무부에서 개선사항을 마련한 뒤로부터 집단적 움직임은 수그러들었고, 요즈음은 가끔 한 두명이 단식농성을 하는 경우는 있다고 한다.

재소자들의 의견을 교정행정에 반영하기 위해 교도소측은 각 섹션별로 대표를 선출하는 것을 제도화하고, 주 1회 재소자 대표와 교도소측이 회의를 한다. 이 회의에서는 재소자의 관심사와 고충사항이 논의된다. 재소자와 교도소측의 대화내용은 기록되며, 그 회의록에 재소자대표와 부소장이 각각 서

---

33) 1970년대 초의 감옥폭동 및 감옥개혁운동은 전반적인 행형방침을 재조정하도록 했으며, 몇 가지 분야에서 특히 가시적인 성과를 거두었다. 재소자측과 교도소측의 성실한 대화의 결과 폭동과 위기는 건설적인 방향의 개혁안으로 수렴되었다. 의회도 새로운 안을 인정했으며, 그에 따라 전면적인 교정개혁의 단계를 맞았던 것이다(상세는 한인섭(1994 a), p.34 이하; T.Mathiesen and W.Roine(1975), "The Prison Movement in Scandinavia," in H.Bianchi et al. eds., Deviance and Control in Europe, London: John wiley & Sons, p.85 이하 참조.)

1974년부터 새로운 법률 및 시스템이 가동되었다. 새로운 교정의 원칙은 다음과 같다.

▲ 범죄에 대한 반응으로써 보호관찰을 가능한 확대한다.

▲ 사회적 서비스 및 지지기관에 대해 수형자는 다른 시민과 같은 접근권을 가진다.

▲ 수형자는 시설내 보안을 침해하지 않는 한, 그의 가정과 가까운 지역교도소(local prison)에 거주한다. 이는 가족과의 커뮤니케이션을 개선하고 지역사회에 기반한 사회적 서비스 및 지지기관에 접근할 수 있도록 함이다.

명을 하고 한 부씩 나눠 갖는다. 재소자의 관심은 주로 식사, 이송, 전화, 신체검사 등에 집중된다. 재소자의 대표를 구성하는 것에 대해 가끔 문제점을 느끼지 않는가 물었더니, 자신들은 회의를 통해 재소자의 관심을 확인하고, 재소자의 불만을 예방하며, 교도소측의 방침을 이해 · 전달하는 통로로도 활용할 수 있기에 매우 유용한 것으로 평가한다고 답한다.

소내식당으로 이동하여 점심식사를 하면서 교정직원의 사기와 재량권에 대해 물어보았다. 교도소장은 중앙정부에 예산을 요청할 때는 중앙정부의 영향을 받지만, 확보된 예산 범위 내에서는 재량권을 갖고 있으며 부소장이나 각 구역의 책임자도 자기의 직분 범위 내에서는 마찬가지의 재량권을 갖고 있다고. 재량권의 부여는 곧 교정활동을 위한 동기부여의 의미도 지닌다. 교도관의 전직 이직률이 대단히 높은 우리 실정을 생각하며 교도관들의 자부심이 어디서 비롯되는지 추론해보니 ▲ 자기 직분 범위 내의 재량권의 존중 ▲ 한 교도소를 자기의 평생 직장이라 생각하고 쏟는 정성 ▲ 직원 수가 많아 피로도도 다른 직업과 차이가 없다는 점 ▲ 재소자와 긴장관계에 놓여 있지 않고, 재소자에 대한 상담과 생활지도를 통해 그들의 신뢰를 얻을 수 있다는 점 등이 아닌가 하는 생각이다.[34)]

식사 후 소장의 안내로 특별사동을 먼저 방문하였다. 방이 모두 12개 정도 있는데, 현재는 3명이 수용되어 있다고. 아마도 스웨덴에서 가장 위험하고 까다로운 범죄자가 수용되어 있을 이 곳에서는 여성 교도관 2인과 1인의 남성교도관이 근무하고 있었다. 여성이 근무하기에 위험하지 않느냐고 또 한국식 질문을 던졌더니 그런 우려는 해본 적이 없다고 한다. 활동할 때는 직원 3인이 1조가 되어 움직이며, 수용자수가 늘면 그에 따라 교도관 수가 늘어난

34) 최근의 주목할 만한 행형실무상의 변화의 하나는 교정체계의 탈집권화 경향에서 보여진다. 우선 전체 교도소 운영에 있어 의사결정구조가 대폭 바뀌었다. 교도소장이 전권을 휘두르던 체제로부터 지금은 재소자와 직접 접촉하는 일선 교도관들에게 권한과 책임이 대폭 이양되었다. 일선 교도관들은 자신이 담당하는 재소자의 수용, 계획, 프로그램, 귀휴 등에 책임 있는 권한을 행사하며, 상부의 개입은 장기수 및 중대한 범죄를 저지른 자들의 경우에 국한된다. 과거의 경력 때문에 여전히 권위적이고 보수적 태도를 견지하고 있는 상층부를 새 시스템에 적응시키기 위한 연수를 시키기도 한다. 이러한 탈집중화된 책임(decentralized responsibility)의 구조는 모든 정부기구의 탈집중경향과 부응하는 방향이기도 하며, 교정행정이라고 특별히 예외일 수 없다는 점을 보여준다.

다. 재소자의 거실은 이제껏 본 것 중에 가장 열악했다. 침대 하나와 변기 하나가 있으며, 텔레비전도 탁자 의자도 없었다. 또 방문을 안에서 잠글 수 없고 밖에서만 열쇠로 여닫게 되어 있었다. 운동도 한정된 공간 내에서만 허용되는데, 그래도 운동장은 농구장 정도의 크기는 족히 되어보였다. 여기서도 정교한 전자감시장치가 작동하지만, 거실 내부는 감시할 수 없다는 것이 법원칙이다. 심한 경우에는 문을 일부만 열고 손을 내밀게 한 다음, 수갑을 채우는 경우도 있다면서 도구(수갑, 방패, 문고리)를 보여준다.

지하통로를 통해 벽화를 감상하면서 특별사동에서 공장으로 곧바로 이동하였다. 공장에는 현대식 기계가 돌아가고 있으며, 기계의 성능이나 제품의 질이 틸베르야보다 오히려 더 우수하지 않는가 하는 느낌이었다. 장기수의 경우 숙련도가 더 높을 가능성도 있을 것이다. 지역사회의 기능공들이 와서 기술훈련을 시키기도 하고, 전문평가단이 와서 엄격히 심사한 후 기능자격증을 정기적으로 부여한다고 한다. 일하는 재소자들이 얼마 보이지 않기에 물어보니 오후중의 휴식시간이란다. 작업중 휴식은 오전에 1회, 오후에 1회 규정되어 있다. 여러 재소자들이 휴게실에 둘러앉아 차를 마시면서 카드게임을 하고 있었다. 돈내기 게임이 아니면 제지할 사항이 아니라고 했다. 다른 쪽을 가보니 열심히 신발끈을 만드는 작업을 하고 있고, 옆에는 바코드를 제작하기도.

일반사동으로 이동해보니 여러 재소자들이 휴게실에 모여 담소하고 있었다. 발틱3국에서 온 자, 흑인, 터키인, 남미인 등 여러 인종이 섞여 있었다. 모두 쾌활한 얼굴로 대화하는 분위기에서 교도소가 주는 긴장감이 별로 느껴지지 않았다. 당신나라의 재소자는 어떤 대우를 받는가 묻기에, 이 곳을 방문한다면 별천지라 생각할 것이라고 답변할 수밖에. 근무시간중에 왜 공장에 안가고 여기 있는가 물어보니 바로 자기들은 청소, 세탁을 담당한다고.

한 재소자의 거실을 그의 허락을 얻어 들여다보았다. 개방교도소의 거실과 마찬가지로 침대, 책상, 의자 2개, 텔레비전이 비치되어 있었고, 서가에는 상당히 많은 책이 꽂혀 있었다. 어디서나 1인 1실은 부인할 수 없는 원칙임이 확인된다. 항공기 관련 책이 많이 꽂혀 있기에 물어보니 전직 파일롯트였는데, 마약거래와 관련하여 여기에 오게 된 듯하다. 계속 한국실정을 물어보는데 회피성 답변으로 일관. 무엇보다 재소자들의 표정이 생생히 살아 있는 것이 가장 놀라웠다.

일반사동에는 탁구장, 체련실, 농구와 테니스를 즐길 수 있는 공간이 있고, 화장실은 공동으로 사용하고, 아랫층에는 사우나와 샤워시설이 있었다. 사우나도 있느냐고 하니 북구에서 사우나는 사치시설로 여겨지지 않는다고. 중범죄자를 수용한다는 시설에서 재소자들과 아무런 긴장 없이 보행하면서 대화할 수 있다는 자체가 일견 놀라운 일이라는 생각도 든다.

다시 행정실로 돌아와 마무리 정리. 스웨덴은 복지제도는 교정정책에 어떻게 반영되는가를 물었더니, “교도소는 사회의 수준을 반영하는 거울”이라는 답변부터 시작하였다. 소장이 보기에 교정복지는 그 사회의 복지수준을 10년 정도 뒤쳐져 따라가는 것이 아닌가 생각한다고. 최근의 경제불황이 교정복지에 끼치는 영향에 대해서는, 연간예산의 감축이 있었는데 그러면서도 재소자의 생활처우를 낮추는 방향으로 예산운용을 해서는 안된다는 단서를 깔고 있다고 한다. 결국 예산감축에 대응하기 위해서는 직원의 감축과 시설유지비의 감축밖에 없는데, 지난 3-4년간 40명의 직원을 감축해야 했다고. 물론 해고된 직원은 실업수당을 받고 전직을 준비할 수 있으니까 가능한 것이다. 예산감축의 또 다른 측면은 재소자의 임금을 올릴 수 없는 데서도 보인다. 시간당 8크로나의 수준으로 현상유지하는 것이다. 하지만 식사와 생활처우를 악화시키는 것은 불가능하다는 것이다.

북구의 교정복지는 세계적으로 볼 때 매우 예외적인 수준에 해당할 것이라고 했더니 소장도 물론 공감한다. 라트비아 교도소를 최근 방문한 적이 있는데 매우 열악한 처우에 놀랐다고 한다. 이 문제에 대해 나중에 만난 스웨덴 교정의 전문가인 노만 비숍(Norman Bishop)은 스웨덴의 선진적 교정복지는 한편으로는 그 나라의 경제수준과 관련되지만, 다른 한편으로는 재소자의 인권에 대한 관심과 함께 열악한 범죄자 처우는 결국 사회적 부담으로 돌아온다는 시민적 자각에 비례하여 가능한 것이라고 하였다. 중산층의 관용과 지지가 선진복지를 가능케 하는 원천이라는 것이다.[35)]

---

35) 1997. 1. 31 Norkoepping 시에서 면담.

(4) 최신식 설비의 후딩에 구치소

스톡홀름 중앙역에서 후딩에 구치소(Huddinge remand prison)까지는 1시간 정도 걸린다.[36] 스톡홀름 시경찰서 바로 옆에 붙어 있었는데 입구를 알 수 없어 아무데나 누르니 목소리가 들린다. 나중에 알고보니 중앙통제실에서 폐쇄회로를 통해 누가 접근하는지 훤히 알 수 있게 되어 있다.

소장(Hans-Olof Larsson)을 만나보니 최근에 신축한 구치소라고 했다. 보통 스웨덴의 구치소는 경찰서 건물의 윗층에 설치되어 있었고, 경찰관이 구치소로 와서 직접조사한다는 것이다. 그런데 경찰서 위층에 구치소를 두게 되면 여러 처우상의 문제점이 노출된다. 특히 운동장을 옥상에 만들 수밖에 없고 운동시간도 확보해주기 쉽지 않으며 상호접촉도 어렵다. 시설을 개량하려 해도 건물 상층부에 있어 쉽지 않다. 때문에 비인도적이고 품위를 저하시킬 수 있다는 지적을 『고문 및 비인도적이고 품위를 저하시키는 처우 · 형벌의 예방을 위한 유럽위원회』로부터 받았다. 이 위원회에서는 그 밖에도 환기장치와 차광장치가 갖추어져 있지 않다는 비판도 제기되었다.[37] 스웨덴 정부도 위원회의 권고사항을 준수하고자 했지만, 기존의 시설로는 한계가 있어 아예 인권위의 기준에 맞는 최신 구치소를 신축한 것이다.

건물은 중앙부와 양 날개로 되어 있는데, 4-7층이 구치소로 사용된다. 각 층의 날개마다 12명 정도의 미결수용자가 있고, 작은 실내 체련장과 세탁장이 있었다. 실내체련장에는 기본운동용구가 잘 갖추어져 있다. 겉으로 보기에 몇 백명을 수용할 수 있을 것 같았으나, 천만에도 수용정원은 120명이란다. 구치소 내에는 작은 도서실이 있고, 1주에 두 번씩 신문과 출판물, 과자류 등을 판매하는 이동식 키오스크가 오며, 요청이 있는 경우 시내서점과 연결하여 책을 구입할 수 있게 알선한다.

외부와의 통신은 원칙적으로 인정된다. 전화는 긴 줄이 달린 전화기를 바퀴달린 수레로 운반하면서 통화를 원하는 재소자의 방 앞에 가서 번호를

36) 1997. 1. 24 방문.

37) Ministry for Foreign Affairs, Statement concerning the Report of the European Committee for the Prevention of Torture and Inhumane or Degrading Treatment or Punishment, 1995. 9. 21 참조.

눌러주고 수화기를 방안으로 넣어준다. 미결수의 경우 공모나 증거인멸의 우려 때문에 통화의 비밀은 보장되지 않는다. 그러나 통화 자체는 개인적인 사항이기에 허용하며, 언제든지 감청할 수 있다고 할 뿐이다. 다만 변호사와의 통화에 대해서는 법률규정에 따라 절대 비밀을 보장하여야 한다. 교도관은 수용자의 방을 하루 한 두번 들여다보며, 들어갈 필요가 있다고 생각하면 일단 노크를 한 뒤 열쇠로 문을 딴다.

거실은 1인 1실의 원칙이다. 수용정원이 찬 적이 없으므로 이 원칙은 잘 지켜진다. 방 안에는 침대와 책상, 의자, 텔레비전이 비치되어 있으며, 작은 화장실도 있다. 차광과 환기장치는 유럽위원회의 지적을 받아들여, 기술적으로 잘 개선해 놓았다. 그렇게 폐쇄회로가 둘러쳐 있어도, 각 방안을 폐쇄회로로 엿보는 것은 법률상 허용되지 않는다. 어느 정도 재소자의 프라이버시를 존중하기 위한 배려가 있는 것이다.

운동은 하루 1시간 정도로 규칙화되어 있고, 외부운동장과 칸막이처리된 옥상운동장, 실내 체련장에서 운동할 수 있다. 특히 건물의 상층부에 구치소가 위치한 결함을 완화하기 위해 지상에 운동장을 설치하여, 재소자들이 땅을 밟을 수 있게 배려하고 있다.

식사는 20명 정도를 수용하는 작은 식당에서 하게 되어 있고, 음식은 조리담당직원이 맡는다. 교정직원들은 별도의 룸에서 식사하지만, 식사의 종류는 재소자와 같다. 그래서 재소자들이 식사에 대해 불평할 때 충분히 방어할 수 있다고 했다. 단기간 머무르는 시설이기 때문에 작업은 개별방에서 단순한 종류의 것만 가능하다. 간호사는 정식 직원으로 상주하며 의사는 주 몇 시간의 단위로 진료계약을 맺어, 이 의사가 시설에 와서 진료와 처방을 내린다.

외부와의 접촉은 교화의 필수조건임을 강조하는지라, 수용자의 면회는 주 3회 정도 허용되며, 면회시 마약소지 등과 관련하여 신체검사가 있을 수 있다. 수용자는 면회 전후에 신체검사를 받는다. 면회실 내에는 작은 책상 1개와 의자 2개, 긴 소파가 하나 있었다. 면회시간은 1시간 이내이다. 면회실 내부를 엿보는 것은 허용되지 않으나, 여건상 성적 접촉을 하기는 다소 어려울 것으로 보였다.

재소자는 제복과 사복 중에 택일할 수 있다. 소 내에서 다수는 제복을 입지만, 외부로 출입할 때는 사복을 착용해야 한다는 규정이 있어 사복착용권이 보장된다. 사복을 착용하면 도주의 우려가 있지 않느냐고 물었더니, 잘 훈련된 전문수송반이 보안장치가 잘 된 차량으로 운송하기 때문에 그런 걱정은 않는다고 했다.

교도관들이 보안과 탈출방지에 신경을 쓰다보면 교화적 측면은 그만큼 등한시될 수밖에 없다. 그런데 여기서는 안전장치에 대한 세심한 배려와 첨단감시장비가 정밀하게 작동하고 있어, 인도적 행형도 고도의 전자통제망하에서 가능한 것인가 하는 생각도 불쑥 들었다. 수용자의 방과 복도, 시설을 둘러본 느낌은 음침한 감옥이 아니라 깨끗한 병원의 그것이었다. 다만 스웨덴의 경우 시설과 처우, 자유제한의 정도 면에서 구치소가 교도소보다 열악한 느낌이었는데, 유럽위원회의 개선권고도 구치소에 집중되어 있었다는 데서 이 점을 확인할 수 있었다.

4. 『선진교정』을 향하여

스웨덴의 교정제도는 국제적 수출품이자 연구자들을 유인하는 상품이다. 나보다 두 달 전 스웨덴의 교도소를 방문했던 한 일본인 교수는 시설을 둘러본 후 『그런데 교도소는 어디 있습니까』고 우스개로 되물었다고 한다. 전체적인 인상은 어둡고 침침한 수용소가 아니라 쾌적하고 청결한 캠퍼스나 병원과 같은 것이다.

나에게 스웨덴 생활의 이모저모를 가르쳐 주었던 한 시민(Eva Abelin)은 기관을 방문하여 공식적 안내와 설명을 듣고 그것이 제도의 전부인양 착각해서는 안된다고 거듭 주의를 주었다. 스웨덴의 복지제도도 많은 문제점에 둘러싸여 있고, 사회민주주의란 민주주의의 모습을 띤 사회주의이며, 개인을 국가 앞에 대단히 취약한 존재로 만드는 측면이 있다고 했다. 또 하나의 스웨덴의 수출품인 의회 옴부즈맨 제도만 하더라도 실제로는 정당간의 합의로 선출되는 까닭에 정치적 영향력으로부터 자유롭다고 할 수 없고, 문제에 대해 강제력을 갖지 못해 "이빨없는 호랑이"라는 비판을 받고 있으며, 까다로운 사건에는 질질 끄는 문제점이 현실적으로 발견된다. 교정시설의 경우에는 더욱이 재소자들의 느낌, 관련 전문가들의 평가, 일반 시민들의 반응 등을 종합적으로 살펴보아야만 그 사회 속 제도가 어떻게 작동하는지를 온전히 이해할 수 있을 것이다. 그런 면에서 외국인이 이미 잘 조율된 방문일정에 따라 재소자가 아닌 교도소측의 안내와 설명을 들으면서 하는 조사란 수박겉핥기에 불과한지도 모른다. 그래도 수박을 보고, 겉을 핥으면서 속내용을 들여다 보려 진력한 것은 낙후된 우리의 교정현실에 대한 출구와 시사를 얻으려고 했기 때문이다.

한 나라의 재소자수는 그 나라의 범죄의 질량과 비례한다고 생각하기 쉽다. 그러나 이러한 견해는 사실과 다르다. 과거 사회주의 정권하에서 엄격한 사회통제 하에 범죄수는 적었지만, 거대한 수용소 군도가 작동했다는 사실을 상기할 수 있다. 북구에서 인구 10만명당 수감률이 가장 높았던 나라는 핀란드였다. 그러나 핀란드는 형법개혁과 행형개혁을 통해 지난 20년간 구금률을 절반으로 줄이는 데 성공했다. 그 동안 범죄율은 오히려 증가되었는데도 말이다. 이는 형벌수준이 범죄수준에 비례하는 것이 아니라, 그 나라의 형사정책의 기조와 형벌관, 나아가 그 나라 국민들의 문화수준을 반영하는 것임을 입증하는 사례이다. 무엇보다 정치체제가 억압적이고, 경제적 불균형이 심할수록 수감률이 높아진다는 경험적 조사도 나와 있다. 이 점에서 우리의 높은 수감률과 가중된 형량, 억압적 형사정책관이 비판되지 않으면 안된다.

혹독한 형벌을 통해 일반인의 범죄를 억제하고 범죄자의 재범위험성을 줄일 수 있다는 사상도 근본적으로 수정되어야 한다. 비인도적 · 억압적 징벌은 단기적인 효과는 몰라도, 장기적으로는 범죄자의 악감정과 보복심을 증대시킨다. 교정여건의 악화는 재소자의 소외감을 증폭시키고, 그 부정적 감정은 지역사회 내의 범죄의 증가의 악순환을 초래한다는 데 대한 시민적 자각이 필요한 것이다.

모든 사람은 인간으로서의 존엄과 가치를 갖는다는 헌법조항은 범죄한 자에 대해서도 예외가 될 수 없다. 자유형도 인간의 존엄과 가치에 합치되는 방향으로 운용되어야 한다. 범죄의 대가로 자유형이 주어질 때 그것은 인간의 소중한 자유를 박탈한다는 의미이지, 그 이상의 부가적 고통을 과할 수 있는 것으로 여겨서는 안된다. 교도소에 있더라도 자신만의 공간은 최소한 주어지며, 시설운영에 방해되지 않는 한 재소자의 프라이버시는 존중되어야 한다.

자유형이 가족전체에 대한 고통으로 확대되어 가정파괴적 효과를 갖지 않도록 하기 위해서는 재소자와 가족간의 접견이 충분히 허용되어야 한다. 가족간의 친밀감과 애착감을 누릴 수 있도록 교도소측의 감독은 최소한도로 이루어질 필요가 있으며, 부부간의 신체적 접촉과 정서적 교감을 할 여지가 주어져야 할 것이다. 가족을 범죄예방의 가장 핵심적인 조직이라 할 때, 가족간의 접촉과 애착이 커질수록 재범의 위험성은 줄어들 것이다. 또한 외부와의 전화통신의 기회도 폭넓게 인정되어야 할 것이다.

징역형은 재소자에게 작업을 강제하지만, 그 작업의 대가까지 박탈해서는 안된다. 재소자는 시민이지 국가의 노예가 아니기 때문이다. 우리 행형법에는 임금이 아닌 작업상여금을 줄 수 있다고 규정할 뿐이다. 그러나 스웨덴의 예에서 보듯이 임금제도의 실시는 석방 후 자금을 적립하고, 피해자에 대한 손해배상을 하며, 어려운 처지에 있는 가족들을 부양하는 데 도움을 줄 수 있을 것이다. 교정작업의 종류도 보다 생산적이고 현대적이어서, 교도소에서 배운 기술을 곧바로 사회에서 쓸 수 있도록 되어야 할 것이다.

교도소를 지역사회와 가능한 유사한 방식으로 운영하는 것도 대단히 중요하다. 폐쇄교정을 원칙으로 할 것이 아니라 개방교정을 원칙으로 할 수 있어야 한다. 장기형을 받은 재소자라 할지라도 점차 개방교도소로 나아갈 수 있다는 기대를 가질 수 있어야 자기개선의지가 생겨날 것이다. 단기형을 받은 자를 폐쇄교도소에 수용함은 범죄와의 접촉을 강화하는 반면 교정효과를 감퇴시키는 부작용을 초래하므로, 보다 개방교도소가 확충되어야 할 것이다. 자신의 자유를 자기 책임하에 관리하게 하는 태도를 키우기 위해서라도 귀휴제가 정례화될 필요도 절실하다.

교정처우의 개선에 대하여 예산타령을 늘어놓을 수도 있다. 그러나 교정당국의 의식과 시민들의 가치관을 달리할 때, 돈이 들지 않고도 즉각적인 개선이 가능한 분야도 얼마든지 있다. 교도소 내에서 기호품(커피 차) 등은 당연히 허용될 만하다. 자판기만 설치하면 추가비용도 들 필요도 없다.

교정직원들의 높은 이직률과 사기저하도 매우 우려되는 현상이다. 교도소를 보다 소형화, 다양화하여 교정직원들이 관리와 보안의 부담에서 벗어나, 교정과 상담 위주의 전문복지업무에 종사할 수 있도록 해야 할 것이다. 남녀가 같이 있는 공간이 자연스러울진대, 교도소에도 여성인력이 활발히 진출하여 교정의 필요에 부응할 수 있게 하는 것도 필요하다.

지금의 제도와 운영이 당연하고 자연스런 것이라고 여겨서는 안된다. 교정시설도 무엇보다 인간적 품위와 자존심을 지킬 수 있는 환경으로 변화되어야 할 것이다. 스웨덴의 교정에서 가장 시사받을 점은 형벌을 집행하되, 인간의 가치와 품위를 존중하는 방식으로 행형이 이루어져야 한다는 것이다.

제 2 장 미국의 교정시설과 그 운용상의 딜레마

1. 서 론

저자는 1999년 1월부터 2월까지 4주 동안 미국의 형사사법제도 전반을 이해할 수 있는 기회를 가졌다. 미 국무성의 초청으로 이루어진 이번 기회를 이용하여, 한국의 형사사법제도의 문제에 대한 하나의 가능한 해결책을, 미국의 경험을 시사받으면서 얻으려고 애썼다. 그 중에서 특히 미국의 각종 교정시설을 참관하면서, 그것을 우리의 교정시설의 현실과 비교하면서, 우리에게 의미를 가질만한 부분을 찾아내려 애썼던 것이다.

미국 교정시설을 참관하면서, 보다 구체적이고 세밀한 질문을 해나갈 수 있었다. 그것은 1998년 연말부터 1999년 초까지 법무부의 경영진단을 통해 한국의 교정현실에 대한 현장적 이해를 가질 수 있기에 가능했다. 그 경영진단의 과정에서 일선 교정의 애로와 딜레마를 느끼면서, 앞으로 보다 실사구시적 차원에서 교정의 문제, 범죄와 형벌의 문제를 다루어보겠다는 각오를 다졌다. 미국으로 떠날 때 이러한 구체적 문제의식을 안고 갔던 것이다.

법적으로 볼 때 미국은 하나의 단일국가로 이해되기 어렵다. 연방과 주, 지방, 그리고 특수구역의 결합으로 이루어진 합중국(United States)이다. 때문에 미국의 제도가 어떻다고 일률적으로 논의하기는 애당초 불가능한 측면이 적지 않다. 연방의 법률 · 기준이 다른 관할권에도 영향을 미치지만, 그것은 직접 적용된다기보다는 다른 관할권의 '매개'를 거쳐 이루어진다. 더욱이 교정시설 및 구치시설의 경우 그 지역의 지배적 가치관, 유권자의 분포, 예산과 자원의 차이 등의 요인으로 어느 정도 통일된 기준을 충족시키는 시설을 생각하기 어렵다. 교정시설의 질을 통제하기 위한 연방의 기준, 그리고 헌법적 기준은 느슨한 편이다. 때문에 여러 차원의 시설을 두루 참관하는 것을 목표로 하였다.

미국사회의 주요한 특징은 다양성이란 말로 압축될 수 있다. 인종, 종교, 가치관의 차이는 매우 특징적이다. 대체로 단일 가치, 단일 종교, 단일 인종이 있다고 생각하는 나라 사람의 눈으로 다민족 복합사회의 모습을 이해하기는 쉽지 않다. 교정시설 역시 다양하며, 교정시설의 수용자 역시 다양하다(물론 저자가 참관한 시설에서 백인수용자는 비교적 적었으며, 흑인 및 중남미 인종들이 다수를 차지하였다. 형벌이 공정하게 이루어지지 않아서 그런지, 비백인들의 환경의 열악성이 많은 폭력성 범죄를 유발시켜서 그런지 모르지만, 적어도 현상적으로 볼 때 교도소는 인종적 특성이 뚜렷했다). 이러한 다양성의 사회는 단일 가치, 단일 행동양식으로 지배되기 어려우며, 따라서 개인적 가치나 행동에 대해 불간섭주의—그것이 공공의 질서와 이익을 해치지 않는 한—를 표방할 수밖에 없지 않은가 하는 생각이 들었다.

다양성의 합중국을 하나로 묶는 원리는 결국 법치주의밖에 없지 않나 하는 느낌도 든다. 개인의 주권을 인정하고 사유성(私有性)을 인정하는 것을 기본으로 한다면, 그 개개인들을 하나의 사회로 묶기 위해 인위적인 조정기구로서의 법에 의존하는 것이 미국식 법률 시스템이다. 다만 법의 지배를 정당화하기 위해서는 법률의 제정 · 적용 · 집행에서 시민참여가 불가결하다. 시민참여는 오직 선거로만 이루어지는 것은 아니며, 선거도 입법부의 형성에만 작용하는 것은 아니다. 선거만 하더라도 입법부, 대통령, 주지사, 사법부(법관), sheriff 등 광범위하다. 법관을 선거로 뽑든 추천하든 일정한 시민적 참여와 통제가 작용하며, 재판에서 배심원으로서 시민참여가 이루어진다. 국가는 시민의 세금으로 운용되므로, 납세자인 시민에게 자신의 활동을 알리고 그 활동의 정당성을 납득시킬 수 있어야 한다. 시민들은 로비, 소송, 언론, 시민단체 등 각종 방법으로 자신의 이익을 극대화하기 위해 참여하며, 그로 인한 갈등은 각종의 타협과 조정에 의해 중재된다. 사회적 상호작용의 전과정에서 법은 압도적 영향력을 행사하게 되며, 이것이 미국사회를 어떤 의미로든 법치주의라 부를 수 있는 근거가 된다.

법치주의가 관철되는 다양성의 합중국에서 가능한 여러 시설들을 종합적으로 참관하면서, 그 참관을 통해 얻어진 미국의 행형제도에 대한 정보를 전달하고, 그것을 기초로 미국행형에 있어서 정책적 쟁점을 분석하고자 한다. 물론 다양성의 면모 중에서 저자가 본 것은 일부에 지나지 않으므로, 이것으로 미국의 행형은 이렇다고 자신 있게 말할 입장은 아니라고 생각한다. 다만 미국교정에서 나타나는 여러 경향들을 우리 교정의 미래를 모색하는 데 하나의 참고자료로 삼고자 한다.

2. 미국 교정시설의 실제—참관조사

(1) 초중경비시설에서의 수용관리방식—로키의 '알카트라즈'

1999. 2. 9. 콜로라도 주의 고산지대를 따라 스프링스에서 플로렌스로 아침 일찍 출발하였다. 겨울이지만 날씨는 쾌청했다. 연간 300일의 청명지수를 자랑하는 이 지대는 공군사관학교가 입지할 만한 정도의 이점을 지니고 있는 곳이다. 도중에 한없이 넓은 고산평원지대를 달렸는데, 시야는 툭 트이고 날씨는 쾌적했지만, 해발 2,000미터가 넘어 호흡이 편안치 않는데다, 인적이 드물고 황량한 고원의 삭막함을 느낄 수 있었다. 이 곳도 교도소는 '오지' 지향적일 수밖에 없나보다 하는 생각이 들지 않을 수 없다.

플로렌스 외곽에 도착하고 보니 하나의 교도소가 아니라 여러 개의 교도소가 산재해 있는 것을 보고 약간 당혹스러웠다. 날카로운 철조망을 이중으로 둘러친 교도소 담벽을 보니, 강한 햇빛에 눈이 찔리는 느낌이었다. 모두 깨끗한 건물이었는데, 차로 돌아보니 penitentiary, prison, camp 등 여러 이름이 혼재해 있었다. 우리가 방문하기로 예정된 건물은 ADX라 약칭하는 엄중경비시설, 그것도 미국의 각 주와 연방에서 가장 죄질이 흉폭하고 소 내에서 살상을 시도한 재소자들을 수용하는 초중경비시설이었음을 알고 으시시한 기분이었다.

플로렌스의 교도소는 하나가 아니라 복합교정건물로써, Federal Correctional Complex라 불리고 있었다. 거기에는 울타리가 없는 완화경비시설로서 Federal Prison Camp, 표준적인 교정시설에 해당하는 중간경비시설로서 Federal Correctional Institution, 그리고 그보다 엄중한 경비시설과 행형을 하는 엄중경비시설로서 United States Penitentiary가 약간씩 떨어진 공간에 산재해 있었다. 거기다 미연방에서 가장 다루기 어렵고 죄질이 흉악한 재소자들을 특별히 수용하는 시설로서 United States Penitentiary-Florance Administrative Maximum Security(ADX)가 있었다. 현재 연방교도소는 100개 이상이며 12만 4천명을 수용하고 있다고 한다. ADX에 수용된 자는 대부분 연방범죄 위반자 중 가장 중대한 범죄자 혹은 가장 골치아픈 범죄자들이며, 주정부와의 계약으로 약 10%는 주의 교도소에서 도저히 다루기 어려운 자들을 여기로 이송하여 수용하고 있다.

이렇게 교정시설 복합타운을 조성한 것은 한 지역에 집중함으로써 운영경비 절감의 효과를 기하는 측면과 함께 대도시 인근에서 교정기관 신축에 협력적인 지역을 그리 쉽게 구하지 못하는 사정과 관련이 있다고 한다. 플로렌스의 경우 지역이 한적하고 다른 경제적 기반을 구하기 어려운 관계로 지역발전의 견지에서 교정시설의 유치를 원했다고 한다. 교정국에서는 이 곳 지역사회와 밀접한 협력관계를 유지하며, 교도소의 공보관들은 지역문제를 협의하는 위원회(Community Relations Board)에 참석하고, 지역사회의 각종 행사에 적극 참여함으로써 교도소와 사회와의 거리감을 좁히고자 노력한다.

이 복합교도소들은 1990년대 들어 미연방 법무부의 종합적 교정프로그램의 일환으로 기획된 것이다. 초중경비 교도소인 ADX의 전신은 그 유명한 Alcatraz 교도소(1934-63)에서 구해진다. 알카포네 등 흉악범들이 샌프란시스코 항만에 위치한 작은 섬 Alcatraz에 수용되었고 수많은 화제를 낳았지만, 이 시설은 교정 사상이 징벌로부터 처우로 바뀌면서 1963년 폐쇄되었다.

1970년대에 들어서 교도소의 등급은 6단계로 나뉘었으며, 이러한 구분은 1985년 미연방대법원의 Bruscino vs. Carlson Decision 사건에서 법적 정당성을 확보하였다. ADX는 1994년 11월에 완공된 최신시설이다. 여기서 Administrative란 말을 쓴 것은 교정기관이 처우상의 재량권을 활용하여 특별한 운영지침을 정하고, 행정적 결정으로 초중경비시설에 수용될 자와 그 처우내용을 정한다는 의미를 지니고 있다.

수용정원은 490명. 시설을 참관한 전체적 소감은 490명이 이용하기에는 너무나 크고 많은 비용이 든 건축이라는 것이다. 현재 400여명이 수용된 상태. 여석을 일부 남겨두는 것은 다른 교도소에서 폭동이나 교정사고가 발생한 경우에 이 여석을 활용하기 위한 배려이다. 재소자의 평균 연령은 38세. 사형 및 종신형(life imprisonment)이 확정된 자가 많으며 현재 수용자의 평균복역기간은 36.3년. ADX로 이송된 사유를 보면 타 재소자에 대한 살인(미수)(22.3%), 재소자에 대한 폭력(20%), 교도관에 대한 폭력(17.1%), 보다 큰 안전/감시의 필요성(12.9%), 도주행동(9.2%), 소내 폭동(4.6%) 등이었다. 또한 교도관을 살해하려 했거나 인질로 잡는 경우, 작업/식량 스트라이크 주동자, 마약반입, 갱지도자 등이 여기에 포함된다. 매스컴의 주목을 받았던 유명한 수감자가 대단히 많은 것도 이 시설의 특징. 가령 Unabomer로 불렸던 폭탄테러범(카친스키), 세계무역센타 테러범 등도 여기 수용되어 있고, 나중에 신분카드를 보니 일본인 적군파도 1명 수감되어 있음을 확인했다.

시설유지비용도 엄청나다. 완벽한 수용관리를 위한 건축비용만 1억불에 달했고, 수용자 1인당 하루 140불이 소요된다. 일반 재소자의 경우 하루 50불 정도인 것과 비교해보면 이들을 수용하는 데 드는 부담을 짐작할 만하다.

초중경비 교도소라 하지만, 그 내부의 거주단위(Housing Unit)는 세분화된 등급으로 이루어진다. 재소자들은 일반거주구역(General Population Unit)에서 거주하며, 행장이 양호하면 과도구역(Intermediate Unit)을 거쳐 결국 이송 전 구역(Pre-Transfer Unit)으로 옮기게 된다. 이송 전 구역의 단계로 가게 되면 식당, 공장 등을 비교적 자유롭게 출입하게 된다. 다른 교도소에 비해 독보권 등은 매우 제한되어 있다. 소 내 규율위반으로 징계를 받게 되면 그 중에서도 가장 엄정한 통제구역(Control Unit)으로 옮겨진다. 이 통제구역은 가장 위험하고 폭력적인 재소자를 수감한다. 물론 통제구역으로 가기 전에 적법절차에 따른 청문의 기회를 가지게 된다.

통제구역에 수용된 자라 할지라도 무권리상태는 아니다. 여느 Unit와 마찬가지로 기본적 권리는 갖고 있다. 가령 모든 재소자는 도서실에서 한번에 3권까지 도서를 신청하여 볼 수 있고, 구매물품을 신청할 수 있으며, 월 2회의 전화사용이 가능하다. 일반 재소자의 경우 물론 전화사용은 가능하며 한번에 15분 이내의 시간 동안 통화를 할 수 있다. 통화내용은 감청함을 사전에 알려주며, 통화료는 자신이 부담해야 한다. 면회는 주 1회 허용하나 미국이란 지역의 광활함과 플로렌스란 지역의 오지성 때문에 사실 면회한다는 것이 매우 어려울 것으로 짐작된다. 아크릴 칸막이로 접촉이 차단된 상태에서 면회를 하게 되므로 신체접촉 및 물품교류는 차단되며, 전화기를 들고 서로 통화하는 방식을 취한다.

교도소 외정문을 출입하기 전에, 모든 입장자는 소지품을 맡겨야 하며 폴라로이드 사진을 찍어야 한다. 이 규칙에는 어떤 예외도 없다고 한다. 외정문을 들어서서 있는 외부 중앙통제실에서 control이란 형광 도장을 손등에 받아, 그것을 일일이 확인한 다음에 통과시키는 매우 엄중한 절차를 취한다. 어떤 출입문도 이중으로 되어 있고, 두 문이 한꺼번에 열릴 수 없도록 되어 있다. 통제실에서 폐쇄 회로를 통해 거듭 확인하고 목소리까지 확인한 후 들여보낸다. 그리고 모든 복도의 문은 차단되어 있으며, 열쇠를 가진 교도관이 스스로 열 수 없도록 되어 있다. 재소자들이 교도관으로부터 열쇠를 빼앗는다고 해도 문을 통과하기 불가능하게 되어 있는 것이다.

행정동과 재소자 거실 사이에는 지하형 통로가 있고, 안으로 들어서면 삼각형 모양으로 거실 및 처우실이 배치되어 있다.

먼저 면회실. 재소자와 신체 접촉은 불가능한 구조임은 언급한 바대로이다. 그러나 면회인접견실 밖에 있는 면회 대기실에는 의자, 장난감 등이 있었다. 변호인접견실에서는 통화를 감청할 수 없으나, 변호인과 재소자 사이의 신체접촉은 물론 불가능하다.

재소자 거실은 1인 1실. 나무로 된 재료는 일체 없고, 모두 벽돌 및 시멘트 그리고 철제부품으로 이루어진다. 거실에는 세면대, 샤워실, 침대, 시멘트 책상이 있다. 문은 이중으로 되어 있고, 내외를 출입할 때는 먼저 양손을 뒤로 내밀어 수갑을 채운 후 문을 따는 식으로 계호한다. 그것도 2인 1조로 계호하는 시스템이다. 거실 안에서는 버튼이 있어, 응급시에 재소자가 사용할 수 있다.

여기서도 담배는 허용된다. 담배는 자신이 구입한다. 성냥이나 라이터의 소지는 금지되며, 거실의 벽에 부착된 시거잭(cigar jack)을 통해 점화할 수 있다. 모든 재소자 거실은 모니터로 감시할 수 있도록 되어 있다. TV도 방마다 설치되어 있다.

운동을 위해 구역별로 야외 및 실내 운동장이 갖추어져 있고, 1인용 운동장은 또 따로 있어 도대체 운동장이 몇 개나 되는지도 모를 정도다. 운동에 관한 처우는 구역마다 다르다. 일반거주구역의 경우 12명 이내의 그룹으로 주 12시간 이상의 운동을 실시한다. 그보다 경미한 쪽에는 더 많은 그룹으로 더 오래 운동할 수 있다. 통제구역에서는 주 5시간의 운동이 실시되며, 나머지 시간은 독거상태로 거실에 머물러야 한다. 운동장을 보니 서너명의 재소자들이 몸을 풀고, 농구대에서 농구하는 모습이랑, 벽에 대고 공을 치는 모습이 보인다. 철봉도 있었는데, 하나의 쇠로 완전히 부착된 틀을 쓴다.

교육은 TV 프로그램, 각종 비디오 중에서 유익한 것을 골라 제공된다. 13개의 채널이 있는데 그 중 10개는 CC 채널로 기본이며, 3개는 여기서 직접 교육하는 내용이다. 신문, 잡지는 일반적으로 구독을 허용하며, 내용을 검열한 후 자극적이거나 교화에 해로운 내용이 있으면 삭제한다. 아동 포르노그래프도 법률상 금지되어 있으므로 당연히 불허된다.

병원시설도 둘러보았다. 진료를 위한 이송의 부담을 줄이기 위하여 환자의 98%는 내부병원에서 치료할 수 있도록 시설을 갖추어 놓았다. 의사, 조수, 응급담당의사가 있다. 또한 프로그램을 관리하고 변호사에 대한 대응을 위해 사건관리자(case manager), 상담자(counsellor) 1명씩을 두고 있다. 치과시설과 치과의사도 상주하며, 전염성 질환에 매우 유의한다. 미국 교도소에서 에이즈의 심각성을 읽은 바 있어 물어보았더니, 프라이버시 문제 때문에 알려주긴 곤란하다고 하나 아마 있는 것으로 짐작되었다. 병원시설은 소규모이지만 일류시설이라고 봐도 좋을 것으로 보였다.

종교 서비스는 물론 제공되나, 다른 교도소와 접근방법은 달랐다. 종교의 자유는 당연히 보장된다. 특이 종교의 경우 연방정부에 조회하여 유해하지 않다고 판단되면 종교예배의 기회를 보장한다. 직접 대면하여 종교활동을 하기는 어렵다. 때문에 대부분의 종교활동은 CC-TV를 통해 이루어지며, 그것을 위해 굉장한 분량의 비디오를 비치하고 있었다. 그리고 비디오카메라 시설을 두고 있어 목회자들이 교목실에서 설교 등을 하면, 그 내용을 녹화하여 볼 수 있도록 한다. 재소자들은 성경, 코란 등을 지참할 수 있다.

교육과 조사연구를 위해서는 우선 6천권의 도서를 비치하고 있으며, 한번에 3권까지 빌려준다. 청구서를 내면 재소자의 거실로 갖다 준다. 특징적인 것은 법률문헌 및 판례, 법전이 충분히 갖추어져 있다는 사실이다. 자신들의 권리문제를 살펴보고자 할 때 연구조사를 가능케 하는 것이다. 아무리 흉악수라 할지라도 재소자의 권리주장은 무시할 수 없으며, 권리에의 접근은 충분히 보장되어야 한다는 사실 하나는 분명한 셈이다. 실제로 이 곳 ADX에서의 특정한 처우가 미국헌법상의 '잔혹하고 비통상적 징벌'(cruel and unusual punishment)에 해당하지 않는가 하는 쟁점이 계속 제기되고 있다.

복도는 길고 부드러운 곡선으로 경사면을 처리하고 있다. 아마도 서울구치소의 복도와 유사한 형태라고 보면 될 것 같다. 차이점은 복도의 바닥을 아주 깨끗하게 처리하여 미관상의 이점이 있다는 것이다. 복도의 1층은 재소자들이 다닐 수 있는 반면, 격자형 칸막이가 없는 2층은 교도관들만이 다닐 수 있도록 한다. 1층의 경우 칸막이가 매우 많아 비상시 이동이 매우 어려운데 반해, 2층은 교도관들이 비상시에 신속하게 움직이거나 대피할 수 있도록 하기 위함이다.

직원들이 이런 교도소 근무를 기피하지 않을까, 이런 교도소에서 생활하는 것이 대단히 큰 스트레스가 되지 않을까 질문해 보았다. 우선 직원들은 대략 3년에 한번씩 근무지를 옮기게 되므로 여기 근무한다고 유독 스트레스가 큰 것은 아니며 시설 및 안전장비가 철저한 관계로 어떤 위험도 느끼지 않는다고. 직원들은 총기를 휴대할 수 없고, 곤봉과 열쇠를 휴대한다. 총기의 경우 재소자의 손에 들어가면 곤란하므로 연방교도소 교도관들은 재소자 사동에 들어갈 때 총기를 보관함에 넣어두어야 한다. 곤봉의 끝부분에 동그란 쇠구슬 같은 것을 붙였는데 가격시 재소자의 갈비뼈 사이로 들어갈 수 있도록 한 것이라고. 비상시 제압기구인 셈이다.

미국에서 종신형(life imprisonment)이 정말로 종신(life)이냐는 질문에 대해서는, 이전엔 그렇지 않고 감형, 조기 가석방 등으로 처리되기도 했으나 지금은 '종신'의 의미로 적용되고 있다고 한다.

3시간 동안 시설을 죽 돌아보고 나서, 격리무해화를 지향하는 엄정처우 그 자체란 느낌이 왔고, 심리적으로 위축된 탓인지 어깨가 아팠다. 이 교정시설은 단순히 중경비시설이 아니라 maximum of maximum prison으로 불려져야 하겠다고 했더니, 사실 그런 명칭으로 불려진다고. 즉 로키의 알카트라즈(Alkatraz of the Rocky) 혹은 수퍼맥스(Super-max)란 별칭으로 불려진다고 한다.

나와서 다시 교도소와 주변을 돌아보니 눈부신 하늘, 광대한 땅위에 예리한 철조망과 높은 망루로 둘러싸인 교도소의 모습이 처연한 대조를 이룬다. 이 세상에 태어나 어쩌다 저런 인생을 살게 되었는가 탄식이 절로 난다.

돌아와 몇 가지 사항을 정리해보았다. 무시무시한 기분이라고 했는데 무엇이 무시무시하게 만들었던가. 재소자의 표정 이외에 무서움을 느낄 가시적인 그 무엇은 없었던 것 같은데, 그 표정도 재소자와의 대화의 부재 상태에서 일방적인 느낌일 수 있다. 재소자들의 이동시에 팔다리에 사슬을 차고 이동하는 장면, 겹겹이 있는 철조망과 이중문, 재소자의 범죄사실이 준 인상, 교도관들의 엄숙한 태도 등에서 종합적으로 받은 인상일 것이다.

시설투자가 엄청난 만큼 여러모로 첨단설비가 돋보인다. 청결수준도 놀랄 만하다. 우선 아무 냄새가 나지 않았다. 청소는 바로 근처에 있는 완화경비시설의 재소자들이 와서 한다고 한다. 청결을 지적했더니, 미국 교도소의 3대 운영지침은 위생 · 보안 · 대화(sanitation, security, communication)라고 하며, 특히 깨끗한 교도소는 핵심가치에 속한다고 강조한다.

재소자의 권리수준은 우리의 보통시설의 수용자과 유사하거나 때로는 그보다 낫다. 독방에서도 전화사용, 흡연기회가 보장되며, TV 시청 및 교육 프로그램의 다양화가 돋보인다. 시설 자체도 물론 훨씬 낫다. 그러나 너무나 비싼 시설이어서 경제여건상 엄두를 내긴 어려울 것이다.

엄정처우 하에서 교도소 내의 긴장이 매우 높아질 수 있다. 그러한 긴장의 완화를 위한 한 요인은 자동설비, 첨단설비 사용으로 직접적 접촉기회를 줄인다는 점이다. 자동화, 첨단화는 직접적 감시인력을 줄여 인력절감효과를 기함과 동시에 대면접촉에 따른 위험성과 긴장도를 줄이는 효과를 얻게 된다는 것이다. 다만 인간관계의 단절에 따른 교화의 어려움도 예상되나, 미국 교도소의 경우 과밀수용으로 인해 교화개선이나 사회복귀보다는 수용관리에 중점을 두는 상황과 맞아들어가는 것으로 볼 수 있을 것이다.

시설 내 분위기는 한국의 초중경비시설보다 엄중하며, 스웨덴과 비교해 보면 여기는 너무 엄중하다. 아마도 사회단위가 훨씬 크고 죄질이 흉포한 경우가 적지 않은 미국사회에서도 가장 위험한 집단을 수용하고 있는 이상 어쩔 수 없는 선택일 듯하다. 폭탄테러, 기관총 난사 등 범죄에 사용되는 무기의 질이 훨씬 위험하고, 과학화된 범죄가 많은 미국사회에서 격리무해화의 이념을 제도화한 형태의 교도소가 아닐까 생각한다. 이들에 대해서도 관리수용하면서 인권처우를 하려다보니, 엄청난 비용이 드는 것은 인권가치를 기본 이념으로 하는 국가에서 불가피한 지출이라 볼 수 있지 않을까.

(2) 과밀수용 하의 엄격처우—아리조나의 '텐트형' 구치소

1999. 2. 16. 아리조나주의 피닉스에 소재한 Maricopa County의 구치소를 방문하였다. county[1]의 구치소는 county의 세리프(sheriff)[2]에 의해 관장된다. 이 county의 구치소를 프로그램에 넣은 것은 Joe Arpaio라는 sheriff의 새로운 실험이 사회적 물의를 빚어내고 있기 때문이다.

먼저 미국의 카운티는 도시가 아닌 도시인근지역에 해당하며, 카운티의

1) 미국의 행정구역은 연방, 주, 그리고 주 안에서 시와 county로 나누어진다. county를 군이라 번역할 수도 있으나, 자치권이 강화되어 있는 점에서 한국의 군과 다르다. sheriff는 시민의 투표로 선출되며, 그의 일차적 임무는 치안유지와 함께 형사사법의 실무를 책임진다. county 내의 구치소(county jail)의 운영을 책임지기에, sheriff의 성향은 구치소의 모습을 좌우한다.

2) 세리프(sheriff)의 원래 의미는 세금징수원(tax collector)이다. 이러한 의미가 변하여 지방경찰관이란 뜻으로 변화되었다.

sheriff는 주민의 선거로 선출된다. 선거로 선출되는 경찰서장이라면 주민들의 상충하는 두 욕구에 대한 나름대로의 해결책을 제시해야 한다. 즉 지역의 범죄율을 낮추고 범죄자가 보이지 않도록 해 달라는 주민으로서의 욕구와 범죄자를 위해 지나친 납세를 할 수 없다는 납세자로서의 욕구가 있다. 이 욕구는 보통 상충된다. 범죄자의 지나친 수용과 처우는 세금부담의 증대로 이어지고, 재소자 처우의 개선을 위해서는 또한 비용의 증대를 가져온다.

그런데 이 카운티의 세리프인 Arpaio는 매우 억압적인 처우를 통해 주민들의 지지를 구하는 길을 택했다. 그의 철학(?)은 이런 논리로 구성된다. '이라크를 공격한 걸프전에서 미군은 사막에서 텐트를 치고 지내야 했다. 군인들이 텐트에서 생활했다면 재소자가 텐트에서 못지낼 이유가 없다. 헌법상 남녀가 평등하다면 그것에는 처우상의 평등도 포함된다. 남성 재소자가 텐트에서 지낼 수 있다면 여성 재소자도 텐트에서 못지낼 이유가 없다.' 이 같은 논리로 군대식 대형 텐트를 지어, 거기에 남녀를 수용토록 한 것이다.

원래 Arpaio 씨를 1시간 정도 면담하기로 약속되어 있었지만, 그의 집무실을 방문하니 CNN 방송과 대담 준비중이어서 긴 이야기를 할 수 없었다. 그의 표정도 매우 경직되어 있었다(나중에 신문에서 본 바로는 문제의 jail에서 사망한 재소자를 은폐하였다고 하여 언론의 추궁을 받고 있었다). 그의 철학에 대해 몇 마디 얻어듣고, 차를 타고 "Pup" Tent city라 불리는 Jail(구치소)로 이동했다. 구치소의 보안과장(captain)은 매우 분주하였고, 때문에 보안계장 정도 되어 보이는 sergeant가 맞아 두 시간 동안 시설개황을 설명하고 안내하였다.

이 구치소에는 대개 1개월 정도 수용되며 최장기간 수용자는 1년도 있다고 한다.

구치소의 첫 인상은 과밀수용의 현실과 그럼에도 시설투자에의 의지가 없는 미국 교정의 난맥상을 그대로 드러낸 건축구조라는 것이다. 건물은 모두 세 구역으로 나누어져 있다. 첫 구역은 Tower라 불리는 구역인데, 거기에는 중앙감시탑이 있고 삼면에 재소자 거실이 위치하고 있다. 두 번째는 Dormitory인데 여기에는 교실과 같은 크기의 공간에 여러 재소자를 수용한다. 세 번째가 여기 구치소의 특징으로 Tent라 불리는 지역이다. 실제로 군인용 텐트와 같은 커다란 텐트를 치고, 거기에 다수의 2층 침대를 집어넣는 구조로 되어 있다.

왜 Tent인가의 논리는 앞서 말한 대로이다. 이 텐트는 늘어나는 재소자들을 임시로 구금하기 위한 시설이다. 저렴한 비용으로 과밀수용 문제를 해결하려는 고육지책의 산물이라고 할까. 야외에 철조망을 치고, 그 안에 텐트당 40여명을 수용할 수 있도록 하고, 거기서 생활하고 잠자리를 할 수 있게 한 것이다.[3] 텐트 안에 들어서니 카드놀이하는 재소자, 침대에 누워 있는 재소자들이 있었고, 양쪽으로 침대가 놓여진 사이를 지나면서 우락부락한 느낌을 주는 재소자들을 둘러보니 다소 오싹한 느낌이 드는 것은 어쩔 수 없었다. 폭동이 일어나기도 쉽겠다고 했더니 실제로 1996년 11월에 폭동이 일어나 교도관을 인질로 삼고 대치하다 교도관 2명이 크게 다치고 sergeant 자신도 부상을 입었다고 한다.

재소자들이 텐트 시설 생활을 dormitory, tower 생활과 비교하여 어떻게 평가할까 하는 질문에 텐트 생활을 더 낫게 생각한다고 다소 믿기지 않는 답변을 한다. 바깥 공기를 쐬고 생활이 조금 더 자유로우며 새소리도 들을 수 있다는 것이다. 피닉스의 날씨가 겨울에도 크게 춥지 않아 가능함을 덧붙였다. 그러나 여름엔 불볕 더위인데다, 겨울에도 외풍이 쉽게 들어올 수 있는 구조로 되어 있어 춥지 않다는 것도 이해하기 어려웠다. 더구나 샤워, 화장실(공원에 있는 간이화장실과 같은 형태임)의 열악함 등을 살펴보면 텐트 생활이 낫다는 것은 실내 생활이 너무나 못하다는 것의 반증일 뿐이라는 정도로 새길 수밖에 없을 듯하다.

Tower형 시설은 중앙에 감시탑을 두고, 거기서 세 방향으로 거실을 지어 배치한 것이다. 각 삼각형 거실의 외벽 쪽에 이층으로 침대를 두고 그 안쪽 실내공간에는 간단한 시멘트 책상 및 의자가 있으며, 수도꼭지와 세면대가 설치되어 있다. 가운데 편에는 샤워실이 2개 있어 샤워를 할 수 있도록 되어 있다. 재소자들은 주간에는 거실에서, 야간에는 침대가 있는 방에서 지낸다.

3) 우리 식으로 하면 1980년 삼청교육대를 군대에서 임시수용할 때 이런 모습이 아니었을까 생각된다.

침실의 방문은 중앙감시탑에서 자동으로 열고 잠글 수 있게 되어 있다. 철제 방문은 밀폐형으로 되어 있지 않아 거실에서 그리고 중앙감시탑에서 침실 내부를 볼 수 있도록 되어 있다. 각 거실의 수용규모는 30명인데, 현재 과밀상태로 40명을 수용하고 있다고 한다. 그로 인해 10여명은 원래 침대를 두는 공간이 아닌 실내 거실에 침대를 두고 생활하여 전체 실내공간이 더욱 협소해져 있는 상태다. 최소한의 프라이버시도 보장되기 어렵게 되어 있는 것이다.

같은 구조이지만 소내 질서위반자에 대한 징벌방은 따로 두고 있었다. 징벌 수용자는 거실 내 실내공간을 이용하지 못하고 침대가 있는 좁은 공간에 갇혀 있어야 하는 것이다. 여성 징벌방을 밖에서 보았더니 손짓을 하고 애교를 떠는 모양이 무척 답답한 모양이다. 2인 정원의 징벌방에 몇 명씩 들어 있고, 겉옷도 입지 않은 채 있는 모습이 덥고 답답한 상황을 말해 주는 듯하다.

타워형 거실을 감시하는 교도관은 불과 2명이다. 2명이 Tower에 있는 3개 거실, 120명을 동시에 감시하는 것이다. 1명이 감시역이라면, 다른 1명은 감시탑에 있는 전화 및 컴퓨터 등 기기조작에 종사하므로 실제 감시자는 1명인 셈이다. 이렇게 적은 인원으로 120명이나 손쉽게 감시할 수 있도록 설계함으로써 대단한 인원절감의 효과를 거두고 있다. 길다란 복도식으로 일관하고 일일이 돌아다니면서 확인해야 하는 낡은 건축구조로 인해 관리수용상의 애로가 적지 않는 우리 교도소와 잘 대비되는 상황이다.[4)]

dormitory형 거실은 넓은 방(교실 크기 정도)으로 이루어져 있고, 역시 감시의 용이성을 달성할 수 있도록 배치되어 있다. 내부에는 4대의 감시 카메라가 작동하고 있다. 거실 하나에 40명을 수용할 수 있도록 설계되었으나, 과밀화로 인해 80명을 수용하고 있는 형편이라고 한다. 여기서는 교도관 1명이 한 거실을 관리한다.

도중에 저녁시간(4시반)이 되어 배식 현장을 살펴보았다. 120개 정도의

4) 한국 교도소의 경우 각 사동의 각 층마다 1인의 교도관이 야간계호를 서야 하고, 일일이 돌아다니며 확인해야 하기 때문에 매우 불편하고 인력낭비가 심한 현실이다. 무인감시장비를 늘리고, 재소자 거실에 벨을 설치하여 야간에 필요하면 벨을 눌러 부를 수 있게 하는 등의 방법으로 대면접촉을 줄이고, 감시의 효율성을 기하며 인력을 절감할 수 있는 방안을 강구할 필요가 있다. 물론 보다 근본적 개선책은 첨단기술장비와 건축구조를 활용한 인력절감형 교도소를 짓는 일이다.

식판(각 식판마다 덮개가 있어 음식이 식지 않도록 되어 있다)을 한 수레에 실어 개별 거실로 운반한다. 식판에는 스튜, 샌드위치, 옥수수빵, 샐러드 등의 음식이 담겨 있다. 간편하지만 영양을 고려한 식단으로 보였지만, 재소자들의 가장 큰 불만사항은 여기서도 역시 먹는 문제라 설명한다. 음식의 칼로리, 맛, 온도, 양의 문제가 지적된다고 한다. 그러나 구치소를 나갈 때 몸무게를 달아보면 들어볼 때보다 더 나갈 경우가 많다며 안내인은 그러한 주장을 일축하였다. 하지만 재소자의 입장에서는 다르게 느낄 수 있을 것이다.

운동장은 삼각형 모양의 좁은 공간이었는데, Florence의 운동장보다 더 좁고 배려 안된 시설로 보였다. (무죄추정을 받는) 미결수의 처우가 외려 더 열악한 모습이다.

면회실(visitation area)을 돌아보니, 면회실에는 10개의 테이블이 놓여 있고, 그 테이블에 재소자와 가족이 앉아 면회하도록 되어 있다. 여기서는 신체접촉은 금지되며, 금지물품 반입자는 면회가 제한된다. 그리고 소내 질서위반자의 경우 면회를 할 경우에도 이렇게 대면접촉이 아니라 아크릴 유리로 차단된 상태에서 서로 얼굴을 보면서 전화기를 들고 대화하는 방식으로 면회를 한다.

재소자에게 작업을 과하는가 하는 질문에는 어떤 작업을 지정하면 의무적으로 수행해야 한다는 것도 특징적이다. 가령 청소, 식사 등을 재소자들이 수행한다. 한 가지 특징은 19세기 중반 정도에 역사에서 사라졌던 연쇄(連鎖, chain-gang)를 도입했다는 것이다. 즉 여러 명의 재소자들이 흑백의 무늬로 된 유니폼을 입고 한 조가 되어 발에 연쇄(chain)을 한 채 시설 밖으로 나가서 청소, 도로작업 등을 수행한다. 하루 8시간, 주 6일 동안 교도관의 감시를 받으면서 공공사역 혹은 자선활동에 투입되는 것이다.[5)]

5) 연쇄에 대한 Arpaio의 철학(?)은 다음과 같다. '연쇄는 형벌이 아니라 사회복귀의 수단이다. 재소자는 연쇄를 차고 바깥에 나가 일을 할 수 있으므로 해서 지역사회에 기여하고 보다 생산적인 활동을 할 수 있다. 공공작업과 자선활동에 종사함으로써 사회에 기여한다는 자부심을 가질 수 있다. 그리고 연쇄착용자는 강제적인 것이 아니라 신병훈련소와 같은 정도의 규율을 지키겠다고 자원한 자로 이루어진다. 그들이 문제를 일으키지 않고 프로그램을 성공리에 수행한다면 졸업장을 수여하고, 그들은 시설 내의 통상적 활동에 다시 참여할 수 있다. 하루 23시간을 비좁은 시설 내에 갇혀 있기보다는 오히려 좋은 것이며, 재소자들을 대중 앞에 수치스럽게 노출시킨다는 비난은 재소자의 실정에 비해 볼 때 타당한 지적이 아니다. 재소자는 규율을 익히고 공동체는 환

교도관이 독보할 때 위험을 느끼지 않는가 질문에, 자신들이 평소 위험을 충분히 의식하면서 활동하게 되므로 위험에 처할 상황 속에 노출시키는 것은 경험부족이라는 것. 교도관의 소지장비로는 전기충격봉(stun device), 가스분사기가 있다. 재소자가 덤빌 때 전기충격봉을 사용하면 5만 볼트의 순간 전류가 흘러 신경계를 마비시킨다. 탄환은 휴대하되, 총기는 재소자와 접촉하는 거실 내에서는 휴대하지 못하도록 한다. 그리고 소형의 가스분사기를 갖고 있어 그것을 발사하면 재소자의 눈을 띄지 못하게 하여 제압한다. 모두 작은 크기지만 호신용 장비로는 대단히 효과적일 것으로 보였다.

텐트와 같은 시설은 범죄자를 가혹하게 다루어 범죄를 억제하자는 엄중처벌정책(Get-tough policy)의 한 결과이다. 이러한 엄정처벌정책은 필연적으로 시설수용자의 증대를 초래한다. 거기다 그런 정책의 이면에 있는 논리는 범죄자를 격리해야 마땅하다는 사고가 들어 있어 범죄자를 위한 수용시설 건축 및 운영을 위한 경비조달엔 매우 인색하다. 과밀수용 및 시설투자 인색의 두 상황을 타개하기 위하여 텐트형 시설이 나타나는가 하면 민영교도소도 쉽게 수용된다. 다른 한편 Florence에서 보았듯이 중범죄자에 대한 엄격처우 및 종신형을 문자 그대로 '종신 동안' 엄격하게 집행하는 행형도 실행된다. 그렇게 한다고 해서 범죄억제효과가 나타나는지에 대해서는 지속적인 범죄증가 경향을 미루어 볼 때 부정적으로 답변될 수밖에 없다.

시설 내 재소자들의 태도는 질서정연한 규율로 살아가지 않으며, 우리 기준에서 볼 때는 무질서한 데다 청결치 못한 느낌을 준다. 군대식 규율을 부과하지 않으며, 시설 내에 수용해 두되 더 이상의 간섭은 별로 없이 방치해두는 느낌이었다. 연쇄를 착용한 재소자들은 외부로 나가 사역하므로 보다 규율이 유지되어야 하며, 규율 있는 생활에 대한 훈련을 받는다는 차이가 있다. 시설 내에서 카드게임도 허용하나 돈을 건 도박은 법적으로 금지되며 범죄라고 한다. 기결수보다 미결수의 처우가 낮은 편이다. 보다 자세한 규율과 일상생활을 알기 위해 자료를 요청했더니 Rules & Regulations for Inmates란 상세

경정화 작업 등을 무료로 봉사받는다.' 물론 그의 주장은 수많은 비판을 받고 있으며, 저자도 이러한 방식에 대해 수치스러워 하는 미국의 교정실무가의 이야기를 계속 들어야 했다.

한 내용을 담은 자료를 얻을 수 있었다. 이 규정을 입소시 재소자에게 교부하고, 이 자료를 받았다는 사실과 그 내용을 이해하고 규정을 준수하겠으며 규정위반시 즉각 제재를 받겠다는 서명을 받아 보관하고 있다.[6] 나중에 그런 규정을 몰랐다고 주장할 때, 이 서명을 제시함으로써 그 주장을 일축하고 규정을 집행하기 위함이다.[7]

이렇게 열악함이 돋보인다고 해서 우리 기준에서 인권사각지대라고까지 할 정도는 아니다. 무엇보다 전화기가 3대나 실내에 가설되어 있었다. 전화는 10분간 할 수 있으며 전화요금으로 1불 50센트 한도까지 부과한다. 전화기를 들면 먼저 이 통화가 녹음됨을 알리는 목소리가 나오고, 통화를 할 수 있다. 전화 내용을 일일이 감청하진 않으나, 전화내용은 녹음되며, 그 녹음된 전화내용은 법정에서 증거로도 사용될 수 있다고 한다. 미결수로서는 전화이용을 통해 자신에게 불리한 말을 무심결에 말할 수도 있고, 또 전화비용을 부담해야 한다는 사정 등으로 전화이용에 대한 일정한 통제가 이루어지는 듯하다.

또 하나의 특징은 식사 한끼에 1달러를 청구한다는 것. 자신의 비용으로 식사하는 원칙은 (왜 재소자의 식사비까지 주민들이 부담해야 하는가 하는) 납세자의 불만을 처리하는 한 방법으로 강구된 것으로 보인다. 자기부담의 원칙은 전화비의 경우에도 마찬가지이며, 심지어 의료비도 표준진료비 3불, 처방시 또 3불을 받는다. 돈이 없어 못낼 때는 받을 수 없지만, 만약 바깥에서 무슨 일을 하다 돈이 있는 것을 발견할 경우 청구한다고. 모든 선량한 시민들이 식사, 의료, 전화를 공짜로 할 수 없듯이 이들 재소자들의 기본비용도 받아야 한다고 주장하는 것은 일견 그럴 듯하나, 이것도 범죄자에 대한 불관용을 입증하는 보수적 형사정책의 일단으로 이해될 수 있을 것이다.

---

6) 저자가 방문한 스웨덴 교도소에서는 어느 교도소에 배치될 경우 2주간의 체계적인 입소교육 및 평소교육이 시행되고 있었으나, 여기서는 그런 것은 없었다.

7) 우리의 경우도 적어도 재소자가 지켜야 할 규정을 나눠 주고 서명을 받게 하는 제도의 도입은 필요하다고 생각된다. 모든 준수사항도 수시로 설명해 주고, 그 내용을 배포하며, 특히 인권관련사항의 경우 반드시 그렇게 하도록 해야 할 것이다. 교육받은 사실을 입증하는 서식을 만들어 재소자들이 서명하게 하는 방안의 도입을 추진해야 할 것이다.

(3) 캠퍼스 속의 기숙사형 시설—샌프란시스코의 여성수용시설

1999. 2. 18. 샌프란시스코에서 차로 1시간 정도 달려 더블린시에 도착하니, 거기에는 Federal Correctional Institution, Santa Rita Jail, 그리고 Federal Training Camp 등 교정시설이 여럿 있어 콜로라도 주의 Florence 시처럼 교정공화국이라 부를만한 곳임을 알았다. 대형 건물 주위에 날카로운 철조망을 이중으로 둘러친 것 역시 참관인들을 긴장시킨다.

먼저 방문한 곳은 더블린 연방교도소(Dublin Federal Correctional Institution). 여기는 여성 재소자들을 수용한다. 마약관련 사범이 가장 많고(81%), 그 외에도 살인 등 중범죄자도 수용하고 있다. 남성과 여성은 교도소의 경비 등급의 분류에 약간의 차이를 둔다. 남성의 경우 완화경비(minimum), 중간경비(midium), 엄중경비(maximum) 등으로 구분하나 여성의 경우 경비등급 면에서 큰 차이를 둘 필요가 상대적으로 적고, 소 내의 갈등상도 심각한 수준으로 이르지 않으며, 여성 재소자수도 상대적으로 적은 탓에 상세한 등급 구분을 하지 않은 경향이다. 대체로 저위험(low risk), 고위험(high risk)으로 구분하기도 하고, 여기 연방교도소처럼 구분 없이 함께 수용하기도 한다.

입구에 들어서니 공보관격인 Gutierrez씨가 맞았다. 입구에서 예외 없이 폴라로이드 사진을 찍고 손등에 도장을 찍고 카메라와 가방을 보관시킨 뒤에야 안으로 들어감이 허용되었다.

행정동을 벗어나자마자 눈에 확 띄는 것은 널찍한 잔디밭이다. 그 잔디밭을 둘러싸고 재소자들이 거주하는 건물들이 대학 캠퍼스 건물처럼 배치되어 있어 전체적인 인상은 대학 캠퍼스라 해도 그대로 믿을 정도다.

먼저 Unit F라 불리는 한 사동을 방문했다. 모든 건물은 2층으로 되어 있는데, 어디에도 철격자가 보이지 않는다. 건물은 철창이 아니라 통유리로 되어 있어 교도소 건물 특유의 긴장과 저항감이 전혀 느껴지지 않는다. 안으로 들어서니 중앙부에 널찍한 휴게실이 있고, 가장자리 편의 1층, 2층에 거실이 자리잡고 있다. 잔디밭, 투명화된 건물, 휴게실, 거실 배치를 보면 대학기숙사와 같다고 했더니, 사실 수용인원이 감축되면 그런 방식으로 전용할 것도 의도하고 지어졌으나 과밀수용 문제로 인해 현실화는 요원하다고 웃음지었다.

Unit F에는 300명을 수용한다. 방이 모두 100개이므로 한 거실에 3명이 살고 있는 셈. 그러나 일률적으로 3명씩 사는 것이 아니라, 입소시에 4인 1실로 하다, 6개월 정도 지나고 특별한 문제 없으면 3인 1실로, 다시 시간경과와 행장개선에 따라 2인 1실에 배치시켜 주는 특전을 베푼다. 각 거실에는 2층 침대가 2쌍 있었으며(3인실에는 2층 침대 1대와 1층침대가 놓여 있다), 화장실, 의자와 책상. 세면기, 작은 옷장이 비치되어 있다. 샤워룸은 따로 있었고, 세탁실에는 2대의 세탁기, 3대의 건조기가 놓여 있다. 전화는 사동 내에서 누구든 자기 비용으로 자유롭게 할 수 있었고, 15분 지나면 전화가 자동적으로 끊어진다. 전화내용은 녹음되며 선별적으로 감청된다. 편의시설을 주정부 시설과 비교하면 어떠냐의 질문에, 아무래도 연방정부의 시설은 주정부보다 훨씬 나은 편이라고 답변.

여성 교도소라 그런지 교도소 특유의 냄새가 전혀 나지 않는 것도 특징. 재소자들은 화장품을 소지하고 있으며, 진하고 예쁘게 화장한 모습도 도처에 눈에 띄었다. 미용실도 사동마다 있고, 다리미도 놓여 있다. 조그마한 체련실에는 운동용 자전거가 눈에 띄다.

TV는 사동마다 총 3대가 비치되어 있는데, 일반 TV, 히스패닉용 TV, 그리고 연속극이나 드라마가 나오는 TV로 용도가 구분된다.

지출을 위해서는 직불카드를 일반적으로 사용한다. 그것을 이용해 자판기에서 콜라류와 과자류를 사먹을 수 있고, 전화도 할 수 있으며, 필요한 물품을 구매할 수 있다. 매점에는 작업시간 외에 가서 물품구매를 신청할 수 있다. 현금을 소지하면 직원 매수, 영향력 확대, 도박 등을 할 가능성이 있기에 현금소지는 엄격히 금지된다. 직불카드를 사용할 경우 나중에 문제가 생길 경우 금전의 사용내역을 점검할 수 있게 된다.

각 사동당 보안담당 직원은 단 1명이며, 2명의 카운셀러, 2명의 case manager, 1명의 unit manager가 재소자의 교화를 담당한다. 역시 효율적인 공간배치를 통해 적은 인원으로 많은 재소자를 관리할 수 있다는 사실이 주목된다.

작업은 하루 7.5시간 할당된다. 대부분의 작업은 교도소 관리와 관계된 것들로, 취사 · 청소 등 보조적 일이며 회계사무를 보조하기도 한다. 재소자 중 1/4 정도는 소 내 공장에서 작업한다. 미국 내의 교도소 공장은 UNICOR에서 통합적으로 관리한다.[8] 작업종류를 보니 커튼제작, 우편박스제작, 그리고 의자제작작업 등이 있다. 그 의자는 연방정부의 집기로 사용된다. 가구제작 공장도 눈에 띈다. 전체적으로 조립용 작업과 단순기능작업이므로 그 작업을 통해 경제적 수익을 올릴 수 있겠다는 생각은 하기 어려울 듯.

한편에서는 컴퓨터 훈련 및 컴퓨터 작업을 수행한다. 사실 컴퓨터는 교도작업과 직업훈련을 겸할 수 있는 새로운 방법으로 각광받고 있다. 컴퓨터는 모두 50대. 여러 학급이 운영되며, 그 중에서는 아무 것도 모른 채 타이핑부터 시작하여 2년 정도면 복잡한 도면 그리기를 비롯한 모든 작업을 해나가는 데 부족함이 없다고 한다. 작업내용은 연방정부의 자료를 인터넷에 올리기 위한 전산화 작업의 일환으로 문건의 타이핑, 도면 그리기 등을 하고 있었다.[9] 컴퓨터 직종은 재소자들의 자원을 받아 선택하도록 한다고. 전체 작업강도는 다소 느슨한 느낌이다. 공장 내에서는 의무량을 할당해서 일하고 있으나, 밖에서 청소 취사 등의 일은 느슨하게 진행되는 느낌을 받았다.

임금은 (스웨덴 등과는 달리) 거의 주어지지 않은 것 같다. 월 5불 25센트 정도. 기본적 물자는 교도소에서 제공해 주므로 재소자들이 쓸 필요가 없다고 하나, 재소자의 입장에서는 다른 의견을 갖고 있을 것으로 짐작된다.

식사는 식당에서 하며 식당은 한꺼번에 200명 정도를 수용할 수 있는 공간이다. 식사시간은 30분이며 교대로 식사한다. 식사종류는 야채식과 더운 음식 중에서 택일한다. 야채식을 보니 샐러드용 생야채 8가지, 덥힌 야채 5가지, 드레싱 3가지, 커피, 콜라 등을 자기 양만큼 뷔페식으로 골라 먹게 되어 있고, 맛을 보니 괜찮은 것 같았다. 식사시간에는 직원들도 동석하는 경우

8) UNICOR은 1930년대부터 시작된 미국 교도작업 본부로, 소 내 생산을 통한 자급자족을 목표로 하며 그를 위해 독립채산제로 운영된다.

9) 한국의 대검찰청에서 실업자구제기금을 활용하여 검찰정보의 컴퓨터화를 위한 타이핑 작업을 하고 있는 것을 본 적이 있다. 재소자들에게 컴퓨터 교육을 시켜 그 작업을 활용하면 각종 컴퓨터 문서화 작업과 컴퓨터 훈련을 동시에 시키는 효과를 기대할 수 있고, 출소 후 그 기술을 활용하여 유망한 일을 할 수 있을 것으로 기대된다.

가 많고, 주 1회 정도는 소장과 재소자와의 대화 및 고충접수를 하고 있다. 직원은 1.5달러의 식비를 내야 하며, 보통 때는 직원용 라운지에서 식사하곤 한다.

담배는 건물 밖에서만 허용된다. 라이터와 성냥은 소지할 수 없고, 건물 바깥벽에 시거잭 같은 전기점화장치(electrical lighter)를 부착시켜 화기 소지에 따른 위험을 예방하는 방식을 취한다.

범죄유형별로 보면 마약사범이 가장 많다. 약물남용 프로그램이 있는지, 어떻게 운용되는지를 질문하니 Drug Abuse Treatment: Participant's Manual이라는 제목의 자료를 제공한다. 프로그램의 구체적 진행을 알고 싶었지만 시간 관계로 살펴볼 수 없어 유감이었다. 마약치료 교육은 1년 동안 500시간의 종합 프로그램으로 운영되며, 여러 반으로 나뉘어 마약전문가와 정신의학자들이 두루 관여한다.

그런대로 미국에서 본 시설 중에서 가장 선진적인 편이라 위안이 되었다. 아리조나주의 텐트형 구치소에 대한 논평을 부탁했더니, 매우 비판적 반응을 보였다. 형벌은 처벌을 목적으로 해서 과해지는 것이 아니라 처벌로써(not for punishment, but as punishment) 과해져야 하는데, 그 경우는 형벌 자체가 목적이 되어 있다는 것이다. 사람을 짐승같이 다루면 짐승처럼 난폭해질 것이며, 신뢰를 준 만큼 반응하는 것이 사람이라는 지론이다. 아리조나의 경우는 극단적인 사례이며, 그에 대해 매우 분개하는 교도관이 많다고 한다. 그러면서 그 문제의 sheriff가 최근 재소자의 사망사실을 은폐한 일로 여론의 화살을 맞고 있다고 소개하면서, 통제의 극대화를 한다고 통제가 확보된다고 믿을 수는 없다고 언급한다.

한 가지 의아했던 점은 여자교도소에 남자직원이 너무 많다는 점이다. 특히 사동 내에서의 활동도 남자직원 다수가 관여하고 있는데, 그 경우 여자재소자의 여러 면을 보게 되고 성적 접촉의 가능성이 증대하는 문제가 생기지 않을까 하는 우려가 들었다.[10)]

10) 방문 다음날 우연히 펼쳐본 San Francisco Chronicle지에는 이 교도소의 한 직원이 지난 몇 년간 몇 명의 재소자와 성적 접촉을 반복하고 또 화장품 등 물품을 재소자에게 제공한 혐의로 연방수사국으로부터 수사받고, 기소된 내용이 실려 있었다. 적어도 여자교도소를 운영할 때는 직원과

(4) 로봇으로 작동하는 첨단자동시설—산타 리타 구치소

1999. 2. 18. 오후 3시부터 2시간 동안 앞의 여성교도소 옆에 있는 산타 리타 구치소(Santa Rita Jail)를 방문했다.[11] 입구에서 길게 늘어선 면회인의 행렬을 보니 첫눈에 대형 구치소임을 실감한다. 여기는 county jail이므로 역시 sheriff의 관할 하에 있다.

면회인을 위한 안내판을 보니 모든 면회인들은 예외없이 신분증(운전면허증)을 제시해야 하며, 어떤 소지품의 휴대도 인정되지 않고, 흡연도 금지된다. 알콜 · 마약의 휴대는 당연히 금지되며, 카메라 · 레코더 · 지갑 · 백 등의 소지도 금지된다. 면회시에 오직 허용되는 소지품은 자동차 키와 신분증뿐이다. 면회시에는 지정된 좌석에 앉아 있어야 하며 테이블에서 몸을 기울이거나 일어서서는 안된다고 명시되어 있다. 면회인의 짐을 맡기는 로커의 내용물은 필요한 경우 언제든지 검색할 수 있도록 한다.

이 구치소는 현재 3,700명을 수용하는 대형시설이다. 1983년 건축이 완공되었고, 현재 359명의 교도관에 18개의 거주구역(housing units)을 두고 있다. 모든 경비등급의 범죄자들을 내부에 구역을 갈라 수용할 수 있도록 하여 이송의 부담을 줄이고자 한다. 경비등급에 따라 내부에 8개의 엄중경비구역, 2개의 중간경비구역, 5개의 완화경비구역(dormitory style), 그리고 2개의 여성용 구역이 있는 데 여성구역은 중/경의 두 단위로 분류 수용한다. 완화경비구역에는 구기를 할 수 있는 체련장, 작업장, 교회당 등의 공간에의 접근이 보장되며, 엄중경비구역에서는 별도로 분리된 작은 운동공간에서 운동할 수 있도록 한다.

이 구치소의 가장 큰 특징은 보안과 안전의 편의에 역점을 두었으며, 그를 위해 불필요한 재소자의 이동을 최소화했다는 점이다. 특히 식사를 위해 식당에 이동할 때, 그리고 식사할 때 재소자간 잡음과 싸움이 적지 않기에 그 문제를 해결하기 위해 한 구역(unit) 내에 탁자와 의자가 있는 내공간을 만들

재소자와의 성적 접촉이나 성폭력을 막을 수 있도록 예방적 조치를 취해야 함을 일깨워준다.

11) 구치소의 sergeant인 Jim Knudsen씨가 안내를 담당.

고, 외공간에는 거실을 두도록 함으로써 재소자의 이동을 최소화한 것이다. 식당에 갈 필요가 없다는 점에서 오히려 한국식에 가깝다고나 할까.

그리고 가족면회 등 면회시에 별도로 조성된 면회실로 나오게 되면 계호인력이 따라붙어야 하므로, 사동과 면회실의 거리를 최소화한 것도 특징적이다. 면회인들은 건물 2층에 난 복도를 따라가면 자신의 면회실이 나오며, 재소자들은 실내에서 아주 가깝게 접근하여 면회인을 만날 수 있도록 함으로써 교도관의 계호가 필요없도록 한 것이다.

출정과 이동에 소요되는 계호인력의 부담을 최소화하기 위한 또 하나의 시설은 비디오접견실(video interview room) 및 비디오 재판정을 만든 것이다. 미국에서 형사변호인의 절반 이상은 공익변호사(public defender lawyer)로 구성된다. 공익변호사들은 한꺼번에 많은 형사사건을 갖고 있으며, 이들은 공익변호사사무실에서 같이 근무하는 것이 보통이다. 이들이 사건마다 일일이 구치소로 와서 재소자를 면담하는 부담을 경감시키기 위해 비디오접견실을 설치한 것이다.

재소자나 변호인이 접견을 신청하면 재소자는 그 화상접견실로 와서 앉으면 화상을 통해 변호인과 법적 상담을 하는 것이 가능하다. 변호인은 물론 구치소로 직접 와서 상담할 수도 있다. 그러나 짧은 시간 상담하기 위해 일일이 구치소로 오게 되면 취급할 수 있는 사건수가 매우 적을 것이고, 관련기관에서는 공익변호사의 숫자를 훨씬 늘려야 할 것이다. 또한 구치소로서도 계호의 부담을 줄이기 위해 화상설비라는 현대적 기술을 최대한 활용한 것이다. 이러한 비디오 면담은 하루 100명에 달하며, 만족도도 높다고 한다.

또 하나는 비디오법정(video court)이 운영된다는 점. 주로 교통사범 등 경미사범들을 위해 활용된다. 법원에서 개정하면 판사, 검사, 변호사는 법정에 출석하고 소송활동을 수행하며 그 광경은 비디오로 그대로 중계되고, 재소자는 법정에 출두함이 없이 비디오실에 앉아 공판에 참여하는 형태이다. 재소자가 서명해야 할 문서는 팩스로 구치소에 보내어 서명하도록 한다. 유무죄를 답변하는 형사절차(arraignment)의 경우 하루 35건 정도 이 법정을 이용한다고. 이 법정은 하루종일 붐빈다고 한다. 비록 비디오재판이라도 재판인 만큼 차분하고 정숙한 태도를 유지해야 하는 것은 당연하다.

공판이란 법관과 피고인이 서로 대면한 가운데 해야지 이 같은 비디오법정은 너무 비인간적이라고 느끼지 않는가 질문했더니, 피고인으로서는 법정에 출정하기 위해 아침 일찍 일어나 수갑과 포승을 차고 호송버스를 타고 법정에서 대기하다 공판을 하고, 또 식사시간 등으로 지체되는 데다, 법원 내 구치감에서의 불유쾌한 경험, 그리고 법정에서의 수치심 등을 겪지 않을 수 있어 오히려 반긴다고 한다.[12)]

대형시설의 경우 엄청난 양의 식사 및 쓰레기처리 등의 문제가 수반된다. 3,700명을 수용하는 이 구치소로서는 하루 1만여끼의 식사를 만들어 내야 하고, 그를 위한 식품재료의 조달, 스넥류의 공급, 쓰레기 처리에 거대한 인력이 동원되어야 할 판이다. 취사 등의 일은 기결수 중 일부가 뽑혀와 있고 미결수도 일부 참여한다. 거실 내의 테이블에서 식사한다고 할 때 식사를 나르는 문제, 식사 후 수거해 오는 문제가 거대하고 거기에 인력을 소요하게 되면 계호도 동시에 수반되는 등의 문제는 모든 교도소의 공통된 고민일 것이다.

이를 해소하기 위해 여기서는 세계 최초로 로봇 시스템(robotics system)을 도입하여 자동운반체계를 갖추었다. 식사, 쓰레기 등 운반해야 할 것이 있으면 바퀴달린 컨테이너에 넣고, 그것을 지정이동공간에 놓으면 로봇이 그 컨테이너를 밀고 가는 것이다. 현재 30대의 로봇이 작동되고 있다. 로봇이 컨테이너를 뒤에서 슬슬 밀고 가는 모양도 참 재미있다.

이 로봇은 사람과 달리 24시간 가동되며 거의 부상도 입지 않아 편리하다. 전체 로봇 시스템을 설치하는 데 든 비용은 600만불. 비용면에서 처음 설치비는 많이 드나, 5년 지나면 본전은 완전히 뽑는다고. 즉 로봇 사용에 따른 교정인력의 절감효과만 따져서 5년 걸리면 설치비용 부담을 충당하며, 거기

---

12) 검찰, 법원에의 출정인력의 부담을 항시 느끼고 있는 우리로서는 참고할 만하다. 다만 그런 화상을 통한 변호인접견, 검찰신문, 공판정을 만들고자 한다면, 그 분위기를 훨씬 편안하고 인권이 보장되는 공간으로 만들어야 할 것이다. 그리고 우리의 경우 피고인신문이 필요적 절차로 되어 있는 경우에는 다소 법적 쟁점이 제기될 수도 있음을 유의하여야 할 것이다. 이런 비디오 방식은 비교적 경미한 사안에 대하여, 법적 쟁점이 간단하고, 당사자의 명시적 동의가 있는 경우에 한하여 먼저 추진됨직하다.

다 재소자의 노동력 활용(비용+의료비+질병 대비 등)에 따른 부담, 그리고 생길 수 있는 교정사고의 감소효과 등을 종합적으로 판단하면 훨씬 수익성이 높은 선택이라고 한다. 이 첨단기술을 가미한 시설 때문에 전세계의 교정기관 종사자들이 참관하러 온다고.

수용시설의 구조는 현대기술과 공간배치의 절묘함으로 역시 최소인력으로 최대의 감시효과를 거둘 수 있도록 지어져 있다. 중앙통제실에는 2명이 한 구역(a housing unit)을 감독한다. 일방통행식 유리로 되어 있어 여러 사동 재소자는 감시실을 볼 수 없고, 감시자는 재소자를 환하게 볼 수 있는 그야말로 팬옵티콘형 일망감시체제(panopticon principle)를 완벽하게 구현하고 있다. 또한 사동과 거실의 내부를 상세히 보기 위해 중앙통제실 내부에 다시 비디오감시시설을 설치해두고 언제 어떤 상황이든 볼 수 있도록 하고 있다.

1층이 재소자 사동인데, 2층의 많은 공간은 면회실로 사용된다. 면회실의 절묘한 배치로 1명의 기술자가 2개의 구역(housing units)의 면회를 감독할 수 있다. 면회시간은 20분 허용된다. 모든 통화내용을 다 듣기란 불가능하며 무작위로 감청한다고. 여기서는 면회내용은 녹음하지 않는다고 하는데, 그 많은 수용인원의 면회내용을 녹음하기란 불가능하기도 하겠지만 증거은폐 등의 우려를 어떻게 예방하고 있는가에 대해서는 궁금증이 생기지 않을 수 없다.[13)]

변호인접견의 경우에도 여기서는 유리로 차단된 상태에서 서로를 보면서 할 수 있도록 한다. 인간적 신뢰를 바탕으로 해야 할 변호인과 의뢰인의 관계를 생각할 때 접촉감이 필요하지 않을까 하는 생각이 들었으나, 여기서는 접견에 대한 감시는 불허하는 대신 접견자간의 신체적 접촉도 불가능하게 구조화되어 있다. 접촉식 접견(contact visit)은 검사나 변호사가 특히 원할 경우에는 할 수 있다고도 하는데, 거기에는 판사의 영장이 필요하다고 한다. 이 점은

13) 우리의 경우 모든 면회를 교도관이 입회하고, 또 모든 서신을 검열하는데, 그것은 성과도 적을 뿐더러 교도관들의 부담을 가중시키는 부작용이 있다. 정책적으로는, 입회와 검열을 요하는 자를 선정하여 그들에 대하여는 녹음 및 의무검열을 실시하고, 그렇지 않은 경우에는 무작위로 검열 · 관찰하는 방식으로 전환될 필요가 있다고 생각된다. 다만 누가 필요적인 검열 · 관찰대상이고 누가 임의적인 검열 · 관찰대상인지 재소자에게 알릴 필요는 없다고 본다.

좀더 알아보아야 정확한 판단을 할 수 있겠다.

이 구치소에서 흡연은 금지된다. 흡연에 대한 비흡연 재소자들의 반대가 증가하면서 흡연을 금하는 시설이 점차 증가하고 있다고 한다. 미국 전체의 추세는 아직 교도소 내에서 흡연을 허용하는 쪽이 다수인 듯하다.

미국교도소가 스웨덴보다 훨씬 엄격처우를 원칙으로 하는 것은 분명하다. 배우자접견제(conjugal visitation)만 하더라도 미국에서는 허용하는 주와 그렇지 않은 주가 섞여 있다. 스웨덴과는 달리 교도소의 어떤 부분도 사진촬영을 허용하지 않았다. 다만 매스미디어에만 촬영을 허용한다. 교도소가 보안시설이며 재소자의 프라이버시를 위해서도 그렇다고 하지만 교도소의 상대적 폐쇄성의 탓이 더 큰 것으로 보인다. 또한 독거실은 별로 없으며(저자가 여태껏 방문한 미국 교도소 중에 독거실은 없었다), 위험죄수에 대한 관리와 징벌의 차원에서 독방이 허용될 뿐이라는 것.

인종에 따른 분화도 확연하다. 교도소 재소자들의 집단 거실을 통제실에서 보니, 백인은 거의 없고 흑인 및 히스패닉이 대부분임을 느낌으로 알겠다. 반면 통제하는 측은 백인이 훨씬 다수. 15세 이상 30세 미만 중 1/4의 흑인이 교도소에서 살아가고 있다는 통계도 있다고 하니, 교도소란 결국 사회경제적 지위에서 경제적 하층, 인종적 소수, 이데올로기적 반대자를 다스리는 수단이라는 비판범죄학의 견해가 나온 배경을 충분히 이해할 만하다.

(5) 교정의 민영화—아리조나의 민영교도소

우리도 지금 민영교도소 설립을 논의하고 있고 관련법까지 제안되었으나 민영교도소가 어떻게 운영되는지 실감을 갖고 있지 않아 궁금증을 자아낸다. 그래서 애초에 민영교도소 방문을 포함시켜 달라고 요청했고, 1999. 2. 12. 오전에 아리조나주 피닉스에 소재한 민영교도소를 방문하였다. 정식 명칭은 Arizona State Prison−Pheonix West이며, 교도소회사인 Correctional Services Corporation이 운영하는 여러 교도소 중의 하나이다. 이 교도소는 DUI(drinking under influence), 즉 알콜 및 약물의 영향하에 운전한 자들을 수용하여 교정하는 역할을 한다. 현재 400여명이 수용되어 있으며, 경비등급은 완화경비수준이다. 소장(J.C.Keeney)은 이전에 교정직에 오래 근무하다 퇴직했다가 회사와 계약하여 민영교도소장을 맡았다. 교도소 건물은 창고를 개조하여 만들었으며, 전체 공간이 넓지 않으나 인력절감을 위한 건물 설계는 그런대로 무난한 편이다. 관영 교도소장보다 인상은 부드럽고 답변도 편안했다.

자신의 역할설정을 기업인으로 생각하는지 교정직 인사로 생각하는지 우문을 던졌더니, 교정직이지만 기업가적 마인드를 갖고 교정문제를 다룬다고 한다.

엄중경비교도소도 민영화할 수 있다고 보는가의 질문에 대하여는 아무래도 어려울 것이라고 답변. 엄중경비시설에 수용되는 자는 소 내 질서에 자발적으로 복종하지 않아서 다루기 어려운 수용자인데, 그 경우는 교정직에 오랜 경험이 있는 인사들이 맡을 수밖에 없다는 것이다. 혹시 그럴 경우 쉬운 부분은 민간인이, 어려운 부분은 주/국가가 맡아 민간인이 생색내는 결과를 빚어내지 않을까 하는 우려에 대하여는, 일리가 있음을 인정하면서도, 다른 부분에 의해 대체불가능한 부분의 경우 좋은 장비와 경험 있는 인력을 보유하고 있는 주정부 등 국가에서 맡는 것이 당연할 것이라고. 엄중경비등급 수용자의 경우 공공의 안전을 직접 위협하고 탈주의 우려가 있으므로 사인에게 맡기기에는 아무래도 안심이 안되는 면이 있을 것이다.

현재 대부분의 민영교도소는 최소한의 경비를 요하는 등급의 것이다. 다루기 어렵지 않으면서 여성적 감각이 필요한 여성교도소, 정신장애 문제를 안고 있는 교도소, 그리고 마약 및 알콜관련 교도소 등이 민영화의 일차 대상이 될 것이다. 사회에 큰 위험을 안겨주지 않으며, 소규모의 숫자로 관리가능한 대상이다. 실제로 민영화된 여성교도소로 오클라호마주에서 350명을 수용하고 있으며, 청소년교도소, DUI 교도소 등이 지금 민영화 상태로 시행되고 있다.

민영교도소에서는 어떻게 직원들을 훈련시켜 교정전문인력을 만들어 내는가. 교도관학교, 즉 Correctional Officer Training Academy에서 받는 정규교육 중 40시간 동안을 이들 직원에게도 받게 한다고 한다. 고등학교 교육 이상을 이수한 자들을 대상으로 선발하여 이 교도관학교에 보내 위탁교육을 받게 한다. 이들의 수준은 아마 정규 공무원보다는 약간 떨어질 것으로 생각된다. 직원의 보수수준도 공무원보다 약간 낮다. 직원들의 이직률은 높은 편이나 직원확보에 어려움을 느끼지는 않는다고 한다. 직원의 교육비는 시간당 8불로 계산하여 학교에 지급한다.

내부 규칙 및 일과표는 주 교도소와 같다. 운영방식은 사적으로 하나, 주정부는 감독 역할을 계속 수행한다. 하루 4시간 작업, 점호는 하루 3회 실시하며, 외부통근자에 대하여는 1시간에 한번 점호한다.

직원은 56명의 보안직원을 포함하여 모두 90명이 근무한다. 그 중 7명은 주정부 규정에 따라 하루 3교대로 근무하면서 보안감독을 실시한다. 총 재소자는 400명 정도.

교정분야에서 민영화(privatization) 개념을 잠깐 토의했다. '민영화는 확실히 비용절감의 효과를 거두고 있고, 과밀수용의 문제에 대한 한 출구를 연 것은 인정된다. 민영화는 또한 교정분야에서 관료제적 업무수행에 따른 복잡한 절차를 제거할 수 있으며, 기업적 운영은 비용절감에 도움이 된다. 필요물건의 구매도 신속하고 저렴하게 이루어진다. 직원의 수준은 정부교도소 직원보다 더 높다고 할 수 없으나, 경영능력에 따라 높일 수 있는 가능성이 얼마든지 있을 수 있다'는 취지의 답변이다.

교정에 드는 비용으로는 정부교도소의 경우 하루 비용을 46불로 잡는 데 반해, 민영 교도소는 37불을 책정한다고 한다. 같은 메뉴, 같은 식사인 경우에도 그렇게 저렴한 비용으로 가능하다는 것이다. 그 이유는 직원수가 적어 인건비 절감을 기할 수 있으며, 공무원의 경우 받은 예산을 모두 써야 다음해 예산삭감을 받지 않음에 따른 불필요한 지출이 있는데 반해, 경영기법을 도입함에 따른 비용절감 효과를 기대할 수 있다는 것이다.

실제 운영을 보면 주정부로부터 재소자를 넘겨받으면서 1인당 37불의 비용을 받아 운영하게 된다. 구매계약의 효율성, 인건비 등을 절감하면 거기서 조금의 이익이 남는다고. 일반기업과 달리 전적으로 이윤동기로 움직이진 않겠지만, 그래도 일종의 민간업체이니만큼 이윤동기를 무시하긴 어렵고, 어느 정도의 이익을 기대하는 것은 당연한 것으로 생각된다.

무책임하지 않겠는가에 대한 비판도 제기된다고 했더니, 자신들의 경우에도 책임성을 대단히 강조하는 교육을 하고 있다고 주장한다.

이 교도소는 음주 · 약물에 대한 교육 · 치료 전문시설이므로 교도작업을 중시하지는 않고, 직업훈련 시설도 없다. 외부통근제도를 일부 실시하고 있으며, 그들은 주정부의 청소 · 미화 · 조경 등의 작업에 종사한다. 그 노동의 대가는 주정부에서 2/3를 회수하며, 1/3은 재소자에게 돌아가므로 교도소측에서 그 작업으로부터 얻는 이득은 없다고 한다.

알콜과 마약은 매우 끊기 어려우므로 가석방 이후에도 필요한 치료조치가 계속 수반되어야 한다고. 여기서 가석방되면 6개월 내지 3년간 보호관찰(probation)을 받으며, 알콜치료를 위한 자조조직인 AA 프로그램(Alcohol Anonymous)에 등록해야 한다고. 이는 마약과 알콜이 지원집단의 도움이 없이는 끊기 매우 어렵기 때문이다.

교정공무원으로부터 반발이 없는가. 실제로 교정공무원조합(Correctional Officer's Union)이란 조직이 있어 민영교도소가 확대되면 자신들의 직업적 안정감을 위협하지 않을까 하는 우려에서 반발이 있다고 한다. 그러나 다른 한편으로 퇴직 후 민영교도소로 전직할 수도 있기에 공무원 입장에서 득실도 좀더 살펴볼 필요가 있을 것이다.

이 정도의 대화를 한 다음 시설을 참관했다. 먼저 면회실 방문. 면회는 공개된 거실에서 탁자에 앉아 대화한다. 테이블은 모두 10개가 비치되어 있어 10명이 한꺼번에 면회할 수 있다. 배우자와 자녀가 함께 올 수 있으며, 자녀들이 놀 수 있는 놀이기구 몇 가지도 비치되어 있다. 직원 1명이 면회실 전체를 감독하며 특이한 행동을 보이면 면회를 중단시킨다. 신체접촉의 범위는 만날 때, 헤어질 때 키스 한번 정도이며, 대화 도중에 진한 애무, 심지어 성적 접촉을 시도하는 경우는 제지하고 물품을 건네주는 것도 제지한다.

이같이 완화경비시설의 경우 접촉면회를 원칙으로 하나, 규율 위반의 경우에는 비접촉 면담으로 제한된다. 즉 유리칸막이된 상태에서 서로 얼굴을 보면서 전화기로 대화하는 것이다. 규율위반의 유형으로는 수시로 행해지는 소변검사에서 마약/알콜 양성반응을 보인 경우가 가장 빈번하며, 그 외 금지품목의 반입 등이 적발되기도 한다. 이러한 규율위반이 잦게 되면 면회 금지도 가능하다. 상습적인 마약, 무기반입 등의 경우 방문객과 면회 금지는 물론 최악의 제재로는 다른 교도소로 이송할 수 있다.

재소자의 물품구매는 주 1회, 40불 한도 내에서 허용된다. 비치된 구매신청서에 신청물품을 써서 비치된 함에 넣으면, 그물백에 담아 그에게 교부한다. 가장 인기품목은 담배와 청량음료. 담배는 한번에 10개피가 들어 있는 것을 판매하고, 라이터는 소지가능하나 성냥은 금지한다. 성냥은 화약의 재료가 될 수 있어 라이터보다 더 위험하다는 판단이다.

의무실을 둘러보니 간호원이 24시간 근무하며, 의사 및 치과의사, 심리학자, 정신과의사는 파트타임으로 각각 주 16시간 근무한다. 의무실에서 가장 두드러진 것은 각종 금연광고들. 흡연의 폐해를 알리는 여러 광고들로 장식되어 있다.

학습실에 들어가 보니 컴퓨터 13대, 고교검정고시용 각종 학습지와 비디오가 쌓여 있었다. 문맹자도 적지 않기에 글씨 익히기도 주요 교육의 하나. 여교사가 이 학습을 담당하고 있는데, 재소자의 수업태도가 어떤가 물어보니 모두 훌륭한 학생이라며, 자신이 이들로부터 어떤 위험을 느낀 적이 있는가의 질문에 대해서는 웃으며 전혀 그런 적은 없다고 한다. 이 직장을 자신은 매우 쾌적하게 느끼고 있으며, 지난 25년간 평교사생활을 했지만, 일반 교사로서 가르칠 때와 전혀 다를 바 없다고 말한다.

도서관에 들어서니 최근의 신문과 잡지가 비치되어 있었으며, 자유시간에는 언제나 도서관에 올 수 있다고 한다. 계호 없이 돌아다닐 수 있는 시설인 만큼 자유로운 출입이 가능한 것이다. 많은 책들로 둘러싸인 공간이 아늑하게 느껴진다.

때마침 점심 배식이 이루어지고 있었다. 식사는 빵 2개, 수프, 옥수수, 쿠키 2개, 당근, 셀러리 등 건강식이었고, 맛을 잠시 본 평가로는 담백한 느낌. 식단표를 매주 짜서 그에 따라 운영하고 있었으며, 우유는 하루 2번 정도 제공한다. 조리에는 외부에서 요리사 5인이 관여하며, 재소자들이 자원하여 조리일을 거든다.

일반식사와 다이어트식 식사가 있으며, 후자는 의사의 처방으로만 가능하다. 외부로 출정나간 사람에게는 점심을 싸서 보낸다. 음식이 차다는 불평이 전체 민원 중 가장 많은 편이다. 식사를 위한 식당이 별도로 있고 거기서 공동식사하는 방식이다.

거실은 학교교실보다 더 크고 농구장보다는 작은 공간을 하나의 대형거실로 설정하고, 거기에 2층 침대를 25개 설치하여 한 방에 50명씩 수용한다. 공동 TV가 여러 대 있었으며, 자신의 비용으로 개인 TV를 구입하여 자기 침대 앞에 두고 보는 재소자도 10여명 이상 볼 수 있었다. 선택할 수 있는 채널은 모두 15개에 이른다. 개인 TV를 시청할 경우에는 타인에게 방해 안되게 이어폰을 끼고 볼 수 있도록 한다. 거실 내에 탁자와 의자가 있어 대략 1인 1의자의 비율로 비치되어 있다. 소장이 들어와도 긴장하지 않고 누워서 TV 시청하는 재소자들을 보니 좋게 말하면 민주적이고, 나쁘게 말하면 무질서하고 싸구려 집단합숙소 같은 느낌도 든다. 민간 교도소장이라 그런지 대하는 태도도 느긋한 편이다. 다만 정부교도소보다는 좀더 무질서하지 않는가 하는 느낌인데, 그것이 민영이라 그런지 소장의 운영방침이 그런지는 판단을 유보할 수밖에 없다.

감시를 위해 50명의 거실 두 개를 한 교도관이 맡고 있었다. 거실의 배치를 볼 때 감시비용을 줄이기 위한 고려가 되어 있으나, 아무래도 침대가 몇십개나 큰 공간에 노출되어 있는 모습은 보기 좋지는 않으며 프라이버시 보호도 전혀 되지 않은 문제를 노출한다.

옷은 주황색 상의와 블루진을 입고 있으며, 사복은 허용되지 않는다. 신발은 작업화, 슬리퍼, 운동화가 있었는데, 부츠라 불리는 목이 긴 작업화는 지급하며 슬리퍼 및 운동화는 개인비용으로 한다.

전화기는 비치되어 있으며 하루 2번 전화가 가능하다. 전화비용은 수신자 부담(collect call)의 경우만 허용된다. 모든 전화는 감청한다고 한다.

화장실은 공동 이용할 수 있는 화장실이었으며, 샤워기는 모두 7개로 50명이 이용할 수 있도록 한다. 변좌는 3개가 있는데 그것으로 부족한 듯.

거실 밖에는 운동장이 있다.

중앙통제실에는 모든 재소자의 사진과 이름이 부착되어 있었으며, 여기서 침대 위치도 결정해 주고 인원을 체크한다.

이 교도소에서는 폭행사례는 거의 없고 마약관련 문제로 가끔 징벌방에 구류당하는 경우가 가장 심각한 유형의 규정 위반이다.

직원 중 남녀비율을 물었더니 우선 보안관련 직원의 경우 35%가 여성이며, 카운셀러 · 기록작업 · 컴퓨터작업 · 행정요원 등의 경우는 여성이 60%를 차지한다. 기본적으로 남녀 직원간의 차이는 없으며 직원선발시에도 남자 여자 구분을 의식하지 않고 뽑는다고. 여성직원의 유일한 불편은 재소자의 옷을 벗길 필요가 있는 경우 및 소변검사의 샘플을 채취하지 못하는 정도라고 한다.

국가교도소와 민영교도소 간에 처우상의 차이가 있는가 하는 질문에 대하여, 자신들도 기본적으로 주의 법률을 따르므로 그 점에서 재량권은 크지 않다는 설명이다. 각종 시설, 작업 프로그램도 주정부와 유사하다. 주 교도소 및 이 곳 민영의 완화경비시설은 dormitory 형식으로 되어 있는 점도 유사하다. 재소자들은 주 교도소보다 이 곳을 더 쾌적하게 느낄 것이라고 하기에, 비교평가 자료가 있는가 물었더니 그런 것은 아직 없으나, 이 곳에 올 때의 느낌이 그렇다고 확신한다고. 그렇다면 비슷한데도 장점으로 내세울 것이 무엇이냐의 질문에, 우선 분위기가 아닐까 응답한다. 보다 긴장된 분위기를 누그러뜨릴 수 있고, 직원과 재소자 간에 친밀한 관계를 유지할 수 있는 이점이 있다는 것이다.

민영교도소의 가장 큰 장점은 비용절감효과가 있다는 점, 그리고 과밀수용으로 고민하는 미국의 교정환경 하에서 조세저항 없이 택할 수 있는 대안이라는 실용적인 이유도 매우 중요하다고 토로한다. 범죄에 대해 엄격한 형사정책을 펴는 상황에서 수용인구의 증가가 불가피하다. 그렇다면 민영교도소는 가까운 장래에서 팽창할 것으로 전망한다. 전체적인 인상으로 민영교도소는 덜 관료적이고, 직원들도 더 친밀하게 대하며, 사무실 배치나 시설운용도 엄격한 교도소보다는 민간기업체나 민간공장을 어느 정도 닮은 느낌이 있다.

민영교도소 한 곳을 방문하고 결론을 내리기엔 성급하지만, 단일한 교정체제가 아닌 어느 정도의 경쟁적 분위기가 도입되는 것도 필요하리라 본다. 물론 새로운 시도는 완화된 처우가 가능한 집단부터 가능할 것이며, 경미범죄자·음주운전자·마약상용자·여성재소자 등에게 보다 용이할 것으로 전망된다.

3. 미국교정의 딜레마—정책적 쟁점

미국의 교정시설과 운영의 실제를 돌아보면서, 또 이론가와 실무가, 그리고 교정의 개선을 위해 노력하는 법률가들과 토론하면서 생생함과 구체성을 얻을 수 있었다. 여기서는 몇 가지만 지적하기로 한다.

① 미국에서 1960년대 후반에서 1970년대 초반에 사회복귀 이념이 도전받으면서 전통적인 응보관념이 정책지표로 대두하게 된다. 1970년대 이후 정치와 사법을 장악한 보수주의적 풍토는 형사정책에서도 강경정책(Get Tough Policy)이 지배하는 결과를 낳았다. 그러한 선회는 미국경제의 악화와 베트남전쟁 패배 후의 자부심의 손상 등 여러 요인이 결합된 것이었다. 형벌에 있어서는 1970년대 초반 사형의 부분위헌 결정으로 절정에 달했던 리버럴한 경향이 70년대 후반들어 약화되었다. 70년대 후반부터 재개된 사형집행은 최근으로 올수록 늘어나고 있으며, 장기재소자의 평균형기도 대폭 인상되는 경향이 있다. 특히 1980년 이후 레이건-부시의 공화당 정권은 신자유주의 경제정책을 표방하면서 복지예산의 삭감 등 저소득계층의 삶의 질에 타격을 가했다. 사정은 1992년 클린턴의 민주당 정권이 들어서서도 별로 변화하지 않았다. 범죄증가에 대해 경찰관수를 늘리고, 삼진아웃제도를 도입하며, 지역사회로부터 범죄자를 배제시키는 데 주안점을 둔 정책이 지속된 것이다. 1990년대 후반들어 그래도 범죄의 증가 일변도의 추세가 약간 꺾인 것은 강경정책이 지속된 결과가 아니라 미국경제가 활성화되고 실업비율이 감소되며, 생활수준이 나아지는 등의 호경기가 계속 이어졌기 때문일 것이다. 아직도 대범죄

투쟁이 강조되며, 처벌의 강화가 능사인 듯한 분위기는 정책현실에서 영향력을 떨치고 있다.

유권자의 표를 먹고 살아가는 것은 미국의 정치인뿐 아니라 사법, 경찰도 마찬가지다. 표를 얻기 위해서는 범죄공포를 느끼는 일반 대중들에게 서부영화에 나오는 보안관식의 이미지가 더 어필할 수 있다. 범죄문제에 대한 장기적 접근과 차분한 설득보다는, 범죄자를 사회의 적으로 강력하게 응징하여야 한다는 해결책이 정서적으로 쉽게 파고 들 수 있다는 것이다. 그러나 그러한 접근법은 범죄문제의 해결이 아니라 범죄의 재생산구조를 더욱 강화시킬 따름이다. 이러한 미국의 추세는 인권가치가 갈수록 영향을 미치는 유럽이나 다른 나라의 길과는 상반되는 것이다.

② 넓은 땅덩어리에도 불구하고 미국 교정의 현실에서 과밀수용의 현상이 현저하게 나타남은 이러한 강경정책, 구금위주 형사정책의 필연적 결과일 것이다. 그 중에서 구치시설의 열악한 수준이 가장 눈에 띈 현상이었다. 위에서 소개된 것 이외에도 저자는 몇몇 구치시설을 참관할 수 있었으며, 법정에서 재판받기 위해 기다리고 있는 대기실을 스쳐 지나갔다. 그런 구치시설의 열악성은 심각하게 느껴졌다. 특히 sheriff의 관장 하에 있는 지방구치소의 경우 시설이 임의적이고 매우 열악한 시설들이 적지 않았다. 사회의 하층을 쓸어담아놓은 임시창고라고나 할까.

미국의 교정시설의 관리와 관련하여 한국과 다른 점은 대인계호 중심을 벗어나는 추세이다. 선진국일수록 인건비가 비쌀 것이며, 때문에 대인계호는 비싸고 비효율적이다. 그보다는 보안성이 높은 건축설계에다 자동화된 운영설비를 활용하는 것이 대인접촉에 따른 분쟁의 소지도 줄이고 장기적으로 비용을 절감시키는 효과를 갖는다. 감시하는 교도관 두어 명이 한눈에 100명 이상을 감시할 수 있는 방식으로 재소자의 거실을 배치하고, 일방통행식 유리를 통해 감시를 용이하게 한다. 재소자의 공간이동에 따르는 불편함을 줄이기 위해 탁자를 아예 실내에 고정시켜 놓은 경우도 적지 않다. 그러나 다수의 인원을 한 곳에 몰아넣은 결과 재소자들이 다른 재소자의 폭력 앞에 쉽게 노출될 우려가 있으며 최소한의 프라이버시의 보호도 받기 어렵게 된다. 감시하는 측과 감시당하는 측 사이에 인종과 계층이 워낙 다르므로 서로간에 대화가능성을 확보하기도 쉽지 않은 듯하다. 그래도 교도관과 재소자 사이의 인간적 교감 속의 행형을 중시하는 우리의 풍토와 사물을 관리하는 듯한 미국의 풍토는 각각 장단점이 있을 것이다. 다만 우리의 경우 보안기능을 물적 시설과 장치에 대폭 의존하게 된다면, 교도관의 주된 역할을 보안으로부터 교화기능의 수행으로 원활하게 이행시킬 수 있을 것이다.

③ 미국의 경우 민영교도소의 출현은 강경정책에 따른 과밀수용화의 문제를, 유권자의 조세증대 부담을 피하면서 해결하고자 한 정책적 우회로가 아니었던가 생각된다. 한국에서도 법무부에서 민영교도소의 착상을 받아들인 근저에는 민간자본을 끌어들임으로써 당면한 과밀수용 문제를 해결하고자 한 사고가 있는 듯이 보인다. 그러나 관료화되고 타성에 젖은 국가중심의 행형에 충격을 가한다는 의미에서 민영화의 장점은 일정부분 인정된다. 민영교도소의 직원들과 교도소 자체의 분위기는 국영교도소와 매우 달랐다. 보다 친근한 분위기 속에서 재소자와 직원 사이의 접촉이 원만했으며, 재소자에게도 보다 활기가 있음이 느껴졌다. 딱딱한 폐쇄행형 위주의 운영으로부터 서비스 마인드 혹은 경영 마인드가 어느 정도 스며들 필요가 있음이 느껴졌다. 민영교도소의 장점은 기존의 국영교정을 보완할 수 있는 분야, 가령 신체적 · 정신적 치료를 필요로 하는 분야, 특수한 교육 프로그램을 개발할 가치가 있는 분야, 종교적 인도가 필요한 분야 등에 보다 잘 발휘될 것이다. 대신 통제가 곤란한 집단, 엄중경비를 필요로 하는 집단의 경우에는 민영교도소가 들어설 틈이 아직은 제한될 것이다. 다만 민영교도소가 기존 교정을 대체하는 정도에 이르기는 어려울 것이며 그의 단점을 보완하는 형태를 띨 것으로 생각된다. 아울러 민영교정의 장점이 효율성에만 치우쳐서는 안되며, 인도주의 행형의 요구에 근접되는 방향으로 이루어져야 함은 유의할 일이다.

④ 교정행정에 법치주의의 요구는 피할 수 없는 추세일 것이다. 저자는

워싱턴시에서 미국의 대표적인 민권단체인 미국민권연합(American Civil Liberties Union)의 법률분과를 방문하고 이 점을 절실히 느낄 수 있었다. 거기에는 여러 전문 프로젝트 중에서 전국교도소 프로젝트(National Prison Project)를 정력적으로 추진하고 있었다. 여러 변호사들이 재소자를 위한 대규모의 집단소송을 수행하고 있었다. 그들이 제기한 주된 이슈는 과밀수용 문제, 교도소 내의 폭력, 의료수준, 환경문제, 화재예방조치의 안전성, 재소자 분류 등을 망라하고 있었다. 저자가 면담한 Bronstein 변호사는 자신의 경우 1984년부터 하와이주 교도소의 실태를 조사하면서 그 개선을 위해 입법자 및 교정당국과 대화와 설득을 한다고 했다. 시설내 구금과 사회내 처우를 비교하여, 단순히 구금한다고 범죄문제를 해결할 수 없음을 일깨우려는 것이다. 범죄의 부담, 수감으로 인한 부담 모두 궁극적으로 지역사회가 감당해야 할 몫이다. 어떤 정책방향을 취하는 것이 보다 저렴하고 보다 안전하며 보다 인도적인지 지역주민과 토의한다는 것이다. 또한 어떤 특별한 처우가 미국법의 보편적 기준에 도달할 수 있는지, 특별한 피해가 있는지 찾아내어 이를 공익소송적 견지에서 대규모의 소송을 진행하는 일은 미국민권연합의 일상적인 일이다. 공익의 확보는 대중에 대한 캠페인과 의회에의 로비, 그리고 법원에의 공익소송 등으로 나타나며 그것을 위해 모든 영향력 있는 관련자와 대화하고 설득하는 것이 필수적이라는 것이다. 교정문제에의 법률가의 참여는 우리의 경우 최근에야 시작되었고, 그 참여내용도 개별 사건에 개입함에 불과하다. 그러나 교정문제 전체가 법치주의의 기준으로 재구성될 날도 곧 다가올 것임을 절감하면서, 당국에서는 법치의 기준이 행정의 기준에 못지않게 중요한 것임을 자각하여야 할 것이다.

종합적으로 볼 때 미국의 범죄문제는 효과적인 교정활동에 의해 억제되어진다고 믿기는 어렵다. 오히려 교도소가 더욱 많은 문제를 불러일으키며, 교도소의 존재가 계급과 인종의 넘을 수 없는 구분선을 확인하고 창조한다는 느낌을 지우기 어렵다. 사회에 문제있는 부분을 통합하고 포용하려 들지 않고, 교도소라는 주변화된 공간으로 배제시키는 것이 기본적 사회정책으로 바람직할 수 없다. 다만 교정의 내용이 시민과 전문가, 언론의 상시감시 속에 놓여 있음으로 인해 교정의 타락과 교정비리는 보다 억제될 것이다. 이론가와 법률가들의 활발한 참여는 유권자-선출직 공무원 사이의 잘못된 이익담합을 견제하는 역할을 해오고 있다. 사회적 약자, 소수자에 대한 인권중심의 처방은 유럽 국가에서 제도화되고 실행되고 있지만, 미국의 경우 그 점에서 인권선진국이라 말하기 어려운 부분도 존재함을 시설참관을 통해 확인한다. 그것은 미국사회의 특성의 반영일 것이다. 따라서 "미국의 어느 곳에서는 어떤 조치를 취하고 있더라"는 막연한 지식을 바탕으로 자신의 현실을 정당화하려는 발상은 다양한 법적 관할과 다양한 실험이 행해지는 미국법제의 특성을 무시한 것인데다, 미국이 모든 면에서 선진국일 수 없다는 당연한 사실 앞에 보다 신중해질 필요가 있을 것이다.

어느 나라나 행형의 문제는 결국 범죄자를 어떻게 우리의 이웃으로 끌어들일까 하는 문제에서 출발하는 것이다. 사회적 관용과 포용 그리고 인권의 관점은 교정의 현실을 개선하는 데 기본지침이 되어야 함을 미국의 실패와 성공에서 역설적으로 배울 수 있을 것이다.

제 3 장 미국 수감인구의 폭증현상, 그 원인과 배경

1. 서 론

최근 미국의 형사정책에서 가장 주목할 현상은 교도소 수감인구(prison population)의 격증이다. 나라마다 수감인구의 증가와 과밀수용 문제가 현안으로 대두하지만, 미국의 경우는 다른 나라와 차원을 달리한다. 2004년 현재 미국에서는 총 200만명 이상의 인구가 수감되어 있으며, 이는 인구 10만명 720명을 상회하는 수치이다. 인구 10만명당 이 정도의 수감인구는 단연 세계 제일이며, 수감상황이 열악하기로 이름난 러시아와 동구권보다도 더 많은 수감인구를 갖고 있다. 대량수용은 당연히 과밀수용 및 수감자의 인권상황의 악화를 초래한다. 이 같은 현대 미국의 수용환경은 과거 소련의 강제수용소, 즉 '굴락'에 빗대어 '미국형 굴락'이라는 비판마저 자초하고 있다.[1)]

미국이 과잉수감정책을 일관되게 밀고 온 것은 아니었다. 1930년대부터 1970년대 초반까지 미국의 수감인구는 일정한 비율을 유지해온 편이었다. 이 때문에, 사회 내 범죄의 증감과 무관하게 수감인구는 안정적 수치를 유지해 온 편이다. 유럽권 국가들의 경우에도 사정은 비슷하다. 그러나 1980년대 이후 미국의 수감률은 나날이 치솟고 있으며, 최근에는 그야말로 '브레이크 없는' 추세로 나가고 있다. 1990년대 들어 범죄율이 어느 정도 안정되거나 약간 낮아지고 있음에도, 이러한 수감률의 급상승은 꺾이지 않고 이어지고 있다. 세계적 흐름과는 전혀 상반된 이러한 미국의 흐름을 미국학자들도 예외주의[2)]

1) N.Christie(1993/2000), Crime Control as Industry: Towards GULAGs, Western Style, London: Routledge 참조.

2) F.Zimring, "Capital Punishment and Mass Imprisonment: Does American Exceptionalism Have a Future?," in Plenary Session, 14th World Congress of Criminology, 2005/8/8.

라 자탄하고 있지만, 일반여론은 오히려 범죄에 대한 강경대책 일변도에 대해 찬성하고 있는 편이다.

여기서는 수감인구의 격증으로 압축되는 최근 미국 행형의 동향을 통계를 중심으로 정리하면서, 그러한 경향이 왜 일어나며, 그 의미는 무엇일까 살펴보기로 한다. 그리고 이러한 미국의 경향이 우리에게 갖는 함의는 무엇일까를 생각해보기로 한다.

2. 수감인구의 팽창 및 형벌의 강화—현상적 측면

(1) 수감인구의 팽창

〈표 1〉은 미국 수감인구의 장기추세를 보여준다. 1970년대 중반까지는 대략 20만명 내외의 인구가 수감되고 있다. 그 기간 동안 범죄율의 변화는 물론 전체 인구의 증가를 생각해도 수감인구는 안정적 추세를 유지하고 있다. 그러나 이후 수감인구의 총수는 현저히 증가하며, 최근에 올수록 그 증가추세는 더해지고 있다.

〈표 1〉 미국의 수감인구—장기추세[3)]

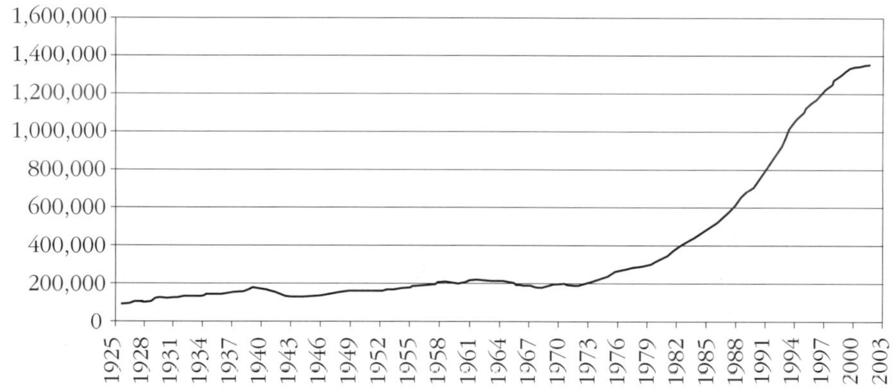

3) C.Banks(2005), Punishment in America, Santa Barbara: ABC-CLIO, p. 241.

2004년 중반의 통계는 다음과 같다.[4] 연방법무부 통계국에 따르면, 미국 전체에 기결수와 미결수를 합친 총 수감자의 수는 2,131,180명에 이른다. 그 중 2/3에 해당하는 1,410,404명은 연방 및 주 정부의 교도소에 수감중이며, 1/3에 해당하는 713,990명이 지방단위의 구치소(jail)에 수감되어 있다. 1995년부터 최근까지의 연평균 증가율은 약 3.5%에 이르며, 그 중 연방정부 하의 증가율이 7.8%로 증가세를 주도하고 있다.

이를 인구 10만명당 수감률의 통계로 살펴보면 다음과 같다. 2004년 중반을 기준시점으로 할 때, 1년 이상의 실형을 받은 자는 인구 10만명당 486명에 이른다. 10년 전인 1995년의 숫자가 411명이었는데, 이후 매년 일정한 증가를 기록하고 있으며 전년보다 감소하는 해는 없다.

〈표 2〉는 수감자의 연령별 · 인종별 통계이다. 남성의 경우에는 20대 후반을 정점으로 하고 있으며, 여성의 경우는 30대 후반을 정점으로 하고 있음을 알 수 있다. 인종별로 보면 흑인의 상대적 비중이 압도적으로 높다. 남성의 경우를 보면 전체 수감자(미결 포함) 1,947,800명 중 흑인의 비율이 43.3%,

〈표 2〉 전국수감자(기결+미결)의 연령별 · 인종별 구성(인구 10만명당)[5]

	남 자				여 자			
나 이	합 계	백 인	흑 인	히스패닉	합 계	백 인	흑 인	히스패닉
합 계	1,348	717	4,919	1,717	12	81	359	143
18-19	1,727	911	5,473	1,957	112	71	262	162
20-24	3,255	1,641	11,054	3,577	264	191	625	304
25-29	3,390	1,666	12,603	3,606	283	203	746	268
30-34	3,060	1,691	10,979	3,438	330	237	905	313
35-39	2,755	1,607	10,036	2,866	346	238	993	331
40-44	2,187	1,314	7,993	2,403	247	162	764	271
45-54	1,162	664	4,546	1,652	101	63	327	136
55 이상	247	170	898	473	11	8	29	25

4) Bureau of Justice Statistics Bulletin, Prison and Jail Inmates at Midyear 2004, p. 1.
5) Ibid, p. 11, Table 14. 2004년 6월 30일 기준.

백인의 비율이 35.5%, 히스패닉의 비율이 18.8%를 차지한다. 미국의 총인구 중에서 흑인의 비율은 대략 12%를 약간 상회하는데, 수감률은 인구비보다 3.5배 이상 높다. 백인은 인구비에 비해 절반 이하의 수감률을, 히스패닉은 인구비보다 약간 높은 정도의 비율을 차지한다. 흑인 중에서도 남성, 그 중에서도 20대, 30대의 수치가 매우 높음이 주목된다. 25세 이상 29세 이하의 흑인 남성 수감자의 숫자(155,600명)는 그 연령의 흑인남성 전체의 12.6%(인구 10만명당 12,603명)를 차지한다. 미국의 대량수감현상으로 인한 피해를 흑인/남성/청년들이 가장 집중적으로 받고 있는 셈이다.

미국의 수감자 수가 늘어났다고 보호관찰 등의 사회내 처우의 역할이 축소된 것은 아니다. 교도소 수감인구뿐 아니라 전체 형사사법의 처리대상이 된 인구가 훨씬 확대된 것이다. 다시 말해 수감인구 자체가 격증할 뿐 아니라, 전체 형사사법의 적용대상자가 늘어나고 있는 추세이다. 〈표 3〉을 보면, 지난 20년에 걸쳐 보호관찰은 2.4배, 가석방은 2.3배 늘었으며, 시설내 처우 및 사회내 처우를 포함한 총 성인감시대상자는 1.8배 이상 늘었다. 이 기간 동안 범죄의 총건수는 감소했에도 불구하고 시설내 처우 및 사회내 처우 모두 대량팽창을 야기하는 특징을 보여주고 있다.

국가간 비교를 해보면, 미국의 수감률은 단연 세계 제일이다. 〈표 4〉는

〈표 3〉 성인 중 교정 및 보호대상자[6]

	1980	2000	변화율(%)
보호관찰	1,118,097	3,839,532	243
구 치 소	164,994	621,149	279
교 도 소	329,821	1,381,892	319
가 석 방	220,438	725,527	229
총 계	1,832,350	6,568,100	258
성인인구	162,800,000	209,100,000	28
감시대상자(%)	1.1	3.1	182

6) J.Austin, J.Irwin & C.Kubrin(2003), "It's About Time: America's Imprisonment Binge," in T. Blomberg ed., Punishment and Social Control, 2nd ed., New York: Aldine de Gruyter, p. 434.

〈표 4〉 인구 10만명당 수감률[7)]

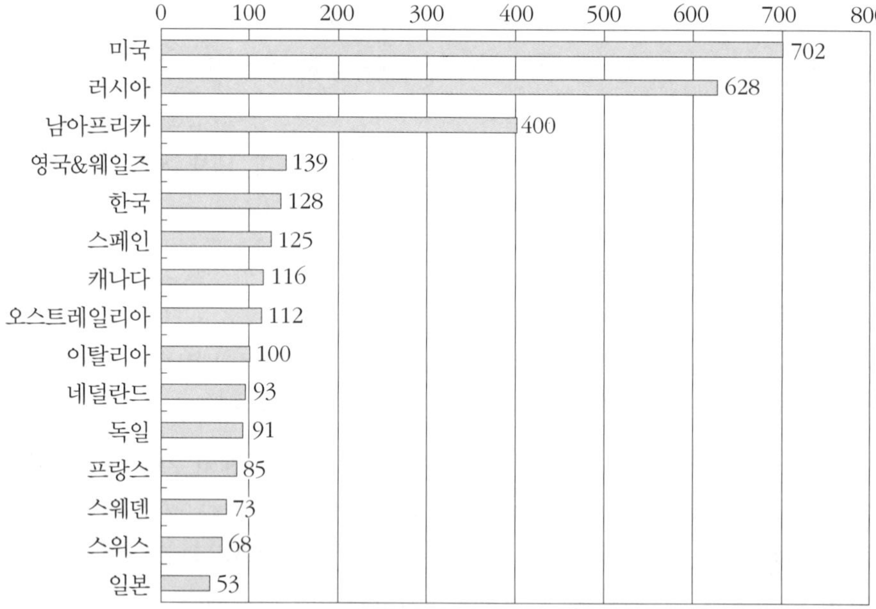

각국의 2002년도 수감률의 비교이다. 미국의 경우 인구 10만명당 702명에 달한다. 러시아가 628명, 남아공이 400명이다. 유럽 국가의 경우에는 100명 내외의 숫자를 보인다. 한국은 중위권 중에서 약간 높은 편이다. 다른 나라와 비교하면 한국은 미결수의 비율이 높으며, 단기형의 비율 역시 높다. 일본은 범죄율과 수감률 모두 세계적으로 낮은 편이며, 인구 10만명당 53명의 수치를 보이고 있다.

(2) 사형의 팽창

최근 미국의 경향 중 비교법적으로 가장 두드러진 경향은 사형의 팽창이다. 유럽 국가들은 사형을 법률상 혹은 사실상 완전 폐지하였다. 전세계적으로도 사형의 폐지 및 제한 경향의 확산은 인도주의를 향한 가장 두드러진 진

7) 한국 이외의 국가는 Banks(2005), p. 240. 한국은 2002년 총인구 47,615,132명 중 수감인원 61,084명으로 인구 10만명당 128명의 비율을 보이는 것으로 집계함.

전으로 평가할 수 있다.[8] 그런데 이러한 세계적 경향에 대해 가장 역진적인 추세를 보이고 있는 국가가 미국이다.

미국이 언제나 그랬던 것은 아니었다. 20세기의 3/4분기까지 미국은 풍성한 사형폐지 논의와 함께 사형제도에 대한 의존도를 줄여왔다. 〈표 5〉에서 보이듯이, 1930년부터 1967년까지 미국의 사형집행은 축소지향성을 뚜렷히 보여왔다. 1968년부터 1976년까지는 사형집행이 전혀 없었고, 그로 인해 사형의 사실상의 폐지에 접근하고 있었던 것이다. 1973년 사형선고에 대한 위헌판결[9]이 내려짐으로써 그러한 경향은 정점에 달했다. 그러나 1976년 다른 사건에서 사형의 합헌판결[10]이 내려졌고, 1977년부터 사형이 재개되었다. 그러나 1977년부터 1980년대 초까지는 사형은 극히 예외적으로 집행되었지만, 이후 사형은 계속 확대되었고, 사형집행에도 별로 거리낌이 없어지게 되었다. 1977년 사형이 재개된 이후 2003년까지 처형된 숫자는 모두 885명에 달한다.

사형집행이 미국 전체에 공통된 것은 아니다. 현재 38개주 및 연방정부

8) 2003년 말 현재 전세계에서 '모든 범죄에 사형을 폐지한 국가'는 80개국, '전시범죄 등을 제외한 모든 범죄에 사형을 폐지한 국가'는 15개국, '사형법제를 갖고 있으나 지난 10년 이상 사형을 집행하지 않고 있는 사실상의 사형폐지국가'는 23개국으로 총 118개국이 법률상 혹은 사실상 사형을 폐지하고 있다. 78개국은 사형을 존치하고 있지만, 그 중에서 실제로 사형을 매년 집행하고 있는 국가는 그 중에서도 훨씬 적다. Act50/007/2004, April 2004, Amnesty International.

9) Furman v. Georgia, 408 U.S. 238(1972), 92 S.Ct. 2726 등. 피고인은 살인(murder)과 강간혐의로 기소되었다. 조지아 배심은 그에게 강간혐의에 대한 유죄를 인정하고 사형판결을 하였다. 조지아주와 텍사스주의 다른 사형선고사건도 같이 계류되었다. 세 명의 피고인은 모두 흑인이었다. 연방대법원은 5 : 4로 사형을 위헌이라 선언했다. 위헌의견 중 일부(2인)는 사형 그 자체가 수정헌법 제8조(잔혹하고 비정상적 형벌은 금지된다)에 해당하여 위헌이라 보았지만, 일부(3인)는 배심원이 아무런 구체적 기준 없이 재량권을 자의적으로 행사할 수 있다는 점을 우려했다. 반대의견(4인)은 법원이 입법재량에 도전할 수 없음과 사형이 여론상의 지지를 얻고 있음을 지적했다. 미연방대법원은 이 판결에 대하여 '사형은 수정헌법 제8조와 제14조에 위반한 매우 잔인하고 비정상적인 형'이라고 판시하면서 사형에 대하여 위헌판결을 내렸다. 이 판결의 즉각적인 효과는 미국 전역에서 사형집행을 공식적으로 중단시킨 것이다.

10) Gregg v. Georgia, 429 U.S. 875, 97 S.Ct. 197(Mem) U.S., 1976. 피고인은 2건의 살인과 2건의 무장강도혐의에 대하여 기소되어 총 4건에 대하여 사형판결을 받았다. 피고인은 상소하였다. 미연방대법원은 피고의 유죄를 인정할 증거가 충분하고, 자동차 수색, 부검 등의 일련의 형사절차상으로도 문제가 없으므로, 살인혐의에 대한 사형유죄판결 부분은 적절하였다고 판시하였다. 한편 무장강도에 대한 사형판결은 다른 판결들과의 형평성에 비추어 보았을 때 부적절하고 과도한 것이었다고 판시하였다. 무엇보다 대법원이 합헌(7 대 2)으로 돌아설 수 있었던 것은, 이 사건에서 배심원의 재량을 인도할 수 있는 구체적 지침이 Furman 사건 이후 제정되었고, 그러한 지침에 따라 재량권의 자의성이 감소되었기 때문이다. 이 판결 이후 미국에서 사형이 재개될 수 있었다.

〈표 5〉 미국 전역의 사형집행건수 — 장기추세[11)]

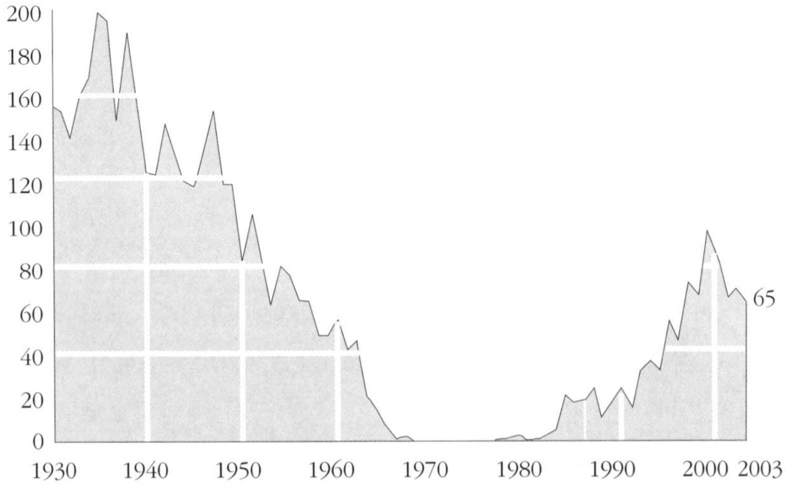

는 사형조항을 두고 있으며, 12개주 및 워싱턴 D.C.는 사형을 폐지하고 있다. 1977년 이후 사형집행의 2/3는 텍사스(313명), 버지니아(89명), 오클라호마(69명), 미주리(61명), 플로리다(57명) 등 5개주가 차지하고 있다. 2003년 한 해에 처형당한 수는 65명인데, 그 중 텍사스(24명) 및 오클라호마(14명), 노쓰 카롤리나(7명)의 3개 주가 2/3 이상을 차지한다. 어느 해를 보든 텍사스의 사형집행률이 가장 높은 편이다.

이 기간 동안 인종별로 보면 백인이 501명, 흑인이 300명, 히스패닉이 61명 등이 사형집행을 당했다. 흑인의 비율이 상대적으로 훨씬 높다. 1977년 이래 미연방 관할에서 사형이 집행된 것은 2001년 오클라호마 청사에 대한 폭탄테러로 대량살상(168명 사망, 600여명 부상)을 빚어낸 맥베이에 이르러서 처음이다.

처형방법은 약물주사의 방법이 모든 관할권에서 채택되어 있으며, 실제로도 그 방법으로 집행한다. 전기충격, 가스, 교수형, 총살 등의 방법이 일부 주에 채택되어 있으나, 실제로 거의 사용되지 않고 있다.

한편 사형선고를 받고 집행을 대기중인 자의 총수는 2003년 말 기준으로

11) Bureau of Justice Statistics, Bulletin, Capital Punishment, 2003, p. 10.

〈표 6〉 사형선고받고 집행대기중인 자의 수[12)]

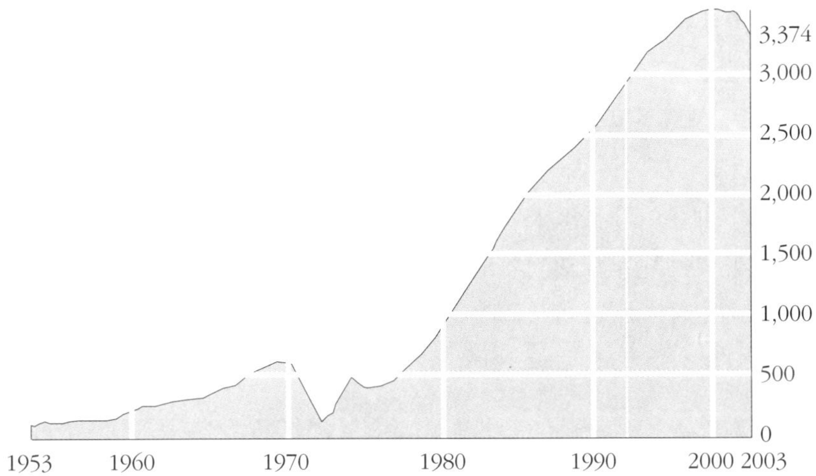

총 3,374명에 이른다. 〈표 6〉에서 보듯이 사형선고 건수는 1973년 연방대법원의 사형위헌 선고 직후 급감했다가, 1976년 사형합헌판결 이후 점증하고 있으며, 2000년에는 집행대기자 수가 3,593명으로 최고치를 기록했다. 그 뒤 사형대기자 수가 약간 줄어든 것은 대기자수 중 일부에 대해 DNA 검사 결과 무고함이 판명되었거나, 불확실한 사유가 있어 방면되었거나, 감형된 사례가 생기고 있기 때문이다. 2003년 기준으로, 사형대기자수가 가장 높은 주는 캘리포니아(629명)이며 텍사스(453명), 플로리다(364명) 등이다. 사형집행건수와 대비해 볼 때 가장 두드러진 점은 사형집행건수가 가장 높은 주가 텍사스인데 반해 사형대기자수가 가장 높은 곳은 캘리포니아주라는 점이다. 1977년 이래 캘리포니아주의 사형집행건수는 10건밖에 되지 않는데(텍사스 313명), 이를 통해 캘리포니아주는 사형선고건수는 높지만, 집행에 있어서는 신중한 입장을 취하고 있음을 알 수 있다.

캘리포니아주의 예에서도 뚜렷히 알 수 있듯이, 사형선고가 곧 집행을 의미하는 것은 아니다. 사형이 집행된 사례에서도 형선고 후 집행에 이르기까지 많은 기간이 소요된다. 1977년부터 2003년까지 총 평균해 볼 때, 사형선

12) Ibid, p. 3.

고 후 집행에 이르기까지 소요된 평균기간은 121개월이다. 다시 말해 실제로 처형당하는 경우에서도 만 10년 이상의 기간이 소요된다는 것이다. 근자에 들어 그 기간은 오히려 늘어나고 있는 추세이다. 이렇게 중간소요기간이 길어지는 것은 사형선고를 받은 자들이 이의를 제기하고, 오판가능성에 대한 신중한 고려도 있으며, 사형반대여론에 대해서도 신경을 쓰지 않을 수 없는 측면이 있기 때문이다. 실제로 대기기간 동안 진범이 밝혀지거나 증거에 대한 재평가에 의거하여 방면되기도 한다. 사형이 무기형보다 경제적이라는 주장도 이 점에도 볼 때 그리 타당한 것도 아니다. 물론 사형 여부가 인간생명의 경제성 차원에서 평가될 수 없긴 하지만 말이다.

(3) 형사사법 예산의 팽창

경찰, 교정, 사법에 들어가는 예산의 경우 1960-70년대에는 완만한 상승을 기록했으나, 1980년대 초반 이래 예산의 급팽창을 보이고 있다. 〈표 7〉의 재정지출을 살펴보면, 미국전역에서 경찰예산은 지난 20년간 약 281%, 사법예산은 383%의 증가를 보여주고 있는데 반해, 교정예산은 529%의 급상승을 보여준다.[13] 이는 일차적으로 재소자수의 격증으로 말미암은 것이며, 재소자수의 증가에 따라 교정인력 및 시설신 · 증축으로 말미암은 예산증가도 대단하다.

캘리포니아주만 해도, 교정인력(full-time)의 경우 1980년엔 2만 3천명 정도였으나, 2003년에 이르면 6만 9천명에 이르는 정도로 증가되었다.[14] 교정인력이 늘어날수록, 이들은 하나의 독자적 압력집단이 되어 인원감축을 초래할 만한 정책적 변화는 매우 어려워지게 되며, 그 때문에 강경정책의 물줄기를 돌릴 수 있는 정치적 동력이 약화되게 된다.

---

13) Bureau of Justice Statistics, "Justice Expenditure and Employment Extracts," in www.ojp.usdoj.gov/bjs.

14) "〈Table 52〉 Criminal Justice Full-time Personnel, 1969-2003," in www.corr.ca.gov/OffenderInfoServices/Reports/Quarterly/Strike1/STRIKE1d0412.pdf.

〈표 7〉 형사사법 관련 재정지출(1982–2001)[15]

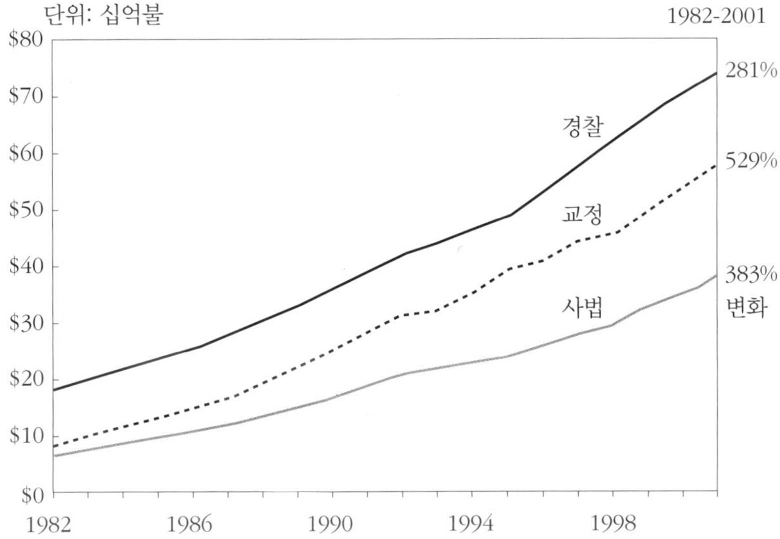

3. 수감인구의 팽창—왜?

(1) 범죄에 대한 강경정책 및 범죄자의 무해화 추구

위의 통계에서 쉽게 확인되듯이, 미국 수감인구의 팽창의 기점은 1970년대 중반 이후이다. 1930년대부터 1960년대까지 형사정책은 리버럴한 모습을 띠어 왔다. 다시 말해 범죄를 사회문제의 일환으로 보고, 범죄자에 대한 대책과 함께 범죄유발적 환경의 개선에 초점을 두는 것이었다. 행형에 있어서는 범죄자의 사회복귀(rehabilitation)가 지도원리로 자리잡게 되었다. 그러나 1970년대 중반 이후에는 범죄는 사회환경보다는 위험한 일군의 범죄자로 말미암은 것이며, 그 범죄자의 제거 · 격리 · 무해화와 같은 직접적 통제를 통해 범죄를 억압해야 한다는 사고가 지배하고 있다. 이는 범죄에 대한 강경정책

15) Bureau of Justice Statistics, in www.ojp.usdoj.gov/bjs.

(Getting Tough on Crime)이라 흔히 일컬어지며, 범죄와의 전쟁(War on Crime)을 말할 때는 이러한 강경한 접근을 위주로 한다.

미국의 공공정책에서 범죄에 초점을 맞추는 것은 주로 보수적 정치가의 전략이었다. 범죄자에 대한 정당한 응징을 내세우는 접근은 문제에 대한 가장 간명한 처방이자 대중의 인기를 끌기 쉽다. 서부영화에서의 악당을 퇴치하고 마을을 구하는 보안관식 이미지는 어쨌든 매력적이다. 20세기 후반기에는 한걸음 더 나아가, 더욱 적/아를 명확히 갈라 적에 대한 가차없는 응징을 통해 카타르시스를 느끼는 람보식 이미지, 나아가 적은 인간도 아닌 존재로 간주하는 터미네이터식 이미지로 이어진다.

대범죄투쟁의 정치화의 전략은 1964년 극우파 인종주의자에 속하는 골드워터(Barry Goldwater)의 대통령선거 캠페인에 의해 촉발되었다. 범죄공포를 강조하면서 범죄자에 대한 강경대응을 주요 이슈로 끌어올린 것은 선거운동사에서 전례없는 일이었다. 뒤이어 존슨 및 닉슨 정부는 '범죄와의 전쟁'을 선포하면서 범죄통제를 주요 정책방안으로 끌어올렸다. 그러나 레이건/부시 행정부 하에서 '강경정책'은 일회성 정책이 아닌 장기지속적인 정책으로 확고하게 자리잡았다. 범죄자의 범죄선택은 자유의지의 산물이며, 합리적 계산의 결과인 만큼, 다른 경제적 · 사회적 요인과는 무관하다는 사고 하에, 범죄자에 대한 강력한 처벌만이 우선적인 방법이라는 것이다.

강경정책은 보수적 기득권의 유지 · 확장을 위한 한 정치적 전략이기도 하다. 1980년대 이래 보수적 정치세력들은 대범죄투쟁의 어젠더를 효과적으로 활용하였다. 1988년 민주당 대통령 후보였던 듀카키스 매사추세츠주의 지사는 억압일변도의 형사정책보다는 귀휴 · 가석방 등의 사회복귀에 토대를 둔 정책을 시행해 왔는데, 귀휴중의 수형자가 살인 및 강간을 한 사례를 공화당의 부시 후보측이 물고 늘어졌고, 이는 듀카키스 후보가 패배하는 데 일조하였다. 이후 범죄자에 대한 관용적 태도나 사회내 처우를 강조하는 입장은 정치적으로 위험한 것으로 여겨졌다. 전통적 민주당의 노선으로부터 벗어나 중간노선을 정립하여 집권할 수 있었던 클린턴 정부도 범죄정책에서는 레이건/부시 노선을 거의 수정하지 않았으며, 그 때문에 민주당 집권기에도 수감인구의 증가는 가속화되었다. 이 기간 동안은 경제가 활성화되면서 전체 범죄율이 감소하는 모습을 보였음에도, 강경노선의 수정을 위한 시도는 제대로 없었던 것이다. 가장 보수적 노선을 고집하고 있는 현재의 부시 정부 하에서 이 같은 강경정책의 추세를 저지할리 없다. 부시 정부는 2001년 세계무역센타(WTC)에 대한 테러공격이 있은 이후 '테러와의 전쟁'의 명분을 걸어 억압적 질서를 국내에 더욱 공고화하고 있는 중이다. 이같이 대범죄 강경정책의 노선은 몇십년간, 가장 확고한 공공정책의 일환으로 지속되어 오고 있는 것이다.

형사정책의 보수화는 물론 정치적 책략의 결과만은 아니다. 유권자의 보수화와 궤를 같이 하기 때문이다. 물론 유권자의 보수화에는 매스컴의 영향도 적지 않다. 매스컴에서 범죄뉴스는 인기 있는 메뉴이며, TV가 발달할수록 범죄현장, 범죄자의 배경, 그리고 법정 장면에 더 많은 직접적이고 자극적인 정보를 유포시키게 된다. 유권자는 복잡한 범죄자의 처우에 관하여 인내성 있는 관심보다는 즉각적인 척결의 방향을 쉽게 지지할 수 있으며, 범죄자를 지역사회에서 배제시킴으로써 치안의 안정을 도모할 수 있다고 쉽게 믿는다. 사형제도의 찬/반 논쟁에서 공중의 여론의 추이를 보면, 1965년에 사형반대의견이 47%에 달한 데 반해 2000년에 이르면 25%로 낮아지며, 사형찬성의견은 동 기간 동안 38%로부터 64%로까지 올라가는 변화를 보이고 있다.[16] 이같이 시민들의 범죄자에 대한 불관용은 정치적 · 정책적 변화와 영향을 주고 받으면서 더욱 강화되고 있는 추세에 있다.

대량구금의 바탕이 된 이론적 배경 중 가장 중요한 것은 1960년대 후반에서 70년대 초반 들어 '교정주의' 혹은 '사회복귀' 이념의 퇴조였다. 급진적 범죄학자들은 범죄자에 대한 교정보다는 행형시설의 비인간성을 비판하고 시설내 교정보다는 사회정의의 확산을 역설하였다. 보수적 범죄학자들은 리버럴한 제도의 실천—예컨대 가석방, 보호관찰, 사회내 처우—등의 접근보다는 상습범 · 누범에 대한 강경한 처벌을 주문하였다.[17] 이 두 접근 모두

---

16) Banks(2005), p. 245.

17) J.Wilson(1975), Thinking about Crime, New York: Vintage Books.

기존의 주류적인 리버럴한 행형정책을 강력히 비판했다는 점에서는 동일하였다.

1974년 마르틴손의 연구는 한 결정판이었다. 그는 기존의 사회복귀 프로그램을 광범위하게 분석한 결과 "몇몇 고립된 예외적 사례를 제외하고는, 여태까지의 사회복귀 프로그램들은 재범률에 어떤 납득할만한 실제적 효과를 주지 못했다"고 비판하였다.[18] "아무 것도 작동하지 않는다"(Nothing Works)는 마르틴손의 결론은 급진적 범죄학에서도 비판의 근거로 활용할 수 있었다.[19] 그러나 이 결론을 충분히 활용한 이들은 보수주의자들이었다. 이들은 각종 리버럴한 교정 프로그램을 축소 · 폐지하고, 대신 범죄통제와 형벌 위주의 정책으로 밀어붙이는 데 성공했던 것이다. 후속연구들은 일정한 정도의 사회복귀 프로그램들은 유용하다는 쪽(Something Works)의 조사결과를 내놓았으나, 그로써 강경정책의 정치적 슬로건이 압도하는 것을 막지 못했다. 사회복귀에 대한 강조 대신 범죄자가 응보(retribution) 혹은 적정한 대가(just deserts)를 치러야 한다는 쪽이 정책기조로 자리잡게 되었다. 응분의 대가를 강조하게 되면서 범죄에 상응하는 양형의 원칙이 부각되며, 양형의 예견가능성을 높이기 위한 양형지침서(sentencing guideline)가 법제화되었다. 그런데 양형지침서는 공정성 및 예측가능성을 높이긴 했지만, 보수적 흐름 속에 놓여질 때는 형벌강화의 결과를 대체로 가져왔다. 또한 양형지침서는 양형에서 법관의 재량권 및 구체적 타당성에 대한 고려를 수축시키고, 입법자 및 유권자의 영향력을 강화하는 결과를 가져왔다. 양형에서 범죄자의 (열악한) 생활배경 및 개인적 특성을 고려하기보다는, 엄격한 법집행이 보다 강조되게 된 것이다.

18) R.Martinson(1974), "What Works? Questions and Answers about Prison Reform," Public Interest, 35, Spring 1974, p. 22–54.

19) 예컨대 라이트는 "어떤 (교정)수단이 채택되든 수감자들은 거기서 통제와 억압을 경험할 뿐이며, 어떤 목표를 내걸었던 간에 실제로는 복종과 동조가 교정제도의 핵심가치가 된다. 현대의 교도소는 여전히 감옥이며, 리버럴한 겉옷을 입은 전체주의적 시설에 지나지 않는다"고 비판한다. 또한 미국친우회에서는 "정의롭지 못한 사회에서 정의로운 형사사법제도를 구축한다는 것은 모순이다. 우리의 기존가치에 대한 근본적 변화와 사회적 · 경제적 제도의 철저한 재구성이 없이는 형사사법제도의 피상적 개혁 이상을 달성할 수 없다"고 비판했다. E.Wright(1973), The Politics of Punishment: A Critical Analysis of Prisons in America, New York: Harper & Row, p. 49–50; American Friends Service Committee(1971), Struggle for Justice, Philadelphia: Hill & Wang, p. 12–16 참조.

범죄자에 대한 응보, 나아가 범죄자의 무해화(incapacitation)를 지향하게 되면 당연히 수감인구는 늘어나게 된다. 형기는 더 길어지게 되며, 시설도 더 분화되고, 소위 가장 위험한 범죄자에 대하여 가장 억압적인 처우를 하는 초중구금교도소(super-max prison)도 재등장하게 되었다.

마약범죄자에 대한 투쟁도 강화되었다. 레이건 정부로부터 본격화된 '마약과의 전쟁'(war on drug)은 거액의 연방예산을 마약범죄에 집중시키도록 했으며, 1998년에 이르면 마약사범의 체포건수가 연간 160만건에 달했다. 약물남용금지법(Anti-Drug Abuse Act) 등이 제정되면서 미량의 코카인을 소진한 마약사범에게도 5년 이상의 의무적 자유형의 양형이 법제화되었다. 주에 따라서는 일정량의 헤로인이나 코카인의 판매는 초범일 경우에도 가석방없는 종신형에 처하도록 하여, 마약판매를 1급살인과 같은 수준으로 격상시켰다. 이 같은 초강경의 실형을 남발한 덕분에, 마약범죄는 다른 어떤 요인보다 수감률 증가에 기여했다.[20] 1980년대 중반 이후에는 크랙코카인이 저렴한 비용으로 광범위하게 유포되었다. 흑인/빈민/청소년층은 이 마약의 가장 집중적인 소비자층이 되었다. 또한 마약판매를 둘러싼 이권확보 및 마약구매자금을 위한 강력범죄가 크게 증가하는 요인이 되었다.[21]

마약범 처벌에 있어 인종적 · 계층적 편파성도 주목할 만하다. 1990년대 초반의 통계에 따르면, 흑인은 전체 마약범죄의 13%를 차지하지만, 체포자수에 있어서는 35%, 유죄선고에서는 55%, 교도소 수감에 있어서 74%를 차지하는 정도로까지 차별적 취급을 받고 있다.[22] 이렇게 된 데에는 마약에 대한 통제의 초점이 흑인빈민층이 주로 구매하는 마약, 즉 값싼 크랙 코카인에 맞추어졌기 때문이다. 구체적으로 보자면, 5g 이상의 크랙 코카인을 소지한 자는 5-20년의 실형을 의무적으로 과하도록 법제화되었다. 반면 백인 중산층이 소비하는 보다 값비싼 마약(코카인 분말)의 경우 500g 이상을 소지한 경우

20) M.Mauer(2001), The Causes and Consequences of Prison Growth in the United States, in David Garland ed., Mass Imprisonment, London: Sage, p.6.

21) S.Walker(1998), Popular Justice: A History of American Criminal Justice, 2nd ed., New York: Oxford University Press, p.228.

22) E.Currie(1993), Reckoning: Drugs, the Cities, and the American Future, New York: Hill & Wang 참조.

에만 의무적 실형이 선고될 수 있도록 했다. 이러한 편파성은 값싼 크랙 코카인에 의존했던 흑인하층의 높은 대량수감을 초래하는 데 기여했다.[23] 분명한 편파성에도 불구하고 어느 정치인도 마약범죄자에 대한 양형을 낮추거나 비범죄화해야 한다는 주장을 내세울 수 없었다. 정치적 타격을 집중적으로 받을까 우려해서였다.

마약범죄에서도 그랬지만, 일정범죄에 대해 장기형을 추구하면서, 일정기간 미만으로의 자유형을 선고할 수 없도록 하는 소위 의무적 최저기한의 실형(mandatory minimum imprisonment)을 법제화하는 경우가 각 주와 연방의 형법에서 대폭 늘어났다. 많은 주에서 (보호관찰부) 가석방이 일정 범죄에 대해 폐지되었고, 폐지되지 않은 경우에도 그 적용은 대폭 제한되는 추세에 있다. 대신 초범 등에 대하여 사회내 처우와 시설내 구금의 중간형 형벌(intermediate punishment)이 대폭 늘어나게 되었다.[24] 물론 이 중간형 형벌은 기존의 자유형에 대한 대안이라기보다는 보완책으로 도입되었고, 그 때문에 그것을 도입한다 해서 기존의 과밀수용현상을 완화하는 효과를 기대할 수는 없다.

대량수용의 한 결과는 교정의 민영화(privatization)를 가속화한 것이다. 1980년대 이래 주와 지방 단위에서 교도소 신축의 붐이 일어났지만, 그것만으로 늘어나는 수요를 감당할 수 없었으며, 교도소 신축에 따른 재정부담을 온전히 감당할 수도 없었다. 늘어나는 수요 및 재정부담을 완화시키기 위한 한 방법이 민영교도소에 기대는 것이었다. 재정적 곤란을 받고 있던 지역에서 민영교도소의 유치는 그 곤란을 타개하는 한 방책이기도 했다. 1985년부터 10년간 민영교도소의 수는 5배 이상 증가했으며, 재소자의 노동력을 계약제로 사기업에 활용하는 방안도 많은 주에서 시행되었다. 2004년 중반 현재 민영교도소의 수용인원은 총 98,791명에 달하는데, 이는 미국 전체 수용자의 6.6%에 달하는 수치이다.

23) Banks(2005), p. 114.

24) 중간형 제재로는 집중보호관찰, 벌금, 사회봉사명령, 사회 내에서 집중적 통제 및 치료 등을 들 수 있다. 최근에는 가택연금 및 전자모니터링을 포함할 수도 있을 것이다. N.Morris & M. Tonry(1990), Between Prison and Probation: Intermediate Punishments in a Rational Sentencing System, Oxford: Oxford University Press 참조.

(2) 강경정책의 극단적 예—캘리포니아주의 삼진아웃법

미국의 강경정책의 압권은 1990년대 이후 시행되고 있는 삼진아웃제(Three strikes and you're out)이다. 야구에서 삼진이면 아웃되듯이, 동일한 유형의 범죄를 3번 반복하면 일반사회로부터 배제시켜 교도소에 초장기간 혹은 종신 동안 추방시키자는 발상이다. 누범과 상습범에 대한 특별한 대응 혹은 강경대응은 모든 나라에서 주요한 정책의제 중의 하나이지만, 1990년대 이후의 미국의 동향은 그 급진성 및 광범성에서 이전의 경우와 차원을 달리한다.

1993년 워싱턴주는 처음으로 삼진아웃법을 입법화했다. 일정한 종류의, 중대한 범죄에 대해 세 번째로 유죄확정이 되면 무기형을 선고하도록 하는 내용이었다. 1994년에는 연방형법에도 도입되었다. 다만 연방형법의 경우 그 대상범죄의 범위를 훨씬 협소하게 규정하였다. 삼진아웃법은 단기간에 급속히 번져갔다. 이미 1996년에 이르면 26개 이상의 주에서 삼진아웃법을 통과시키기에 이르렀다.[25] 그러나 다른 주들이 삼진아웃법을 매우 제한된 범위에서 규정하였고, 실제 시행에 있어서도 제한적 적용의 틀을 따르는 데 반해, 캘리포니아주는 그 규정범위, 실제의 시행에서 다른 주들과 차원을 달리하고 있다. 그 때문에 삼진아웃법 하면 캘리포니아주를 떠올리게 되는 것이다.

캘리포니아주에서 삼진아웃법은 의회가 아니라 시민의 차원에서 먼저 제기되었다. 살인범죄의 피해자의 가족인 Mike Reynolds[26]는 매우 광범위한 삼진아웃법을 제안했다. 삼범이 아니라 재범부터 추가적 중형이 선고되어야 한다는 점, 폭력범죄뿐 아니라 주거침입 등보다 일반적 범죄에 대해서도 적용되어야 한다고 주장한 점, 세 번째 범행에 대해서는 어떤 종류의 범죄이든 상관없이 25년 자유형 내지 무기형이 선고되어야 한다는 점에서 그의 제안은 매우 광범위한 적용대상을 겨냥했다. 그러한 법이 통과된다면 수용인구는 순식간에 확대될 것이고, 죄수에 의해서만 중형을 의무적으로 선고해야 하는

25) F.Zimring et al.(2001), Punishment and Democracy: Three Strikes and You' re Out in California, Oxford University Press, p. 17.

26) M.Reynolds et al.(1996), Three Strikes and You're Out: A Promise to Kimber: The Chronicle of America's Toughest Anti-Crime Law, Fresno: Quill Drive Books 참조.

것이기에, 신중한 정책적 접근을 한다면 채택되기 쉬운 것이 아니었다. 그러나 삼진아웃법의 이 같은 확대적용안은 범죄피해자집단뿐 아니라 일자리의 확대를 추구하고 있었던 교도관조합, 그리고 범죄에 대한 억압적 접근을 늘 선호해왔던 미국총기협회(ARA) 등의 지원을 받고 있었다. 그러나 그 상태로 법안이 통과될 가능성은 높지 않았다.

사태를 반전시킨 것은 한 사건이었다. Polly Klaas라는 12세의 여아가 1993년 납치당한 뒤, 강간당하고 살해당했다. 범죄자가 전과2범으로, 가석방 중에 이러한 범죄를 자행한 것이 밝혀지면서, 주저하던 분위기는 일변했다. 거기에 당시의 정치적 분위기가 상승작용을 했다. 성과와 인기도가 낮아 재선이 불투명했던 공화당의 주지사(Pete Wilson)는 재선전략으로 이 사건을 포착하고, 범죄에 대한 "강경정책"으로 기선을 잡자고 생각했다. 주의회를 장악하고 있던 민주당은 선거에서 범죄정책이 결정적 이슈로 등장하기를 꺼려했다. 민주당의 의회는 아예 상습범, 누범에 대한 대책으로 제시된 5개의 안 중 주지사가 선호하는 어느 안이든지 수용하겠다고 나섰다. 그럼으로써 범죄대책 여부가 정치적 이슈로 떠오르는 것을 중화시키려 한 것이었다. 주지사는 가장 극단적 대책을 골랐고, 그것은 Mike Reynolds의 제안을 거의 그대로 수용한 것이었다. 주의 행정부와 입법부 어느 쪽도 범죄에 대해 관대하다는 이미지를 얻어 정치적 손실을 입고 싶지 않았던 것이다. 심지어 주검찰의 비교적 온건한 수정안마저 거부되었다.

먼저 캘리포니아주의 유권자들은 "삼진아웃"이라 불리는 주민발안법을 통과시켰다(이를 Proposition 184라 한다). 실제의 법률의 형태는 캘리포니아 형법전의 개정[Section 667(b)-(i)]을 통해 이루어졌으며, 어떤 범죄가 삼진아웃에 해당하는 선행범죄인가를 명시하기 위하여 관련 법률의 개정[27]이 있었다.

이리하여 Wilson은 손쉽게 주지사에 재선되었다. 이후에도 대중의 여론을 중화시키거나 거르는 역할을 누구도 솔선해서 하지 않으려 했고, 이리하여 삼진아웃법제는 캘리포니아주의 지속적 유산이 되었다.[28]

27) Juvenile Adjudications Qualifying as Strikes; Serious Felonies Within the Meaning of the California Three Strikes Law; Violent Felonies Within the Meaning of the California Three Strikes Law.

28) Zimring et al.(2001), p.7.

통과된 캘리포니아주의 삼진아웃법은 다른 주와 그 범위 및 내용을 질적으로 달리하고 있다.[29] 첫째, 중죄(felony) 중 폭력범죄[30] 및 일정한 심각한 범죄[31]의 전과가 있는 자는 어떤 종류의 중죄(any felony)라도 범하면, 양형이 인상된다는 것을 기본원칙으로 한다. 둘째, 위 범죄의 전과가 1회 있는 자가 중죄를 또 범했다면 그의 형량은 통상의 형량의 2배의 형을 받게 된다. 위의 일정한 범죄의 전과가 2회 이상 있는 자가 어떤 종류의 범죄라도 한번 더 하게 되면(즉 그의 범죄가 3번째 혹은 그 이상이라면), 그는 △현재 범죄에 대한 형기의 3배 혹은 △25년의 자유형 중 보다 중한 형을 하한으로 한, (부정기의) 무기형을 받게 된다. 셋째, 이러한 삼진(이진)아웃유형의 범죄자에 대하여는 가석방 등이 대폭 제한된다. 즉 형기의 80% 이상을 복역하기 전에는 가석방의 가능성이 없다.

삼진아웃법의 가장 기본적 원칙은 중죄자에 대하여 형량을 가능한 늘려서, 그들이 사회에 복귀할 수 있는 가능성을 대폭 제한하자는 것이다. 중죄자

〈표 8〉 캘리포니아 삼진아웃법의 개요

	요구되는 전과	현재의 범죄	의무적 복역기간
두 번째 범죄	폭력범, 혹은 "심각한" 중죄(강간, 강도, 주거침입 등) 1회	모든 중죄	통상 형기의 2배. 형기의 80% 이상 복역 전에는 가석방 가능성 없음
세 번째 범죄	2회 전과(폭력범 혹은 심각한 중죄)	모든 중죄	25년 내지 종신형, 25년 기간의 80% 복역 전에는 가석방 가능성 없음
비 고	16세 이상, 주외의 범죄도 포함시킴		

29) California Penal Code, Section 667(b)-(i).

30) 폭력범(violent felony)에는 살인(미수), 상해, 강간 및 추행, 사형 혹은 무기를 받을 수 있는 모든 중죄, 강도, 방화, 유괴, 흉기사용 자동차강탈 등이 포함된다. California Penal Code, Section 667.5.(C).

31) 심각한 범죄(serious felony)에는 위의 폭력범도 포함되며, 그 이외에 강간 · 강도미수, 흉기휴대폭행, 주거침입(절도), 강도, 유괴, 미성년자에게 마약판매 · 제공, 흉기소지절도 등이 포함된다. California Penal Code, Section 1192.76.(C).

에 대한 격리 및 무해화를 기본원칙으로 채택한 것이다. 삼진아웃법이 가져올 효과에 대한 진지한 분석, 부작용에 대한 심각한 고려는 거의 이루어지지 않았다. 정치적 고려가 정책적 고려를 압도해버린 것이다. Polly Klaas 사건 이후 여론압박에 편승한 졸속적 입법과정은 통상적인 형사입법 제정과정에서의 신중한 공론의 과정을 생략해버렸다. 공청회나 효과예측분석도 이루어지지 않았다. 피해자집단, 교도관조합, 총기협회 등의 단체는 장기적인 효과분석 같은데 신경을 쓰는 기구는 아니다. 주지사도 주의회도 삼진아웃법안의 일부를 문제삼거나 변경하려는 기도를 하지 못했다. 정치가 맹목적인 여론에 휩쓸려버린 결과, 오직 억압위주의 정책만이 표면화되어 버린 것이다.

즉각적인 효과는 수형자수의 폭증이었다. 통상형보다 2배, 가석방조건을 형량의 80%로 해버리면, 교도소에 수용되는 인원이 3배 이상 늘어나는 효과를 갖는다. 25년 양형, 80% 이후 가석방의 요건을 5년 양형, 50% 가석방요건과 비교해보면, 8배 정도의 인원이 늘어나는 효과가 생긴다. 1천명의 25년 수형자가 있는 교도소는, 1년형을 받은 수형자를 25,000명 수용하는 것과 같은 효과를 갖는다. 가석방 가능성의 차이를 생각하면 후자의 수형자의 수는 더 늘어날 수 있을 것이다. 그런데 다른 주와 달리 캘리포니아주의 경우 현재의 범죄를 '모든' 중죄로 하고 있으므로, 그 대상자의 범위는 크게 늘어나게 된다.

이 법이 시행된 지 2년이 지난 1996년 말에 이미, 캘리포니아주는 삼진아웃법에 해당하는 수형자를 26,074명이나 갖게 되었다. 이는 삼진아웃법을 먼저 도입한 워싱턴 주가 불과 85명인 것과 크게 비교된다.[32] 미국 전역에서 삼진아웃법이 시행되는 실태를 보면, 다른 주들의 경우 삼진아웃법을 거의 시행하고 있지 않고 있으며, 그 때문에 수형자수의 증가에 거의 의미있는 기여를 하고 있지 않다. 다시 말해 삼진아웃법은 현실적 효과보다 상징적 효과를 갖는 데 그치고 있다.[33] 1998년의 통계를 보면, 다른 어떤 주도 1,000건의 수치까지도 이르고 있는 곳이 없는데 캘리포니아의 경우 4만건의 삼진아웃 관

32) Zimring(2001), p. 19.
33) Ibid, p. 20.

련 양형을 기록하고 있는 것이다.[34] 통계를 달리 구성해보면, 미국전체의 삼진아웃 관련 양형 중에 캘리포니아주가 차지하는 비중이 93%에 이른다.

캘리포니아의 삼진아웃법은 형사사법의 권력지형에도 변화를 초래했다. 우선 가석방을 억제하고 가석방 가능성을 예외화함으로써, 가석방의 결정에 관여해온 교정기관의 권한에 제약을 가했다. 자유형을 회피하거나 형기를 제한할 수 있는 법관의 재량권 역시 크게 공격받았다. 사법적 재량 대신 자유형을 필수적으로 부과하도록 했기 때문이다. 법관은 중한 형벌에 대한 천적으로 간주되었다. 다만 검사의 기소재량권은 여전히 유지되었다. 검사가 기소하면 삼진(이진)아웃 대상자의 형량은 자동적이었으므로, 법관의 권한은 축소된 대신 검사의 권한이 상대적으로 훨씬 커지게 되었다. 이리하여 사법 및 교정에서의 재량권을 둘러싼 견제와 균형의 장치는 무너지게 되었다. 무엇보다 유권자의 직접개입을 통해 형사정책에서 포퓰리즘적 요소가 압도하게 되었다. 그 일례가 법개정의 정족수이다. 통상의 입법과는 달리, 주 상·하원에서 기명투표를 통해 2/3 이상의 동의를 얻거나 주민투표를 통해 개정안이 통과될 경우에만 삼진아웃법의 개정이 가능하도록 규정한 것이다.[35] 이러한 제한을 둔 것은 유권자의 정부권력—입법, 행정, 사법 모두를 포함한—에 대한 불신을 표출한 것이다.[36]

물론 삼진아웃법이 액면 그대로 시행되었다면, 수감인구의 폭발현상은 문자 그대로 엄청났을 것이다. 시행상황을 보면 1998년에는, 재범자가 90%, 삼범자가 10% 정도 이 법의 적용대상이 되고 있다. 이는 엄청난 가중처벌을 결과하는 3범의 경우 검사의 기소재량을 통한 통제가 사실상 작용하고 있음을 보여준다. 형량을 두 배 정도 가중하는 재범의 경우라면 형벌의 비례성의 측면에서 그래도 수용할 여지가 있지만, 25년으로 올리는 3범의 경우에는 이를 실무적으로 수용하는 데 곤란스럽게 여겨지기 때문이다. 이진아웃을 피하기 위해 죄질협상(plea bargaining)이 늘었고, 3진을 피하기 위해 3진재판시 배심재판의 비율이 늘었으며 아예 불기소하는 경우도 늘었다. 물론 이러한 조

34) Ibid, p. 21.
35) California Penal Code, Section 667(j).
36) Zimring(2001), p. 218.

치는 삼진(이진)의 효과를 감쇄시키는 데 기여했지만, 삼진아웃 자체에 대하여는 어느 정치가도 행정가도 도전할 엄두를 내지 못한 채 지금까지 내려오고 있다.

시행상의 편법을 통해 삼진아웃양형의 불합리함을 일부 타개하려 해도, 한계가 있기 마련이다. 〈표 9〉에서 보듯이, 2004년 말을 기준으로 할 때 캘리포니아주의 삼진아웃법의 적용실태는 다음과 같다. 첫째, 삼진아웃법으로 인한 수감자의 총수는 40,101명에 달한다. 그 중 이진아웃의 수가 약 4/5, 삼진아웃의 수가 1/5 정도를 차지한다. 삼범의 비중이 1998년보다 10% 가까이 늘어난 것이 주목된다. 둘째, 삼진아웃법의 적용대상자를 인종별로 분류해볼 때 흑인>히스패닉>백인의 순서로 되어 있음을 알 수 있다. 캘리포니아의 인종분포와 정반대의 결과를 보여주는 이 통계는 삼진아웃법이 주로 흑인들에게 더욱 가중된 처벌을 야기하고 있음을 알 수 있다.

〈표 9〉 캘리포니아 삼진아웃법 관련 수감자(2004. 12. 31. 기준)[37]

		교도소 수감 사유		총 수
		이진아웃	삼진아웃	
총 계		32,527(81.1%)	7,574(18.9%)	40,101(100%)
폭력범죄 · 성범죄		12,048	3,277	15,325
재 산 범		9,488	2,344	11,832
마 약 범		7,898	1,282	9,180
기 타		3,093	671	3,764
인종별 (남성)	흑 인	11,004	3,356	14,360(37.1%)
	히스패닉	10,944	1,930	12,874(33.2%)
	백 인	7,987	1,890	9,877(25.5%)
	기 타	1,313	325	1,638(4.2%)
	소 계	31,248	7,501	38,749(100%)

37) Department of Corrections, Data Analysis Unit, New Second and Third Strikers in the Institution Population, December 31, 2004, Sacramento, California.
www.corr.ca.gov/OffenderInfoServices/Reports/Quarterly/Strike1/STR1d0412.pdf 참조.

(3) 대량구금의 인종적 · 계급적 함의

미국의 대량수용 현상은 경제적 · 계급적 함의를 갖고 있다. 1979년부터 1996년 사이에 소득증가분의 98%는 미국의 5%의 상위 가구에 집중되었다. 같은 기간에 평균임금률은 하락함에 따라 보통의 가구의 수입은 더 낮아졌다. 1980년대의 장기불황은 실업인구를 양산했고, 이들 중 상당수는 교도소에 흡수되었다. 범죄에 대한 강경정책을 주문할수록 재소자의 처우에 대한 관심은 낮아졌으며, 인도적 처우에 대한 주장은 제도적 발판을 구축하지 못하였다. 아울러 계급적 차별은 인종적 차별과 결합되면서 가장 극단적 양상을 보여준다.

통계에서 가장 뚜렷한 측면 중의 하나는 미국 수감인구의 인종적 불균형이다. 지난 몇 십년 동안 흑인의 수감률은 계속 상승했다. 20세기 중반에 70%를 점하던 백인의 수감률은 오늘날 30%대로 축소된 반면, 흑인은 최근 30여년간 팽창했으며 특히 최근 10여년 사이에 급팽창하는 모습을 보여주고 있다. 인종별 체포율에서 흑인은 백인보다 약간 높은 정도에 머물지만, 수감률에 있어서는 1985년에는 5 : 1 정도로 높았으며, 2000년대에 이르면 8 : 1 정도로 압도적인 불균형이 발생한다. 형사사법과정에서 압도적인 인종차별이 현실화되는 셈이다.[38] 중산층과 하류층을 비교해보면, 후자의 비율이 역시 압도적으로 높다. 인종/계급/성별 요인을 합성해보면, 흑인/남성/하류층/청년층의 대다수는 몇 년간의 교도소 생활에 직면해 있는 셈이다. 이들은 도심의 흑인밀집거주지역인 게토에서 소년기와 청년기를 보낸다. 이미 미국에서 백인중산층은 교외에 거주하며, 생활과 업무에서 흑인하류층과 거의 접촉하지 않고 지낸다.[39] 반면 흑인의 다수는 도심의 저임차료지구에서, 자신들끼

38) L.Wacquant(2003), America's New "Peculiar Institution": On the Prison as Surrogate Ghetto," in T. Blomberg et al. eds., Punishment and Social Control, p. 472.

39) 미국의 많은 도시는 도심(inner city)과 외곽의 교외(suburb)로 나누어진다. 도심에는 흑인이 주로 살며, 교외는 중산층 이상의 백인들이 주로 거주한다. 최근에 교외는 근교(suburb)와 원교(exurb)로 또 나누어진다. 원교는 근교보다 도심에의 진입을 위해 많은 시간이 소요되지만, 근교보다 적은 비용으로 넓은 집과 뜰을 가질 수 있다. 교외의 중산층들은 도심에로 진입할 때 통근차와 자가용을 사용하게 되는데, 도심까지 고속화도로가 연결된다. 최근에는 사무실과 대학 등

리 살아가며, 열악한 교육환경과 거주환경 속에서 고립적으로 살아가고 있다. 흑인의 게토는 그 자체 하나의 사회적 낙인으로 작용하며, 동질적인 인종적 구성으로 되어 있어, 그들만의 하위문화를 형성하게 된다. 게토와 교도소간의 긴밀한 관계를 들어, 게토가 인종적 교도소(ethnoracial prison)이라면, 교도소는 사법적 게토(judicial ghetto)의 기능을 수행한다.[40] 양자 다 낙인효과, 사실상의 강제성, 물리적 고립, 내부의 조직화, 독특한 문화, 그리고 자아상의 훼손 등의 기능적 특성을 공유하고 있기 때문이다.[41] 흑인/남성/하류층/청(소)년들은 이 게토와 교도소 사이를 왕복하며, 그런 점에서 양자는 단절이라기보다는 연속성을 갖고 있다. 이들에게 교도소는 어떤 의미에서도 교정적 역할을 수행한다고 믿어지기보다는, 자신들을 쓸어담는 창고(warehouse)로 기능한다고 여겨질 뿐이다. 그 점에서 미국의 교도소는 다른 곳에서는 잘 활용되지 않는, 인종차별을 위한 특유한 시설(peculiar institution)로 기능하고 있는 것이다.[42]

4. 결 론

1980년대 이후 미국의 교정정책은 한마디로 '강경일변도'라고 정리할 수 있다. 양형에서 법관의 재량권을 축소하고, 형벌은 더욱 엄중하게 집행하고 있다. 그 정점은 캘리포니아주의 삼진아웃제, 초중경비교도소 등에서 볼 수

이 아예 교외에 자리잡게 되면서 도심에의 의존도가 훨씬 줄어들게 된다. 이러한 교외화의 확산으로 인해, (백인)중산층들은 도심의 열악한 환경의 개선을 외면하게 되며, 도심의 흑인하층민과 접촉을 할 필요가 없게 되어 도심주민들의 거주조건은 훨씬 열악화되게 된다. 사회의 양극화가 진행되면서도 상호 접촉할 기회가 점차 줄어드는 것, 그것이 미국의 비극이 개선되지 않는 주요한 이유가 된다고 생각한다. D.Brooks(2004), On Paradise Drive: How We Live Now(And Always Have) in the Future Tense, New York: Simon & Schuster 참조.

40) Wacquant(2003), p. 477.

41) Ibid, p. 477.

42) 앞의 저자(L.Wacquant)는 미국에서 인종차별의 제도화가 몇 단계를 거쳐 진행되었다고 주장한다. 19세기 중반까지는 노예제, 20세기 초반까지는 흑인에 대한 격리와 차별을 제도화한 Jim Crow 법제, 20세기 중반기에는 흑인슬럼지대로의 고립화(즉 게토화), 그리고 20세기 후반기에 게토와 교도소간의 왕복의 행렬 등.

있다. 수감 위주의 정책은 수감인구의 폭증이란 현상을 초래했으며, 그 기세는 현재로 올수록 더해가고 있다.

수감인구의 증가는 여느 선진국에서도 나타나는 현상이지만, 미국의 경우는 그 절제를 상실한 느낌이 있다. 최근 몇 년간의 수감인구의 증가는 그 10년 전에 비해 두 배 이상의 증가를 기록하는 정도로 치달리고 있는 것이다. 이를 떠받치고 있는 것이 대중의 보수화이다. 대중들은 자극적인 범죄뉴스에 즉자적으로 반응하며, 범죄의 심층원인이나 배경에 대한 이해와 신중한 정책적 접근 대신 즉각 문제의 대상을 제거하는 것을 선호한다. 가장 극단적 비극현상에 여론의 초점을 맞추게 되면, 여론은 곧바로 가장 강경한 대응책을 주문한다. 정책에 대한 이론적 분석과 신중한 처방 대신 포퓰리즘이 정책결정의 선도적 동인이 되며, 그것은 캘리포니아주의 삼진아웃제에서 극단적으로 표출된 바 있다. 정치인들은 포퓰리즘을 중화하기는커녕 이를 최대한 악용하며, 그렇지 않은 경우에도 그에 도전할 엄두를 내지 못하고 있다.

대량수용이 초래하는 파급효과도 주목할 필요가 있다. 사회복지, 교육, 직업훈련 등에 쓰여져야 할 예산의 상당부분이 교도소의 건축과 유지, 교정직원의 수당, 재소자의 생계에 쓰여지고 있다. 사회의 하층에게는 희망의 회로가 차단되어 있으며, 게토와 교도소 사이를 왕복하면서 청(소)년기를 보내게 되었다.

이러한 상황을 사법부는 제대로 제어하지 못하고 있으며, 사법부 자체의 보수화도 이런 경향의 악화에 기여하고 있는 셈이다. 1950년대 이래 사법부는 행형영역에 대한 불간섭주의(hands-off doctrine)를 깨뜨리고 헌법적 가치와 인권을 행형영역에 끌어들이는 모습을 보여왔으나, 법원의 보수화가 진행된 1970년대 이래 다시 사실상의 불간섭주의로 선회하고 있다.[43] 연방의회도 재소자의 사법적 권리구제를 힘들게 하거나 접근가능성을 봉쇄하는 입법화에 가담하고 있다.[44] 지금은 수형자의 인권 및 복지를 무시해도 별 탈 없는 지경

---

43) Austin(2003), p. 464. 미국헌법에서 재소자 인권과 직결된 조항은 '잔혹하고 비통상적인 처벌의 금지' 및 '적법절차' 관련 조항이다.

44) J.Midgley(2003), "Prison Litigation 1950-2000: Hand Off, Hands On, Gloves On," in T.Herivel & P. Wright, Prison Nation: the Warehousing of America's Poor eds., Routledge: New York, p. 295.

이다. 때문에 인권과 헌법은 행형운용의 주요 원칙으로 영향력을 행사하지 못하고 있다.

관타나모 수용소, (이라크의) 아부그라이브 교도소에서의 인권침해는 이런 맥락에서 보자면 어떤 돌출현상이라기보다는, 미국의 제도적 실행의 문제점이 '사회의 적'에 대해 더욱 적나라하게 드러난 것이 아닌가 생각도 든다. 미국사회의 지역적 · 계급적 분리현상은 사회하층의 범죄문제를 자신의 문제로 받아들이고 고민하는 중산층의 진보적 역할을 방기하게 하고 있다. 그 때문에 범죄자는 '사회의 적'으로 격리되고, 제거되고, 무해화되어야 할 존재로 간주되어 버리며, 그 때문에 억압적 처벌에 대한 이의제기도 대중의 지원을 받지 못해 힘을 쓰지 못하고 있는 상태이다.

미국의 이러한 극단적인 '예외주의'적 진행은 우리에게 '길잡이'가 되어서는 안되며, '반면교사'로 여겨져야 한다. 최근 한국에서는 극단적인 억압적 처우, 누범 및 상습범에 대한 가중처벌, 한국판 삼진아웃법에 해당하는 보호감호법의 폐지, 법관의 재량권의 축소와 박탈을 일삼았던 권위주의적 사법과 행형이 어느 정도 약화되는 추세를 보여왔다. 하지만 폭력행위등처벌에관한법률, 특정범죄가중처벌등에관한법률 등에서 보이듯이 비례성을 현저히 상실한 조항들이 별 도전받지 않은 채 지금껏 내려오고 있는 것도 엄연한 사실이다.[45] 이제 인권과 헌법의 가치는 행형의 법과 실무를 지탱하는 기둥으로 자리잡아야 한다. 권력뿐 아니라 대중의 여론을 그대로 추수하는 행태를 걸어서도 안된다. 대중의 여론을 여과할 수 있는 지식인층의 성숙한 역할 및 관용적 정신의 확산이라는 든든한 장치 없이는, 국민의 일부를 '사회의 적'으로 몰아 현대판 굴락의 형성으로 악화되는 것은 한순간일지 모른다.

45) 이 법률의 일부에 대해 위헌을 선언한 헌법재판소 2004. 12. 16, 2003헌가12 결정의 논거 참조.

그　림

본서 쪽수	출처
1	H. Mayhew and J. Binny(1862/1968), p. 116.
25	G. Rusche and O. Kirchheimer(1939), 표지.
30	D. Rothman(1971), 표지.
34	Verhör von Damiens, Hinrichtung von Damiens, *in* Michel Foucault: Eine Geschichte der Wahrheit, Raven Verlag, 1987, p. 44.
39	M. Ignatieff(1978), 표지.
56	T. Sellin(1994), p. 32, p. 33.
95	R. Byrne(1989), p. 172, p. 183.
101	D. Gerould(1992), Guillotine: Its Legend and Lore, New York: Blast Books, p. 45.
109(상)	J. Clay(2001), Maconochie's Experiment, London: John Murray, p. 21.
109(하)	H. Mayhew and J. Binny(1862/1968), p. 227.
112	G. Deimling(1989), Cesare Beccaria: Die Anfange modernen Strafrechtspflege in Europe, Heidelberg: Kriminalistik Verlag, p. 38.
113	G. Deimling(1989), p. 3.
121	N. Johnston(1994), p. 25.
130	A. Babington(1971), The English Bastille, London: MacDonald, p. 116.
138	www.harvard.edu/library/collections/special/exhibition/portrait_exhibit/Jeremy_Betham.php.
176	H .Mayhew and J. Binny(1862/1968), p. 109.
183	J. Howard(1791/1973), p. 144.
184	J. Bentham(1791), p. 172.
187	N. Johnston(1994), p. 45.
188	N. Johnston(1994), p. 42.
190	H. Mayhew and J. Binny(1862/1968), p. 116
192	H. Mayhew and J. Binny(1862/1968), p. 119.
201	R. Byrne(1989), p. 139.
206	H. Mayhew and J. Binny(1862/1968), p. 133
227	J. Clay(2001), Maconochie's Experiment, London: John Murray, 속지.
237	National Probation Office(1939), 속지.
250	Criminal Man: according to the classification of Cesare Lombroso(1911/1972), p. 6.
281	The Swedish Prison and Probation Office(1996), The Way Back, p. 15.

참고문헌

1. 저자의 주제 관련 글

한인섭(1984), "범죄에 관한 비판범죄학적 고찰," 서울대 법학석사학위논문.

한인섭(1989), "자본주의국가의 감옥과 사회통제에 관한 연구," 서울대 법학박사학위논문.

한인섭(1990), "재소자의 인권과 처우," 법과사회, 제3호.

한인섭(1994 a), "북구의 형사정책 연구—형벌 및 행형의 이론과 실제," 서울대 지역종합연구소, 지역연구, 제3권 제2호, 1994 여름호.

한인섭(1994 b), "스웨덴의 교정처우와 민간참여," 각국의 자원봉사제도 연구, 법무부.

한인섭(1999), "한국 교정의 딜레마와 당면과제," 서울대 법학, 제40권 1호.

한인섭(2000), "미국의 교정시설과 그 운용상의 딜레마," 교정, 제286호.

한인섭(2000), "스웨덴의 교정정책과 행형실태에 관한 조사연구," 서울대 법학, 제41권 1호.

한인섭(2001), "무기수형자의 시설내 적응과 사회복귀에 관한 연구," 성곡학술논총, 제32호.

한인섭(2005), "여성무기수형자에 대한 형사절차 및 시설내 처우," 형사정책연구, 제16권 3호, 2005 가을호.

2. 국문 참고문헌

김경옥(1984), "W. Cobbatt의 계급의식," 서울대 서양사학과 석사학위논문.

김용준(1993), "미국의 출소자 전자감시제도에 관한 연구," 한국공안행정학회보, 제2호.

김택현(1984), "영국의 1834년 신구빈법에 관한 일 고찰," 성균관대 사학과 석사학위논문.

도면회(1998), "1894-1905년간 형사재판제도 연구," 서울대 대학원 국사학과 박사논문.

문준영(1998), "대한제국기 형법대전 제정에 관한 연구," 서울대 법학석사논문.

민건식 편(1982), 형사학의 선구자, 홍문관.

법무부(1987), 한국교정사.

법무부 보호국 EMP연구반(1999), "사회내 처우로서 전자감시 보호관찰에 관한 연구," 보호, 법무부, 1999/6.

법무연수원(1985), 범죄백서.

법무연수원(2003), 범죄백서.

서대문 형무소(1988), 열화당.

신영복(1988), 감옥으로부터의 사색, 햇빛출판사.

신진규(1986), 범죄학 겸 형사정책, 법문사.

심영희(1988), 국가권력과 범죄통제, 한울.

심영희(1987), 비판범죄론, 범문사.

오영근(1988), "범죄인의 사회내 처우에 관한 연구," 서울대 법학과 박사학위 논문.

윤백남(1948), 조선형정사, 문예서림.

윤옥주(1987), "19세기초 영국의 러다이트 운동," 서울대 서양사학과 석사학위논문.

이광래(1989), 미셀 푸코—광기의 역사에서 성의 역사까지—, 민음사.

이기헌(1988), "낙인이론에 대한 비판적 고찰," 서울대 법학과 박사학위논문.

이승호(1985), "교정주의의 이론과 실제에 대한 비판적 검토," 서울대 법학과석사학위논문.

이승호(1988), "처분적 사회통제의 이론구조에 대한 비판적 검토: 처분대상자의 관점에서," 한국형사정책학회, 형사정책, 제3호, 동성사.

이정찬(1978), 현대행형학, 한국청소년교육원.

이종민(1998), "식민지하 근대감옥을 통한 통제 메카니즘 연구: 일본의 형사처벌 체계와의 비교," 연세대학교 대학원 사회학과박사논문.

전봉덕(1982), "일제의 사법권 강탈과정의 연구," 애산학보, 제2집.

정갑섭(1993), "미국의 전자감시 시스템과 가택구금의 연구," 한국교정학회, 교정연구, 제3호.

정우식(1987), "법률가와 사회사업가와의 냉전: K. Menninger의 관점을 중심으로," 한국형사정책학회, 형사정책 제2호, 동성사.

정윤형(1981), 서양경제사상사 연구, 창작과 비평.

정진상(1987 a), "국가형성의 이론을 위하여," 최홍기 교수 회갑기념 논문집, 한길사.

정진상(1987 b), "앤드슨의 역사사회학," 한국사회사연구회 편, 서구사회사이론의 조류, 문학과 지성사.

한국사회복지연구회(1988), 사회복지의 역사, 이론과 실천사.

3. 외국출전

森下忠(1992), 刑事政策の争點, 東京: 成文堂.

Abercrombie, N. et al.(1980), The Dominant Ideology Thesis, London: George Allen and Union.

Adams, R.(1992), Prison Riots in Britain and the USA, London: Macmillan.

Adamson, C.(1984), "Hard Labor and Solitary Confinement: Effects of the Business Cycle and Labor Supply on Prison Discipline in the United States, 1790-1985," Research in Law, Deviance and Social Control 6, Greenwich: JAI Press.

AFSC(1971), Struggle for Justice, Philadelphia: Hill & Wang.

Allen, F.(1981), The Decline of the Rehabilitative Ideal: Penal Policy and Social Purpose, New Haven: Yale Univ. Press.

American Friends Service Committee(1971), Struggle for Justice, Philadelphia: Hill & Wang.

Anderson, P.(1974), Lineages of the Absolutist State, London: New Left Books.

Annette, J.(1979), "Bentham's Fear of Hobgoblins: law, political economy and social discipline" in B. Fine et al. eds., Capitalism and the Rule of Law, London: Hutchinson.

Austin, J. and B. Kriesberg(1981), "Wider, Stronger and Different Nets: The Dialectics of Criminal Justice Reform," Journal of Research in Crime and Delinquency, 18(1).

Austin, J., J. Irwin & C. Kubrin(2003), "It's About Time: America's Imprisonment Binge," in T. Blomberg ed., Punishment and Social Control, 2nd ed., New York: Aldine de Gruyter.

Badie, B. and P. Birnbaum(1983), The Sociology of the State, Chicago: University of Chicagp Press, 최장집 역(1987), 국가형성론의 역사, 열음사.

Banks, C.(2005), Punishment in America, Santa Barbara: ABC-CLIO1.

Barnes, H.(1927), The Evolution of Penology in Pennsyvania: A Study in American Social History, Indianapolis: The Bobbs-Merrill Co.

Barnes, H. and N. Teeters(1951), New Horizons in Criminology, New York: Prentice Hall.

Barrington, E. and G.D. Haswell(1846), Seventeenth Annual Report of the Inspectors of the Eastern State Penitentiary of Pennsylvania, Philadelphia.

Barry, J.(1958), Alexander Maconochie of Norfolk Island: A Study of a Pioneer in Penal Reform, Melbourne: Oxford University Press.

Bean, P.(1976), Rehabilitation and Deviance, London: Routledge and Kegan Paul.

Bean, P.(1981), Punishment: A Philosophical and Criminological Inquiry, Oxford: Martin Robertson.

Beattie, J.(1974), "The Pattern of Crime in England, 1660-1800," Past and Present(62).

Beaud, M.(1981), Histoire du capitalisme: 1500-1980, Paris: Editions du seuil, 김윤자 역(1987), 자본주의의 역사, 창작사.

Beaumont, G. and A. Tocqueville(1833/1964), On the Penitentiary System in the United States and Its Application in France, Carbonsale: Southern Illinois University Press.

Beccaria, C.(1764/1963), On Crimes and Punishments, transl. H. Paolucci, Indianapolis, Ind., Bobbs-Merrill(1963).

Becker, H.(1963), Outsiders: Studies in the Sociology of Deviance, New York: Free Press.

Bentham, J.(1791), Panopticon: On the Inspection House, J. Bowring ed.(1844), Works, Vol. 4, New York: Russel and Russel.

Bentham, J.(1970), An Introduction to the Principles of Morals and Legislation, ed. by J. Burns and H. Hart, London: Athlone Press.

Bianchi, H. et al. eds.(1986), Abolitionism: Towards a Non-repressive Approach to Crime, Amsterdam: Free University Press.

Bottoms, A. and R. Preston eds.(1980), The Coming of Penal Crisis: A Criminological and Theological Exploration: Scottish Academic Press.

Branch-Johnson, W.(1957), The English Prison Hulks, London: Christopher Johnson.

Briggs, A. ed.(1984), Founders of the Welfare State, 한국사회복지연구회 역, 사회복지의 사상, 이론과 실천사(1987).

Brockway, Z.(1870), "The Ideal of a True Prison System for a State," in E. Wines ed., Transactions of the National Congress on Penitentiary and Reformatory Discipline, Reprinted ed., Washington: American Correctional Association(1970).

Brockway, Z.(1912/1969), Fifty Years of Prison Service: An Autobiography, Montclair, N. J.: Patterson Smith(1969).

Brooks, D.(2004), On Paradise Drive: How We Live Now(And Always Have) in the Future Tense, New York: Simon & Schuster.

Brown, J.(1981), "Social Control and the Modernization of Social Policy, 1890-1929," in P. Thane ed., The Origins of Social Policy, London: Croom Helm.

Bureau of Justice Statistics Bulletin(2003), Capital Punishment.

Bureau of Justice Statistics Bulletin(2004), Prison and Jail Inmates at Midyear.

Burton, F. and P. Carlen(1979), Official Discourse Analysis, Goverment Publications, Ideology and the State, London: Routledge and Kegan Paul.

Byrne, R.(1989), Prisons and Punishments of London, London: Harrap.

Cain, M. and A. Hunt(1979), Marx and Engels on Law, London: Academic Press.

Campbell, C. The Intolerable Hulks British Shipboard Confinement 1776-1857, Bowle: Heritage Books.

Carlen, P.(1983), "On Rights and Powers: Some Notes on Penal Politics," in Garland, D. and P. Young eds., The Power to Punish, London: Heinemann.

Carpenter, E.(1905), Prisons, Police and Punishment, London: Fifield.

Carrabine, E.(2004), Power, Discourse and Resistance: A Genealogy of the Strangeways Prison Riot, Aldershot: Ashgate.

Carter, R. et al. eds.(1985), Correctional Institutions, 3rd ed., New York: Harper & Row.

Cavender, G.(1982), Parole: A Critical Analysis, London: Kennikat Press.

Chambliss, W.(1973), "Vagrancy Law in England and America," in D. Black and M. Mileski eds., The Social Organization of Law, New York.

Checkland, S.(1983), British Public Policy 1776-1939: An Economic, Social and Political Perspective, Cambridge: Cambridge Univ. Press.

Christie, N.(1981), Limits to Pain, Oslo: Universitetsforlaget.

Christie, N.(1993/2000), Crime Control as Industry: Towards GULAGs, Western Style, London: Routledge.

Clinard, M. and R. Quinney(1973), Criminal Behavior Systems: A Typology, 2nd ed., New York: Holt, Rinehart & Winston.

Cohen, S.(1980), "Footprint in the Sand: A Further Report on Criminology and the Sociology of Deviance in Britain," in M. Fitzgerald et al. eds., Crime and Society, London: RKP.

Cohen, S.(1981), "Western Crime Control Models on the Third World: Benign or Malignant," in R. Simon and S. Spitzer eds., Research in Law and Sociology.

Cohen, S.(1985), Visions of Social Control, Cambridge: Polity Press(1980),

Cohen, S. and A. Scull eds.(1983), Social Control and the State, Oxford: Martin Robertson and Co.

Conley, J.(1980), "Prisons, Production, and Profit: Reconsidering the Importance of Prison Industries," Journal of Social History(Winter).

Cooper, D.(1990), "Public Executions in Victorian England: A Reform Adrift," in W. Thesing ed., Executions and the British Experience from the 17th to the 20th Century, Jefferson: McFarland & Company.

Cooper, R.(1975), English Prison Reform, 1773-1835: A Study in Administrative Change, Ph.D. Diss. University of North Carolina at Chapel Hill.

Corrigan, P.(1980), Capitalism, State Formation and Marxist Theory, London: Quartet.

Cousins, M. and A. Hussain(1984), Michel Foucault, London: Macmillan.

Critchley, T.(1972), A History of Police in England and Wales, 2nd ed. rev., Montclair: Patterson Smith.

Crawford, W.(1835/1969), Report on the Penitentiaries of the United States.

Currie, E.(1993), Reckoning: Drugs, the Cities, and the American Future, New York: Hill & Wang.

Deane, P.(1979), The First Industrial Revolution, 나경수 외 역, 영국의 산업혁명, 민음사(1987).

Dickens, C.(1968), American Notes, New York: St.Martin's Press.

Dobash, R. and R. Dobash(1986), The Imprisonment of Women, Oxford: Basil Blackwell.

Dobb, M.(1963), Studies in the Development of Capitalism, London: Routledge & Kegan Paul.

Dobson, J.(1839), A Vindication of the Separate System of Prison Discipline.

Department of Corrections, Data Analysis Unit, New Second and Third Strikers in the Institution Population, December 31, 2004, Sacramento, California.

Donajgrodzki, A. ed.(1977), Social Control in Nineteenth Century Britain, London: Croom Helm.

Ekbom, T.(1995), "Crime and Correctional System Situation in Sweden," A lecture in Tokyo.

Elliot, D. et al.(1978), Diversion—A Study of Alternative Processing Practices: An Overview of Initial Study Findings, Colo.: Behavioral Research Insatitute.

Engels, F.(1845), Conditions of the Working Class in England, 박준식 외 역, 영국노동자 계급의 상태, 세계(1988).

Erikson, T.(1976), The Reformers: An Historlcal Survey of Pionner Experiments in the Treatment of Criminals, New York: Elsevier.

Evans, R.(1971), Bentham's Panopticon: An Incident in the Social History of Architectural Association Quarterly 3.

Evans, R.(1982), The Fabrication of Virtue, English Prison Architecture, 1750-1840, Cambridge: Cambridge Univ. Press.

Ezorsky, G. ed.(1972), Philosophical Perspectives on Punishment, Albany: State University of New York.

Faulk, B.(1990), "The Public Execution: Urban Rhetoric and Victorian Crowds," in W.Thesing ed., Executions and the British Experience from the 17th to the 20th Century, Jefferson: McFarland & Company.

Fine, B.(1979), "Stuggles against Discipline: The Theory and Politics of Michel Foucault," Capital and Class(9).

Fine, B.(1980), "The Birth of Bourgeois Punishment," Crime and Social Justice (Summer).

Fine, B., R. Lea, J. Kinsey, S. Picciotto and J. Young eds.(1979), Capitalism and the Rule of Law: From Deviancy Theory to Marxism, Harmondsworth: Penguin.

Fitzgerald, M.(1977), Prisoners in Revolt, Harmondsworth: Penguin.

Fitzgerald, M. et al.(1981), Crime and Society: Readings in History and Theory, London: Routledge and Kegan Paul.

Fitzgerald, M. and J. Sim(1982), British Prisons, Oxford: Basil Blackwell.

Forsythe, W.(1987), The Reform of Prisoners 1870-1900, London: Croom Helm.

Foucault, M.(1965), Madness and Civilization: A History of Insanity in the Age of Reason, New York: Vintage Books.

Foucault, M.(1977), Discipline and Punish: The Birth of the Prisons, New York: Vintage Books.

Foucault, M.(1980), Power/Knowledge-Selected Interviews and Other Wrights, Brigston: The Harvester Press.

Fox, S.(1974), "The Reform of Juvenile Justice: The Child's Right to Punishment," Juvenile

Justice 25(2).

Fraser, D.(1973), The Evolution of the British Welfare State: A History of Social Policy since the Industrial Revolution, London: Macmillan.

Fraser, D. ed.(1976), The New Poor Law in the 19th Century, London: Macmillan.

Freeman, J. ed.(1978), Prisons Past and Furture, London: Macmillan.

Fry, E.(1825), Observations on the Siting, Superintendeuce, and Government, of Female Prisoners, London: Arch.

Gamble, A.(1981), An Introduction to Modern Social and Political Thought, London: Macmillan.

Garland, D.(1985 a), Punishment and Welfare: A History of Penal Strategies, London: Gower.

Garland, D.(1985 b), "Politics and Policy in Criminological Discourse: A Study of Tendentious Reasoning and Rhetoric," International Journal of the Sociology of Law(13).

Garland, D. and P. Young eds.(1983), The Power to Punish, London: Humanities Press.

Gatrell, V.(1994), The Hanging Tree: Execution and the English People, 1770-1868, Oxford: Oxford University Press.

Gatrel, V., G. Parker and B. Lenman eds.(1980), Crime and the Law: The Social History of Crime in Western Europe since 1500, London: Europa.

Gaylin, W. et al.(1976), Doing Good: The Limits of Benevolence, New York: Pantheom.

Giddens, A.(1984), The Constitition of Society, Oxford: Polity Press.

Giddens, A.(1985), The Nation-State and Violence, Cambeidge: Polity Press.

Gildemeister, G.(1977), Prison Labor and Convict Competition with Free Workers in Industrializing America, 1840-1890, Ph.D. Diss., Northern Illinois Univ.

Gintis, H.(1980), "Communication and Politics: Marxism and the 'Problem' of Liberal Democracy," Socialist Review 10, March-June.

Goffman, E.(1961), Asylums, Garden City, N. J.: Doubleday Anchor.

Goffman, E.(1968), Stigma, New York: Pelican Books.

Greenberg, D. ed.(1981), Crime and Capitalism: Reading in Marxist Criminology, California: Mayfield.

Grünhut, M.(1948), Penal Reform: A Comparative Study, Oxford: Clarendon Press.

Halevy, E.(1924), England in 1815: A History of the English People in the Nineteenth Century, Vol.1, London: T. F. Unwin.

Halpern, I.(1969), A Dacade of Probation, Montclair: Patterson Smith.

Harring, S.(1981), "Policing a Class Society: Expansion of the Urban Police in the Late Nineteenth and Early Twentieth Centuries," in D. Greenberg ed., Crimie and Capitalism: California: mayfield.

Harris, R. and D. Webb(1987), Welfare, Power and Juvenile Justice, London: Tavis-tock Publ.

Hart, H.(1968), Punishment and Responsibility, Oxford: OUP.

Hay, D.(1975), Albion's Fatal Tree, London: Allen Lane.

Hay, D.(1975), "Property, Authority and the Criminal Law," in D. Hay et al., Albion's Fatal Tree, London: Allen Lane.

Heffernan, E.(1985), "A Note on the Origins of American Prisons," R. Carter et al. ed.

Henriques, E.(1972), "The Rise and Decline of the Separate System of Prison Discipline," Past and Present, no. 54(Feb.).

Himmelfarb, G.(1984). The Idea of Poverty: England in the Early Industrial Age, London: Farber and Farber.

Hirsch, A.(1982), "From Pillory to Penitentiasry: The Rise of Criminal Incarceration in Early Massachusetts," Michigan Law Review(80).

Hobsbawm, E.(1958), Primitive Rebels, New York: Norton Library.

Hobsbawm, E.(1962), The Age of Revolution 1789-1848, New York: The New American Liberity, 박현채 역(1984), 혁명의 시대, 한길사.

Hobsbawm, E.(1968), Industry and Empire: From 1750 to the Present Day, Middlesex: Penguin Books, 전철환 옮김(1984), 산업과 제국, 한벗사.

Hobsbawm, E. and G. Rude(1968), Captain Swing, New York: Norton Company.

Hogg, R.(1979), "Imprisonment and Society under Early British Capitalism," Crime and Social Justice(winter).

Howard, J.(1777/2000), The State of the Prisons in England and Wales, with Priliminary Observations, and an Account of Some Prisons, with an Introduction by W. J. Forsythe, Routledge: Thoemmes Press.

Howard, J.(1779/1929), The State of the Prisons, London: J. M. Dent & Sons.

Howard, J.(1791/1973), An Account of the Principal Lazarettos in Europe, together with further observations on some Foreign Prisons and Hospitals, Montclair: Patterson Smith.

Ignatieff, M.(1978), A Just Measure of Pain: The Penitentiary in the Industrial Revolution 1750-1850, New York: Columbia University in Press.

Ignatieff, M.(1983), "State, Civil Society and Total Institutions: A Critique of Recent Social Histories of Punishment," in S. Cohen and A. Scull eds.

Jacobs, J.(1977), Stateville, The Penitentiary in Mass Society, Chicago: University of Chicago Press.

Jacobs, J.(1983), New Perspectives on Prisons and Imprisonment, Ithaca: Cornell University Press.

Johnson, D.(1979), Policing the Urban Underworld, Philadelphia: Temple University Press.

Johnston, N.(1973), The Human Cage: A Brief History of Prison Architecture, Philadelphia: the American Foundation.

Johnston, N.(1985), "The Human Cage," in R. Carter et al. eds., Correctional Institutions, New York: Harper and Row.

Johnston, N.(2000), Forms of Constraint: A History of Prison Architecture, Urbana: University of Illinois Press.

Jones, D.(1982), Crime, Protest, Community and Police in 19th Century Britain, London: Routledge and Kegan Paul.

Katz, M. et al.(1982), The Social Organization of Early Industrial Capitalism, Cambridge: Harvard University Press.

Kaye, H.(1984), The British Marxist Historians, Cambridge: Polity Press, 양효식 역(1988), 영국의 마르크스주의 역사가들, 역사비평사.

Kittrie, N.(1984), The Right to be Different, Baltimore, Md: Penguin Books.

Krebs, A.(1978), "John Howard's Influence on the Prison System of Europe," in J. Freeman ed., Prisons Past and Future, London: Heinemann.

Kropotkin, P.(1887), In Russia and French Prisons, in "The New Penology," in Kamenka and eds., Law and Society.

Lane, R.(1974), "Crime and the Industial Revolution: British and American Views," Journal of Social History, 7(3).

Lane, R.(1975), Policing the City: Boston, 1822-1885, New York: Atheneum.

Lappi-Seppäläe(1992), "Penal Policy and Sentencing Theory in Finland," The Canadian Journal of Law and Jurispudence, vol.V. No.1, January 1992.

Lea, J.(1979), "Discipline and Capitalist Developement," in B. Fine et al. eds., Capitalism and the Rule of Law, London: Hutchinson.

Leander, K.(1995), "The Normalization of Swedish Prisons," in Vincenzo Ruggiero, Mick Ryan and Joe Sim eds., Western European Penal Systems, A Critical Anatomy, London: Sage, 1995.

Lemert, E.(1951), Social Pathology, New York: McGraw-Hill.

Lemert, E.(1967), Human Deviance, Social Problems and Social Control, New York: McGraw-Hill.

Lemert, E.(1971), Instead of Court: Deversion in Juvenil Justice, Rockville, Md: Nationa Institute of Mental Health.

Lewis, W.(1965), From Newgate to Dannemora: The Rise of the Penitentiary in New York, 1796-1848, Ithaca, N.Y.: Cornell University Press.

Linebaugh, P.(1981), "The Theft of Wood and Working Class Composition," in D. Greenberg, Crimie and Capitalism, California: mayfield.

Lou, H.(1927), Juvenile Courts in the United States, Chapel Hill: University of North Carolina Press.

Mackey, P.(1969), Anti-Gallows Activity in New York State, 1776-1861, Diss. in History at the University of Pennsylvania.

Malthus, T.(1803), The Essay on the Principle of Population, 이주찬 역(1974), 인구론, 을유문화사.

Mandeville, B.(1725), An Enquiry into the Causes of the Frequent Executions at Tyburn.

Mantaux, P.(1927), The Industrial Revolution in the Eighteenth Century, London: Macmillan, 정윤형. 김종철 역(1987), 산업혁명사(상, 하), 창작사.

Manwaring-White, S. The Policing Revolution, Harvester Press.

Martens, P.(1992), Criminality among foreign citizens in Sweden, Nordisk Kriminolgi, I.

Martinson, R.(1974), "What Works? Questions and Answers about Prison Reform," Public Interest, 35, Spring 1974.

Marx, K.(1968), Capital I. Penguin Books, 김수행 역(1989), 자본론 I (상, 하).

Mathiesen, T.(1965), The Defences of the Weak, London: Tavistock.

Mathiesen, T.(1974), The Politics of Abolition, Oxford: Martin Robertson.

Mathiesen, T.(1974), The Politics of Abolition, Scandinavian Studies in Criminology, vol. 4, Oslo: Universitetsforlaget.

Mathiesen, T.(1980), Law, Society and Political Action, London: Academic Press.

Mathiesen, T.(1986 a), "The Argument against Prison construction," in H. Bianchi et al. eds., Aboiitionism: Towards a Non-repressive Approach to Crime, Amsterdam: Free University press.

Mathiesen, T.(1986 b), "The Politics of Abolition," Contemporary Crises, vol. 10.

Mathiesen, T. and W. Roine (1975), "The Prison Movement in Scandinavia," in Bianchi, H. et al. eds., Deviance and Control in Europe, London: John Wiley & Sons.

Mattews, S.(1987), "Decarceration and Social Control: Fantasies and Realities," International Journal of the Sociology of Law 15.

Matza, D.(1969), Becoming Deviant, Englewood Cliffs: Prentice-Hall.

Mauer, M.(2001), The Causes and Consequences of Prison Growth in the United States, in David Garland ed., Mass Imprisonment, London: Sage.

Mayhew, H. and J. Binny(1862/1968), The Criminal Prisons of London and Scenes of Prison Life, New York: Frank Cass and Company.

McConville, S.(1975), A History of English of Good Intentions, Montclair: Patterson Smith.

Melossi, D.(1977), "The Penal Question in Capital," Crime and Social Justice, vol. 6 (Spring-Summer).

Melossi, D.(1979), "Institutions of Social Control and Capitalist Organization of Work," in B. Fine et al. eds., Capitalism and the Rule of Law, London: Hutchinson.

Melossi, D.(1980 a), "Strategies of Social Control in Capitalism: a comment on recent work," Contemporay Crises, vol. 4.

Melossi, D.(1980 b), "Georg Rusche: A Biographical Essay," Crime and Social Justice(Winter).

Melossi, D.(1980 c), "Punishment and Social Structure," in T. Platt and P. Takagi. eds.(1980).

Melossi, D. and M. Pavarini(1981), The Prison and the Factory: the Origins of the Penitentiary System, London, Macmillan.

Melossi, M.(1980), "Sinking Gradually into the Proletariat: The Emergence of the Penitentiary in the United States," Crime and Social Justice, winter.

Merquior, J.(1985), Foucault, London: Fontana Press.

Midgley, J.(2003), "Prison Litigation 1950-2000: Hands Off, Hands On, Gloves On," in T. Herivel & P. Wright, Prison Nation: the Warehousing of America's Poor eds., Routledge: New York.

Miller, D.(1980), "Alternatives to Incarceration: From Total Institutuons to total Systems" Ph.D. Diss., Berkelery: University of California.

Ministry for Foreign Affairs(1995), Statement concerning the Report of the European Committee for the Prevention of Torture and Inhumane or Degrading Treat-ment or Punishment, 1995. 9. 21.

Morris, N. & M. Tonry(1990), Between Prison and Probation: Intermediate Punishments in a Rational Sentencing System, Oxford: Oxford University Press.

Mumford, L.(1972), Interpretations and Forecasts, 김진욱 역(1983), 개성과 역사, 종로서적.

Muraskin, W.(1976), "The Social Control Theory in American History: A Critique," Journal of Social History(11).

Murphy, J. ed.(1973), Punishment and Rehabilitation, California: Wadsworth Press.

National Probation Association(1939), John Augustus: First Probation Officer.

O'Brien, P.(1978), "Crime and Punishment as Historical Problems," Journal of Social History.

O'Brien, P.(1982), The Promise of Punishment: Prisons in the 19th-Century France, Princeton: Princeton University Press.

Oldham, W.(1990), Britain's Convicts to the Colonies, Sydney: Library of Australian History.

Osborne, T.(1916), Society and Prisons, New Haven: Yale University Press.

Pashukanis, E.(1929), Law and Marxism: A General Theory, Tr. by B. Einhorn, London: Ink Links, 1978.

Philips, D.(1983), "A Just Measure of Crime, Authority, Hunters, and Blue Locusts," in S. Cohen and A. Scull, Social Control and the State, Oxford: Martin Robertson and Co.

Phillipson, C.(1923), Three Criminal Law Reformers: Beccaria, Bentham, Pomilly, New York: E. P. Dutton.

Platt, A.(1974), "The Triumph of Benevolence: The Origins of the Justice System in the United States," in R. Quinney ed., Criminal Justice in America: A Citical Understanding, Boston: Little, Brown.

Platt, A.(1977), The Child Savers: Invention of Delinquency, 2nd. ed., Chicago: University of Chicago Press.

Platt, T. and P. Takagi eds.(1980), Punishment and Penal Discipline, Berkeley: Crime and Social Justice Association.

Polanyi, K.(1964), The Great Transformation, Beacon Press.

Poster, M.(1984), Foucault, Marxism and History, Cambridge: Polity Press.

Poulantzas, N.(1975), Political Power and Social Classes, London: NLB, 홍순권 외 역(1986), 정치권력과 사회계급, 풀빛.

Pugh, R.(1968), Imprisonment in Medieval England, Cambridge: Cambridge University Press.

Quinney, R.(1977). Class, States, and Crime, New York: David Mckay.

Radzinowicz, L.(1948-1986), A History of English Criminal Law and Its Administration from 1750, vol. I-VI. London: Stevens.

Reiman, J.(1979), The Rich Get Richer and the Poor Get Prison, New York: J. Wiley & Sons.

Reith, C.(1943), British Police and the Democratic Ideal, London: Oxford University Press.

Reynolds, M. et al.(1996), Three Strikes and You're Out: A Promise to Kimber: The Chronicle of America's Toughest Anti-Crime Law, Fresno: Quill Drive Books.

Richards, P.(1979), The State and Early Industrial Capitalism, Past and Present, no. 83.

Robson, L. L.(1994), The Convict Settlers of Australia, Melbourne University Press.

Rock, P.(1977), "Law, Order and Power in Late Seventeenth and Early Eighteenth Century England," International Annals of Criminology, vol. 16.

Rodman, B.(1968), "Bentham and Paradox of Penal Reform," in Journal of the History of Ideas, vol. 29.

Rose, R.(1961), "Eighteenth Century Price Riots and Public Policy in England," International Review of Social History(6).

Rothman, D.(1971), The Discovery of the Asylum, Boston: Little, Brown.

Rothman, D.(1978), "The State as Parent: Social Policy in the Progressive Era," in W.Gaylin et al., Doing Good: the Limits of Benevolence, New York: Pantheon.

Rothman, D.(1980 a), Conscience and Convenience, Boston: Little, Brown.

Rothman, D.(1980 b), "For the Good of All: The Progressive Tradition in Prison Reform," in J. Inciadi and C. Faugel eds., History and Crime, London: Sage Publications.

Rude, G.(1985), Criminal and Victim: Crime and Society in Early Nineteeth-Century England, Oxford: Clarendon Press.

Rusche, G.(1933/1980), "Labor Market and Penal Sanction," in T. Platt and P. Takagi eds.

Rusche, G.(1980), "Prison Revolts or Social Policy: Lessons from America," Crime and Social Justice(Summer).

Rusche, G. and O. Kirchheimer(1939), Punishment and Social Structure, New York: Russell and Russell.

Rustigan, M.(1974), Toward a Reinterpretation of the Origins of The Classical School of Criminology in England, Berkeley: University of California.

Ryder, E. ed.(1883), Elizabeth Fry: Life and Labors of the Eminent Philanthropist, Preacher, and Prison Reformer, New York: E. Walker's Son.

Saleilles, R.(1911), The Individualization of Punishment, Boston: Little, Brown, and Company.

Sarup, M.(1982), Education, State and Crisis: A Marxist Perspective, London: RKP., 이종태 역(1988), 교육과 국가, 학민사.

Scheerer, S.(1986), "Towards Abolitionism," Contemporary Crises 10.

Scull, A.(1977), Decarceration, Englewood Cliffs, N. J.: Prentice-Hall.

Scull, A.(1979), Museums of Madness, London: Allen Lane.

Sellin, T.(1944), Pioneering in Penology: the Amsterdam Houses of Correction in the Sixteenth and Seventeeth Centuries, Philadelphia: University of Philadelphia.

Sellin, T.(1976), Slavery and the Penal System, New York: Elsevier.

Shoemaker, R.(2004), "Streets of Shame? The Crowd and Public Punishments in London, 1700-1820," in S. Devereaux and P. Griffiths eds., Penal Practice and Culture, 1500-1900, Palgrave Macmillan.

Siegel, L.(1981), Juvenile Delinquency: Theory, Practice and Law, St. Paul: West Publishing Co.

Silver, A.(1974), "The Demand for Order in Civil Society: A Review of Some Themes in the History of Urban Crime, Police, and Riot," in R. Quinney ed., Criminal Justice in America, Boston: Little, Brown and Company.

Skocpol, T. ed.(1984), Vision and Method in Historical Sociology, Cambridge: Cambridge Univ. Press, 박영신 외 역(1986), 역사사회학의 방법과 전망, 사회학연구소.

Smart, B.(1985), Michel Foucault, London: Tavistock.

Somander, L.(1995), A Year of Intensive Supervision with Electronic Monitoring, results for the period August 1994-July 1995, The National Prison and Probation Administration.

Somander, L.(1996), The Second Year of Intensive Supervision with Electronic Monitoring, results for the period 1 August 1995-29 Feburary 1996, Swedish Prison and Probation Administration.

Spierenburg, P.(1984), The Spectacle of Suffering: Executions and the Evolution of Repression, London: Cambridge University Press.

Spierenburg, P.(1987), "From Amsterdam to Auburn: An Explanation for the Rise of the Prison in 17th-Century America," Jounal of Social History.

Spierenburg, P. ed.(1984), The Emergence of Carceral Institations: Prisons, Galleys and Lunatic Asylums 1550-1900, Rotterdam.

Spitzer, S.(1981), "The Political Economy of Policing," in D. Greenberg, Crime and Capitalism, California: Mayfield.

Spitzer, S. and A. Scull(1977), "Social Control in Historical Perspective: from private to public responses to crime," in D. Greenberg ed., Corrections and Punishment, Beverly Hills, Ca.: Sage.

Stedman-Jones, G.(1971), Outcast London, London: Penguin.

Stedman-Jones, G.(1977), "Ciass Expression versus Social Control?," History Workshop Journal, vol. 4.

Storch, R.(1981), "The Plague of the Blue Locusts: Police Reform and Popular Resistance in Northern England, 1840-1857," in M. Fitzgerald et al. eds., Crime and Society: Reading in History and Theory, London: RKP.

Sugarman, D. ed.(1983), Legality, Ideology and the State, London: Academic Press.

Sutherland, E. and D. Cressey(1960), Principles of Criminology 8th ed., New York: Lipplincott.

Svensson, B.(1995), Criminal Justice Systems in Sweden, National Council for Crime Prevention.

Sykes, G.(1958), The Society of Captives, Princeton: Princeton University Press.

Sykes, G.(1978), Criminology, New York: Harcourt Brace Javanovich.

Takagi, P.(1981), "The Walnut Street Jail: A Penal Reform to Centralize the Powers of the State," D. Greenberg ed.

Tawney, R.(1980), Religion and the Rise of Capitalism, Penguin Books, 김종철 역(1983), 종교와 자본주의의 발흥, 한길사.

Taylor, I., P. Walton and J. Young(1973), The New Criminology: For a Social Theory of Deviance, London: Routledge & Kegan Paul.

Taylor, I. et al. eds.(1975), Critical Criminology, London: Routledge & Kegan Paul.

Teeters, N.(1955), The Cradle of the Penitentiary: The Walnut Street Jail at Philadelphia 1773-1835, Philadelphia: Lippincott.

Tham, H.(1995), "From Treatment to Just Deserts in a Changing Welfare State," in A.Snare ed., Beware of Punishment, Scandinavian Studies in Criminology, vol. 14, Oslo: Pax Forlag.

Thompson, E.(1963), The Making of the English Working Class, New York: Vintage Books.

Thompson, E.(1967), "Time, Work-Discipline and Industrial Capitalism," Past and Present(38).

Thompson, E.(1971), "The Moral Economy of the English Crowd in the Eighteenth Century" Past and Present (50).

Thompson, E.(1975), Wings and Hunters: Origins of the Black Act, New York: Random House.

Tiberg, H. et al.(1994), Swedish Law, a survey, Stockholm: Juristförlaget.

Tobias, J.(1967), Crime and Industrial Society of the Nineteenth Century, London.

Tobias, J. ed.(1972), Nineteenth Century Crime in England, New York: Barnes and Noble.

Tocqueville, A.(1969), Democracy in America, ed. by J. Mayer, New York: Doubleday: Anchor, 박지동 역(1987), 미국의 민주주의, 한길사.

Tomasic, R. and I. Dobinson(1979), The Failure of Imprisonment, London: George Allen & Unwin.

Tonry(1990), Between Prison and Probation: Intermediate Punishments in a Rational Sentencing System, Oxford: Oxford University Press.

Trattner, W.(1979), From Poor Law to Welfare State: A History of Social Welfarein America, London: The Free Press.

Trattner, W. ed.(1983), Social Welfare or Social Control?, Knoxville: University of Tennessee Press.

Wacquant, L.(2003), America' s New "Peculiar Institution": On the Prison as Surrogate Ghetto," in TD. Brooks(2004), On Paradise Drive: How We Live Now(And Always Have) in the Future Tense, New York: Simon & Schuster.

Walker, S.(1977), A Critical History of Police Reform: The Emergence of Professionalism, Lexington: Lexington.

Walker, S.(1980), Popular Justice: A History of American Criminal Justice, Oxford: Oxford University Press.

Walker, S.(1998), Popular Justice: A History of American Criminal Justice, 2nd ed., New York: Oxford University Press.

Warden, L.(1938), The Life of Blackstone, Charlottesville: The Michie Co.

Webb, S. and B. Webb(1922), English Prisons under Local Government, London: Longman.

Webb, S. and B. Webb(1929), English Poor Law History I-II, London: Longman.

Weber, M.(1904), Die Protestantische Ethik und der Geist des Kapitalismus, 박종선 역(1987), 프로테스탄트의 윤리와 자본주의 정신, 두리.

Weitzer, R.(1980), "Law and Legal Ideology: Contributions to the Grenesis and Reproduction of Capitalism," Berkeley Journal of Sociology(15).

West, W. and R. Morris eds.(2000), The Case for Penal Abolition, Toronto: Canadian Scholars' Press.

Wieslander, B.(1994), The Parliamentary Ombudsman in Sweden, Sweden: The Bank of Sweden Tercentenary Foundation.

Wills, A.(1981), Crime and Punishment in Revolutionary Paris, Westport: Greenwood Press.

Wilson, J.(1975), Thinking about Crime, New York: Vintage Books.

Wines, E. ed.(1871), "Declaration of Principles adopted and promulgated by the Congress," Transactions of the National Congress, On Penitentiary and Reformatory Discipline, held at Cincinnati, Ohio, Albany: Weed, Parsons and Company.

Wines, E. and T. Dwight(1867/1973), Report on the Prisons and Reformatories of the United Stated and Canada, reprint ed., New York: AMS.

Wright, E.(1973), The Politics of Punishment: A Critical Analysis of Prisons in America, New York: Harper & Row.

Zehr, H.(1876), Crime and the Development of Modern Society. Patterns of Criminality in 19th-Century Germany and France, London: Croom Helm.

Zimring, F. et al.(2001), Punishment and Democracy: Three Strikes and You're Out in California, Oxford University Press.

Zimring, F.(2005), "Capital Punishment and Mass Imprisonment: Does American Exceptionalism Have a Future?," in Plenary Session, 14th World Congress of Criminology.

Zysberg, A.(1984), "Galley and Hard Labor Convicts in France(1550-1850)," in P. Spierenburg ed., The Emerhence of Carceral Institutions: Prisons, Galleys and Lunatic Asylums 1550-1900, Rotterdam.

사항색인

저자약력

서울대학교 법과대학 교수

1959년생으로 서울대 법대의 학부와 대학원을 마치고 법학박사를 받았으며, 형법과 형사정책을 가르치고 있다. 저서로 『배심제와 시민의 사법참여』, 『한국형사법과 법의 지배』, 『권위주의 형사법을 넘어서』 등이 있으며, 『정의의 법, 양심의 법, 인권의 법』, 『5·18, 법적 책임과 역사적 책임』, 『성적 소수자의 인권』 등을 펴냈다. 법률에세이로 『부메랑 던지기』, 번역으로 『범죄와 형벌』(C. 벡카리아 저)이 있다. 법과사회이론학회 및 한국형사정책학회, 참여연대 사법감시센터의 활동에 관여해왔고, 최근에는 사법개혁위원회 및 법무부 정책위원으로서 제도개혁의 실무와 이론화에 관여하고 있다.

형벌과 사회통제

2006年 1月 15日 初版發行
2007年 9月 30日 重版發行

著　者 韓 寅 燮
發行人 安 鍾 萬
發行處 (株)博 英 社
서울特別市 鍾路區 平洞 13-31番地
電話 (733)6771 FAX (736)4818
登錄 1959. 3. 11. 제300-1959-1호(倫)

www.pakyoungsa.co.kr e-mail: pys@pakyoungsa.co.kr

定 價 20,000원 ISBN 89-7189-618-3